注册电气工程师（供配电）执业资格考试专业考试考场速答笔记

韩作峰　王水生　主　编

中国建设科技出版社有限责任公司
China Construction Science and Technology Press Co., Ltd.
北　京

图书在版编目（CIP）数据

注册电气工程师（供配电）执业资格考试专业考试考场速答笔记/韩作峰等主编．--北京：中国建设科技出版社有限责任公司，2025.8. -- ISBN 978-7-5160-4466-7

Ⅰ.TM72

中国国家版本馆CIP数据核字第2025ZH8096号

注册电气工程师（供配电）执业资格考试专业考试考场速答笔记
ZHUCE DIANQI GONGCHENGSHI（GONGPEIDIAN）ZHIYE ZIGE KAOSHI
ZHUANYE KAOSHI KAOCHANG SUDA BIJI

韩作峰　王水生　主　编

出版发行：中国建设科技出版社有限责任公司
地　　址：北京市西城区白纸坊东街2号院6号楼
邮　　编：100054
经　　销：全国各地新华书店
印　　刷：北京联兴盛业印刷股份有限公司
开　　本：880mm×1230mm　1/32
印　　张：11.125
字　　数：450千字
版　　次：2025年8月第1版
印　　次：2025年8月第1次
定　　价：118.00元

本社网址：www.jskjcbs.com，微信公众号：zgjskjcbs
请选用正版图书，采购、销售盗版图书属违法行为
版权专有，盗版必究。 本社法律顾问：北京天驰君泰律师事务所，张杰律师
举报信箱：zhangjie@tiantailaw.com　　举报电话：（010）63567684
本书如有印装质量问题，由我社事业发展中心负责调换，联系电话：（010）63567692

前　　言

注册电气工程师证书作为勘察设计行业的证书之一，其含金量是毋庸置疑的。作为电气工程领域专业技术人员职业资格认证的重要考试，注册电气工程师（供配电）执业资格考试的内容涵盖电气工程基础理论、工程设计、施工管理及行业规范等多个维度，对考生的专业能力、实践经验和综合素养提出了全面要求。"小注教育"作为注册考试界的深耕者，现有专任教师128人，具有硕士研究生以上学历人员98人，累计培养学员10000余人。其深厚的师资力量、以学员为中心的服务理念和连年的高通过率赢得了考生和业界的高度赞誉。为帮助广大考生系统备考、精准掌握考试重点、熟悉题型结构，我们组织全体教师精心编写了这本速答笔记，专门用于考场快速解答真题。

本速答笔记针对考生痛点给出如下解决方法：

1. 注册考试考的就是三个字——熟、快、细。本速答笔记按照章节把考点做成了彩色笔记。紫色代表知识点，不同情况用不同的序号加粉色，蓝色代表公式，红色代表重要数据，橙色代表规范名及单位，绿色代表页码和条文号。本笔记将分散在各页和各书的同类考点集中的同时，用五彩的颜色帮助考生快速定位需要的公式。

2. 虽然为开卷考试，但是在实际考试过程中，考生即使找对公式，也可能无法做对大量题目，主要原因是单位带错、公式英文与题干中文对应错误、公式各参数取值坑点太多或联动其他公式。因此，本笔记将公式加入中文下标、单位、易错点。各公式参数意义及相关取值通过下方的"注"进行了说明。想要做对考试大部分题目只需看笔记后将值带入公式就行，顶多配合少量的查图、查表，最终做到又快又准。

3. 有很多考点涉及多步骤按部就班计算，跨度在几页或十几页，稍微记不住就容易出现错漏。本速答笔记将各步骤的具体内容一一列出，快速把分散在各处的多个公式按规律整合到一起，并且将晦涩难懂的文字条文公式化、表格化，不易理解的参数配上图片辅助解题。这样才能确保每道题能做得快、做得对、拿到分。

本速答笔记的特点

1. 全彩，涵盖偏门考点。
2. 同类考点汇编为1~2页彩色笔记，所有题目5s翻到笔记提笔就做。
3. 晦涩条文公式化、表格化，复杂流程按序求解，公式参数按注列出，复杂参数配图以便考生理解。

4. 考点、公式、取值细节笔记全覆盖，仅凭一纸笔记便可快速做对题目。

本速答笔记的优势

1. 为考生节省 2 年整理笔记时间。
2. 为考生带来正确好用的笔记＝学习少走弯路。
3. 为考生带来必过笔记＋听课＋做题＝拿证。

考场查笔记顺序

根据各规范的书脊找到对应规范→根据书脊标签（考生考前制作）定页码和笔记→根据考试问啥查紫色→根据粉色不同情况选择相应的公式、数据→摘抄对应的橙色规范号和绿色条文号。

多步骤求解时查笔记顺序

根据各规范的书脊找到对应规范→根据书脊标签（考生考前制作）定页码和笔记→根据考试问啥查紫色→按照序号依次往下求各过程参数（每个步骤内由蓝色已知条件查规范表格，得过程参数，依此往复）。

编　者

2025 年 4 月

目 录

第一章　短路知识点汇总 ………………………………………………………… 1
第二章　电器布置 ………………………………………………………………… 5
第三章　安全 ……………………………………………………………………… 11
第四章　负荷计算 ………………………………………………………………… 35
第五章　高压电器 ………………………………………………………………… 43
第六章　低压电器 ………………………………………………………………… 53
第七章　供配电 …………………………………………………………………… 73
第八章　继电保护 ………………………………………………………………… 101
第九章　线路 ……………………………………………………………………… 113
第十章　导体 ……………………………………………………………………… 145
第十一章　照明 …………………………………………………………………… 163
第十二章　防雷 …………………………………………………………………… 188
第十三章　直流 …………………………………………………………………… 233
第十四章　传动 …………………………………………………………………… 242
第十五章　接地 …………………………………………………………………… 263
第十六章　节能 …………………………………………………………………… 283
第十七章　智能化 ………………………………………………………………… 313

第一章　短路知识点汇总

短路 Note1　IEC 法　配四 [《工业与民用供配电设计手册》(第四版)，以同] P183

实用短路电流计算法　配四　P279

高压周期分量、高压非周期分量　配四 P281 Note 表 4.6-2、4.6-3 (4.6-12、4.6-13)

高压近端短路　配四　P289

高低压：两相短路、峰值电流、反馈电流、全电流　配四　P301 Note

高压单相接地电容电流　配四 P302 Note

低压短路电流　配四　P303 Note

低压系统阻抗　配四 P304 表 4.6-11

低压变压器阻抗　配四 P305 Note

低压线路、母线阻抗　配四 P307

已知电容 C 求电容电流　配四　P57（2.3.12）

导体直流电阻　配四　P861（9.4-1）

短路 Note1　IEC 法　配四　P183

一、按短路点为分界，上下两侧电网电机作为支路，画出阻抗回路图

二、馈电网络（系统）阻抗 Z'_Q：配四 (4.2-4)

1. 变比修正前 Z_Q：$Z_{Q(\Omega)} = \dfrac{c_{电压系数} \times U_{nQ 系统标称电压(kV)}}{\sqrt{3} \times I''_{kQ 短路电流(kA)}} = \dfrac{c_{电压系数} \times U^2_{nQ 系统标称电压(kV)}}{S''_{kQ 短路容量(MV \cdot A)}}$

   注：$c_{电压系数}$ 根据系统标称电压 U_{nQ} 查表 4.1-1。

   $U_{nQ(kV)} > 1000\text{V}$ 时：$c = 1.1$；$U_{nQ(kV)} \leqslant 1000\text{V}$ 时，$c_{默认} = 1.05$；电压偏差 10% 时，$c = 1.1$。

2. 当设备与短路点隔变压器后 Z'_Q：$Z'_{Q(\Omega)} = \dfrac{Z_{Q(\Omega)} \times U^2_{NT 短路侧变压器额定电压}}{U^2_{NT 设备侧变压器额定电压}}$

3. 求 X_Q、R_Q：1) 已知 R_Q/X_Q 时，$X_Q = \dfrac{Z_Q}{\sqrt{1+(R_Q/X_Q)^2}} \times R_Q = (R_Q/X_Q) \times X_Q$

   2) 计及电阻，比例未知时，$X_Q = 0.995 Z_Q$；$R_Q = 0.1 Z_Q$

   3) 不计电阻，$X_Q = Z_Q$

三、绕组变压器阻抗 Z_T：配四（4.2-5～8）

1. u_{xN} 电抗百分比：

$$u_{xN电抗百分比} = \sqrt{u_{kN电抗百分比}^2 - u_{RN电阻百分比}^2} = \sqrt{u_{kN阻抗百分比}^2 - \frac{P_{kNT变压器负载损耗(MW)}^2}{S_{NT变压器额定容量(MV \cdot A)}^2}}$$

2. 阻抗修正系数 K_T：$K_{T阻抗修正系数} = 0.95 \dfrac{c_{max电压系数}}{1+0.6 \times u_{xN电抗百分比}}$。

   注：$c_{电压系数}$ 根据变压器**短路侧额定电压**查配四表 4.1-1。

   $U_{nQ(kV)} > 1000V$ 时：$c=1.1$；$U_{nQ(kV)} \leqslant 1000V$ 时：$c_{默认}=1.05$；电压偏差 10% 时，$c=1.1$。

3. 求 R_Q、X_Q：

$$X_{T(\Omega)} = \frac{K_{T阻抗修正系数} \times u_{XN电抗百分数(0.几)} \times U_{NT短路侧变压器额定电压(kV)}^2}{S_{NT变压器额定容量(MV \cdot A)}}$$

$$R_{T(\Omega)} = \frac{K_{T阻抗修正系数} \times u_{RN电阻百分数(0.几)} \times U_{NT短路侧变压器额定电压(kV)}^2}{S_{NT变压器额定容量(MV \cdot A)}}$$

$$= \frac{K_{T阻抗修正系数} \times P_{kNT变压器负载损耗(MW)} \times U_{NT短路侧变压器额定电压(kV)}^2}{S_{NT变压器额定容量(MV \cdot A)}^2}$$

四、架空线阻抗：其他公式 配四 P185（4.2-14、4.2-15）

$$R'_{L(\Omega)} = R_{L单位长度电阻(\Omega/km)} \times L_{长度(km)} \times \left(\frac{U_{nT短路侧变压器额定电压}}{U_{nT设备标称电压额定电压}}\right)^2$$

$$X'_{L(\Omega)} = X_{L单位长度电抗(\Omega/km)} \times L_{长度(km)} \times \left(\frac{U_{nT短路侧变压器额定电压}}{U_{nT设备标称电压额定电压}}\right)^2$$

五、限流电抗器阻抗 Z_R 计算：配四 P185（4.2-42）

$$Z_{R(\Omega)} = \frac{u_{kR额定阻抗百分数} \times U_{n电抗器位置系统标称电压(kV)}}{\sqrt{3} I_{rR电抗器额定电流(kA)}} \text{ 且 } R_R \ll X_R$$

六、异步电动机阻抗 Z_M 计算：（4.2-53）

1. 求 $I_{NM额定电流}$：$I_{NM额定电流(kA)} = \dfrac{P_{NM额定功率(MW)}}{\sqrt{3} U_{NM电动机标称电压(kV)} \times \eta_{NM} \times \cos\varphi_{NM}}$

   注：380V 时，不计入判断的依据为（4.2-52）。

   满足 $\Sigma I_{NM额定电流} \leqslant 0.01 \times I''_{kH电动机}$ 时，不计入反馈。

2. 求 Z_m 阻抗：$Z_{M阻抗} = \dfrac{U_{NM电动机标称电压(kV)}}{K_{s启动倍数} \times \sqrt{3} \times I_{NM额定电流(kA)}}$

3. 求 (R_M/X_M)、R_M、X_M：

   1) 中压电机时：$P_{M每对电极功率} = P_{NM额定容量} / p_{极对数} = 2 \times P_{NM额定容量} /$ 级数

      A) $P_{M每对电极功率} \geqslant 1MW$ 时：$R_M/X_M = 0.1$；$X_M = 0.995 Z_M$；$R_M = 0.1 Z_M$

      B) $P_{M每对电极功率} < 1MW$ 时：$R_M/X_M = 0.15$；$X_M = 0.985 Z_M$；$R_M = 0.173 Z_M$

   2) 电缆连接低压电机时：$R_M/X_M = 0.42$，$X_M = 0.922 Z_M$，$R_M = 0.387 Z_M$

七、R_k 支路阻抗和、X_k 支路电抗和：配四（4.3-24）

$R_{k(\Omega)} = R_Q + R_T + R_L + R_M$ 等；$X_{k(\Omega)} = X_Q + X_T + X_L + X_M$ 等，不同支路不相加。

八、三相（对称）短路电流初始值 I''_k：配四（4.3-1）

$$I''_{k(kA)} = \sum \frac{c_{电压系数} U_{n短路点标称电压(kV)}}{\sqrt{3} \times Z_{k(\Omega)}} = \sum \frac{c_{电压系数} U_{n短路点标称电压(kV)}}{\sqrt{3} \times \sqrt{R^2_{k(\Omega)} + X^2_{k(\Omega)}}}$$

注：$c_{电压系数}$ 根据短路点标称电压，见表1-1。

表 1-1 电压系数

短路点处标称电压 U_n	c_{max}（默认）	c_{min}（求最小短路时才用）
低压 100V≤U_n≤1000V	默认：1.05；电压偏差10%时：1.1	0.95
中高压 U_n>1kV	1.1	1

九、峰值电流 i_p：配四（4.3-16、4.3-17）

$$i_p = \sum (k\sqrt{2} I''_k) = \sum [\sqrt{2} I''_k \times (1.02 + 0.98 e^{-3R_{支路阻抗}/X_{支路电抗}})]$$

十、短路非周期分量 $i_{d.c.}$：配四（4.3-24）

$$i_{d.c.} = \sum -\sqrt{2} I''_k e^{-2\pi f(R/X) t_{短路时间}} = \sum -\sqrt{2} I''_k e^{-314(R/X) t_{短路时间}}$$

十一、稳态短路电流 $I_k = I''_{kQ 对称短路电流初始值}$ （不包含电动机反馈回路）配四（4.3-39）

十二、短路电流热效应 $I^2_{th} T_k$、热等效电流、全电流 I_{th}。

1. 热效应：$I^2_{th} T_k = I''^2_k (m+n) T_{k 短路电流持续时间}$ 配四（4.3-43）。

2. 热效应电流：$I_{th} = I''_k \sqrt{m_{直流分量系数} + n_{交流分量系数}}$ 配四（4.3-44）。

3. $m_{直流分量系数}$ 查图 4.3.10 配四 P239。

4. 配电网中发生短路时（远端短路）时：通常取 $n=1$。

5. 对于 $T_k \geq 0.5s$ 的远端短路，可近似取 $m+n=1$。

十三、对称短路开断电流 I_b $I_b = I_{bQ 系统} + I_{bM 电动机}$

1. 远端短路支路（网络系统）：$I_{bQ} = I''_{kQ 支路短路电流}$ 配四（4.3-25）

2. 近端电动机支路：$I_{bM} = \mu \times q \times I''_{kM 电动机支路短路电流}$ 配四（4.3-32）

注：1. μ 配四（4.3-30）

对 $t_{min 最短延时} = 0.02s$ 时：$\mu = 0.84 + 0.26 e^{-0.26 I''_{kM}/I_{nM}}$

对 $t_{min 最短延时} = 0.05s$ 时：$\mu = 0.71 + 0.51 e^{-0.30 I''_{kM}/I_{nM}}$

对 $t_{min 最短延时} = 0.10s$ 时：$\mu = \mathbf{0.62 + 0.72} e^{-0.32 I''_{kM}/I_{nM}}$

对 $t_{min 最短延时} \geq 0.25s$ 时：$\mu = \mathbf{0.56 + 0.94} e^{-0.38 I''_{kM}/I_{nM}}$

同时满足：$\mu \leq 1$

2. q 配四（4.3-33）

对 $t_{\text{min最短延时}}=0.02\text{s}$ 时：$q=1.03+0.12\ln(P_{\text{NM(MW)}}/p_{\text{极对数}})$

对 $t_{\text{min最短延时}}=0.05\text{s}$ 时：$q=0.79+0.12\ln(P_{\text{NM(MW)}}/p_{\text{极对数}})$

对 $t_{\text{min最短延时}}=0.10\text{s}$ 时：$q=0.57+0.12\ln(P_{\text{NM(MW)}}/p_{\text{极对数}})$

对 $t_{\text{min最短延时}}\geqslant 0.25\text{s}$ 时：$q=0.26+0.10\ln(P_{\text{NM(MW)}}/p_{\text{极对数}})$

同时满足：$q\leqslant 1$。

3. $p_{\text{极对数}}=$ 级数$/2$

器布置

总体要求

：GB 50053	≤20kV 变 表 4.2-6	35kV：配 4 P121	
0 高压配电 表 5.4.4			
20kV 变 表 4.2-7			
表 4.2.5			
装置（GIS）室 GB 50060 高压配电 7.3.3			
348　6.1.4、6.1.7、6.1.10、6.1.11			

软线 表 5.1.3；户内设备 表 5.1.4

11.1.1
229 表 11.1.5
50016 火规 表 3.4.1
✓最末一级变电站）防火间距 GB 50016 表 5.2.2
火间距≥3m GB 50016 5.2.3
5×杆塔最高电线高度 GB 50337 10.2.5

m GB 50054 4.2.1
小宽度 GB 50054 表 4.2.5 注 4
表 4.2.5 注 5

10	隔离开关和接地开关布置	GB 50059≥35kV变 3.2.7 接在母线上的 隔离开关。 GB 50060 2.0.5 66～110kV敞开式配电装
		GB 50060 2.0.6 66～110kV敞开式配电装 变压器进线隔离开关的接至变压器侧）应 GB 50060 2.0.7 66～110kV敞开式配电装

表2-2

类别	GB 50054 低压配电	GB 50053≤20kV变	G 高
出口 数量	4.3.2 L≤7m：1个出口 L>7m：2个出口 适用 于：1kV及以下配电室	6.2.6 L≤7m：1个出口 7m<L≤60m：2个出口 L>60m：3个及以上出口（且 相邻不大于40m) 适用于：3～20kV配电室	7.1.1 L≤ 7m<L≤6 L>60m： 适用于： 电室
出口 朝向	4.3.2 均应向外开启， 但通向高压配电室的门 应为双向开启门	6.2.2 均应向外开启。相邻配 电室之间有门时，应采用不燃 材料制作的双向弹簧门	7.1.4 均 火门，并 严禁采用 电装置室 应能双向
出口 尺寸		6.2.7 配电装置室及变压器室 门的高度和宽度，宜按最大不 可拆卸部件尺寸，高度加 0.5m，宽度加0.3m确定，其 疏散通道门的最小高度宜为 2.0m，最小宽度宜为750mm	

第二章 电

电器布置总体要求见表 2-1。

表 2-1 电器布置

1	配电装置室	配电装置出口	≤1kV：GB 50054 4.2.4 ≤20k
		配电室出口 详见表 2-2	
		配电室内各种通道的最小宽度	35kV 及以上高压配电室 GB 500
			3～20kV 高压配电室 GB 50053≤
			低压配电室 GB 50054 低压配电
			干式变压器 详见表 2-3
			气体绝缘金属封闭开关设备配电
			柴油发电机房 GB 51348、GB 51
2	油浸变压器	详见表 2-4	
3	裸母线、围墙、围栏、道路	详见表 2-5	
4	配电装置安全距离	35～110kV：GB 50060 户外设备 表 5.1.1 户外	
		20kV 及以下：GB 50053≤20kV 变 表 4.2-1	
5	电容器、电抗器相关布置	详见表 2-6	
6	变电站相关布置	建（构）筑物危险性及耐火等级查 GB 50229 表	
		变电站内建（构）筑物及设备防火间距查 GB 50	
7	配电装置与民用建筑防火间距	室外变配电站与仓库、民用建筑的防火间距 GB	
		民用建筑与单独建造的终端变电站（10kV～380	
		民用建筑与 10kV 及以下预装式变电站（箱变）	
		架空线路与厂房、仓库、储罐之间水平距离≥1.	
8	控制室相关尺寸	配四 P111～P113	
9	配电箱柜相关距离尺寸	落地配电柜底部距地 室内≥50mm，室外≥200r	
		控制屏、控制柜、落地式动力配电箱前后通道最	
		挂墙式配电箱箱前操作通道宽度≥1m GB 50054	

续表

避雷器和电压互感器，可合用一组隔离开关。接在变压器引出线上的避雷器，不宜装设

置，母线避雷器和电压互感器宜合用一组隔离开关

置，断路器两侧的隔离开关的接至断路器侧，线路隔离开关的接至线路侧（条文补充：
配置接地开关。

置，每段母线上应配置接地开关

配电室出口

50060	GB 50229 电力防火	GB 51348 民规
压配电		
7m：1个出口 m：2个出口 个出口 kV 及以上配	11.2.5 建筑面积超过 250m² 的配电装置室、电容器室其疏散门不宜少于 2 个 11.2.8 地下变电站、地上变电站的地下室、半地下室安全出口数量不应少于 2 个 适用于：变电站	4.10.11 $L \leqslant 7m$：1个出口 $7m < L \leqslant 60m$：2个出口 $L > 60m$：3个及以上出口（且相邻不大于 40m） 适用于：民用建筑配电室
1外开启的防 应装弹簧锁， 门；相邻配 之间有门时， 启	11.2.4 地上油浸变压器室的门应直通室外；地下油浸变压器室门应向公共走道方向开启；干式变压器室、电容器室门应向公共走道方向开启；配电装置室的门应向疏散方向开启。配电装置室的中间隔墙上的门可采用分别向不同方向开启且宜相邻的 2 个乙级防火门	4.10.9 均应向外开，并应装锁。相邻配电装置室隔墙上的门向低电压配电室开启，当隔墙仅为管理需求设置时，隔墙上的门应为双向开启的不燃材料制作的弹簧门。 GB 55024 3.2.1 相邻高压电气装置室之间设置门时，应能双向开启
		4.10.5 配电装置室及变压器室门的宽度宜按最大不可拆卸部件宽度加 0.3m，高度宜按不可拆卸部件最大高度加 0.5m

器、电抗器相关布置

GB 50227 并联电容及其他

器同一室
室，宜布置端部
设计最小尺寸表 8.2.3，（条文：单台容量较小时台间距 70mm 缩小到 50mm）
层底部距地≤2.5m，不超 3 层）
布置时四周或一侧设置维护通道，通道宽度≥1.2m。电容在架上单排布置时，框架可靠
时，框架间及与墙间留 1m 检修走道。（条文图 2）
筑物连接布置时，应设防火墙。防火墙上及两侧 2m 以内范围不得开门窗及孔洞。
.1.5 电容器室与建筑物，屋外配电装置，油浸变，储油池，生活建筑距离
.10 总油量为 2500kg 及以上的并联电容器组或箱式电容器，相互之间的防火间距不应小
要求时应设置防火墙

容器组安全围栏内宜铺设一层碎石或卵石（混凝土基础以外）厚度 100～150mm，且不

框架外廓距离≥2m

出口。门向外开启。相邻两个电容室之间隔墙如开门时，门为乙级防火门

及消防设施：
器之间宜设置消防通道，属于不同主变的屋内电容器之间宜设置防火隔墙。
燃烧或难燃材料
生产建筑，耐火等级不低于二级

部铁磁构件距离 不宜小于电抗器直径的 0.5
面的铁磁性构件距离不宜小于电抗器直径的 1.1 倍
距不宜小于电抗器直径的 1.7 倍

置屋内且油量大于 100kg 应单独设置防爆间隔和储油设施

表 2-5　裸母线、遮拦、围

名称	GB 50053 ≤20kV 变	GB 50054 低压配电	
裸导体	6.4.3 在变压器、配电装置和裸导体的正上方不应布置灯具。如要布置,不小 1m,不得吊链软线。 表 4.2.1 备注 2 裸带电部分遮拦高度不小于 2.2m	4.2.3 高、低压配电装置同室且有一个顶上有裸母线时,配电装置二者净距 2m 4.2.6 配电室通道上方裸母距地 2.5m,低于时要遮拦,最低 2.2m。 7.4.1 除配电室外,无遮护的裸导体至地面的距离 $L \geqslant 3.5$m,采用 IP2X 网孔遮拦时,$L \geqslant 2.5$m。 网状遮拦与裸导体间距≥100mm。 板状遮拦与裸导体间距≥50mm。	5. 电 照 越 的 照
围墙、围栏、遮拦、防护隔板、建筑物	4.2.2 露天或半露天变电所的变压器四周应设围栏或围墙,高度≥1.8m 4.2.5 变电所内的非封闭式干变固定围栏,高度≥1.8m,网孔≤40mm×40mm 6.2.1 地上变电所,周边围墙高度 1.8m。配电室窗户底边距地 1.8m,小于则窗用不破碎材料或加格栅	7.4.2 裸导体与需经常维护的管道同侧,裸导体应敷设在上。 7.4.3 裸导体与需经常维护的管道或生产设备最凸出部净距≥1.8m,不满足加遮拦。 7.4.4 裸导体的线间及裸导体至建筑物表面的最小净距查表 7.2.5 7.4.5 桥式起重机上方的裸导体与平台铺板净距≥2.5m,不满足时设遮拦	5. 距 电 地 定 遮
			5. 不
		4.2.1 落地式配电箱底部高出地面尺寸:室内 50mm,室外 200mm 4.3.4 配电室地面高出本层地面 50mm	5. ≥ 至
			5. 内 度 50
围墙、道路	4.2.2 露天或半露天变电所的变压器四周应设围栏或围墙,高度≥1.8m,网孔≤40mm×40mm		5. 一水 配电 值 3 5. 视道

油浸变压器

GB 50060	配四、GB 50229、GB 51348、GB 55024
>100kg 油变设单独室	GB 55024 3.2.2.2 民用建筑内的变电所不应设置油变
变外廓与四壁净距 表5.4.5，就地 = 吊芯最小高度＋700mm，宽度 800mm ≥2500kg 油变间距（表5.5.4），采取防火墙 度大于变压器油枕高度、长度大加 1m。条文说明：防火墙离变压 m。 ≥2500kg 变压器或电抗器与本回 kg 充油设备防火间距＞5m 变与建筑物距离不宜小于 10m，当 （L＜5 时，外廓的墙上投影四侧 外廓的墙上投影四侧 3m 可设防火 以上可设防火窗）	1. 配四 P129 表 3.2-8、表 3.2.9 变压器外壳与室墙壁和门的净距。 2. GB 51348 表 4.5.9、表 4.5.10 油变与四周墙壁、门净距，之间净距。 3. GB 50229 11.1.5 储油池、屋外配电装置、油变、电容器、生活、生产建筑之间距离 4. GB 50229 11.2.1 生产建筑物与油变/可燃介质电容器间距不满足 11.1.5 时，采取两种措施（L＜5 时，外廓的墙上投影四侧 3m 不开门窗，5≤L＜10 时，外廓的墙上投影四侧 3m 可设防火门，变压器高度以上可设防火窗） 5. GB 50229 11.1.7 屋外油浸变压器间距、油电抗器间距，不能满足要求时采取防火墙。 6. GB 50229 11.1.8 防火墙高度大于变压器油枕高度、长度大于贮油池两侧各加 1m 7. GB 50229 6.7.4 防火墙距离变压器≥2m 8. GB 50229 11.1.9 屋外油量≥2500kg 变压器或高压电抗器与本回路油量＞600kg 充油设备防火间距≥5m
＞100kg：设 20％档油设施并排 贮油设施。排油管内直径 铁栅滤网。 ＞1000kg：设 20％档油设施并排 设施。 的总事故贮油池容量：最大油箱 考虑 100％ 50229 11.3.4) 设施轮廓≥设备外廓各边＋1m mm、卵石层厚度≥250mm、直径 条文也可无孔碎石）	1. GB 50229 11.3.3 屋内油量＞100kg：设 20％挡油设施并排油 2. GB 50229 11.3.4 屋外 油量＞1000kg：设 20％挡油设施并排油或设 100％贮油设施。 3. GB 50229 11.3.4 油水分离的总事故贮油池容量：最大油箱容量 100％ 4. GB 50229 11.3.5 地下变电站事故贮油池容量按最大一台变压器

类别	GB 50054 低压配电	GB 50053≤20kV 变	GB 50060 高压配电
出口防火等级（防火门）	4.3.1 当配电室与其他场所毗邻时，门的耐火等级应按两者中耐火等级高的确定	6.1.2 位于下列场所的油浸变压器室的门应采用甲级防火门： 1～5 小条 6.1.3 民用建筑内变电所防火门的设置应符合下列规定： 1～6 小条	7.1.3 充油电气的门开向不属配范围的建筑物内采用非燃烧体或体的实体门

表 2-3 干式

名称	GB 50053≤20kV 变	GB 50060 高压配
变压器距离	4.2.5 设置在变电所内的非封闭式干式变压器，应装设高度不低于 1.8m 的固定围栏，围栏网孔不应大于 40mm×40mm。变压器的外廓与围栏的净距不宜小于 0.6m，变压器之间的净距不应小于 1m。 4.2.8 当配电屏与干式变压器靠近布置时，干式变压器通道的最小宽度应为 800mm。（S 未知） 6.2.7 配电装置室的门和变压器室的门的高度和宽度，宜按最大不可拆卸部件尺寸高度加 0.5m，宽度加 0.3m 确定，其疏散通道门的最小高度宜为 2m，最小宽度宜为 750mm	5.4.6 设置于屋内的式变压器，其外廓与的净距不应小于 600m变压器之间的距离不1000mm，并应满足巡视要求

配电装置室类题目解题思路：

1. 根据配电装置电压等级定位规范 GB 50060（表 5.4.4、表 7.3.3、表 5 51348（表 4.6.2-2）；
2. 根据题目已知开关柜布置方式（单排、双排面对面、双排背对背、多排）
3. 根据已知是否局部受限条件计算维护通道尺寸；
4. 根据配电装置的长度确定是否增加出口；
5. 计算配电装置室总长度、宽度、面积。

第二章 电器布置

续表

GB 50229 电力防火	GB 51348 民规
11.2.4 地下油浸变压器室门应采用甲级防火门；干式变压器室、电容器室门应采用乙级防火门；蓄电池室、电缆夹层、继电器室、通信机房、配电装置室当门外为公共走道或其他房间时，该门应采用乙级防火门。配电装置室的中间隔墙上的门可采用分别向不同方向开启且宜相邻的2个乙级防火门	4.10.3 民用建筑内的变电所对外开的门应为防火门，并应符合下列规定： 1～6 小条 4.10.9 相邻配电装置室之间设有防火隔墙时，隔墙上的门应为甲级防火门。 GB 55024 3.2.1 变电所直接通向建筑物内非变电所区域的出入口门，应为甲级防火门并应向外开启

左栏续：设备间 电装置 时，应 维燃烧

变压器

GB 51348 民规	配四
表4.5.9 变压器外廓（防护外壳）与变压器室墙壁和门的净距（S已知） 表4.5.10 多台干式变压器布置在同一房间内时，防护外壳间的净距。 4.3.5 设置在民用建筑内的变压器，应选择干式变压器、气体绝缘变压器或非可燃性液体绝缘变压器	P129 表3.2-8 变压器外壳与室墙壁和门的净距 P130 表3.2-9 多台干式变压器防护外壳间的最小距离

左栏续：电 外壳干 周墙壁 。干式 应小于 维修的

4.6）、GB 50053（表4.2-7、表4.2.5）、GB 50054（表4.2.5）、GB

手车式、固定式查找相对应行、列；

表 2-

名称	GB 50053≤20kV 变	
变压器布置地点	2.0.2 油变的车间内变电所的设置原则 2.0.3 多层、高层裙房的油变设置原则，高层主体不设 4.1.3 户内油量≥100kg 油变设单独室 4.1.5 变电所宜单层。双层时，变压器设在底层	5.5.1 户内油…
变压器距离	4.2.2 露天、半露天变电所变压器围栏围墙高度≥1.8m，围墙与外廓≥0.8m，底部距地面≥0.3m，根据油量确定相邻油变净距，不满足设墙 4.2.3 露天、半露天变电所给一级负荷供电，相邻油变间距≥5m。不满足设墙 4.2.4 油浸变外廓与变压器室墙、门最小距离表 4.2.4 6.1.5 露天、半露天油变与建筑物间距小于 5m时：根据油量确定不得设置门、窗、通风口的投影范围 6.1.9 在多层建筑物或高层建筑物裙房的首层布置油浸变压器的变电站时，首层外墙开口部位的上方应设置宽度不小于 1.0m 的不燃烧体防火挑檐或高度不小于 1.2m 的窗槛墙。 6.1.10 露天半露天油浸变之间防火墙高度大于变压器油枕高度、长度大于储油池两侧各加 0.5m	5.4.5 室内油… 检修油变室高 =变压器两侧… 5.5.4 屋外油… 不能满足要求时… 5.5.5 防火墙高… 于储油池两侧各… 器外廓距离≥1… 5.5.6 屋外油… 路油量 600～25… 7.1.11 户外油… 小于 10m 时措… 3m 不开门窗， 5≤L<10 时， 门，变压器高度…
变压器储油	6.1.6 建筑物附设及车间的油变室设 100%储油池。 6.1.7 挡油池 20%以上，设排油设施。1～3 小条的场所应设 100%储油池 6.1.8 独立、附设、露天半露天且油量≥1000kg油变应设储油池或挡油池。并满足 6.1.7	5.5.2 屋内油… 油 或 设 100%… ≥150mm， 5.5.3 屋外油… 油或设 100%储… 5.5.3 油水分… 容量 60%（优… 5.5.3 储、挡… 四周高度≥10… =50～80mm
油浸变压器室	6.1.2 位于下列场所的油浸变压器室的门应采用甲级防火门：1～5 小条	

第二章 电器布置

栏、围墙、道路

GB 50060 高压配电	GB 55024 电智通规
7 屋外配电装置裸露的带●分的上面和下面，不应有用、通信和信号线路架空跨●穿过；屋内配电装置裸露●电部分上面不应有明敷的●、动力线路或管线跨越	
4 室内电气装置的安全净●应小于表 5.1.4 所列数值。●设备外绝缘体最低部位距●于 2500mm 时，应装设固●栏。 7 66～110kV 屋外配电围栏●于 1500mm	3.2.2 民用建筑内设置的变电所不应设置裸露带电导体或装置 3.2.3.1 单独变电所裸导体不低于 2.5m 3.2.3.3 裸露带电导体上方不应装有用电设备、明敷的照明线路和电力线路或管线跨越。 6.2.7 其他建筑裸导体不低于 3.5m，不低于 IP2X 的网孔时 2.5m，网孔至导体 100mm
8 电气设备栅状遮拦高度●200mm、栅状遮拦最低栏杆●面距离≤200mm	
9 电气设备网状遮拦高度●700mm、网状遮拦网孔尺寸●0mm×40mm	
10 在安装有油断路器的屋●隔内应设置防护隔板，高●≥1900mm，条文：宽度=●~600mm	GB 50059 ≥35kV 变
2 中型布置（所有设备同●平面且不上下重叠）屋外●装置环形道路宽度最小●00mm 3 条文 屋外配电装置的巡●路宽度 700～1000mm	2.0.5 屋外变电站站实体围墙 2.2m 2.0.6 消防主要道路宽度 4m

表 2-6 电容

名称	GB 50053 ≤20kV 变		
电容器	5.3.1 高压电容器装置宜单独房间，当非可燃介质且容量较小时可设置在高压室。（配四 P121：之间间距≥1.5m）低压电容器可设置在低压配电室内，容量较大时单独布置。 5.3.2 装配式电容器组 网门与墙距离 D：单列时 D≥1.3m，双列时 D≥1.5m 5.3.3 成套电容器柜单列布置时柜前通道≥1.5m，双列布置时柜面距离≥2m（同 GB 51348 4.8.4 低压成套电容器柜）	布置及距离	8.1.4 高压柜不宜与电容 8.1.10 低压柜与电容可 8.2.3 并联电容器组安装 （配四 P124 屋内装配式 8.2.4 电容器屋外、屋内 墙布置，框架上双排布置 9.1.1 电容器室与其他建 GB 50229 电力防火 表 1 GB 50229 电力防火 11. 于 5m，当间距不满足该
		屋外油浸电容围墙	8.1.7 屋外油浸式并联电 高于周围地坪
		沟道	9.1.6 电缆沟道与电容器
		出口及门	9.1.5 电容器室长超 7m 应
		防火	9.1.2 并联电容器装置应 属于不同主变的屋外电容 9.1.3 框架和柜体采用非 9.1.4 电容器室属于丙级
串联电抗器	干式空心		8.3.3.1 电抗器对上部 8.3.3.2 电抗器中心对 8.3.3.3 电抗器之间中心
	油浸式铁芯		8.3.1 宜布置屋外，当

第三章 安　　全

安全知识点汇总 GB 50054 低压配电 P1

安全 Note1　接地故障回路电流计算步骤、各接地系统详图 GB 50054 低压配电 P21
安全 Note2　等电位接触电阻要求、切断时间 GB 50054 低压配电 P23
安全 Note3　间接接触防护措施 GB 50054 低压配电 P25
安全 Note4　防爆电气设备型号选择步骤：GB 50058 爆规 P23
安全 Note5　电气分隔 SELV PELV 配四 P1462
安全 Note6　特殊装置或场所的电气安全 GB 55024 电智通规 P12

保护导体截面积 GB 50054 低压配电 P12
等电位联结截面 GB 50054 低压配电 P14
静电放电能量及爆炸判断 GB 12158 防静电 P6
施工和拆除场所安全防护要求 配四 P1474 15.3.4
数据处理设备安全防护要求 配四 P1479 15.3.7
光伏电源装置保护 配四 P1495 15.3.12.4

安全 Note1　接地故障回路电流计算步骤、各接地系统详图 GB 50054 低压配电 P21

一、绘制接地故障回路阻抗图 接触电压、等电位（5.2.5）；故障电流（5.2.8）

1. 变压器线圈改为相电压。
2. 提ука①故障相回路的电阻、②所有回路 PE、PEN 线电阻、③电源和设备处接地电阻、④大地电阻；配四 式 9.4-1。
3. 所有设备的相间及相零断开，故障点与外壳相连。
4. 所有接地点相连，并做接地符号。

二、计算等效电阻 R

三、接地故障电流：$I_d = \dfrac{U_{0相电压}}{R_{等效电阻}} = \dfrac{U_{N线电压}}{\sqrt{3}R_{等效电阻}}$（IT 系统考虑绘制多相线路）

TN-C 系统、TN-S 系统、TN-C-S 系统、TT 系统、IT 系统

第一个字母 T 表示：电源端有一点直接接地。
第一个字母 I 表示：电源端所有带电部分不接地或有一点通过高阻抗接地。
第二个字母 N 表示：设备外壳与电源接地点有线直连。
第二个字母 T 表示：设备外壳直接接地，且独立于电源端接地。

TN-C 系统（图 3-1）：
1. PEN 断后外壳带电；
2. 不能安装 RCD 防电击，PE 线严禁断开，严禁装四极开关；
3. 中性线有电压降，对地有电位且不同，不适合爆炸场所及信息场所。

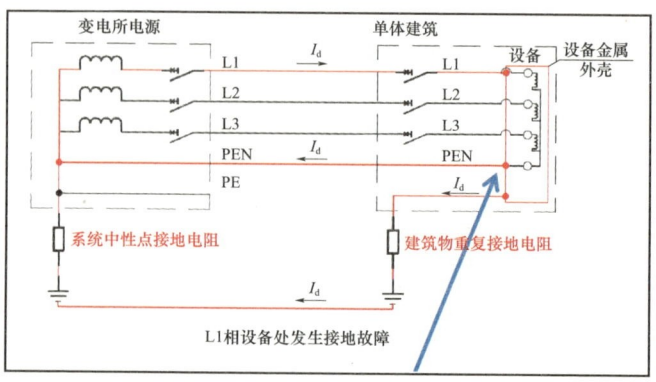

图 3-1　TN-C 系统

TN-S 系统（图 3-2）：
适用于内部设有变电所的建筑物。

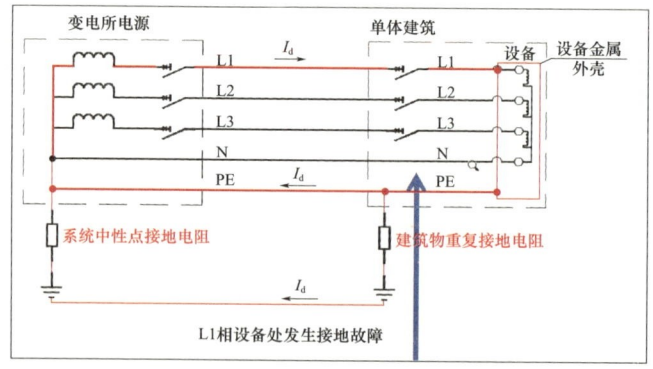

图 3-2　TN-S 系统

TN-C-S 系统（图 3-3）：

1. 省一根室外线；
2. 电源侧不能安装 RCD。

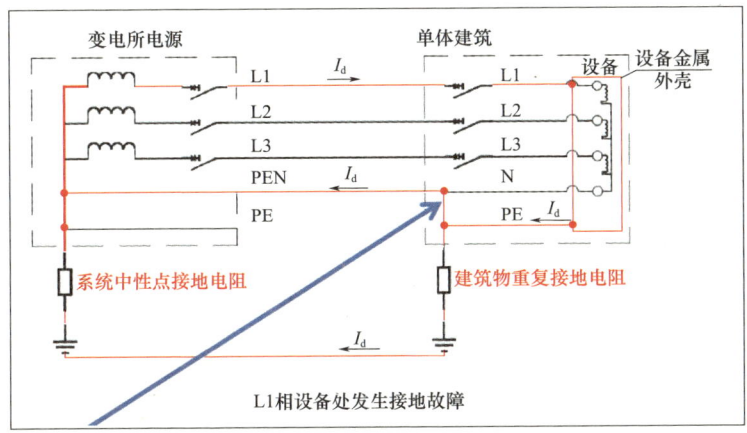

图 3-3　TN-C-S 系统

TT 系统（图 3-4）：

1. 故障电压不互窜；
2. 电阻大，故障电流小，需要加 RCD；
3. 适用于没有等电位联结的室外。

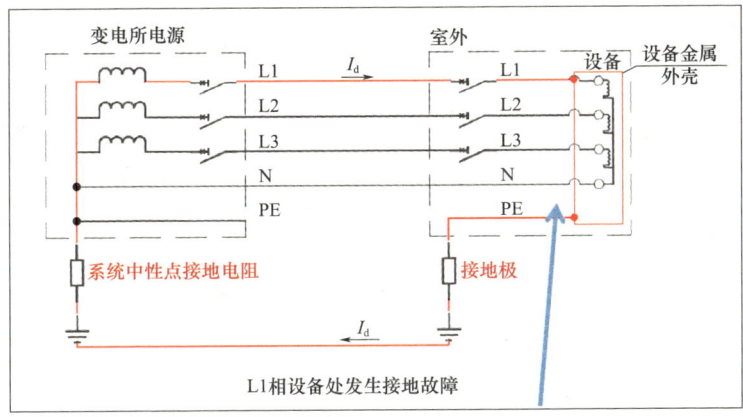

图 3-4　TT 系统

IT 系统：

第一次故障（图 3-5）仅 2 个相对地电容电流向量和，不需切断电源，仅报警。

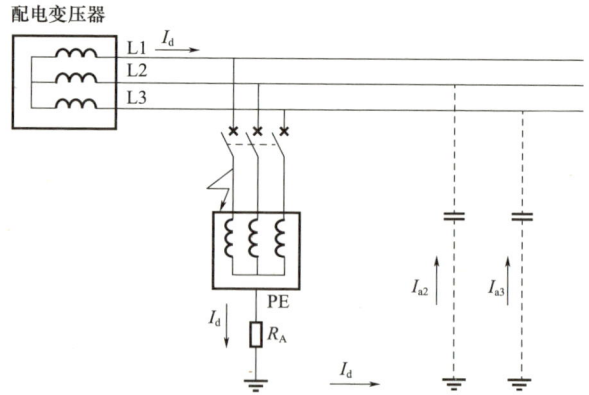

图 3-5　IT 系统发生第一次故障

IT 系统，不引出 N 线系统（图 3-6）：

1. 一般不引出中性线，不能提供 220V；
2. 适用于供电不间断和防电击要求很高场所，矿井、钢铁厂、手术室。

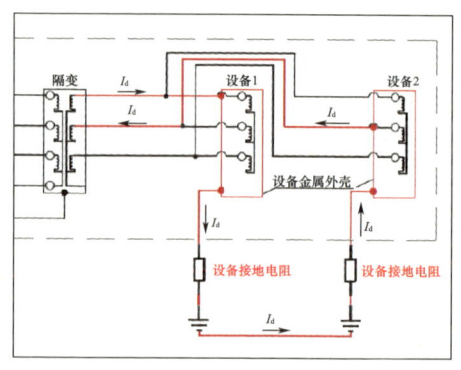

单独接地时发生第二次故障　　　共同接地时发生第二次故障

图 3-6　IT 系统，不引出 N 线系统

IT 系统，引出 N 线系统（图 3-7）：

1. 可获得 220V 电源；
2. 一相接地，其他两项对地电压为 380V，中性线对地电压 220V，需提高设备绝缘水平；
3. 直接、间接接触电压可达 380V，危险大增。

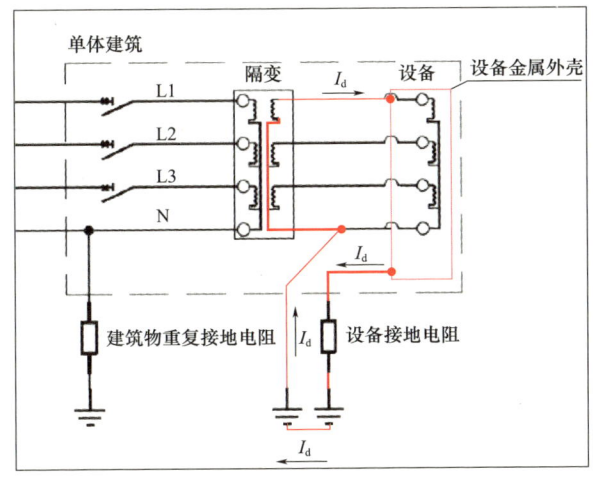

图 3-7　IT 系统，引出 N 线系统

安全 Note2　等电位接触电阻要求、切断时间 GB 50054 低压配电　P23

一、TN 系统等电位的接触电阻 $R_{接触}$：故障点外壳到最近的 LEB 的 PE 线路电阻 0。

前提条件：

做等电位联结，验证接触电压不大于 50V 时：

1. 断路器能在要求的切断时间内可靠动作时：GB 50054 低压配电　式 5.2.5

$R_{接触电阻} \leqslant 50/I_{a动作} = 50/(1.3I_{set3})$　即 接触电压计算时的电流上限值是动作电流 I_a。

2. 断路器不能在要求的切断时间内可靠动作时：GB 50054 低压配电　条文 5.2.5

$R_{接触电阻} \leqslant 50/I_{d故障}$，即接触电压计算时的电流值是故障电流 I_d。

特例：直流为 120V 配四（15.2-9）

二、TN 系统、TT 系统要求切断时间

情况 1：$I_{插座回路} \leqslant 63A$ 或 $I_{固定回路} \leqslant 32A$：GB/T 16895.21 411.3.2.2 最长切断电源时间见表 3-1。

表 3-1　最长切断电源时间　　　　　　　　　　　　　　　　　　　　s

系统	50V<$U_{0相电压}$≤120V		120V<$U_{0相电压}$≤230V		230V<$U_{0相电压}$≤400V		$U_{0相电压}$>400V	
电压	a.c.	d.c.	a.c.	d.c.	a.c.	d.c.	a.c.	d.c.
TN	0.8	无	0.4	1	0.2	0.4	0.1	0.1
TT	0.3	无	0.2	0.4	0.07	0.2	0.04	0.1

注：TT 采用过电流保护切除，且做等电位时，切断时间可用 TN（更长）。

情况2：TN 系统且<u>不满足情况 A</u>（$I_{插座回路} \leq 63A$ 或 $I_{固定回路} \leq 32A$）：$t_{切} \leq 5s$ 411.3.2.3。

情况3：TT 系统且<u>不满足情况 A</u>（$I_{插座回路} \leq 63A$ 或 $I_{固定回路} \leq 32A$）：$t_{切} \leq 1s$ 411.3.2.4。

三、IN 系统 二次接地故障要求切断时间（表3-2）GB 50054 低压配电 5.2.23

表3-2 IN 系统二次接地故障要求切断时间

相电压/线电压 V	切断时间/s	
	没有中性导体配出	有中性导体配出
220/380	0.4（常用情况）	0.8
380/660	0.2	0.4
580/1000	0.1	0.2

安全 Note3　间接接触防护措施 GB 50054 低压配电 P25

一、非自动切除电源的间接接触防护措施：GB 50054 低压配电 P25

二、TN 系统间接接触防护措施：

1. 要求时间内自动切除故障回路：（电流要求必须满足）

   保护电器动作特性：$I_{a 动作电流} = 1.3 I_{set3} \leq I_{d\,min\,最小故障电流}$

   注：求 $I_{d\,min\,最小故障电流}$ 故障电流。

   A. 已知系统及变压器阻抗精确算：$I_{d(A)} = U_{0 相电压} / Z_{S 系统 + 变压器 + 相线 + 保护线}$　（5.2.8）

   B. 仅知相线及保护线截面，已做总等电位，IEC 估算：配四 (11.2-6)

   $$I_{d(A)} = \frac{电源侧阻抗系数 \times U_{相对地220V} \times S_{相导体(mm^2)} \times K_{电抗校正系数} \times K_{多相导体并联}}{1.5 \times \rho_{0 \Omega \cdot mm^2 \cdot m^{-1}} \times \left(1 + \frac{S_{相导体}}{S_{PE}}\right) \times L_{电缆长(m)}}$$

   电源侧阻抗系数：远离变压器、线路截面小、容量大，为（0.95~1）；

   　　　　　　　反之，为（0.8~0.95）。

   $K_{电抗校正系数}$：$S \leq 95$，$K=1$；$S=120$、150，$K=0.96$，$S \geq 185$，$K=0.92$。

   $K_{多相导体并联}$：单电缆=1。n 拼电缆：$4 \times (n-1)/n$。

2. 使接触电压 $\leq 50V$。　特例：直流为 120V 配四 (15.2-9)

   1) 相线与无等电位大地直接短路，（室外非碰壳），忽略线路阻抗：

   $R_{B 所有接地电阻并列} / R_{E 相线大地接地电阻} \leq 50/(U_0 相电压 - 50)$ 式 5.2.11 核心接触电压小于 50

   2) 仅总等电位，配电箱同时向固定式、移动式设备供电：（固定式处短路）

   Z_L配电箱到总等电位 PE 线阻抗 $\leq \frac{50 \times Z_{S 故障回路(固定式处)相线+保护线阻抗}}{U_{0 相电压}} = \frac{50}{I_{d max 最大故障电流(固定式)}}$ 式 5.2.10

   3) 做等电位：$R_{接触电阻} \leq 50/I_{a 动作电流}$ 式 5.2.5

三、TT 系统间接接触防护措施：R_A设备接地电阻 + 接地 PE 线电阻 $\leq 50/I_{a 动作电流}$ 式 5.2.15

注：

　　1. 动作电流 I_a：5.2.16

$I_{a熔断器}$：为保证在 5s 内切断故障回路的电流

$I_{a断路器}$：为保证瞬间切断故障回路的电流

$I_{a剩余电流保护器}$：为额定剩余动作电流，有说明时为设定的满足时间的动作电流。

2. 故障电流 I_d：难以计算 条文说明 5.2.15、5.2.16

实际公式：$I_{d预计故障电流} = U_0 / (R_{B中性点接地} + R_{C设备接地} + R_{接地导体} + R_{PE相线}) \geq$

$I_{a动作电流}$（一般不满足所以用剩余电流）

估算公式：$I_{d预计故障电流} \approx 5I_{\Delta n额定剩余动作电流}$ GB 51348 民规 条文 7.7.8

四、IT 系统间接接触防护措施：

1. 第一次接地故障，故障电流满足 $R_{A设备接地电阻} + _{接地PE线电阻} \leq 50 / I_{d剩余两相电容电流}$ 式 5.2.19

2. 第二次接地故障，共同接地时：

   1) 已知各线路阻抗（精算）GB 50054 低压配电 式 5.2.24-1

   （1）不配 N 线：$I_{c规定时间内切断电源的动作电流} = 1.3 I_{set3} \leq \dfrac{\sqrt{3} U_{0相电压}}{2Z_c} = I_{d·min}$

   注：$2Z_c = 2 \times (Z_{相MAX} + Z_{保MAX})$；选 相$_{(1)}$ + PE$_{(1)}$ + 相$_{(2)}$ + PE$_{(2)}$ 阻抗最大的回路

   （2）配 N 线：$I_{c规定时间内切断电源的动作电流} = 1.3 I_{set3} \leq \dfrac{U_{0相电压}}{2Z_d} = I_{d·min}$ 式 5.2.24-2

   注：$2Z_d \approx Z_{相MAX} + Z_{保MAX} + Z_{零MAX} + Z_{保MAX}$；选 相$_{(1)}$ + PE$_{(1)}$ + 零$_{(2)}$ + PE$_{(2)}$ 阻抗最大的回路

   2) 仅知相线及保护线截面，IEC 估算：

   （1）不同回路，不配出 N 线：配四 P968 式 11.2-8

   $$I_{d\cdot min(A)} = \dfrac{0.5 \times 电源侧阻抗系数 \times U_{相间380V} \times S_{相导体} \times K_{电抗校正系数} \times K_{多相导体并联}}{1.5 \times \rho_{(\Omega \cdot mm^2/m)} \times \left(1 + \dfrac{S_{相导体}}{S_{PE}}\right) \times L_{电缆长(m)}}$$

   （2）不同回路（相保＋N 保），配出 N 线：配四 P968 式 11.2-8 改

   $$I_{d\cdot min(A)} = \dfrac{0.5 \times 电源侧阻抗系数 \times U_{相对地220V} \times S_{相导体} \times K_{电抗校正系数} \times K_{多相导体并联}}{1.5 \times \rho_{0几(\Omega \cdot mm^2/m)} \times \left(1 + \dfrac{S_{相导体}}{S_{PE}}\right) \times L_{电缆长(m)}}$$

   注：电源侧阻抗系数：远离变压器、线路截面小、容量大，为 (0.95～1)

   　　　　　　　　　反之，为 0.8～0.95

   　$K_{电抗校正系数}$：$S \leq 95$，$K=1$；$S=120、150$，$K=0.96$；$S \geq 185$，$K=0.92$

   　$K_{多相导体并联}$：单电缆，$=1$；n 拼电缆，$4 \times (n-1)/n$

3. 第二次接地故障，满足 5.2.21-2 单独接地时：同 TT

   $R_{A设备接地电阻} + _{接地PE线电阻Max} \leq 50 / I_{a动作电流}$ GB 50054 式 5.2.15

安全 Note4　防爆电气设备型号选择步骤：GB 50058 爆规 P23
　一、爆炸气体环境分区及爆炸粉尘环境分区：例如 0、1、2、20、21、22 区
　　1. 爆炸气体环境：GB 50058 爆规 3.2.1
　　　1) 连续出现、长期出现：0 区
　　　2) 正常运行时，可能出现：1 区
　　　3) 正常运行时，不太可能出现、短时存在：2 区
　　2. 爆炸粉尘环境：GB 50058 爆规 4.2.2
　　　1) 连续、长期、频繁出现：20 区
　　　2) 正常运行时，很可能偶然出现：21 区
　　　3) 正常运行时，不太可能出现、短时存在：22 区
　二、保护级别：例如 Ga、Gb、Gc、Da、Db、Dc GB 50058 爆规 表 5.2.2-1
　　　根据分区 ▲Note一 查 P19 表 5.2.2-1 确定保护级别
　三、防爆形式(2)：例如 d、e、o、q、tD、i_、m_、p_、n_ GB 50058 爆规 表 5.2.2-2
　　　根据保护级别 ▲Note二 查 P19~21 表 5.2.2-2 确定防爆形式(2)
　四、可燃物级别、引燃温度组别和引燃温度：例如 ⅡA~C、ⅢA~C；$T_{1\sim 6}$；_℃ 附录 C
　　1. 单一气体可燃物：根据可燃物名称 查 P48~64 附录 C 得出该气体可燃物级别、引燃温度组别和引燃温度
　　2. 多组分可燃物：
　　　1) 未知各可燃物比例：取危险程度较高的级别ⅡC T_6　低温
　　　2) 已知各可燃物比例：GB 50058 爆规
　　　　(1) 查 P108 表 5 得各可燃物 MESG
　　　　(2) 根据条文 P107 公式计算总 MESG
　　　　(3) MESG 查 条文 P106 表 4 得可燃物级别
　　3. 单一粉尘可燃物：根据可燃物名称查 P70~75 附录 E 得出该粉尘可燃物级别、表面堆积可燃层引燃温度
　五、设备类别(3)：例如 ⅡA~C、ⅢA~C GB 50058 爆规 P21 表 5.2.3-1
　　　根据可燃物级别 ▲Note四 查 P21 表 5.2.3-1 确定设备类别(3)。
　六、电气设备温度级别(4)：例如 $T_{1\sim 6}$ GB 50058 爆规 表 5.2.3-2
　　1. 根据引燃温度 ▲Note四 查 P22 表 5.2.3-2 查得满足引燃温度范围的一行
　　2. 查该行对应的最后一列则确定了该环境下应用电气设备温度级别范围(4)
　例：某处于危险区为 1 区的柴油查附录 C，气体级别为ⅡA，引燃温度为 220℃。
选择设备保护级别为 Gb，防爆形式为 d，设备类别为ⅡA，设备温度级别为 T_3，最终该场所电气设备选择：Ex d ⅡA T_3（Ex 防爆形式(2)、设备类别(3)、设备温度级别(4)）

1. Ex：防爆设备标志。　　2. d：防爆形式，如隔爆型。
3. ⅡA：设备类别。　　　4. T_4：设备温度级别，如表面最高温度小于200℃。

安全 Note5　电气分隔 SELV PELV　配四　P1462

一、电气分隔电压要求：隔离变压器二次输出电压应≤500V　配四　15.2.2.3
二、电气分隔要求（SELV 安全特低压）：GB 55024 电智通规　4.6.4
1. 隔离变压器不应功能接地（N 不接地）。
2. 用电设备外露可导电部分严禁接地（设备不接地）。
3. 被分隔回路不应与地或其他回路保护导体及外露可导电部分连接。（回路不接地）
4. 用于多设备时：多设备外壳做不接地的等电位　配四　15.2.2.3。
5. 用于多设备时，不同相短路时：确保规定时间内切断电源　配四　15.2.2.3。
   1) 当回路发生接地故障时：故障电流为线路的电容电流，其值非常小，用电设备外露可导电部分对地电压接近 0V。
   2) 当 PE 线带有故障电压时：该故障电压也不会传至 SELV 电路（图 3-8）中。

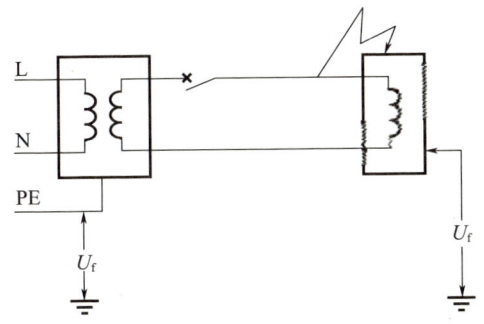

图 3-8　SELV 电路

三、非标准分隔接线方式（PELV 保护接地特低压）：配四　图 15.2-8～图 15.2-12
1. 设备外壳接地
不能用 PE 导体接地，当发生接地故障时，故障电流没有返回电源的导体通路，只有电容电流。预期接触电压比较小。电气分隔回路如图 3-9 所示。
2. 二次侧 PE 接一次侧 PE 线
（1）当 PE 线带有故障电压时，用电设备外露可导电部分对地电压为 0V。
（2）当 PE 线带有故障电压且 PELV 回路又发生用电设备接地故障时，用电设备外露可导电部分对地电压 $U_{\text{c}}=U_{\text{f}}$ 与 $U_{\text{f3.V}}$ 相量和。PELV 电路（用电设备外露可导电部分不接地）如图 3-10 所示。

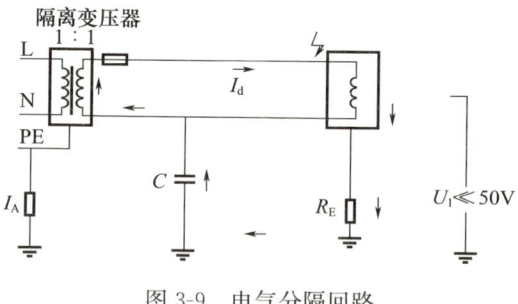

图 3-9 电气分隔回路

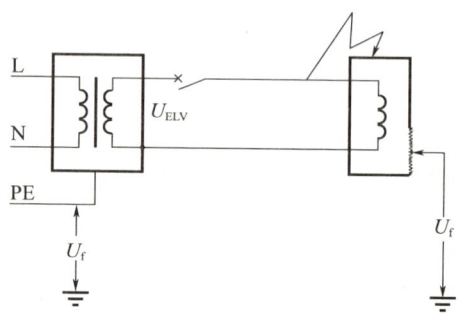

图 3-10 PELV 电路（用电设备外露可导电部分不接地）

3. 二次侧 PE 接一次侧 PE 线、设备外壳接二次侧 PE 线

（1）PE 线带有故障电压时，用电设备外露可导电部分对地电压为 U_f。

（2）如果 PE 线带有故障电压 U_f 且 PELV 回路发生用电设备接地故障，用电设备外露可导电部分对地电压 $U_{e}=U_f$ 与 $U_{ELV}/2$ 相量和。PELV 电路（用电设备外露可导电部分接地）如图 3-11 所示。

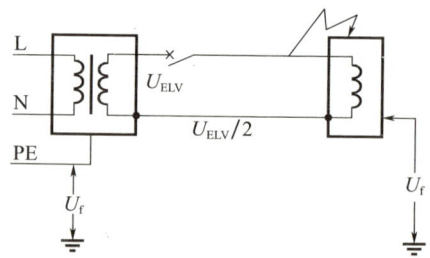

图 3-11 PELV 电路（用电设备外露可导电部分接地）

安全 Note6　**特殊装置或场所的电气安全** GB 55024　电智通规　P12

装有浴盆或淋浴盆的场所（GB 55024 4.6.6～4.6.10，GB 51348 12.10、附录C，配四 15.3.1）

装有浴盆或淋浴盆的场所中各区域的范围如图 3-12 所示。

0 区：指浴盆或淋浴盆的内部；对于没有浴盆的场所，0 区的高度为 10cm。

1 区：由已固定的淋浴头或出水口的最高点对应的水平面或地面上方 225cm 的水平面中较高者与地面所限定区域；围绕浴盆或淋浴盆的周围垂直面所限定区域；对于没有浴盆或淋浴器的场所，是从距离固定的墙壁或天花上的出水口中心点的 120cm 垂直面所限定区域。

2 区：由固定的淋浴头或出水口的最高点相对应的水平面或地面上方 225cm 的水平面中较高者与地面所限定区域；由 1 区边界线出的垂直面与相距该边界线 60cm 平行于该垂直面的界面两者之间所形成区域；没有浴盆或淋浴器的场所，是没有 2 区的，但 1 区被扩大为距固定在墙上或天花上的出水口中心点的 120cm 垂直面。

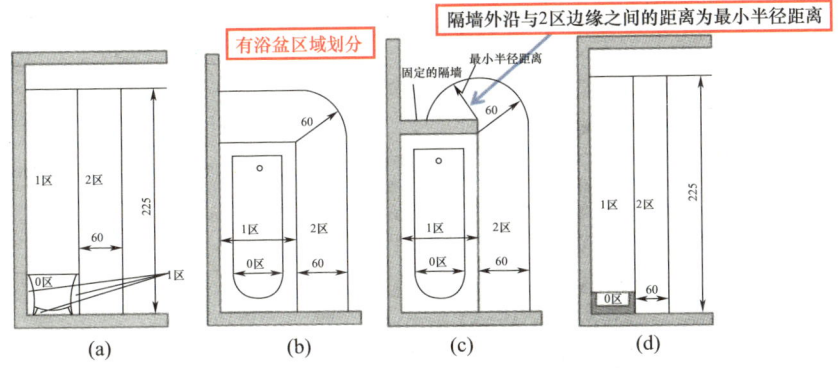

图 3-12　装有浴盆或淋浴盆的场所中各区域的范围（cm）

(a) 侧视图浴盆；(b) 顶视图；(c) 侧视图（有固定隔墙和围绕隔墙的最小半径距离）；(d) 侧视图淋浴盆

装有无淋浴盆或淋浴器的场所中内区域 0 区和 1 区范围如图 3-13 所示。

0 区：指浴盆或淋浴盆的内部；对于没有浴盆的场所，0 区的高度为 10cm。

1 区：由已固定的淋浴头或出水口的最高点对应的水平面或地面上方 225cm 的水平面中较高者与地面所限定区域；围绕浴盆或淋浴盆的周围垂直面所限定区域；对于没有浴盆或淋浴器的场所，是从距离固定在墙壁或天花上的出水口中心点的 120cm 垂直面所限定区域。

2 区：由固定的淋浴头或出水口的最高点相对应的水平面或地面上方 225cm 的水平面

中较高者与地面所限定区域;由1区边界线出的垂直面与相距该边界线 60cm 平行于该垂直面的界面两者之间所形成区域;没有浴盆或淋浴器的场所,是没有2区的,但1区被扩大为距固定在墙上或天花上的出水口中心点的120cm垂直面。

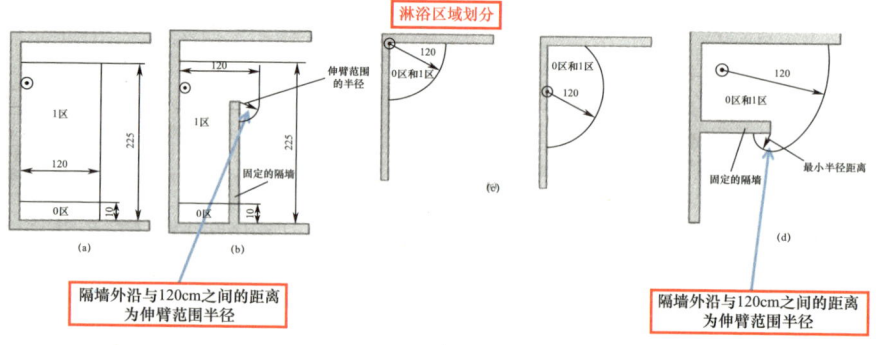

图 3-13 装有无淋浴盆或淋浴器的场所中内区域 0 区和 1 区范围 (cm)
(a) 侧视图;(b) 侧视图 (有固定隔墙和围绕隔墙的最小半径距离);(c) 出水器不同位置的顶视图;
(d) 有出水器的顶视图 (有固定隔墙和围绕隔墙的最小半径距离)

一、设备外壳防护等级: GB 51348 12.10.2

装有固定的浴盆或淋浴场所的安全防护应根据所在区域,采取相应的安全防护措施。装有固定的浴盆或淋浴场所区域的划分应符合本标准附录C的规定。各区内所选用的电气设备的防护等级应满足下列要求:

1. 在 0 区内应至少为 IPX7;
2. 在 1 区内应至少为 IPX4;
3. 在 2 区内应至少为 IPX4 (在公共浴池内应为 IPX5)。

二、设备配电方式选择: GB 51348 12.10.3

装有浴盆或淋浴器的房间,除下列回路外,应对电气配电回路采用额定剩余动作电流不超过 30mA 的剩余电流保护器 (RCD) 进行保护:(1) 采用电气分隔的保护措施,且一个回路只供给一个用电设备;(2) 采用 SELV 或 PELV 保护措施的回路。

三、电击防护措施: GB 55024

装有固定浴盆或淋浴场所的电击防护措施应符合下列规定 (GB 55024 4.6.6):

1. 0 区内电气设备应采用额定电压不超过交流 12V 或直流 30V 的安全特低电压 (SELV) 防护,供电电源装置应安装在 0 区和 1 区之外;
2. 0 区和 1 区内安装的电气设备应采用固定的永久性连接方式;
3. 0 区内不应装设开关设备、控制设备、电源插座和接线盒;
4. 在装有浴盆和/或淋浴器的房间内部,应设置辅助等电位联结作为附加防护。

四、住宅装有淋浴或浴盆的卫生间配电要求：JGJ 242 详见表3-3、表3-4。

表3-3 相关要求汇总表

8.5.4	剃须刀电源插座	底边距地 1.0～1.3m	排风机及其他电源插座宜安装在2区以外
8.5.6	电热水器电源插座	底边距地不宜低于2.3m	
9.4.4	卫生间照明	1. 采用防潮型； 2. 不应安装在0、1区及上方； 3. 配电采用RCD； 4. 控制开关设门外	卫生间的插座回路均需安装RCD
10.2.1	等电位联结	装有淋浴或浴盆的卫生间应做局部等电位联结	

表3-4 保护等电位联结线截面汇总表

类别	一般值		最小值		最大值
总等电位联结线 3.2.15	不应小于配电线路最大保护接地导体（PE）截面面积的一半 $S \geq S_{PE\text{-}Max}/2$		铜导体：$S \geq 6mm^2$		铜导体：$S \leq 25mm^2$
			铝导体：$S \geq 16mm^2$		铝、钢导体：$S \leq$ 与25mm² 铜导体载流量相同铝或钢导体的截面面积
			钢导体：$S \geq 50mm^2$		
局部等电位联结线 3.2.17	—1：不应小于局部场所内最大保护接地导体（PE）截面面积的一半 $S \geq S_{PE\text{-}Max}/2$		—3：单独敷设且有机械防护时	铜导体：$S \geq 2.5mm^2$	—2：铜导体，$S \leq 25mm^2$；铝、钢导体，$S \leq$ 与25mm² 铜导体载流量相同铝或钢导体的截面面积
				铝导体：$S \geq 16mm^2$	
			—3：单独敷设且无机械防护时	铜导体：$S \geq 4mm^2$	
				铝导体：$S \geq 16mm^2$	
辅助等电位联结线 3.2.16	—1：两个设备之间	不应小于较小设备的保护接地导体（PE）截面面积。$S \geq S_{PE\text{-}Min}$	—3：单独敷设且有机械防护时	铜导体：$S \geq 2.5mm^2$	无限制
				铝导体：$S \geq 16mm^2$	
	—2：设备与非设备导电部分	不应小于相应设备（PE）截面面积的一半。$S \geq S_{PE}/2$	—3：单独敷设且无机械防护时	铜导体：$S \geq 4mm^2$	
				铝导体：$S \geq 16mm^2$	

人畜效应知识点汇总 GB/T 13870.1 人畜 P1

第一章　短路知识点汇总　配四 P279
　　短路 Note1　IEC 法　配四 P183
第二章　电器布置
第三章　安全
　　安全 Note1　**接地故障回路电流计算步骤、各接地系统详图** GB 50054 低压配电 P21
　　安全 Note2　**等电位接触电阻要求、切断时间** GB 50054 低压配电 P23
　　安全 Note4　**防爆电气设备型号选择步骤：** GB 50058 爆规 P23
　　安全 Note5　**电气分隔 SELV PELV** 配四 P1462
　　安全 Note6　**特殊装置或场所的电气安全** GB 55024 电智通规 P12
　　Note1　**人体总阻抗计算（手到手）** GB/T 13870.1 人畜 P7
　　Note3　**电流路径主要为其他部位时等效阻抗计算** GB/T 13870.1 人畜 P17 图 2
　　Note4　**接触回路电流、生理效应计算** GB/T 13870.1 人畜 P15 图 2
第四章　负荷计算
　　Note1　**设备功率 P_e 计算**　配四 P5
　　Note2　**单位指标法**　配四 P7（1.3-1、1.3-2）
　　Note3　**需要系数法**　配四 P11（1.4-1～1.4-6）
　　Note4　**利用系数法**　配四 P17（1.5-1～1.5-7）
　　Note5　**利用系数法——5 台及以下设备相近**　配四 P19
　　Note6　**单相负荷计算原则**　配四 P21
第五章　高压电器
　　高压电器 Note1　**按主要额定特性参数选择**　配四 P315
　　高压电器 Note2　**短路时间 t 选择**　配四 P333
　　高压电器 Note3　**按环境条件选择修正**　配四 P322
　　高压电器 Note4　**短路动稳定校验，校验作用力 F_{k3}** 配四 P376 表 5.5-14
　　高压电器 Note5　**短路动稳定校验，校验导体应力 σ_{cm}** 配四 P376 表 5.5-14
　　高压电器 Note6　**短路热稳定校验**　配四 P385 表 5.6-8
　　高压电器 Note7　**负荷开关-熔断器组合电气的选择与校验**　配四 P395
　　高压电器 Note8　**IEC 单根导体短路动稳定校验**　配四 P335
　　高压电器 Note9　**IEC 热稳定校验**　配四 P379
第六章　低压电器

低压电器 Note9　保护电器的级间选择性　配四 P1020

低压电器 Note12　起重机　配四 P1129

低压电器 Note13　电梯和自动扶梯　配四 P1146~P1147

第七章　供配电

第八章　继电保护

第九章　线路

线路 Note1　**线路各半径、几何均距、对地高度**《电力工程高压送电线路设计手册》（第二版）P16

线路 Note2　**正序（负序）电抗**《电力工程高压送电线路设计手册》（第二版）P16

线路 Note3　**零序阻抗**《电力工程高压送电线路设计手册》（第二版）P17

线路 Note4　**导线对称布置：正序、负序、零序电容**《电力工程高压送电线路设计手册》（第二版）P20

线路 Note5　**无地线：正序、负序电容、电纳**《电力工程高压送电线路设计手册》（第二版）P21

线路 Note6　**零序电容、电纳**《电力工程高压送电线路设计手册》（第二版）P22

线路 Note7　**送电线路的波阻抗、自然功率、导线表面的电场强度**《电力工程高压送电线路设计手册》（第二版）P24

线路 Note8　**架空线张力应力概念**《电力工程高压送电线路设计手册》（第二版）P177

线路 Note9　**观测最大风速、基本风速、风速换算**《电力工程高压送电线路设计手册》（第二版）P167

线路 Note10　**风压、梯度风速计算**《电力工程高压送电线路设计手册》（第二版）P173

线路 Note11　**气象条件组合、风速换算** GB 50061 线路 P7《电力工程高压送电线路设计手册》（第二版）P179

线路 Note12　**电线荷载（张力）、比载（应力）、神奇大表格**《电力工程高压送电线路设计手册》（第二版）P179

线路 Note14　**临界档距、有效临界档距、控制气象条件、控制档距**《电力工程高压送电线路设计手册》（第二版）P187

线路 Note15　**施工弧垂计算** GB 50061 线路 P9

线路 Note16　**风振及防振**《电力工程高压送电线路设计手册》（第二版）P218

线路 Note17　**水平、垂直档距，水平（风）荷载、垂直荷载**《电力工程高压送电线路设计手册》（第二版）P174

线路 Note18　**转角塔风、角度、横向荷载；不平衡力**《电力工程高压送电线路设计手册》（第二版）P327

线路 Note19	**金具、绝缘子机械强度、破坏荷载、握力** GB 50061 线路 P11
线路 Note20	**绝缘子片数、最小间隙** GB 50061 线路 P13
线路 Note21	**风偏角**《电力工程高压送电线路设计手册》(第二版) P103
线路 Note22	**导线布置线间距离、保护角** GB 50061 线路 P15
线路 Note24	**杆塔定位高度、呼称高**《电力工程高压送电线路设计手册》(第二版) P602
线路 Note25	**对地距离、交叉跨越** GB 50061 线路 P32

第十章 导体

导体 Note1	**按载流量选**电缆截面（电力派）GB 50217 缆规 P72 附录 D
导体 Note2	**按载流量选**电缆截面（电力派）**7个修正系数** GB 50217 缆规 P72 附录 D
导体 Note3	**按载流量选**母线、裸导体截面（电力派）DL/T 5222 导规 P11
导体 Note4	**按经济电流密度选截面** GB 50217 缆规 P57 附录 B DL/T 5222 导规 P141 5.1.6
导体 Note6	**热稳定选截面** 配四 P383
导体 Note7	**电缆计算长度、订货长度** GB 50217 缆规 P81
导体 Note8	**电缆、电线的绝缘（额定电压、绝缘类型）** 配四 P779
导体 Note9	**感应电势、感应电势接地形式、护层电压限制器** GB 50217 缆规 P78
导体 Note10	**电缆沟、电缆隧道、工作井、电缆夹层、厂房尺寸间距** GB 50217 缆规 P39
导体 Note11	**穿管敷设最大管长、实际（允许）拉力、实际（允许）侧拉力** GB 50217 缆规 P82
导体 Note13	**按载流量选**电缆、导体截面（IEC法）配四 P813
导体 Note14	**按载流量选**电缆、导体截面（IEC法）**七个修正系数** 配四 P813

第十一章 照明

照明 Note1	**常规参数定义及计算**《照明设计手册》(第三版) P1 GB/T 50034 照规 P3
照明 Note2	**照明方式、种类；光源、灯具、附属装置选择** GB/T 50034 照规 P9
照明 Note3	**照明数量和质量** GB/T 50034 照规 P13
照明 Note4	**LPD 功率密度** GB/T 50034 照规 P41
照明 Note5	**点光源点照度计算步骤**《照明设计手册》(第三版) P119
照明 Note6	**线光源点照度计算步骤**《照明设计手册》(第三版) P129
照明 Note7	**面光源点照度计算步骤**《照明设计手册》(第三版) P137
照明 Note8	**室内平均照度计算、灯数量**《照明设计手册》(第三版) P145
照明 Note9	**单位容量法计算最低电功率及灯数量**《照明设计手册》(第三版) P153
照明 Note10	**平均球面照度、标量照度、平均柱面照度**《照明设计手册》(第三版) P157
照明 Note11	**大面积投光灯照度**《照明设计手册》(第三版) P161

照明 Note12	导光管采光照度《照明设计手册》(第三版) P169
照明 Note13	道路照明《照明设计手册》(第三版) P407
照明 Note14	照度、工作面高度、炫光、均匀度、显色指数、规范限值 GB/T 50034 照规 P17

第十二章 防雷

防雷 Note1	建筑物防雷等级分类 GB 50057 防雷 P9
防雷 Note2	年预计雷击次数 N GB 50057 防雷 P61 配四 P1257
防雷 Note3	接闪器布置、引下线、等电位连接环要求 GB 50057 防雷 P37
防雷 Note4	排放危险气体的管口保护范围，保护范围外物体的措施 GB 50057 防雷 P11
防雷 Note5	一类民用建筑 接闪杆、接闪线、接闪网 空中水平距 S_{a1}、空中垂直距 S_{a2}、地中距 S_{e1}、树与建筑净距、一类接地电阻限值 GB 50057 防雷 P13
防雷 Note6	滚球法——单支接闪杆 GB 50057 防雷 P67
防雷 Note7	滚球法——两支等高接闪杆间 GB 50057 防雷 P69
防雷 Note8	滚球法——接闪线 GB 50057 防雷 P73
防雷 Note9	一、二类防闪电感应措施、一、二、三类防侧击 GB 50057 防雷 P27
防雷 Note10	防闪电电涌侵入：架空线转电缆埋地的空中距、电缆埋地长度、有效埋地长度 GB 50057 防雷 P15
防雷 Note11	工频接地电阻 $R_\sim$、冲击接地电阻 R_i GB 50057 防雷 P63
防雷 Note12	一类建筑接地体要求，补加接地体 GB 50057 防雷 P17
防雷 Note13	二类建筑接地体要求，补加接地体 GB 50057 防雷 P23
防雷 Note14	三类建筑接地体要求，补加接地体 GB 50057 防雷 P29
防雷 Note15	二、三类 利用钢筋做引下线的 6 点要求、GB 50057 防雷 P21
防雷 Note16	K_c 分流系数 GB 50057 防雷 P79
防雷 Note17	二、三类防反击：金属物与引下线的间隔距离 S_{a3} GB 50057 防雷 P25
防雷 Note18	防闪电电涌侵入，SPD：接线形式、I_{imp} 冲击电流、I_{max} 最大放电电流、I_n 标称放电电流 GB 50057 防雷 P19
防雷 Note19	屋面用电设备线路 SPD 雷电流、压降 GB 50057 防雷 P152 4.5.4-3 及条文说明
防雷 Note20	SPD：U_c 运行电压、U_p 电压保护水平 $U_{p/f}$ 有效电压水平 GB 50057 防雷 P89
防雷 Note21	U_w 设备耐压 SPD 与耐压配合（是否加装 SPD）、SPD 级间配合、去耦元件电感值、SPD 后备保护熔断器选择 GB 50057 防雷 P56
防雷 Note22	电子信息系统振荡保护距离 L_{po}、感应保护距离 L_{pi}、SPD 距离校验 GB

50343 电子防雷 P25

防雷 Note23　防电磁脉冲：最小平均距离 S_a、磁场强度 H_0、H_1、感应电压 U_{oc}、感应电流 I_{sc}、自电感 L、LPZ_{n+1} 区各值 GB 50057 防雷 P49

防雷 Note24　SF 屏蔽系数、屏蔽效能、电子设备最小屏蔽厚度 t_{min} GB 50057 防雷 P47

防雷 Note25　电缆从户外进入户内的屏蔽层截面积 S_c GB 50057 防雷 P87

防雷 Note26　年损坏风险 R_T、年雷击次数允许值 N_T、防雷装置效率 η GB 50057 防雷 P110

过电压 Note1　**工频应力电压、工频故障电压**（实际值）GB/T 16895.10 P4

过电压 Note2　变压器保护接地 R_E、中性点接地 R_B 共用条件 GB/T 50065 接地 P37

过电压 Note3　**系统中性点接地方式** GB/T 50064 过电压 P5

过电压 Note4　**各类基准电压、过电压值** GB/T 50064 过电压 P7

过电压 Note5　变配电所空中距 S_{a1}、地中距 S_{e1} GB/T 50064 过电压 P32

过电压 Note6　**折线法——避雷针** GB/T 50064 过电压 P19

过电压 Note7　**折线法——避雷线** GB/T 50064 过电压 P21

过电压 Note8　**MOA 布置** GB/T 50064 过电压 P35

过电压 Note9　**设备绝缘雷电耐压值与 MOA 雷电残压配合** GB/T 50064 过电压 P55

过电压 Note10　**MOA 持续运行电压、额定电压** GB/T 50064 过电压 P15

过电压 Note11　高压设备额定**雷电冲击耐受电压、额定工频耐受电压及修正** GB/T 50064 过电压 P57 配四 P1225

过电压 Note12　**最小空气间隙及海拔修正** GB/T 50064 过电压 P53

第十三章　直流

直流 Note1　**电流换算** DL/T 5044 直流 P53

直流 Note2　**负荷统计** DL/T 5044 直流 P15

直流 Note3　**蓄电池容量** DL/T 5044 直流 P57

直流 Note4　**蓄电池个数**；单体蓄电池、母线**浮充电、均衡充电压、事故末终止电压** DL/T 5044 直流 P51

直流 Note5　计算电缆截面 DL/T 5044 直流 P71

直流 Note6　充电装置、高频开关电源模块数 DL/T 5044 直流 P67

直流 Note7　断路器、熔断器、隔离开关 DL/T 5044 直流 P41

第十四章　传动

传动 Note1　电动机参数高频公式《钢铁企业电力设计手册》(下册) P1

传动 Note2　S6 工作制电动机参数、选择校验《钢铁企业电力设计手册》(下册) P49

传动 Note3　S1 工作制电动机参数、选择校验《钢铁企业电力设计手册》(下册) P51

传动 Note4　电阻降压启动《钢铁企业电力设计手册》（下册）P105

传动 Note5　能耗制动《钢铁企业电力设计手册》（下册）P115

传动 Note6　机械转矩换算到电动机轴《钢铁企业电力设计手册》（下册）P19

传动 Note7　交流调速——三相零式**交交变频**《钢铁企业电力设计手册》（下册）P305

传动 Note8　交流调速——三相桥式**交交变频**《钢铁企业电力设计手册》（下册）P335

传动 Note9　交流调速——**交直交变频**《钢铁企业电力设计手册》（下册）P324

传动 Note10　直流调速——整流变压器容量《钢铁企业电力设计手册》（下册）P403

传动 Note11　直流调速——平波和均衡电抗器《钢铁企业电力设计手册》（下册）P407

传动 Note12　偶尔启用——频敏变阻器《钢铁企业电力设计手册》（下册）P119

传动 Note13　断续周期工作制——频敏变阻器《钢铁企业电力设计手册》（下册）P125

传动 Note14　**PLC 接线数与点位数**《钢铁企业电力设计手册》（下册）P509

传动 Note15　PLC 编程《钢铁企业电力设计手册》（下册）P513

第十五章　接地

接地 Note1　入地电流对称 I_g、入地不对称电流 I_G、地电位升高 V　GB/T 50065 接地　P55

接地 Note2　接触电位差允许值 U_t、实际值 U_m、校验　GB/T 50065 接地　P57

接地 Note3　跨步电位差允许值 U_s、实际值 U_s、校验　GB/T 50065 接地　P61

接地 Note4　接地电阻允许值　GB/T 50065 接地　P27

接地 Note5　水平、垂直接地极工频接地电阻实际值 $R_\sim$　GB/T 50065 接地　P47

接地 Note6　接地网工频接地电阻实际值 $R_\sim$、综合土壤电阻率 ρ　GB/T 50065 接地　P49

接地 Note7　杆塔接地装置工频接地电阻实际值 $R_\sim$　GB/T 50065 接地　P67

接地 Note8　季节系数修正土壤电阻率和实际检测接地电阻　GB/T 50065 接地　P23

接地 Note9　冲击电阻　GB/T 50065 接地　P69

接地 Note10　人工接地极选截面　GB/T 50065 接地　P65

第十六章　节能

节能 Note1　三个时间 $H_{py(t)}$、τ、T_{max}　DL/T 985—2022 配电变能耗　P15

节能 Note2　线路升压的好处　配四 P1535

节能 Note3　线路损耗　节电计算　配四 P27

节能 Note4　电容器、电抗器损耗　配四 P33

节能 Note5　年电能消耗量（非损耗）配四 P25

节能 Note6　变压器四大参数　变压器损耗《钢铁企业电力设计手册》（上册）P290

节能 Note7　三绕组变压器损耗　配四 P32

节能 Note8　经济负载系数（最小损失率）《钢铁企业电力设计手册》（上册）P293

节能 Note9　（无 K_T）综合功率损失　年综合电能损耗　综合经济负载系数 $K_{Q无功经济当量}$

《钢铁企业电力设计手册》（上册）P295

节能 Note10　变压器 1 换 1 节电计算《钢铁企业电力设计手册》（上册）P293

节能 Note11　变压器 6 个功率因数《钢铁企业电力设计手册》（上册）P295

节能 Note12　变压器 运行 2 台比 1 台 节电计算《钢铁企业电力设计手册》（上册）P296

节能 Note13　**变压器临界负荷 容量相同运行几台最经济** 配四 P1561

节能 Note14　K_T **波动损耗系数** GB/T 13462 电力变经济 P15

节能 Note15　（带 K_T 波动损耗系数）变压器四大参数、损耗 GB/T 13462 电力变经济 P7

节能 Note16　（带 K_T 波动损耗系数）综合功率损失 年综合电能损耗 综合经济负载系数无功经济当量 K_Q GB/T 13462 电力变经济 P3

节能 Note17　变压器综合功率（有 $K_{T波动损耗系数}$）节电计算 GB/T 13462 电力变经济 P9

节能 Note18　调整相间不平衡负载 节电计算 GB/T 13462 电力变经济 P19

节能 Note19　**穿越电网引起电网功率损失** GB/T 13462 电力变经济 P13

节能 Note20　变压器回收年限《钢铁企业电力设计手册》（上册）P291

节能 Note21　**费用现值系数 k_{pv} 年负载等效系数 P_L 初始费用 C_0 空载有功损耗 P_0 负载（短路）有功损耗 P_k** DL/T 985—2022 配电变能耗 P11

节能 Note22　变压器总拥有费用（综合能效费用）TOC DL/T 985—2022 配电变能耗 P5

节能 Note23　变压器投资回报年限 DL/T 985—2022 配电变能耗 P9

节能 Note24　无功经济当量 K_Q DL/T 985—2022 配电变能耗 P7

节能 Note25　电动机 节能《钢铁企业电力设计手册》（上册）P303

节能 Note26　风机水泵 节能《钢铁企业电力设计手册》（上册）P311

第十七章　智能化

火警 Note1　哪里设置火灾自动报警系统 GB 50016 火规 P119 GB 50116 火警 P57

火警 Note2　哪里设置电气火灾监控系统 GB 50016 火规 P131 GB 51348 民规 P189

火警 Note3　火警控制器、联动控制器台数、短路隔离器个数 GB 50116 火警 P3

火警 Note4　火灾探测器的选择 GB 50116 火警 P19

火警 Note5　火灾探测器的设置（间距、数量）GB 50116 火警 P24

火警 Note6　线性光束感烟设置（距离、数量）GB 50116 火警 P27

火警 Note7　声光报警器要求其他规范补充 GB 50116 火警 P29

火警 Note8　消防广播要求其他规范补充 GB 50116 火警 P31

声学 Note1　声压级、功率级计算 GB 51348 民规 P419 附录 F

声学 Note2　电源、功放、扬声器功率 GB 51348 民规 P241

声学 Note3　扬声器的声压级允许值、线路损耗 GB 51348 民规 P239

声学 Note4	扬声器的布置 GB 51348 民规 P243	
视频 Note1	视距、像素中心距、屏宽屏高计算 GB 50464 视频显示 P11 GB 51348 民规 P219	
视频 Note2	当 IP 网络采用有线方式传输时，有线网络推荐带宽的估算法：GB 50198 民用闭路 P13 GB 51348 民规 P215 GB/T 50115 工业电视 P93	
视频 Note3	垂直、水平清晰度、像素间距、带宽—线—电视线转化 GB 50799 电子会议 P33 GB 51348 民规 P217 GB/T 50115 工业电视 P63	
综合布线 Note1	系统划分、信道划分 GB 50311 综合布线 P11	
综合布线 Note2	配线子系统信道、缆线长度 GB 50311 综合布线 P13	
综合布线 Note3	干线子系统信道、缆线长度 GB 50311 综合布线 P17	
综合布线 Note4	开放办公系统信道、缆线长度 GB 50311 综合布线 P19	
综合布线 Note5	工业布线系统中间配线子系统信道、缆线长度 GB 50311 综合布线 P21	
综合布线 Note6	工业布线干线子系统信道、缆线长度 GB 50311 综合布线 P23	
综合布线 Note7	光纤到用户单元通信设施 GB 50311 综合布线 P27	
综合布线 Note8	非光纤入户的系统配置——工作区数量、信息点数量 GB 50311 综合布线 P33	
综合布线 Note9	非光纤入户的系统配置——缆线规格数量 GB 50311 综合布线 P35	
综合布线 Note10	电信间、设备间数量及安装工艺 GB 50311 综合布线 P43	
综合布线 Note11	管径和截面利用率、光缆预留长度、敷设间距、接地导体截面 GB 50311 综合布线 P51	

偏差系数 GB/T 13870.1 人畜 P3 3.1.12

直流/交流的等效系数 GB/T 13870.1 人畜 P4 3.3.2

牛阻抗 GB/T 13870.1 人畜 P49

Note1 **人体总阻抗计算（手到手）** GB/T 13870.1 人畜 P7

1. 交流、直流确定。交流电压：表 1～表 9。直流电压：表 10。
2. 干湿条件、接触表面积确定

(1) 干燥、水湿润、盐水湿润。
(2) 大的、中等的、小的接触表面积。

① 接触面积数量级：10000 mm^2 = 大的；1000 mm^2 = 中等的；100 mm^2 = 小的 P5 4.6.1

② 电极形状：A = 大的、B = 中等的、C = 小的 P27 图 15

3. 根据 1～2 条件确定检索表格号（表 3-5）。

表 3-5　相关表格号

项目	交流			直流
	干燥	水湿润	盐水湿润	干燥
大的	表 1	表 2	表 3	表 10
中等的	表 4	表 5	表 6	无
小的	表 7	表 8	表 9	无

4. 根据计算或已知接触电压定位表格行。

5. 根据被测对象的百分数定位表格列。

6. 查出对应的手到手的人体总阻抗。

Note2　电流路径主要为手、躯干、脚、头时等效阻抗计算 GB/T 13870.1 人畜 P19 图 3

一、计算基准阻抗 Z_{H-H}

1. 电流持续时间约为 0.1s（默认）时：基准阻抗 Z_{H-H}＝手到手人体总阻抗 Z_{H-H} GB/T 13870.1 人畜 P5 Note1

2. 当电流持续时间更长时：基准阻抗 Z_{H-H}＝(0.8～0.9)×手到手人体总阻抗 Z_{H-H}

3. 皮肤完全破裂时：基准阻抗 Z_{H-H}≈内阻抗　内阻抗：被测对象 5%，575Ω；被测对象 50%，775Ω；被测对象 95%，1050Ω

4. 手和脚接触表面积大小不同时：分别查（不同表1～表9）得上半身基准阻抗 Z_{H-H} 及下半身基准阻抗 Z_{H-H}

二、计算等效阻抗 Z_{xx-xx}

1. 根据接触面积、Z_{H-F} 比 Z_{H-H} 降低值，查表 3-6 得 $K_{等效系数}$；等效阻抗 Z_{xx-xx}＝$K_{等效系数}$×基准阻抗 Z_{H-H}

表 3-6　$K_{等效系数}$ 表

接触面积	手到脚比手降低	Z_{H-T} 单手到躯干	Z_{H-F} 单手到单脚	Z_{H-2F} 单手到双脚	Z_{2H-T} 双手到躯干	Z_{2H-F} 双手到单脚	Z_{2H-2F} 双手到双脚	Z_{T-F} 躯干到单脚	Z_{T-2F} 躯干到双脚	Z_{F-F} 单脚到单脚	Z_{A-H} 头到单手	Z_{A-2H} 头到双手	Z_{A-T} 头到躯干	Z_{A-F} 头到单脚	Z_{A-2F} 头到双脚
大	30%	0.5	0.7	0.6	0.25	0.45	0.35	0.2	0.1	0.4	0.6	0.35	0.1	0.3	0.2
	20%	0.5	0.8	0.65	0.25	0.55	0.4	0.15	0.6		0.35	0.1	0.4	0.25
	10%	0.5	0.9	0.7	0.25	0.65	0.45	0.2	0.8	0.6		0.35	0.1	0.6	0.3
中、小	忽略差异	0.5	1	0.75	0.25	0.75	0.5	0.25	1	0.6	0.35	0.1	0.6	0.35

2. 当 Z_{H-F} 比 Z_{H-H} 降低值≠30%、20%、10%时：等效阻抗 Z_{xx-xx}＝$K_{等效系数}$×基准阻抗 Z_{H-H}

3. 手和脚接触表面积大小不同时：等效阻抗 Z_{xx-xx}＝$K_{手到躯干等效系数}$×上半身基准阻抗

$Z_{H-H}+K_{躯干到脚等效系数}×下半身基准阻抗\ Z_{H-H}$ 如图 3-14、图 3-15 所示。

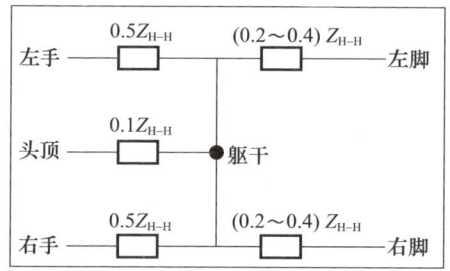

图 3-14 接触**大**时,考虑手脚**阻抗降低**示意图

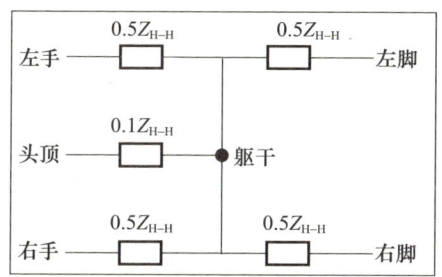

图 3-15 接触**中小**时,**凑答案**手脚阻抗忽略差异示意图

Note3 **电流路径主要为其他部位时等效阻抗计算** GB/T 13870.1 人畜 P17 图 2

1. 根据表 1~10 及图 3 计算出 Z_{H-F}：**一手到一脚**等效阻抗,**作为基准内阻抗** P19 Note2（注意皮肤阻抗一般忽略,则**总阻抗＝内阻抗**）

2. 根据人体触电的部位,计算**人到出回路阻抗百分比之和**,注意存在串并联的情况（比如双手碰到相线、双脚着地）

3. 当电流流入某点时,加入**人体外面标的数字**

注：人体外面标的数字为**首先接触带电体时计入**。

4. 人体接触电流路径的内阻抗的大小＝基准内阻抗（一手到一脚的内阻抗）×（步骤 2、3 的百分比之和）

5. 根据接触回路阻抗、接触电压并计算接触回路电流 I_h；$I_h＝U_{接触电压}/Z_{回路阻抗}$

Note4 **接触回路电流、生理效应计算** GB/T 13870.1 人畜 P15 图 2

一、计算接触**回路阻抗 Z**

033

1. 手到手 P7 Note1
2. 手、躯干、脚、头 P19 Note2
3. 其他部位 P17 Note3

要点：
1. 根据接触回路阻抗、接触电压并计算接触回路电流 I_h；$I_h = U_{接触电压}/Z_{回路阻抗}$
2. 根据实际接触电流路径查 P14 表 12 确定心脏电流系数 F
3. 计算左手到双脚等效电流；$I_{ref} = I_h \times F_{心脏电流系数}$ P14 5.10
4. 根据等效电流 I_{ref} 和持续时间查图确定具体区间位置（持续时间题目未知时可按照最大切断时间来定）。交流查 P31 图 20 直流查 P32 图 22
5. 根据具体区间位置查表确定生理效应。交流：查 P14 表 11。直流：查 P16 表 13

二、**TN** 系统、**TT** 系统要求切断时间

情况 1　$I_{插座回路} \leqslant 63A$ 或 $I_{固定回路} \leqslant 32A$：GB/T 16895.21 电击防护 411.3.2.2 最长切断电源时间见表 3-1。

情况 2　TN 系统且不满足情况 1（$I_{插座回路} \leqslant 63A$ 或 $I_{固定回路} \leqslant 32A$）：$t_切 \leqslant 5s$ 411.3.2.3

情况 3　TT 系统且不满足情况 1（$I_{插座回路} \leqslant 63A$ 或 $I_{固定回路} \leqslant 32A$）：$t_切 \leqslant 1s$ 411.3.2.4

三、**IN** 系统　二次接地故障要求切断时间（表 3-2）GB 50054 低压配电 5.2.23

第四章　负荷计算

负荷计算知识点汇总　配四　P1

Note1　设备功率 P_e 计算　配四　P5
Note2　单位指标法　配四　P7（1.3-1、1.3-2）
Note3　需要系数法　配四　P11（1.4-1～1.4-6）
Note4　利用系数法　配四　P17（1.5-1～1.5-7）
Note5　利用系数法——5台及以下设备相近　配四　P19
Note6　单相负荷计算原则　配四　P21

变压器损耗、效率、负荷率　配四　P30
同步电动机无功补偿，有功消耗　配四　P34　1.11.2.2
电容补偿容量：按最大负荷、平均负荷　配四　P36～P37（1.11-5）（1.11-7）
电动机尖峰电流　配四　P24（1.8-1～1.8-2）
年电能消耗量　配四　P24（1.9-1～1.9-6）

Note1　设备功率 P_e 计算　配四　P5

一、单台设备　$P_e = P_n\sqrt{\varepsilon} = S_n \times \cos\varphi \times \sqrt{\varepsilon}$　式 1.2-1

　　　　　　ε：负载持续率　0.5h 工作制 ε＝15％，1h 工作制 ε＝25％
　　　　　　交流电梯：较轻 ε＝15％，频繁 ε＝15％，特重 ε＝15％
　　　　　　电焊机功率因数 $\cos\varphi$：P10 表 1.4-1；P15 表 1.5-1

二、电光源 P_e：P5 表 1.2-1 总输入功率或灯功率＋镇流器变压器驱动器损耗
三、多台设备功率
多台设备功率的确定注意事项见表 4-1。

表 4-1　**多台设备功率**的确定注意事项

需要系数法和利用系数法需**先乘系数**（K_d、K_u）后按需相加	
是否有**有功**功率，**单位**是否一致	负载持续率 ε 是否为 100％
是否有**季节性**设备（取大）	是否有**备用、检修、时间极短**设备

续表

负荷中是否含有消防设备（取大）	题目对负荷计算范围规定
负荷中是否含有消防电梯、消控室、UPS、EPS、火警系统、疏散照明等两用	
题干中是否对表格内容做了二次规定	
未列明需要系数或利用系数，K_d：P10～15 表1.4-1～1.4-5 K_u：P15 表1.5-1	
已知系数与计算所需系数不一致，利用需要系数转化 P19 表1.5-3	
同步电动机无功补偿，有功消耗 P34 1.11.2.2	
单相负荷转换配平后计算 详见 P21 Note-6	
计算负荷加变压器损耗：P30 精确法：（1.10-3～1.10-4）负载率≤85％简化法：式1.10-5～式1.10-6	
最大负荷补偿：P36 式1.11-5 平均负荷补偿：P37 式1.11-7	

Note2 **单位指标法** 配四 P7（1.3-1、1.3-2）

一、负荷密度指标法（单位面积功率法）

计算功率：$P_c = P_n \times A / 1000$ 式1.3-1

二、综合单位指标法

1. 计算功率：$P_c = \rho_n \times N$ 式1.3-2

2. ρ_n 示例值：高级宾馆2～2.4kW/床；影剧院0.26kV·A/座位；住宅电梯30kV·A/部、商业电梯40kV·A/部、多层厂房电梯50kV·A/部；电动汽车7kW/桩 1.3.2（1）

三、住宅配电

1. 每套住宅用电负荷 P_e，定套型 ABC P8 表1.3-5

2. 住宅用电负荷需要系数 K_d（题目一般已知）P9 表1.3-6（JGJ 242—2011 第3.4.1条条文说明，需要系数上、下限参考取值）：A套型取上限，B、C套型取下限

单相户数为 N 时的需要系数 K_d 与三相户数为 3N 时的需要系数相同，$K_{d单相} = K_{d三相/nN}$

1）计算三相380V线路的负荷，K_d 选三相列。

2）计算单相220V线路的负荷，K_d 选单相列。

3）计算等效三相负荷=3×最大单相负荷；K_d 选单相列，户数选最大单相的户数。户数选最大单相的户数；K_d 选三相列时，户数选最大单相户数的3倍。

3. 住宅公用照明公用电力需要系数 $K_d = 0.8$，题目另有规定按题目要求

4. 变压器用于居民用电量的计算负荷：

$$P_{js1} = S_e \times K_1 \times K_2 \times \cos\varphi$$

式中，P_{js1} 为单台变压器用于居民用电量的计算负荷（kW）；S_e 为变压器容量；K_1 为变压

器负荷率，一般取 85%；K_2 为居民用电量比例（扣除公共设施、公共照明、非居民用电量如地下设备层、小商店等）70%，如是居民用电专用变压器则取 1；$\cos\varphi$ 为低压侧补偿后的功率因数值，一般取 0.9。

5. 住宅进线配电方式：

6 层及以下（户数少），当单元数为 3 的倍数时，单元总进线可以单相供电；其他情况单元总进线按照三相供电。住宅电气 JGJ 242 6.2.6

7 层及以上，单元总进线按照三相供电。同层住户少于 9 时，楼层箱可用单相。住宅电气 JGJ 242 6.2.7

四、单位产品耗电量法

计算功率：式 1.3-3

$P_c = W_n$单位产品电能消耗量 $/N$产品个数$/T_{max}$年最大负荷利用小时 $= W_n / T_{max}$

W_n 单位电能消耗量：表 1.3-8 T_{max} 年最大负荷利用小时：表 1.9

Note3　**需要系数法　配四 P11（1.4-1～1.4-6）**

照明必用 1.4，设备少于或等于 5 台时不适合用 1.4

一、用电设备计算功率

$P_e = P_n \sqrt{\varepsilon} = S_n \times \cos\varphi \times \sqrt{\varepsilon}$ 式 1.2-1

有功功率 $P_c = K_d \times P_e$ 式 1.4-1

无功功率 $Q_c = P_c \times \tan\varphi$ 式 1.4-2

二、用电设备计算功率之和

需要系数有功功率之和 $(\sum P)_c =$ 全部单相设备换算成等效三相负荷 (P_{eq}) P21

需要系数无功功率之和 $(\sum Q)_c =$ 全部单相设备换算成等效三相负荷 (Q_{eq})

三、配电干线计算功率

有功功率 $P_c = K_{\sum p} \times \sum (K_d \times P_e) = K_{\sum p} \times \sum P_{c\varphi}$ 式 1.4-3

无功功率 $Q_c = K_{\sum q} \times \sum (K_d \times P_e \times \tan\varphi) = K_{\sum q} \times \sum (K_d \times Q_{c\varphi})$ 式 1.4-4

当 $K_{\sum p} = K_{\sum q}$，所有设备 K_d 相同，$\cos\varphi$ 相同时：$Q_c = P_c \times \tan\varphi$

同时系数 $K_{\sum p}$ 可取 0.8～0.9 $K_{\sum q}$ 可取 0.93～0.97   1.4.3

配电站同时系数 $K_{\sum p}$ 可取 0.85～1 $K_{\sum q}$ 可取 0.95～1   1.4.4

总降压站同时系数 $K_{\sum p}$ 可取 0.8～0.9 $K_{\sum q}$ 可取 0.93～0.97   1.4.4

简化计算时：$K_{\sum p} = K_{\sum q}$ 1.4.4

多次降压的供配电系统，同时系数逐级乘，同时系数一般题目已知　1.4.4

四、视在功率和计算电流

视在功率 $S_c = \sqrt{P_c^2 + Q_c^2}$　当 $\cos\varphi$ 已知时：$S_c = P_c/\cos\varphi$　式 1.4-5

计入电容补偿时：$S_c = \sqrt{P_c^2 + (Q_c - \Delta Q_{电容补})^2}$

计入变压器损耗时：式 1.10-3～1.10-6

$$S_c = \sqrt{(P_c + \Delta P_{T有功损耗})^2 + (Q_c + \Delta Q_{T无功损耗} - \Delta Q_{电容补})^2}$$

计算电流 $I_c = \dfrac{S_c}{\sqrt{3}U_{n系统标称}}$　式 1.4-6　U_n 为系统**标称**电压、线电压（380V）

Note4　利用系数法　配四 P17（1.5-1～1.5-7）

使用判据：

1. 照明不用利用系数 1.1.4.3

2. 设备少于或等于 5 台时必用利用系数 1.5.3

3. $n \leqslant 5$ 台时：使用利用系数法——5 台及以下设备相近　Note5

一、用电设备平均功率

$P_e = P_n\sqrt{\varepsilon} = S_n \times \cos\varphi \times \sqrt{\varepsilon}$　式 1.2-1

有功功率 $P_{av} = K_u \times P_e$　式 1.5-1

无功功率 $Q_{av} = P_{av} \times \tan\varphi$　式 1.5-2

二、平均功率之和

平均有功功率之和（$\sum P_{av}$）＝全部单相设备换算成等效三相负荷（P_{eq}）P21

平均无功功率之和（$\sum Q_{av}$）＝全部单相设备换算成等效三相负荷（Q_{eq}）

三、总利用系数　$K_{ut} = \dfrac{\sum P_{av}}{\sum P_e}$　式 1.5-3

$\sum P_{av}$ 为全部单相设备换算成等效三相负荷

$\sum P_e$ 为各个同类单相设备换算成等效三相负荷后相加

四、有效台数 n_{eq} 三种方法

1. 精确式（适用条件：P_e 无未知，台数不多）P_e 拆成一台一台输入！！！

$$n_{eq} = \dfrac{\left(\sum\limits_{i=1}^{n}P_{ei}\right)^2}{\sum\limits_{i=1}^{n}P_{ei一台一台算平方的和}}$$ 式 1.5-4　P_{ei} 无须三相单相等效变换

可用计算器线性统计 OPTN+下+1 得 $(\Sigma X)^2/\Sigma X^2$

2. 简化法（适用条件：5台及以上、有未知 P_{ei}、$m>3$ 时需知 K_{ut}）1.5.2.1
　　1）略去最小一挡用电设备（功率和小于总功率的5%）
　　2）求 m：$m=P_{e,max}/P_{e,min}$
　　　（1）$m \leqslant 3$ 时：n_{eq} 有效台数 $=n$　式 1.5-8
　　　（2）$m>3$ 且 $K_{ut} \geqslant 0.2$ 时：$n_{eq}=\dfrac{\sum P_e}{0.5 P_{e,max}}$ 且 $n_{eq} \leqslant n$　式 1.5-9

3. 实用简化法（适用条件：中间一挡功率不等数量较多）1.5.2.2
　　1）略去最小一挡用电设备（功率和小于总功率的5%）（$\sum P_{min} \leqslant 5\% \sum P_e$）
　　2）提取最大一挡设备：$(P_e~P_{e,max}/2)$，获得 P_{ei} 和 n
　　3）剩下的按照：$(m=P_{e,max}/P_{e,min}) \leqslant 3$ 为条件分组，假设单个设备功率 $=\sum P_e/n$ 替代设备实际情况。
　　4）2）~3）的数据代入精确式

$$n_{eq}=\dfrac{\left(\sum\limits_{i=1}^{n}P_{ei}\right)^2}{\sum\limits_{i=1}^{n}P_{ei}\text{一台算平方的和}} \quad \text{（总台数，勿合并同型号）}$$
式 1.5-4　P_{ei} 无须三相单相等效变换

可用计算器线性统计　OPTN+下+1　得 $(\Sigma X)^2/\Sigma X^2$

五、稳定温升时长 t：

稳定温升时长 $t=3\times$ 导体发热时间常数 τ　1.1.2-（1）
小截面导体（$\leqslant 3\times 35mm^2$ 绝缘线、电缆）：$t=0.5h$　1.5.1-（4）
中截面导体（$\geqslant 3\times 35mm^2$ 绝缘线、$3\times 35mm^2 \sim 3\times 120mm^2$ 电缆）：$t=1h$　1.5.1-（4）
变压器和大截面导体（$\geqslant 3\times 120mm^2$ 电缆）：$t=2h$　1.5.1-（4）

六、最大系数 K_m

已知：总利用系数 K_{ut}、有效台数 n_{eq}、稳定温升时长 t
1. 当稳定温升时长 $t=0.5/1/2$ 时，查表 1.5-2 得 K_m
2. 当稳定温升时长 t 为任何时长时：求 $K_{m(t)}$
　　1）查表 1.5-2 得 $K_{m(0.5)}$
　　2）$K_{m(t)} \leqslant 1+\dfrac{K_{m(0.5)}-1}{\sqrt{2t}}$　式 1.5-5

七、计算功率、视在功率和计算电流

有功计算功率 $P_c=K_m \sum P_{av}$　式 1.5-6
无功计算功率 $Q_c=K_m \sum Q_{av}$　式 1.5-7

视在功率 $S_c = \sqrt{P_c^2 + Q_c^2}$　当 $\cos\varphi$ 已知时：$S_c = P_c/\cos\varphi$　式 1.4-5

计算电流 $I_c = \dfrac{S_c}{\sqrt{3}U_{n\text{系统标称}}}$　式 1.4-6　U_n 为标称电压、线电压（380V）

Note5　利用系数法——5台及以下设备相近　配四 P19

适用条件：$n \leqslant 5$ 台 且 同一用电设备组 且 $n_{eq} < 4$　1.5.3

不适用条件处理，按照 1.5.1 计算。

一、验证：用电设备有效台数 $n_{eq} < 4$

$$n_{eq} = \dfrac{\left(\sum_{i=1}^{n}P_{ei}\right)^2}{\sum_{i=1}^{n}P_{ei}^2}_{\text{一台一台算平方的和}} < 4 \quad \text{式 1.5-4} \quad P_{ei}\text{无须三相单相等效变换}$$

（n 总台数，勿合并同型号）

可用计算器线性统计 OPTN+下+1 得 $(\Sigma X)^2/\Sigma X^2$

二、计算负荷为：

有功功率：$P_c = \Sigma K_l P_e$　式 1.5-10

无功功率：$Q_c = P_c \times \tan\varphi$　式 1.5-11

视在功率 $S_c = P_c/\cos\varphi$　式 1.4-5

计算电流 $I_c = \dfrac{S_c}{\sqrt{3}U_n}$　式 1.4-6　U_n 为标称电压、线电压（380V）

K_l：负荷系数

三、K_l 未知时 K_l 可采用**平均负荷系数**

1. 连续工作制设备：

   实际台数 >3；$K_l = 0.9$

   实际台数 $\leqslant 3$；$K_l = 1$

2. 短时或周期工作制设备：

   实际台数 >3；$K_l = 1$

   实际台数 $\leqslant 3$；$K_l = 1.15$

Note6　单相负荷计算原则　配四 P21

一、验证是否等效变换

当 ΣP_e 单相 $\leqslant 15\% \Sigma P_e$ 三相时　则**不换算**（直接作为三项负荷计算）

当 ΣP_e 单相 $> 15\% \Sigma P_e$ 三相时　则**换算**　式 1.6-1

判断式<u>不考虑需要利用系数</u>，P_e<u>无须等效变换</u>

二、设备功率转化为计算功率（需要功率、平均功率）

需要系数：有功功率 $P_c = K_d \times P_e$　式 1.4-1

无功功率 $Q_c = P_c \times \tan\varphi$　式 1.4-2

利用系数：有功功率 $P_{av} = K_u \times P_e$　式 1.5-1

无功功率 $Q_{av} = P_{av} \times \tan\varphi$　式 1.5-2

三、等效变换为等效三相负荷 P_{eq} 简化法：<u>优先简化法</u>（仅单相 380 或仅单相 220）

1. 当只有<u>相间负荷（单相 380）</u>，假设 P_{UV} > P_{VW} > P_{WU}

$P_{eq} = \sqrt{3} P_{UV} + (3-\sqrt{3}) P_{VW} = 1.73 P_{UV} + 1.27 P_{VW}$　式 1.6-2

2. 当只有<u>相负荷（单相 220V）</u> $P_{eq} = 3 \times P_{最大相}$　1.6-2-（2）

3. 当<u>数量多单台功率小的用电（如灯具、家电），大的计算范围</u>可视<u>同三项负荷</u>

4. 当计算<u>低压母线负荷</u>，通常满足<u>式 1.6-1</u>，<u>不用换算</u>

四、等效变换为等效三相负荷 P_{eq} 精确法（<u>单相 380V</u> 和<u>单相 220V 共存</u>）

（1）优先确定相间负荷，将相间负荷换算成相负荷。

$P_U = P_{UV} \times p_{UV-U} + P_{WU} \times p_{WU-U} = P_{UV}A + P_{WU}B$

$Q_U = P_{UV} \times q_{UV-U} + P_{WU} \times q_{WU-U} = P_{UV}C + P_{WU}D$　式 1.6-5～1.6-10

换算系数 A、B、C、D：功率因数<u>可查</u>，表 1.6-1

功率因数<u>不可查</u>，公式法　表 1.6-1 注

（2）加入相负荷，尽量三项平衡。

（3）各相负荷相加，选最大相负荷，取其 3 倍。$P_{eq} = 3 \times P_{最大相}$　1.6-2-（2）

有功无功最大相不同时：《钢铁企业电力设计手册》（上册）2.9.2-（4）

<u>有补偿</u>时：选<u>有功最大</u>相　<u>无补偿</u>时：选<u>视在功率最大</u>相

五、后续计算

1. <u>需要</u>系数法：$P_c = K_{\Sigma p同时系数} \times P_{eq}$　式 1.4-3

2. <u>利用</u>系数法：

1）平均功率之和 $\Sigma P_{av} = P_{eq}$

2）总利用系数 $K_{ut} = \dfrac{\Sigma P_{av}}{\Sigma P_e}$　式 1.5-3

ΣP_{av} 为全部单相设备换算成等效三相负荷

ΣP_e 为各个同类单相设备换算成等效三相负荷后相加

3）有效台数 n_{eq} $n_{eq} = n_{eq} = \dfrac{\left(\sum\limits_{i=1}^{n} P_{ei}\right)^2}{\sum\limits_{i=1}^{n} P_{ei}^2}$ 式1.5-4 P_{ei}无须换算

n:总台数,勿合并同型号 ； P_{ei}一台一台算平方的和

4）最大系数 K_m 表1.5-2

5）计算功率 P_c、Q_c 式1.5-6、式1.5-7

第五章 高压电器

高压电气知识点汇总 配四 P311

高压电器 Note1　按**主要额定特性**参数**选择**　配四 P315
高压电器 Note2　**短路时间** t 选择　配四 P333
高压电器 Note3　按**环境条件**选择**修正**　配四 P322
高压电器 Note4　短路**动稳定**校验，校验**作用力** F_{k3}　配四 P376 表 5.5-14
高压电器 Note5　短路**动稳定**校验，校验**导体应力** σ_{cm}　配四 P376 表 5.5-14
高压电器 Note6　短路**热稳定**校验　配四 P385 表 5.6-8
高压电器 Note7　**负荷开关-熔断器**组合电气的选择与校验　配四 P395
高压电器 Note8　**IEC** 单根导体短路**动稳定校验**　配四 P335
高压电器 Note9　**IEC 热稳定校验**　配四 P378~P380

高压电器、开关设备导体选择与校验表　配四 P311（5.1.1）
限流电抗器　配四 P401、P402
消弧线圈　DL/T 5222 导规 P108
高电阻接地-接地电阻直接接地　DL/T 5222 导规 P109
高电阻接地-单相接地变压器　DL/T 5222 导规 P110
高电阻接地-三相接地变压器　DL/T 5222 导规 P111
低电阻接地-接地电阻直接接地　DL/T 5222 导规 P112
低电阻接地-三相接地变压器　DL/T 5222 导规 P113
电流互感器-动热稳定　DL/T 5222 导规 P217~218

高压电器 Note1　**按主要额定特性参数选择**　配四 P315

一、**开关电器**额定电压：额定电压≥最高电压　DL/T 5222 导规 第 7.2.1 条
各电压级的最高电压；配四 P313 表 5.2-1
二、**导体**电晕临界电压的校验：电晕临界电压＞导体安装处的最高工作电压
电晕临界电压：配四 P314 式（5.2-2）~式（5.2-4）

三、**电器**按工作电流选择：额定电流 I_N ≥ 最大持续工作电流 I_g (5.2-5)

特例：

1. 限流电抗器：$I_{N额定电流}$ ≥ 最大工作电流（考虑所有过负荷）DL/T 5222 导规 条文 13.4.3

    注意温度修正：修正后额定电流 $I_N'=K_{修} \times$ 额定电流 I_N，$K_{修}$：Note3 P322

2. 熔断器：

    1) **变压器**回路 额定电流 I_N ≥ 过负荷电流 5.7.3.3-（4）-2)-a

       时间电流特性校验 式 5.7-2～5.7-3 P390

    2) **电动机**回路时间电流特性校验 式 5.7-4～5.7-6 P392

    3) 保护**电力电容器**的高压熔断器

       熔断器额定电流 $I_N=(1.37～1.5) \times I_{电容器额定电流}$ 通常 = 1.43 5.9.3-（4）P418

       注意温度修正：修正后额定电流 $I_N'=K_{修} \times$ 额定电流 I_N　$K_{修}$：Note3 P322

四、持续工作电流 I_g：**非桥**回路查 表 5.2-3；**桥**回路详下方公式

外桥示意图如图 5-1 所示。内桥示意图如图 5-2 所示。

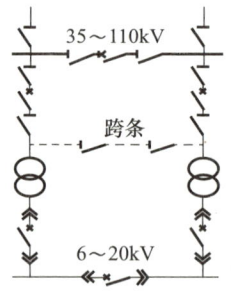
图 5-1 外桥示意图

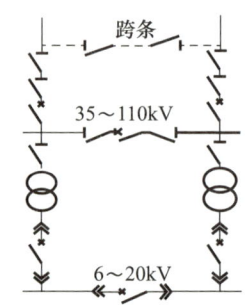
图 5-2 内桥示意图

外桥接线（**出线**回路）：$I_g=(2台主变容量 \times 负载率 + 本站穿越功率)/\sqrt{3}U_e$

外桥接线（**桥**回路）：$I_g=(最大1台主变容量 \times 负载率 + 本站穿越功率)/\sqrt{3}U_e$

内桥接线（**出线**回路）：$I_g=(2台主变容量 \times 负载率)/\sqrt{3}U_e$

内桥接线（**桥**回路）：$I_g=(最大1台主变容量 \times 负载率)/\sqrt{3}U_e$

五、按开断电流选择

最小开断电流：最小开断电流 < $I_{k最小短路电流}$

1. 高压断路器

    开断短路电流交流分量均方根值：$I_{sc开断电流交流}$ ≥ I''_k (5.2-6)

$I_{k短路电流交流分量}$，实用法：远端 式 4.6-12，近端 式 4.6-18

短路时间 $T = T_1$ 实际开断时间 $= T_1$(主保护)$+T_2$(分闸) DL/T 5222 导规 3.0.13

开断电流直流分量百分比 dc%

$$\mathrm{dc}\% = \frac{\sqrt{2}\,I''_k\mathrm{e}^{-\tau}}{\sqrt{2}\,I_{sc开断电流交流}} = \frac{I_{dc直流分量}}{\sqrt{2}\,I_{sc}} \quad 式\ 5.2\text{-}7 \quad \mathrm{dc}\%大于\ 20\%时，选择断路器需考虑\ dc\%$$

2. 高压负荷开关

负荷开关开断电流额定值≥所在回路最大可能过负荷电流 式 5.2-9

负荷开关的其他开断电流 P388 5.7.2.3（1）~5.7.2.3（4） 5.7.2.3（6） 5.7.2.3（7）

3. 有限流作用高压熔断器

熔断器最大开断电流≥短路电流初始值 I''_k 式 5.2-10

I''_k 短路电流初始值，实用法：远端 式 4.6-12，近端 式 4.6-18

4. 无限流作用高压熔断器

熔断器最大开断电流≥短路全电流 I_{ch} 式 5.2-10

I_{ch} 短路全电流：式 5.2-12

六、按照动稳定校验

计算短路峰值（冲击）电流 $i_{P短路峰值电流}$ 式 4.6-21

校验详见 配四 P376 表 5.5-14 及 Note4

七、按照热稳定校验

计算短路电流交流分量初始值 I''_k

I''_k 实用法：远端 式 4.6-12，近端 式 4.6-18

计算短路电流 I_k 在 0、t/2、t 时间的数值　t 为短路电流持续时间 Note2

校验详见配四 P385 表 5.6-8 Note5

八、断路器关合能力校验

1. $I_{额定关合} \geq i_{P短路峰值电流}$ 额定关合电流大于等于短路峰值（冲击）电流 P387 5.7.1.5

$i_{P短路峰值电流}$ 式 4.6-21 P300

2. 频率=50Hz 且时间常数=45ms 时：$I_{额定关合} = 2.5 \times I_{sc开断电流交流}$ P387 5.7.1.5

3. 时间常数=60、75、120ms 时：$I_{额定关合} \geq 2.7 \times I_{sc开断电流交流}$ P387 5.7.1.5

I_{sc}：开断短路电流交流分量均方根值，$I_{sc开断电流交流} \geq I''_k$ 式 5.2-6

九、高压交流负荷开关关合电流：$I_{额定关合} = i_{P短路峰值电流}$ P387 5.7.2.3（5）

高压电器 Note2　短路时间 t 选择　配四 P333

故障发生　保护单元发出跳闸信号　　　触头分开　　　电弧熄灭
○────────────○────────────────○──────────○
　　T_1 继电保护动作时间　　　T_2 固有分闸时间　　T_3 燃弧时间
　　　　　　　　　　　　　　　　　（分闸时间）

$T_4 = T_1$（主保护）$+ T_2$　　实际开断时间：校验开断能力
$T_5 = T_2 + T_3$　　　　　　　全分闸时间（开断时间）
$T_6 = T_1 + T_2 + T_3$　　　　短路电流持续时间

1. 校验开关设备开断：T_1 主保护（短）$+ T_2$ 固有分闸时间（短）5.4.5（1）
2. 校验导体热效应：T_1 主保护（短）$+ T_5$ 全分闸时间（长）5.4.5（2）
　　主保护死区：T_1 后备保护（长）$+ T_5$ 全分闸时间（长）5.4.5（2）
3. 校验电器（包括开关）热效应：T_1 后备保护（长）$+ T_5$ 全分闸时间（长）5.4.5（3）
4. 校验电缆热效应：
电动机馈线：T_1 主保护（短）$+ T_5$ 全分闸时间（长）5.4.5（4）
其他电缆：T_1 后备保护（长）$+ T_5$ 全分闸时间（长）5.4.5（4）

高压电器 Note3　按环境条件选择修正　配四 P322

一、温度、海拔对额定电流的修正
非断路器、非限流电抗器按工作电流选择：$I_{修} = K_{修} \times I_N \geqslant I_{持续}$　式5.2-5
限流电抗器按工作电流选择：$I_{修} = K_{修} \times I_N \geqslant I_{最高工作电流}$　5222 导规　条文 13.4.3

二、按表 5-1 选择导体和电气的环境温度

表 5-1　相关要求汇总（1）

环境温度的影响	高压电器（非熔断器）额定电流修正	$60 \geqslant t > 40℃$：高温降容 $I_{修} = I_N[1-(t-40) \times 1.8\%]$ $t < 40℃$：低温升容 $I_{修} = I_N[1+(40-t) \times 0.5\%]$ 且 $I_{修} \leqslant 1.2 I_N$	DL/T 5222 导规 4.0.2
海拔的影响	电流	不影响电器的额定电流，即 I_N 不修正	配四 P324 第一段

三、高压熔断器高温修正
（一）查图降容法
1. 已知的"介质、接触形式、表明处理情况"查表 5.3-2 第一列得最高温度限值

046

2. 根据最高温度限值确定图 5.3-1 的曲线
3. 根据实际环境温度确定横坐标，查纵坐标为额定电流降容后百分比

(二) 估算法 P323

$$I_{修} = I_N [1-(t-40) \times 1\%]$$

(三) 安装在柜体内的修正 P323

0. $I_n < 20A$ 时：不考虑以下情况，不修正 $I_{修} = I_N$

1. 不封闭柜体内：$I_{修} = 0.9 I_N$

2. 封闭柜体内：$I_{修} = 0.85 I_N$

3. 绝缘树脂浇筑桶内：$I_{修} = 0.75 I_N$

高压电器 Note4　短路动稳定校验，校验作用力 F_{k3}　配四 P376 表 5.5-14

一、计算短路峰值（冲击）电流 i_P P300 式 4.6-21

二、求（非绝缘套管）短路时端子作用力 F_{k3}

    1. 求形状系数 K_x：

        为同一平面三相导体时：

        1) b = 导体间距平行方向导体尺寸

           h = 导体间距垂直方向导体尺寸

           D = 相间距离（导体中心的距离）非净距

        2) 求 b/h，查 P366 图 5.5-16 定曲线

        3) 求 $(D-b)/(h+b)$，定横坐标。查图得纵坐标 K_x

    2. 求作用力 F_{k3}

    1) 当不考虑共振、无共振系数时：求作用力 F_{k3} P366 式 5.5-56

    2) 当考虑共振、有共振系数时：

      (1) b = 导体厚度（短边）

         h = 导体宽度（长边）

         D = 相间距离（导体中心的距离）非净距

      (2) 求惯性半径 r_i：

         有母线尺寸：优先查 P369 表 5.5-10 最后一列

         无母线尺寸：则查 P367 表 5.5-9

      (3) 求自振频率 f_m P371 式 5.5-69

      (4) 求振动系数 β：

        ① $f_m < 35 Hz$ 或 $f_m > 135 Hz$ 时：振动系数 $\beta = 1$。

        ② f_m 在 $35 \sim 135 Hz$ 时：

a. 查 P372 表 5.5-12 得 振动系数 γ

b. 求 惯性矩 J 及 固有频率 f_0 P371 式 5.5-70

c. 用 固有频率 f_0 查 P372 图 5.5-17 得 振动系数 β

(5) 求 考虑共振、有共振系数时，端子作用力 F_{k3} P372 式 5.5-71

三、求（绝缘套管）短路时端子作用力 F_{k3} P367 式 5.5-58

四、电流互感器校验

1. 内作用力校验 DL/T 5222 导规 P217 条文 15.0.1（10）
2. 外作用力校验、F 允许已知 DL/T 5222 导规 P218 条文 15.0.1（11、12）
3. 外作用力校验、F 允许未知 DL/T 5222 导规 P218 条文 15.0.1（13）

高压电器 Note5　短路动稳定校验，校验导体应力 σ_{cm}　配四　P376　表 5.5-14

一、计算短路峰值（冲击）电流 i_P P300 式 4.6-21

二、求短路时 导体应力 σ_{cm}

 1. 求形状系数 K_x：

  为同一平面三相导体时：

  1）b＝导体间距 平行 方向导体尺寸

   h＝导体间距 垂直 方向导体尺寸

   D＝相间距离（导体中心的距离）非净距

  2）求 b/h，查 P366 图 5.5-16 定曲线

  3）求 $(D-b)/(h+b)$，定横坐标。查图得纵坐标 K_x

 2. 求导体跨数：跨数＝导体长度/跨距

 3. 求导体应力 σ_{cm}：

  1）当 不考虑共振、无共振系数时：

   当 导体跨数＞2：求导体应力 σ_{cm}：P368 式 5.5-61

   当 导体跨数≤2：求导体应力 σ_{cm}：P368 式 5.5-62

  2）当 考虑共振、有共振系数时：

   （1）b＝导体 厚度（短边）

    h＝导体 宽度（长边）

    D＝相间距离（导体中心的距离）非净距

   （2）求截面系数 W、惯性半径 r_i：

    有母线尺寸：优先查 P369 表 5.5-10

    无母线尺寸：则查 P367 表 5.5-9

   （3）求自振频率 f_m P371 式 5.5-69

（4）求振动系数 β：

① $f_m<35\text{Hz}$ 或 $f_m>135\text{Hz}$ 时：振动系数 $\beta=1$。

② f_m 在 $35\sim135\text{Hz}$ 内时：

  a. 查 P372 表 5.5-12 得振动系数 γ

  b. 求惯性矩 J 及固有频率 f_0 P371 式 5.5-70

  c. 用固有频率 f_0 查 P372 图 5.5-17 得振动系数 β

（5）求考虑共振、有共振系数时，导体应力 σ_{cm}，见 P372

  当导体跨数>2：求导体应力 σ_{cm}，见 P372 式 5.5-72

  当导体跨数≤2：求导体应力 σ_{cm}，见 P372 式 5.5-73

高压电器 Note6　短路热稳定校验　配四 P385 表 5.6-8

一、计算短路电流交流分量初始值 I''_k

  I''_k 实用法：远端 式 4.6-12，近端 式 4.6-18

二、求 t 短路电流持续时间　配四 P333 高压电器 Note2 短路时间 t 选择

三、求短路电流 I_k 在 0、$t/2$、t 时间的数值，

  $I_{k/2}$、I_{kt}（1）远端：$=I''_k$（2）近端：根据 $0.5t$、t 多次查表 式 4.6-18

四、多电源作用下，I_k''、$I_{k/2}$、I_{kt} 相加

五、根据短路绝对位置及 t 短路持续时间，查表 5-2 得直流分量等效时间 T_{eq}

表 5-2　相关要求汇总（2）

短路点（按短路位置选取）	T_{eq} 直流分量等效时间/s	
	t 短路电流持续时间≤0.1	t 短路电流持续时间>0.1
发电机出口及母线	0.15	0.2
发电机升压变压器高压侧及出线 发电机电抗器后	0.08	0.1
变电站各级电压母线及出线	0.05	

六、计算 Q_t 交直流热效应 P381（5.6-4～5.6-6）

$$Q_{t\text{交流热效应}}(\text{kA}^2\cdot s) = \frac{(I''^2_k + 10I^2_{k/2} + I^2_{kt}) \times t_{\text{短路时间}}}{12}$$

$Q_{t\text{交直流热效应}}(\text{kA}^2\cdot s) = Q_{t\text{交流}} + Q_{t\text{直流}} = Q_{t\text{交流}} + T_{eq\text{直流等效时间}} \cdot I''^2_k$

注：无答案可尝试代入 Q_t 交流。

七、根据热稳定校验对象，查配四 P385 表 5.6-8 得校验式

八、参数 Q_t、$I_{k\text{额定短时耐受}}$、$t_{k\text{额定短路持续}}$ 代入校验式判断是否通过校验

电流互感器热稳定校验（另一种）：
DL/T 5222 导规 P218 条文 15.0.1（14）

高压电器 Note7　负荷开关-熔断器组合电气的选择与校验　配四 P395

1. 计算持续工作电流 I_g 表 5.2-3
2. 校验熔断器 I_n 修正后 $\geqslant I_g$ 持续工作电流 Note3 P322
3. 计算一次侧最大短路电流 I_x
4. 校验额定电压 $\geqslant$ 最高电压 P313 表 5.2-1
5. 选择组合电器额定转移电流 $I_{transfer}$
6. 熔断时间：$T_{ml}=0.045s$ 式 5.7-7
7. 查电流偏差 -6.5% 曲线横坐标得实际转移电流 $I_{sj.\,transfer}$
8. 校验 $I_{n熔断器最小开断} \leqslant I_{sj.\,transfer实际转移电流} < I_{transfer额定转移电流}$ 式 5.7-8
9. 校验 $I_{sj.\,transfer实际转移电流} < I_{sc一次侧最大短路电流}$ 式 5.7-9

高压电器 Note8　IEC 单根导体短路动稳定校验　配四 P335

一、计算短路峰值（冲击）电流 i_P、峰值系数 K_P：P300 式 4.6-21

二、求硬导体最大受力 F_{m3}

  1. 求有效距离系数 k_{12}：

    1) $c_m=$ 导体间距平行方向导体尺寸
        $b_m=$ 导体间距垂直方向导体尺寸
        $a=$ 相间距离（导体中心的距离）非净距

    2) 求 $b_{m间距垂直尺寸}/c_{m间距平行尺寸}$，查 P335 图 5.5-1 定曲线

    3) 求 $a_{相间距离}/c_{m间距平行尺寸}$，定横坐标。查图得纵坐标 k_{12}

  2. 求硬导体最大受力 F_{m3} 配四 P333 （5.5-2）（5.5-5）

$$F_{m3}=\frac{\sqrt{3}\,\mu_0\, i^2_{P\text{峰值电流}}\, l_{\text{跨距}}}{4\pi a_{m\text{有效距离}}}=\frac{\sqrt{3}\,\mu_0\, i^2_{P\text{峰值电流(A)}}\, l_{\text{跨距(m)}}\, k_{12\text{有效距离系数}}}{4\pi a_{\text{相间距离(m)}}}$$

    注：μ_0 真空磁导率 $=4\pi\times10^{-7}\,H/m$；

三、硬导体弯曲应力 $\sigma_{m,d}$

  1. 求 W_m 截面系数：配四 P367 表 5.5-9
  2. β 支架系数 2：配四 P351 表 5.5-3
  3. 求 $V_{\sigma m动静比例}\times V_{rm重合闸比例}$

    1) 当不考虑共振固有频率、无 $E_{杨氏模量}$ 时简化法：配四 P353 表 5.5-5

      （1）不带重合闸、带重合闸第一次电流：$V_{\sigma m动静比例}\times V_{rm重合闸比例}=1$

(2) 带重合闸第二次电流：$V_{\sigma m 动静比例} \times V_{rm 重合闸比例} = 1.8$

2) 当考虑共振固有频率、有 $E_{杨氏模量}$ 时详细法：

(1) 求固有自然频率 f_{cm}：(5.5-51)

$$f_{cm 固有频率(Hz)} = \frac{\gamma_{支架系数3}}{l^2_{跨距(m)}} \sqrt{\frac{E_{杨氏模量} \times J_{m 二次矩}}{m'_{m 单位长度导体质量(kg/m)}}}$$

注：① $\gamma_{支架系数3}$：配四 P351 表 5.5-3

② $J_{m 二次矩}$：$J_{m 二次矩(m^4)} = \frac{b_{m 间距垂直方向尺寸} \times c^3_{m 间距平行方向尺寸}}{12}$

(2) 计算 $f_{cm 固有频率}/f = f_{cm}/50Hz$，为横坐标

(3) $V_{\sigma m 动静比例} V_{F 动静比例}$：查图 5.5.12 配四 P358

由 K_p 峰值系数定曲线，计算 $f_{cm 固有频率}/f$ 定横坐标

纵坐标为 $V_{\sigma m 动静比例}$、$V_{F 动静比例}$

(4) $V_{rm 重合闸比例}$：

① 无重合闸时：$V_{rm 重合闸比例} = 1$

② 自动重合闸时：查图 5.5.13 配四 P358，

由 $f_{cm 固有频率}/f$ 定横坐标，得纵坐标为 $V_{rm 重合闸比例}$

4. 计算 $\sigma_{m.d}$ 弯曲应力：配四 (5.5-44)

$$\sigma_{m.d 弯曲应力(N/m)} = \frac{V_{\sigma m 动静比例} V_{rm 重合闸比例} \times \beta_{支架系数2} \times F_{m3 导体最大受力(N)} \times l_{跨距(m)}}{8W_{m 截面系数}}$$

5. 应力校验式：$\sigma_{m.d 实际弯曲应力} \leq q_{可塑性系数} f_{y 材料屈服点应力}$ (5.5-47)

注：$q_{可塑性系数}$：$q=1.5$ 表 5.5-6。$f_{y 材料屈服点应力}$：校验取范围内最小值

四、硬导体支架最大受力 $F_{r.d}$

1. α 支架系数1：配四 P351 表 5.5-3

2. 求 $V_{F 动静比例} \times V_{rm 重合闸比例}$：

1) 当不考虑共振固有频率、无 $E_{杨氏模量}$ 时简化法：配四 P353 表 5.5-5

(1) 计算简化系数 $= \frac{\sigma_{m.d 弯曲应力(N/m)}}{0.8 \times f_{y 材料屈服点应力(N/m) 取范围内最大值}}$

(2) 当简化系数 ≤ 0.37 时：$V_{F 动静比例} \times V_{rm 重合闸比例} = 2.7$

(3) 当 $0.37 <$ 简化系数 < 1 时：$V_{F 动静比例} \times V_{rm 重合闸比例} = 1/$简化系数

(4) 当简化系数 ≥ 1 时：$V_{F 动静比例} \times V_{rm 重合闸比例} = 1$

2) 当考虑共振固有频率、有 $E_{杨氏模量}$ 时详细法：

$V_{F 动静比例} \times V_{rm 重合闸比例}$ 详本 Note 三中 3 中 2)

3. 支架最大受力 $F_{r.d}$：配四 P355 (5.5-50)

$$F_{r.d 支架最大受力(N)} = V_{F 动静比例} \times V_{rm 重合闸比例} \times \alpha_{支架系数1} \times F_{m3 导体最大受力(N)}$$

4. 校验式：$F_{rcd支架最大受力(N)} \leqslant F_{弯曲破坏荷载(N)}$ 配四 P376 表 5.5-14

高压电器 Note9　IEC 热稳定校验　配四 P378～P380

一、高压电器和开关设备热稳定校验：

1. 当 $T_{k短路电流持续时间} \leqslant T_{kr高压电器和开关设备额定短时间}$ 时：P378（5.6-1）

   校验需满足：$I_{th热等效短路电流} \leqslant I_{thr高压电器和开关设备额定短时耐受电流}$

2. 当 $T_{k短路电流持续时间} \geqslant T_{kr高压电器和开关设备额定短时间}$ 时：P378（5.6-2）

   校验需满足：$I_{th热等效短路电流} \leqslant I_{thr高压电器和开关设备额定短时耐受电流} \sqrt{\dfrac{T_{kr高压电器和开关设备额定短时间}}{T_{k短路电流持续时间}}}$

二、裸导体热稳定校验：（5.6-3）5.6.1.5

1. 计算 $I_{th热等效短路电流}$：

   $I_{th热等效短路电流(kA)} = I''_{k三相短路电流初始值} \sqrt{m_{非周期热效应系数} + n_{周期热效应系数}}$

2. 计算 $S_{th热等效短路电流密度}$：（实际值）

   $S_{th热等效短路电流密度(A/mm^2)} = \dfrac{I_{th热等效短路电流(kA)} \times 1000}{A_{导体截面(mm^2)}}$

3. 查图得 $S_{thr导体额定短时耐受电流密度}$：（实际值）图 5.6-1

   1) 根据导体材料 定查的图：

      铜：图 a 实线。低合金钢：图 a 虚线。铝、钢芯铝绞线：图 b

   2) 根据 θ_{b} 定曲线。

   3) 根据 θ_{e} 定横坐标

   4) 查得横坐标 $S_{thr导体额定短时耐受电流密度(A/mm^2)}$

4. 校验电流密度：校验需满足

   $S_{th热等效短路电流密度} \leqslant S_{thr导体额定短时耐受电流密度} \sqrt{\dfrac{T_{kr导体额定短时间}}{T_{k短路电流持续时间}}}$

第六章　低压电器

低压电器知识点汇总　配四　P953

低压电器 Note1　基本要求（概念、知识题）配四　P955
低压电器 Note2　I_{set1}、I_{set2}、I_{set3}、脱扣、不脱扣、不可信区间　配四　P971
低压电器 Note3　线路过负荷保护　配四　P961
低压电器 Note4　短路保护（热稳定）配四　P963
低压电器 Note5　RCD 小结　配四　P1017
低压电器 Note6　故障下的自动切断电源、TN 系统灵敏性、I_{set0}、I_{set} 配四　P965
低压电器 Note7　低压配电线路断路器确定　配四　P987
低压电器 Note8　低压线路熔断器选择　配四　P1009
低压电器 Note9　保护电器的级间选择性　配四　P1020
低压电器 Note10　开关、隔离电器、控制电器、无功补偿器　配四　P1027
低压电器 Note11　低压电动机　配四　P1087
低压电器 Note12　起重机　配四　P1129
低压电器 Note13　电梯和自动扶梯　配四　P1147
低压电器 Note14　电焊机　配四　P1160 GB 50055 通用 4.0.1～4.0.7
低压电器 Note15　整流器　配四　P1179
低压电器 Note16　断续和短时负载下载流量 I_z 配四　P1189
低压电器 Note17　并联导体的过电流保护，分支回路能被保护的最大长度 GB/T 16895.5
　　　　　　　　 过电流 P10、P11、P18～P20　附录 A、D 配四 P963 11.2.3.4

电阻炉电源线的计算电流（单、三相）配四 P1169
工业探伤设备及医用射线设备　配四　P1183～1185
胶带输送机、电镀、蓄电池充电、静电滤清电源、室内用电器 GB 50055 通用

低压电器 Note1　**基本要求（概念、知识题）配四　P955**
　1. 正常 4 条件选择：电压、频率、电流、额定工作制 11.1.2 P953、P954
　2. 短路条件选择：耐受、分断 11.1.4 P954

3. 环境条件选择 11.1.5 P955～P959

   1）正常环境：空气温度、海拔、大气条件 11.1.5.1 P955

   2）多尘环境：尘降量→环境分级→防护等级 IPXX 11.1.5.2 P955

   3）化工腐蚀环境：

      （1）腐蚀物质→严酷度分级 表 11.1-3

      （2）按严酷度分级、频率，腐蚀环境分类 表 11.1-4

      （3）按户内外、腐蚀环境分类、电气设备名称→防护类型 表 11.1-5

      （4）防护类型→使用环境条件 表 11.1-6

   4）高原地区：海拔超过 2000m 11.1.5.4

      （1）海拔不修正允许温升。

      （2）实际工作温度＞绝缘允许极限温度时：

$$I_{set1修} = I_{set1} \times [1 - 1\% \times (T_{实际} - T_{允许})]\ 11.1.5.4-（1）$$

      （3）实际环境温度＞40℃时：

$$I_{set1修} = 降容系数 \times I_{set1} \geq 实际需求 I，降容系数：表 13.3-17\ P988$$

      （4）海拔不修正耐压、热继电器和熔断器 4000m 以下不修正整定值。

      （5）电气间隙修正：1000m 以上修正，优先 GB 50053 20kV 变 表 4.2.1 注。

   5）热带地区：湿热带、干热带 P959 表 11.1-7

4. 外壳防护等级：P1725 17.5.2.3

5. 短路保护电器设置的位置：P964 11.2.3.5

6. 不设置短路保护电器的回路：P965 11.2.3.6。

7. 爆炸危险场所防爆选型：配四 P1060

8. 低压电器的选择要求：GB 50054 低压配电 3.1

低压电器 Note2 I_{set1}、I_{set2}、I_{set3}，脱扣、不脱扣、不可信区间 配四 P971

过电流：

      1. 过负荷：I_{set1}、反时限、长延时

      2. 短路：I_{set3}、瞬时、I_{set2}、定时限、短延时

框架 ACB、塑壳断路器 MCCB：2～4 段

I_{set1} 长延时动作特性（表 6-1）：P971 表 11.3-3

表 6-1 I_{set1} 长延时动作特性

肯定不动作	可能动可能不动	肯定动
$I < 1.05 \times I_{set1}$	$1.05 \times I_{set1} < I \leq 1.3 \times I_{set1}$	$I > 1.3 \times I_{set1}$

微断 MCB：

瞬时动作特性（表6-2）：P978 表 11.3-4

表 6-2 瞬时动作特性

脱扣形式	肯定不动作	可能动、可能不动	肯定动
B	$I \leqslant 3I_N$	$3I_N < I \leqslant 5I_N$	$I > 5I_N$
C	$I \leqslant 5I_N$	$5I_N < I \leqslant 10I_N$	$I > 10I_N$
D	$I \leqslant 10I_N$	$10I_N < I \leqslant 20I_N$	$I > 20I_N$

各电流定义：

1. I_N 壳架额定电流、I_n 脱扣器的额定电流：

   I_n 脱扣器的额定电流（厂家定）= $n\% \times I_N$ 壳架额定电流（厂家定）$n\% \leqslant 1$

2. I_{set1} 长延时整定电流：

   低压断路器的额定电流= $I_{set1} \neq$ 壳架 $I_N \neq$ 脱扣器 I_n。

   I_{set1} 长延时整定电流= $n_1\% \times I_n$ 脱扣器额定电流，$n_1\% \leqslant 1$ 用户可调/可整定

   t_{set1}：一般 $I_d = 6 \times I_{set1}$ 时：设置为 0~30s，极限为 $I_d = 1.3 \times I_{set1}$ 满足 2h

3. I_{set2} 短延时、定时限整定电流：

   I_{set2} 短延时整定电流= $n \times I_{set1}$

   t_{set2}：一般 ms 级别

4. I_{set3} 瞬时整定电流：

   I_{set3} 瞬时整定电流= $n \times I_{set1}$

   t_{set3}：一般 0.0 几秒，不可调

相关示意图如图 6-1 所示。

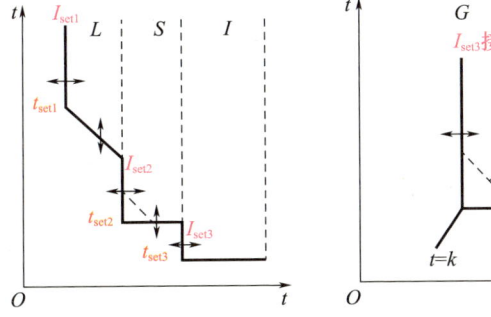

图 6-1 相关示意图

低压电器 Note3　**线路过负荷保护**　配四　P961

一、导体过负荷保护电器配合满足以下两个条件 P960

$I_c \leqslant I_N \leqslant I_{载}$ 式 11.2-1　　I_2 可靠动作电流 $\leqslant 1.45 I_{载}$　式 11.2-2

1）当断路器时仅需满足：$I_c \leqslant I_{set1} \leqslant I_{载}$　式 11.2-3

2）当熔断器时需满足：$I_c \leqslant I_{rl}$ 熔体额定电流 $\leqslant$（1.45/K）$I_{载}$　式 11.2-1、式 11.2-2

$K \geqslant 16A$，默认 $K = 16A$　P999　表 11.6-1。

专职且小于 16A：P1001　表 11.6-5；非专职且小于 16A：P1005　表 11.6-11。

光伏：P1007　表 11.6-14；半导体：P1008　表 11.6-15。

二、爆炸环境线路允许载流量　1.25 倍　GB 50058 爆炸 5.4.1-6

1）当断路器时需满足：$I_z \geqslant 1.25 \times I_{set1}$

2）当熔断器时需满足：$I_z \geqslant 1.25 I_{rl}$ 熔体额定电流

三、哪里可以不设置过负荷保护　P961

低压电器 Note4　**短路保护（热稳定）**　配四　P963

一、短路分断能力

1）I_{cu} 额定极限短路分断能力：极限分断能力，最大

2）I_{cs} 额定运行短路分断能力：运行分断能力 $\leqslant I_{cu}$，可以等于 I_{cu}

下级或末端：如困难，可按 I_{cu} 选，$I_{cu} \geqslant I''_{kmax}$ ↓

上级：按 I_{cs} 选（进线配电箱）$I_{cs} \geqslant I''_{kmax}$，↑11.3.9　P987

二、热稳定选截面：t 以 0.1s 为界，配四　式 11.2-4/5　P962

1. $0.1s \leqslant t \leqslant 5s$ 时：$S \geqslant \dfrac{I_{预期故障电流} \sqrt{t}}{k}$，　式 11.2-4

注：$I_{预期故障电流}$：相导体为最大三相短路电流，PEN 导体为最大单相短路电流

2. $t < 0.1s$ 时：$S \geqslant \dfrac{\sqrt{保护电器允许 I^2 t_{(A^2 \cdot s)}}}{k}$，配四　式 11.2-5

注1：t 可查图，1）求 I_k / I_{set1} 的值，2）用值查纵坐标，3）用纵坐标查与曲线交点，4）交点查横坐标得 t

注2：k 导体计算系数。

  1）精算公式：GB 50054　P53　式 A.0.1

  2）相导体——PVC90℃、橡胶 85℃：配四　P962　表 11.2-2

  3）相导体——其余：GB 50054　P56　表 A.0.7

4) 裸导体：GB 50054 P55 表 A.0.6

5) 电缆芯线或成束敷设的 PE 导体：GB 50054 低压配电 P54 表 A.0.4

6) 金属护层做 PE 导体：GB 50054 低压配电 P55 表 A.0.5

7) 非电缆芯线且不成束敷设的绝缘 PE 导体：GB 50054 低压配电 P54 表 A.0.2

8) 与电缆护层接触且不成束敷设的裸 PE 导体：GB 50054 低压配电 P54 表 A.0.3

三、断路器一般 I_{set2}（$0.1s \leqslant t \leqslant 5s$）符合式 11.2-4，可不验证

　　　I_{set3}（$t < 0.1s$）用式 11.2-5 验证

四、熔断器热稳定选截面：配四

　　1. t 不好确定，导体截面可查表 11.2-3 P963

　　2. t 已知，t 以 $0.1s$ 为界　式 11.2-4/5 P962

五、求 S_{PE} 保护导体截面：GB 50054 低压配电 P12

　　精算：式 3.2.14。估算：表 3.2.14 优先公式、不同材料查表

六、求等电位导体截面：GB 50054 低压配电 P14 截面汇总表

七、求固定敷设导体最小截面：GB 50054 低压配电 表 3.2.2

低压电器 Note5　RCD 小结　配四 P1017

1. 不能作为唯一防护，只能是附加防护。GB 50054 低压配电 5.1.12

2. PEN、PE 严禁接入开关电器。GB 50054 低压配电 3.1.4。

　　RCD 可以用在 TN，不能用在 TN-C。在 TN-C-S，RCD 负荷侧不能出现 PEN 导体。RCD 电源侧应分开 PE 和 N。分了就不能再合 GB 51348 民规 7.7.7-4

3. RCD 作为间接防护时，回路一定设 PE 线。GB 50054 低压配电 3.1.12

4. 直接防护的额定动作电流 $I_{\triangle n} \leqslant 30mA$（末端、人身安全）。54 5.1.12

　　非人体安全的动作电流：火灾 $I_{\triangle n} \leqslant 300mA$　GB 50054 6.4.3、GB 51348 13.5.6

　　　　　　　　　　　　$I_{\triangle n}$ 为 300～500mA　GB 50116 火灾报警 9.2.3

5. 动作特性：1) TT 系统：$I_{\triangle n} \times R_A \leqslant 50V$　GB 50054 5.2.15

　　　　　　2) IT 系统：$I_{\triangle n}/2 \geqslant I_{d\text{障一次}}$　GB 50054 3.1.14

　　附加要求：

　　躲正常泄露：$I_{总泄露} \leqslant \dfrac{I_{\triangle n}}{2} \leqslant \dfrac{50V}{2 \times R_A}$　配四 P1479 式 15.3-1

　　满足分断时间，则预期故障电流远大于动作值：$I_d \geqslant 5 \times I_{\triangle n}$　GB 51348 条文说明 7.7.8

6. 级间选择性：

　　6.1 配四法：$I_{\triangle n \perp} \geqslant 3 \times I_{\triangle n\text{下}, t\text{上不动}} > t_{\text{下级总动}}$　配四 P1016 11.7.6 (1)(2)

　　　　　　　$I_{\triangle n \perp} \geqslant 2 \times I_{总泄露}$　配四 P1016 11.7.7.1

泄漏电流限值及参考值：配四 P1016 表 11.7-13～表 11.7-17，末端≤30mA，最大≤500mA。

6.2 民规法：$I_{\triangle n上} > 2 \times I_{\triangle n下} \cdot t_{上级RCD动作} > t_{下级RCD动作} + t_{下级断路器动作}$，GB 51348 条文说明 7.7.5

民规与配四矛盾，根据题意选择依据

7. 分断时间：

1) 有或无延时：配四 P1011 11.7.3-（6）

   无延时 RCD：表 11.7-2～表 11.7-4

   延时 RCD：表 11.7-5～表 11.7-7

2) 无特殊说明：GB 51348 表 7.7.6＝配四 P1454 表 15.2-1，

   当分段时间满足表中时间，则 I_d 显著大于 $I_d \geq 5 \times I_{\triangle n}$

相关要求见表 6-3。

表 6-3 相关要求

GB 55024	4.5.1	室外照明配电终端回路
	4.5.4	正常灯具安装高度在 2.5m 及以下，且采用交流低压供电时
	4.6.5	额定电流不超过 32A 的：（1）供一般人员使用的电源插座回路；（2）室内移动电气设备；（3）人员可触及的室外电气设备
	4.6.8	不允许人员进入的喷泉场所内配电回路
	4.6.9	桑拿房除桑拿浴加热器外所有配电回路
	4.6.10	加热电缆辐射供暖设备、公共厨房用电设备、电辅助加热的太阳能热水器、升降停车设备、人员可触及的室外金属电动门等用电设备的电击防护应设置附加防护
GB 51348	7.5.5.5	（1）手持式及移动式用电设备；（2）人体可能无法及时摆脱的固定式设备；（3）室外工作场所的用电设备；（4）家用电器回路或插座回路
	12.10	装有浴盆或淋浴器的房间、游泳池、喷水池
GB/T 16895.21	411.3.3	额定电流不超过 32A 供一般人员使用并用于普通用途的交流插座；额定电流不超过 32A 的户外交流移动式设备
	411.3.4	对于单独住户的房屋向灯具供电的交流终端回路，应提供额定剩余动作电流超过 30mA 的剩余电流保护器
JGJ 242	8.4.3	连接手持式及移动式家用电器的电源插座回路
	8.4.4	柜式空调的电源插座回路、分体空调的电源插座回路
	9.4.4	装有淋浴或浴盆卫生间的照明回路，宜装设剩余电流动作保护器
配四	15.3	装有浴盆和淋雨盆场所、游泳池和喷水池、桑拿房、施工和拆除场所、农业和园艺设施、活动受限的可导电场所、游艇码头场所、医疗场所、家具、户外照明、移动或可搬运的单元、房车和电动车房的电气装置、充电汽车供电、游乐场和马戏场所等

低压电器 Note6　**故障下的自动切断电源、TN 系统灵敏性、I_{set0}、I_{set4}　配四　P965**

一、TN 系统：求最小故障电流 I_k：最大电缆长 L

1. 已知系统及变压器阻抗精确算：$=U_{0相电压}/Z_{S(系统+变压器+相线+保护线)}$　GB 50054（5.2.8）
2. 已做总等电位，仅知相线及保护线截面（IEC 估算）配四　式 11.2-6

$$I_{k(A)} = \frac{电源侧阻抗系数 \times U_{相对地220V} \times S_{相导体} \times K_{电抗校正系数} \times K_{多相导体并联}}{1.5 \times \rho_{0.0几\,(\Omega\cdot mm^2/m)} \times \left(1 + \dfrac{S_{相导体}}{S_{PE}}\right) \times L_{电缆长(m)}}$$

注：电源侧阻抗系数：远离变压器、线路截面小、容量大，$=(0.95\sim 1)$；
　　　　　　　　　　反之 $=(0.8\sim 0.95)$

　　$K_{电抗校正系数}$：$S \leq 95$ 时，$K=1$；$S=120$、150 时，$K=0.96$；$S \geq 185$ 时，$K=0.92$
　　$K_{多相导体并联}$：单电缆 $=1$；n 拼电缆 $=4\times(n-1)/n$

二、IT 二次故障共同接地，求最小故障电流 I_k：最大电缆长 L

1. 仅知相线及保护线截面（IEC 估算）

　1）不同回路，不配出 N 线：配四　P968　式 11.2-8

$$I_{k(A)} = \frac{0.5 \times 电源侧阻抗系数 \times U_{相间380V} \times S_{相导体} \times K_{电抗校正系数} \times K_{多相导体并联}}{1.5 \times \rho_{0.0几\,(\Omega\cdot mm^2/m)} \times \left(1 + \dfrac{S_{相导体}}{S_{PE}}\right) \times L_{电缆长(m)}}$$

　2）不同回路（相保+N 保），配出 N 线：配四　P968　式 11.2-8 改

$$I_{k(A)} = \frac{0.5 \times 电源侧阻抗系数 \times U_{相对地220V} \times S_{相导体} \times K_{电抗校正系数} \times K_{多相导体并联}}{1.5 \times \rho_{0.0几\,(\Omega\cdot mm^2/m)} \times \left(1 + \dfrac{S_{相导体}}{S_{PE}}\right) \times L_{电缆长(m)}}$$

2. 已知各线路阻抗（精算）求动作特性：50054 低压配电

　1）不配 N 线：式 5.2.24-1

$$I_{c规定时间内切断电源的动作电流} = 1.3 I_{set3} \leq \frac{\sqrt{3}\,U_{0相电压}}{2Z_c} = I_{d\,min}$$

　注：$2Z_c = 2\times(Z_{相MAX} + Z_{保MAX})$　选 相$_{(1)}$+PE$_{(1)}$+相$_{(2)}$+PE$_{(2)}$ 阻抗最大的回路

　2）配 N 线：式 5.2.24-2

$$I_{c规定时间内切断电源的动作电流} = 1.3 I_{set3} \leq \frac{U_{0相电压}}{2Z_d} = I_{d\,min}$$

　注：$2Z_d \approx Z_{相MAX} + Z_{保MAX} + Z_{零MAX} + Z_{保MAX}$　选 相$_{(1)}$+PE$_{(1)}$+零$_{(2)}$+PE$_{(2)}$ 阻抗最大一个最大的回路

三、IT 二次故障 & 单独接地，同 TT 系统，求动作特性：

　　$R_{A设备接地电阻+接地PE线电阻Max} \leq 50/I_{a动作电流}$　50054 低压配电　式 5.2.15　5.2.21-2

四、TN 系统灵敏性

　　配四　P969：最大验可靠，最小验灵敏，K_{sen} 灵敏性 $= I_{d\,min}/I_{set2}$ 或 $I_{d\,min}/I_{set3} \geq$

1.3 GB 50054 6.2.4

分断能力验 I_{cu}、I_{cs} 配四 P963 低压电器 Note4。

五、I_{set0} 三相不平衡保护整定 配四 P969

$I_{set0} \geq 2 \times I_{N正常不平衡max}$ 式 11.2-9

$I_{k故障min} \geq 1.3 \times I_{set0}$ 式 11.2-10

六、I_{set4} 剩余电流保护整定 配四 P969～970

$I_{set1} \geq (2.5 \sim 4) \times I_{N正常泄漏电流}$ 且 $I_{k故障min} \geq 1.3 \times I_{set4}$

低压电器 Note7 低压配电线路断路器确定 配四 P987

1. 过负载保护：①只用 $I_c \leq I_N \leq I_{Z修}$， 配四 P960 式 11.2-3

   ② $I_{过负荷} \geq 1.3 \times I_{set1}$。 配四 P970 表 11.3-3

2. 接地故障保护（三种满足一即可）

   1）短延时、瞬动：$I_{t1} \geq I_a = 1.3 \times I_{set2}$（或 I_{set3}） GB 50054 低压配电 6.2.4

   2）零序： $I_{set0} \geq 2 \times I_{N正常不平衡max}$ 配四 P969 式 11.2-9

   $I_{k故障min} \geq 1.3 \times I_{set0}$ 配四 P969 式 11.2-10

   3）剩余电流保护：$I_{set1} \geq (2.5 \sim 4) \times I_{N正常泄漏电流}$ 配四 P969～970

   $I_{k故障min} \geq 1.3 \times I_{set4}$

3. 保护线路的 I_{set1}（过负荷）：

   1）普通线路：$I_c \leq I_{set1} \leq I_{Z修}$ 配四 P960 式 11.2-3

   2）防爆线路：$I_c \leq I_{set1} \leq I_{仅温修}/1.25$ GB 50058 爆炸 5.4.1-6

   3）谐波电路 4P 断路器：$[I_{C基波}\sqrt{1+谐波\%^2} \cdot 3 \times I_{谐波}]_{max} \leq I_{set1} \leq I_{Z修}$ GB 50054 3.2.9

   4）谐波电路 3P 断路器：$[I_{C基波}\sqrt{1+谐波\%^2}]_{max} \leq I_{set1} \leq I_{Z修}$ GB 50054 3.2.9

   5）变压器低压侧主断路器：$I_{set1} \approx I_{rT_{r长延时}}$ 配三 P652

   6）照明线路：$I_{set1} \geq K_{rH} \times I_c$ 配四 P986 式 11.3-6 表 11.3-14

   7）$T_{环境} > 40℃$、温度修正：仅修正 I_{set1}，但 I_c、I_N 是 I_{set1} 的倍数。

   $I_{set1修正} = I_{set1} \times 降容系数 \geq I_{c实际需求}$ 配四 P988 表 11.3-17

4. 保护线路的 I_{set2}（定时限）：（躲启动电流）

   普通线路 $I_{set2} \geq K_{st2} \ [I'_{stM1} + I_{e(n-1)}] \ K_{set2} = 1.2$ 配四 P986 式 11.3-4

   $I_{stM1启动} = K_{st}启动系数 \times I_{NM额定电流}$

5. 保护线路的 I_{set3}（瞬时）：（躲全启动电流）

   1）普通线路：$I_{set3} \geq K_{st} \ [I'_{stM1} + I_{e(n-1)}]$、$K_{set3} = 1.2$

$I'_{stM1 全启动笼型} = (2\sim2.5) \times I_{stM1启动} = (2\sim2.5) \times K_{st启动系数} \times I_{NM额定电流}$

$I_{r(n-1)} = I_e - I_{NM额定电流} \times 计算系数$　配四　P986　式 11.3-5

2) 照明线路：$I_{set3} \geqslant K_{rel1} \times I_c$　配四　P986　式 11.3-7　表 11.3-14

6. 灵敏性：短延时、瞬动：$I_d \geqslant I_n = 1.3 \times I_{set2}$（或 I_{set3}）　GB 50054 低压配电　6.2.4

7. 最小接地故障电流 I_k：TN：配四　P965　式 11.2-6

　　电缆最大长度允许值 L_{max}：TN：配四　P966　式 11.2-7

　　　　　　　　　　　　　IT 二次故障：配四　P968　式 11.2-8

8. 短路分断能力：

　1) I_{cu} 额定 极限 短路分断能力：极限分断能力；最大

　2) I_{cs} 额定 运行 短路分断能力：运行分断能力 $\leqslant I_{cu}$，可以等于 I_{cu}

　下级或末端：如困难，可按 I_{cu} 选，$I_{cu} \geqslant I''_{kmax}$ ↓

　上级：按 I_{cs} 选（进线配电箱）$I_{cs} \geqslant I''_{kmax}$　↑配四　P987　11.3.9

9. 短路接通能力 I_{cm}，短路分断能力 I_{cu}、I_{cs}，短时耐受电流 I_{cw}

　$I_{set1} \leqslant I_n < I_{set2} < I_{set3} < I_{cw} < I_{cs} < I_{cu} < I_{cm}$　配四　P970~P971

10. "400Hz" 系统修正

　1) 修正 I_{set1}：　配四　P987，表 11.3-16

　$I_{set150Hz} = (16\sim63A)$：$I_{set1400Hz} = 0.95 \times I_{set150Hz}$

　$I_{set150Hz} = (80\sim250A)$：$I_{set1400Hz} = 0.95 \times I_{set150Hz}$

　2) 修正 Iset3：$I_{set3400Hz} = 1.6 \times I_{set350Hz}$　配四　P988

11. 断路器查图，配四　P971

12. 微断 MCB：配四

　1) 瞬时动作特性（表6-2）；P978　表 11.3-4

　2) 过载动作特性：$I \leqslant 1.13I_N$　肯定不动作　$I > 1.45I_N$　肯定动作

　3) 多级断路器修正：P978　表 11.3-5

　　两级断路器通单极负荷：$I_{set修} = 1.1 I_{set}$、$I_{微脱扣修} = 1.1 \times I_{微脱扣}$

　　三、四级断路器通单极负荷：$I_{set修} = 1.2 I_{set}$、$I_{微脱扣修} = 1.2 \times I_{微脱扣}$

13. 直流断路器：配四　P981

14. 限流型断路器 SMCB：配四　P982

低压电器 Note8　低压线路熔断器选择　配四　P1009

1. 过负荷（过载）保护：配四

　$I_c \leqslant I_{rn熔体额定电流} \leqslant (1.45/K) I_{桉}$　P960　式 11.2-1、2

防爆线路时：I_r仅温度修正$/1.25 \geqslant I_n$熔体额定电流 GB 50058 爆炸 5.4.1-6

$K \geqslant 16A$，默认 $K=16A$ P999 表 11.6-1。

专职且小于 16A：P1001 表 11.6-5。非专职且小于 16A：P1005 表 11.6-11。

光伏：P1007 表 11.6-14。半导体：P1008 表 11.6-15。

注：不校验电缆最小热稳定截面的 2 种熔断器回路情况见 GB 50217 缆规 3.6.7

2. 躲尖峰电流：

　1) 普通配电线路：$I_r \geqslant K_r \times [I_{rM1}$ 额定（非启动）$+I_{c(n-1)}]$　配四 P1009 式 11.6-1

　　　K_r：计算系数 求 I_{rM1} 额定 额定（非启动）$/I_c$ 全线路 查表 11.6-19 得 K_r

　2) 照明线路：$I_n \geqslant K_m \times I_c$　配四 P1009 式 11.6-2 K_m 表 11.6-20

　3) 已知电动机轻载重载线路：$I_n \geqslant K_r \times [I_rM1$ 额定$+I_c(n-1)]/\alpha$熔断体系数 《钢铁企业电力设计手册》（下册）（29-8）

α熔断体系数：根据熔断体 RXX 型号、熔体电流、电动机轻载或重载查表 6-4

表 6-4　系数 α 值

熔断器型号	熔体材料	熔体电流	α 值	
			电动机轻载起动	电动机重载起动
RT0 RT14（NT、 gF、aM）	铜	50A 及以下 60～200A 200A 以上	2.5（3.5） 3.5（4.7） 4（5.6）	1.6～2（3） 3（4） 3～3.5（4.8）
RM10	锌	60A 及以下 80～200A 200A 以上	2.5 2.5～3 3～3.5	1.5～2 2～2.5 2.5～3
gG 型 RL1	铜、银	60A 及以下 80～100A	2.5 3	2 2.5
RC1A	铅、铜	10～200A	2.5～3	2～2.5
RL6 RL7 RT11 RT12	合金	100A 以下 100～160A 200～300A 300A 以上	2.5 3 3～3.5 3～4	2 2.5 2.5～3 3～3.5

3. 尖峰电流$\leqslant$弧前时间门限值：配四

　　由弧前时间、熔体额定电流查表得弧前时间门限值 Imin，$I_{尖峰} \leqslant I_{min弧前时间门限值}$

　　$I_{min弧前时间门限值}$：默认为 gG、gM，P1000 表 11.6-2。aM：表 11.6-3

　　专职 gG：P1002 表 11.6-6。非专职 gG：P1005 表 11.6-12

4. 规定时间内可以切断（TN 系统灵敏性）：P1008～9 查表 11.6-16～表 11.6-18

   注：TN 系统最长切断时间 t GB 50054 低压配电 P23 安全 Note2

由 $I_{rr实际}$ 查图得 t，确定表 11.6-16～表 11.6-18 之一，由 $I_{d实际}$ 查表得 I_N，校验 I_d/I_N 是否符合最小值或推荐值

  380V 系统、$t\leqslant 5s$：配四 P1008 表 11.6-16

  380V 系统、$t\leqslant 0.4s$：P1008 表 11.6-17

  660V 系统、$t\leqslant 0.2s$：P1009 表 11.6-18

5. 查 I^2t 并校验：实际热量＜表中 I^2t_{min} 不会损伤；实际热量＞表中 I^2t_{min} 一定损伤

  $\geqslant 16A$、默认：P1001 表 11.6-4。

  专职 gG：P1002 表 11.6-7。专职 aM：P1002 表 11.6-8。

  非专职 gG：P1006 表 11.6-13。

6. 查图定 $t_{最小动作时间}$：

  由 I_{rr} 及弧前、熔断定曲线，由横坐标故障电流 I_d 定纵坐标 t 动作。配四 P1004

7. 保护（低压）电容器的熔断器 I_N

  已知 Q_N：$I_N\geqslant k_{计算系数}\times Q_N$ 配四 P1037 式 11.11-3 $k_{计算系数}$：详 P1037

  已知 I_{NQ}：低压：$I_N=(1.68\sim 1.8)\times I_{NQ}$ 配四 P1037

     高低压单台：$I_N=(1.37\sim 1.5)\times I_{NQ}$ GB 50227 电容器 5.4.2

     高低压成组：$I_N=1.3\times I_{NQ}$ GB 50227 电容器 5.8.2

     内部熔断器：$I_N=1.5\sim 2\times I_{NQ单台电容器}$ GB/T 50062 电力继保 8.1.2

8. SPD 后备保护熔断器选择 配四 P1332

 （1）对于 $10/350\mu s$ 波形：

$$熔断器弧前\ I^2t_{min(A^2S)}>256.3\times I^2_{电涌电流(kA)}；$$

 （2）对于 $8/20\mu s$ 波形：

$$熔断器弧前\ I^2t_{min(A^2S)}>14.01\times I^2_{电涌电流(kA)}；$$

低压电器 Note9 保护电器的级间选择性 配四 P1021

1. 上熔断器 与 下熔断器√：配四 P1020 11.9.2

 1）估算：$I_{rr上级}\geqslant 1.6\times I_{rr下级}$ 大两级

 2）精算：

   $t_{弧前}\geqslant 0.1s$：由 I_d 查图（如 P1004）得 $t_{上级弧前}$、$t_{下级熔断}$，需满足 $t_{上级弧前}>t_{下级熔断}$

   $t_{弧前}<0.1s$：满足 $I^2t_{min 上级弧前}>I^2t_{max 下级熔断}$

     查 I^2t：查表 配四 P1003 11.6-9/10

2. 上熔断器 与 下非选择性断路器√：满足 $t_{上级熔断}>t_{sc(3)下级瞬时}+0.1s$ P1021 11.9.3。

3. 上非选择性断路器 与 下熔断器×：P1021 11.9.4。
4. 上非选择性断路器 与 下非选择性断路器×：P1021 11.9.5。
5. 上选择性断路器 与 下非选择性断路器√：
   1) I_{set2} 上级尽量大，避免 $I_{k下max}$ 上下同时跳
   2) I_{set2} 上级 $\geqslant 1.3 \times I_{set2}$ 下级 P1022 式 11.9-1
6. 上选择性断路器 与 下熔断器√：I、t 均配合 P1022 11.9.7
   1) I_{rr} 下级尽量小
   2) I_{set3} 上级尽量大，避免 $I_{k下max}$ 上下同时跳
   3) I_{set2} 上级 $\geqslant$ （15~17.5）$\times I_{rr}$ 下级
   4) t_{set2} 要求估算：t_{set2} 上级 $= 0.2 \sim 0.4 s$
              精算：t_{set2} 上级 $= t$ 熔断下级 $+ 0.15 s$
              t 熔断下级：下级最大 I_r 定曲线，横坐标用 I_{set2}，查得 t 熔断下级
7. 上级带接地故障的断路器√：P1022 11.9.8
   I_{set0} 三相不平衡电流保护：满足灵敏性下，I_{set0} 尽量大；t_{set0} 延时尽量长
   I_{set4} 剩余电流保护方式：仅与末端 RCD 配合
   $I_{set4} \leqslant 300mA$ 且 $I_{set4} > t_{RCD}$

低压电器 Note10　开关、隔离电器、控制电器、无功补偿器 配四 P1027
1. 转换开关电器：
           I/I_N 接通与分断能力：P989 表 11.4-2
           I_{cu} 额定短路分断能力：P990 表 11.4-3
           I_{cw} 额定短时耐受电流：P990 表 11.4-4
2. （保护线路的）开关、隔离电器、隔离开关、熔断器组合电器 P993~996
3. 隔离开关和开关电器的选用原则 GB 50054 低压配电 3.1.7/9
4. 接触器、启动器：动作条件 P1026 11.10.3
   1) 电磁电控吸合电压：$U_{吸合电压} = 0.85 \sim 1.1 \times U_N$
   2) 电磁电控释放电压：$U_{释放交流电压} = 0.2 \sim 0.75 \times U_N$；
              $U_{释放直流电压} = 0.1 \sim 0.75 \times U_N$
   3) 锁扣接触器解锁电压：$U_{解锁电压} = 0.85 \sim 1.1 \times U_{额定解锁}$
   4) 分励脱扣器脱扣电压：$U_{脱扣电压} = 0.7 \sim 1.1 \times U_N$
5. 接触器的选择 P1026 11.10.4
   1) 电流要求：$I_{N接触器工作} \geqslant I_{(负荷}$；$I_{接触器接通} \geqslant I_{负荷启动电流}$；$I_{接触器分断} \geqslant I_{负荷需分断电流}$
   2) 根据下级电动机 I_{AC-3}，选上级变压器/电容器 $I_{AC-6a/b}$ P1027 表 11.10-6

3）I_{AC-6b} 的最高冲击电流峰值 I_{PMAX}：P1027 表 11.10-6 注
6. 无功补偿控制器 二次动作电流：P1039 式 11.11-4

低压电器 Note11 低压电动机 配四 P1087

（一）基本概念：
1. 类型选择 GB 50055 通用 2.1.2，配四 P1067
2. 额定功率选择 GB 50055 通用 2.1.3，配四 P1067
3. 定额、工作制《钢铁企业电力设计手册》（上册）P5 23-2，配四 P1069 表 12.1-1
4. 额定电流 配四 P1072 式 12.1-1

（二）启动
1. 母线电压要求 GB 50055 通用 2.2.2，配四 P1075
2. 笼形：启动电流有效值（不含非周期分量）：$I_{启动} = k_{st启动倍数} \times I_{额定电流}$
   接通电流：（峰值、全电流最大值）
   启动时间：按时间分为 0～4s 轻载、4～8s 一般载、8～100s 重载 配四 P1073
3. 笼形：各启动方式特点《钢铁企业电力设计手册》（下册）P90 表 24-3
   全压启动条件：配四 P1076～1077
   全压启动简易判据：$U_{母线启动} \geq 0.85 \times U_N$ 通常 $P_{m} \leq 0.3 S_{N电源变压器}$ 配四 P1078
4. 笼形：星三角启动时过渡电阻的阻值 R 及容量 P 配四 P1079 式 12.1-2～4
5. 绕线形启动方式和电流 $I_{启动} < 2 \times I_{额定电流}$ 配四 P1084

（三）保护
1. 各保护类型规定：GB 50055 通用 相间 2.3.3，装设要求 2.3.4，熔断器、断路器选型 2.3.5，接地故障 2.3.6，过载 2.3.7/8，热继电器 2.3.9，断相 2.3.10/11，低电压 2.3.12，失步 2.3.13，直流机 2.3.14，励磁回路 2.3.16
2. 隔离器电流要求：配四 P1085
   $I_{约定发热}$、$I_{分断电流} \geq I_c$ 或 I_{rM}；兼紧急停机时 $I_{分段能力} \geq I_{堵转MAX} + I_{e(n-1)}$
3. 熔断器保护 I_{rr} 熔 $> I_{rM}$ 配四 P1086
   1）aM 型：精算：已知 K_{st}，$I_{rr} \geq (K_{st}/6.3) \times I_{rM}$ P1086
      估算：$I_{st} = 7 \times I_{rM} \leq 6.3 \times I_{rr}$；$I_{rr} \geq 1.1 \times I_{rM}$
   2）aM、gG 型，轻载和一般负载：查表 12.1-3
      得允许通过启动电流。校验 > 启动电流。
   3）频繁启动或重载，明说才加大 1 级 P1085
   4）已知轻载、重载、RXX 型号：
      Irr $\geq K_{st} \times I_{rM} / \alpha_{熔断体系数}$《钢铁企业电力设计手册》（上册）（29-7）

$\alpha_{熔断体系数}$：根据熔断体 RXX 型号、

熔体电流、电动机轻载或重载查《钢铁企业电力设计手册》（上册）表 6-4

4. 断路器保护 配四 P1087-1088，GB 50055 通用 2.3.5

   1) 过载保护 I_{set1}：配四 P1088

      (1) I_{set1} 正常，（无热继电器，I_{set1} 管过载）：$I_{set1} \geq I_{rM电容补偿后}$

         频发启停：适量加大。t_{set1} 要求：当 $I_k = 7.2I_{set1}$ 时，$t_{set1} > t_{电动机启动}$

      (2) I_{set1} 做后备（有热继电器管过载，I_{set1} 不管过载）：P1088 式 12.1-5

         $I_{set1} \geq (2 \sim 2.5) I_{rM} \times K_{st} / K_{w瞬动电流倍数} K_{sd} = I_{set3} / I_{set1}$

   2) 短延时短路保护 I_{set2}：躲启动电流

      $I_{set2} > I_{st} = I_{rM} \times K_{st}$，$t_{set2} \geq$ 启动时间 + 0.1s GB 50055 通用 2.3.5-4

   3) 瞬时短路保护 I_{set3}：$I_{set3} = (2 \sim 2.5) I_{rM} \times K_{st}$，GB 50055 通用 2.3.5-3

5. 热继电器 选型、补偿：P1088-1089

   1) 类型选择：配四 P1088

   2) 动作时间：当 $I_k = 7.2I_{set}$ 时，$t_{动作} > t_{电动机启动}$ 配四 P1088

   3) 补偿：有温度补偿，$I_{set温度补偿(实际值)} = 1.05 \times I_{set选择}$。

      无温度补偿，$I_{set温度补偿(实际值)} = I_{set选择}$。

      电子式，$I_{set温度补偿(实际值)} = 1.05 \times I_{set选择}$。配四 P1089

6. 热继电器 整定值 $I_{set温度补偿后(实际值)}$、额定电流 I_N：P1091-1092

   1) 一般情况：$I_{set} \approx 8 \cdot \geq I_{rM}$ P1091

   2) 星三角启动：P1091 B1~B3 定位图 P1092 图 12.1-25

      (1) B2 主回路：$I_{set} \approx 8 \cdot \geq I_{rM}$

      (2) B1、B3 星三角回路：$I_{set} = 0.58 I_{rM}$

   3) 装单独补偿电容器：P1091

      (1) 先接电容后接热继：$I_{set} \approx 8 \cdot \geq I_{rM}$

      (2) 先接热继后接电容：$I_{set} = I'_{电容补偿后}$

         $I'_{电容补偿后}$ 估算：$I'_{电容补偿后} = (0.92 \sim 0.95) I_{rM}$

         已知 $\cos\varphi_{补偿前}$ 可精算：$I'_{电容补偿后} = \sqrt{I_P^2 + (I_Q - \Delta I_Q)^2} = I_P / \cos\varphi_{补偿后}$

         补偿电流 ΔI_Q 要求：$\Delta I_Q \leq 0.9 I_{0励磁空载}$ GB 50052 条说 6.0.12

         励磁空载电流 I_0：三种方法《钢铁企业电力设计手册》（上册）P305

   4) 频繁启动/制动/反向：适当加大 P1088

   5) 接于二次回路：$I_{set} = K_{k可靠} \times K_{jx接线} \times I_{rM} / (K_{f返回系数} \times n_{互感器变比})$

      $K_{k可靠}$：断电 1.2；信号 1.05 $K_{jx接线}$：相电流 1；相电流差 $\sqrt{3}$

$K_{h返回系数}$：0.85　GB 50055 通用　式 2.3.9

6) 额定电流 I_N：$I_N \geq 1.1 I_{set选}$，$I_{set选}$，$I_{set实际}$　P1091

7. 过负荷/过电流继电器整定值 I_{set}：P1091～1092　1、2 同时考虑

　　1) 接于二次回路：$I_{set} = K_{rel可靠} \times K_{con接线} \times I_{rM} / K_{h返回系数} \times n_{互感器变比}$

　　　　$K_{rel可靠}$：断电 1.1～1.2；信号 1.05　$K_{con接线}$：相电流 1；相电流差 $\sqrt{3}$

　　　　$K_{h返回系数}$：0.85～0.9　配四 P1092 12.1-6

　　2) 堵转保护：$I_{set} \leq 0.75 \times I_{st}$，$t_{set} = 1.5 \times t_{st启动}$　配四 P1092

8. 低电压保护 GB 50055 通用 2.4.5，配四 P1099

（四）导线、电缆选择　GB 50055 通用 2.4.5，配四 P1099

1. 主回路载流量：$I_{z继} \geq I_{rM}$，不考虑电容补偿　配四 P1099，12.1.10-（1）
2. 防爆低压电机回路：$I_Z 仅温度修正 / 1.25 \geq I_{C(考虑星三角)}$，GB 50058 爆炸 5.4.1-6

　　　　　　　　　　　$K_{各种修正系数} \times I_z \geq I_{C(考虑星三角)}$ 同时满足　5.4.1-6 条文

3. 星三角启动回路载流量：QA、QAC1～3 定位图 P1080 图 12.1-7

　　1) QA 主回路：$I_z \geq I_C = I_{rM}$

　　2) QAC1 星三角回路、QAC3 三角回路：$I_z \geq I_C = 0.58 \times I_{rM}$

　　3) QAC2 星形回路：$I_z \geq I_C = 0.33 \times I_{rM}$

4. 电机断续负载 C1、短时负载 C2 时，回路载流量：配四 P1099

　　　　$I_{z继} = C_{温度修} \times C_{1断续、2短时修正} \times I_z \geq I_{C计算电流} = I_{n额定负载率下的额定电流}$ 或 $I_{短时工作}$

　　　　C1、C2 计算：配四 P1188

5. 转子回路：启动后电刷不短接：$I_z \geq I_{2转子M}$，GB 50055 通用 2.4.5-3

　　　　　　电刷短接：$M_{静阻转矩} \leq 0.5 M_{r额定转矩}$ 时，$I_z \geq 0.35 \times I_{2转子M}$。

　　　　　　　　　　　$M_{静阻转矩} > 0.5 M_{r额定转矩}$ 时，$I_z \geq 0.5 \times I_{2转子M}$。

（五）控制线路临界长度，二者取小（允许值）P1105

1. 接触器、继电器能不能释放（校验线路电容），配四 P1105 式 12.1-7。

$$L_{单程长度} \leq L_{max最大长度(km)} = \frac{500 \times P_{h保持功率(VA)}}{C_{单位长度电容(\mu F/km)} \times U^2_{n控制回路标称电压(V)}}$$

$C_{单位长度电容}$：接触器 3 芯 $= 0.6 \mu F/km$；继电器 2 芯 $= 0.3 \mu F/km$

2. 验电压降，配四 P1105 式 12.1-8

$$L_{单程长度} \leq L_{max最大长度(km)} = \frac{线路压降百分比_{(默认0.1)} \times U^2_{n控制回路标称电压(V)}}{\Delta u_{单位长度电压降(V/A \cdot km)} \times P_{h吸合功率(VA)}}$$

$\Delta u_{单位长度电压降}$：$1.5 mm^2 = 29$；$2.5 mm^2 = 29$；$4 mm^2 = 11$

低压电器 Note12　**起重机**　配四　P1129

1. 计算功率 P_c：副钩不计，$P_{n整车} = P_{n行走} + P_{n上升}$
    1) 吨位差别不大：$P_{c(kW)} = K_{cn台} \times \sum P_n$，配四 P1128 式 12.2-1
    2) 吨位相差大：$P_{c(kW)} = K_{c1台} \times P_{n1} + 0.1(\sum P_n - P_{n1})$ P1129 式 12.2-4

2. 计算电流 I_c：1) 吨位差别不大：$I_{c(A)} = P_{c(kW)}/(\sqrt{3} \times U_{n(kV)} \times \cos\varphi)$ P1128 式 12.2-2
    特例 $U = 0.38$、$\cos\varphi = 0.5$ 时：$I_{c(A)} = Kcc'_{n台} \times \sum P_{n不用计算PC}$ P1128 式 12.2-3
    2) 吨位相差大：$I_{c(A)} = Kcc'_{1台} \times P_{n1} + 0.3(\sum P_n - P_{n1})$ P1129 式 12.2-5

3. 尖峰电流 I_p：$I_{p(A)} = I_{c岱} + (K_{st} - K_{cc})I_{nMmax}$ 式 12.2-6
    K_{cc}、K'_{cc} 查表 12.2-2：① 吨位相差不大，按总台数查
    ② 吨位相差较大，按最大1台查
    $K_{st启动倍数}$：绕线转子电动机 $=2$ ；笼形电动机 $=4 \sim 8.4$　P1093

4. 熔断器选择
    熔断器额定电流：$I_{n} \geq (0.6 - 0.63) I_{p尖峰电流}$，配四　P1130　式 12.2-7

5. 导体选择
    1) 电压损失允许值：总电压损失 $\leq 15\%$　配四　P1130，GB 50055 通用 3.1.3
    变压器母线到电动机端子，电压损失不超过 15%。
    起重机内部 $2\% \sim 3\%$，电源线 $3\% \sim 5\%$，滑触线 $8\% \sim 10\%$。
    总电压损失＝起重机内部损失＋电源线损失＋滑触线损失
    2) 滑触线电压损失实际值：配四　P1132　式 12.2-8

$$\Delta u\%_{0.0几} = \frac{\sqrt{3} \times I_{n尖峰(A)} \times l_{实际长度(km)} \times 多台影响系数 \times 供电方案系数 \times [R'_{(\Omega/km)} \times \cos\varphi_{=0.5} + (X'_{in} + X'_{ex}) \times \sin\varphi_{=0.866}]}{U_{n(=380V)}}$$

注：1) $R'_{交流电阻}$、$X'_{in内电抗}$ (Ω/km)；P1135 表 12.2-7　$X'_{ex外电抗}$ 表 12.2-8
2) 多台影响系数　单台为 1；两台为 0.8；三台为 0.7
    供电方案系数　一端为 1；中间为 0.5；两端为 0.25《钢铁企业电力设计手册》(下册) P786

示意图如图 6-2 所示。

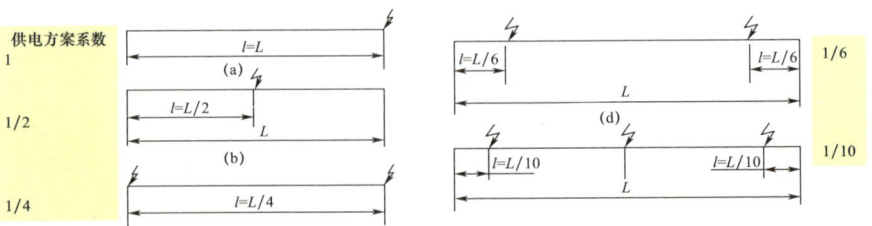

图 6-2　相关示意图（1）

3) 载流量要求，$I_z \geqslant I_{rr}$ 或 $I_z \geqslant I_{set1}$ 配四 P1130
4) 机械强度 P1130
5) 压降超过允许值的措施 P1130、50055 通用 3.1.4

低压电器 Note13　**电梯和自动扶梯** 配四 P1147
1. 电梯电源设备容量估算：P1146（12.3-1～12.3-4）
2. 计算电流：配四 P1146～1147 GB 50055 通用 3.3.4
   1) 单台交流：① 连续工作制，$I_c = 1.4 \times I_{曳引机连续} + I_{附属电器}$
                  ② 0.5h 或 1h 工作制，$I_c = 0.9 \times I_{曳引机} \times 0.5/1 + I_{附属电器}$
   2) 单台直流：$I_c = 1.4 \times I_{交流额定输入}$，电源是交流，$I_{交流额定输入} = \dfrac{S_{交流总输入}}{\sqrt{3} \times U_{N交流}}$
   3) 多台电梯：$I_c = K_{\Sigma p} \times \Sigma(K_d \times I_c)$　$K_{\Sigma 同时}$ 查 P1147 表 12.3-2
   4) 交流扶梯：$I_c = I_{连续工作} + I_{照明}$　（不乘 1.4）
3. 导线、配线、接地、等电位 P1147

低压电器 Note14　**电焊机** 配四 P1160 GB 50055 通用 4.0.1～4.0.7
1. 熔断体额定电流 P1160
   1) 交流弧焊机、电渣焊机：$I_{rr} \geqslant K \times I_{e-次侧额定电流} \times \sqrt{\varepsilon_{负载持续率}}$；$K = 1.25$，式 12.4-1
   2) 电阻焊机：$I_{rr} \geqslant 0.7 \times I_{e-次侧额定电流}$　式 12.4-2
      $I_{e-次侧额定电流}$：单相 380V，$I_e = S_{容量(kV \cdot A)}/0.38$　公式无 $\sqrt{3}$
                        单相 220V，$I_e = S_{容量(kV \cdot A)}/0.22$　公式无 $\sqrt{3}$
   3) 单相单台电焊机：《钢铁企业电力设计手册》(下册)（29-9）只有凑答案才用这个!! 优先 1~2
      $$I_{rr} \geqslant \dfrac{1.2 \times S_{电焊机容量}}{U_{0额定单相电压}} \times \sqrt{\varepsilon_{负载持续率}}$$
   4) 单相多台电焊机：《钢铁企业电力设计手册》(下册)（29-10）只有凑答案才用这个!! 优先 1~2
      $$I_{rr} \geqslant \dfrac{K_{台数系数} \times \Sigma S_{电焊机容量}}{U_{0额定单相电压}} \times \sqrt{\varepsilon_{负载持续率}}$$
      $K_{台数系数}$：台数 $\leqslant 3$ 时，$K_{台数系数} = 1$；
               台数 > 3 时，$K_{台数系数} = 0.65$；

2. 断路器整定电流 P1160

1) 长延时 I_{set1}：$I_{set1} \geqslant K_1 \times I_{e-次侧额定电流} \times \sqrt{\varepsilon_{负载持续率}}$ 式 12.4-3，

   K_1：电阻焊机取 1.1；

   交流弧焊机、整流弧焊机、电渣焊机 1.3。

2) 瞬时 I_{set3}：$I_{set3} \geqslant K_3 \times I_{e-次侧额定电流}$，式 12.4-4，

   K_3：表 12.4-1 1) 交流、整流弧焊机，$K_3 = 3.7$；

   2) 闪光对焊机，$K_3 = 4.4$；

   3) 电阻焊机，$K_3 = 2.2$。

3. 电源线载流量，GB 50055 通用 4.0.1～7

低压电器 Note15 整流器 配四 P1179

1. **直流输出**额定电压 U_{rd}：（V）P1177～8

   1) 一般工业：$U_{rd直流输出} \geqslant 1.05 \times U_{设备最高工作电压}$

   2) 一般充电用：$U_{rd直流输出} \geqslant 1.05 \times U_{蓄电池组标称电压}$；$U_{铅酸标称每个} = 2V$；$U_{镉镍标称每个} = 1.2V$

   3) 恒压充电用：$U_{rd直流输出} \geqslant U_{蓄电池组充电电压}$；$U_{铅酸标称每个} = 2.46V$；$U_{镉镍标称每个} = 1.45V$

   4) 电镀用：$U_{rd直流输出} \geqslant 1.1 \times U_{设备最高工作电压}$；且满足冲击要求

   5) 电解用：$U_{rd直流输出} \geqslant 1.05 \times U_{设备最高工作电压}$；$I_{调节下限} < 0.1 \times I_{电解槽工作电流}$

2. **直流输出**额定电流 I_{rd}：（A）P1178

   1) 一般工业：$I_{rd直流输出} \geqslant I_{设备计算电流}$

   2) 充电用：

   （1）恒流充电：

   ① 牵引用铅酸蓄电池：$I_{rd直流输出} \geqslant 0.7 \times I_{5h放电率电流}$

   ② 固定型防酸式、启动用铅酸蓄电池：$I_{rd直流输出} \geqslant 0.7 \times I_{10h放电率电流}$

   ③ 镉镍蓄电池：$I_{rd直流输出} \geqslant I_{5h放电率电流}$

   ④ 快速充电：$I_{rd直流输出} \geqslant (2～2.5) \times I_{充电电流}$

   （2）浮充电：$I_{rd直流输出} \geqslant I_{蓄电池组浮充电电流} + I_{其他长接负荷}$

   3) 电镀用：$I_{N直流输出} \geqslant I_{设备计算电流}$；且满足冲击要求

   4) 电解用：$I_{N直流输出} \geqslant 1.2 \times I_{电解槽工作电流}$

3. **交流输入**额定电流：P1178～1179

   1) 未知接线方式 估算：$I_{N输入(A)} = \dfrac{K_2 \times P_{rd直流输出功率(kW)}}{\eta \times \cos\varphi}$ 式 12.6-1

   2) 已知接线方式 精算：$I_{N输入(A)} \geqslant K_1 \times K_2 \times K_3 \times P_{rd直流输出功率(kW)}$ 式 12.6-2

   K_1 接线系数：查表 12.6-1；接线形式图查《钢铁企业电力设计手册》(下册)
   P386～398

K_2 换算系数：三相380V为1.52；单相380V为2.63；单相220V为4.55

K_3 校正系数：硅整流器为1.1～1.2；可控硅整流器为1.2～1.3

η，$\cos\varphi$：查表12.6-2

4. P_{rd} 直流输出额定功率（单位 kW）：

$$P_{rd直流输出功率(kW)} = U_{rd直流输出(V)} \times I_{rd直流输出(A)} / 1000 \quad 式\ 12.6\text{-}3$$

低压电器 Note16　**断续和短时负载下载流量 I_z**　配四 P1188

1. 修正载流量 I_z 修计算要求：

$$I_{z修} = C_{1温度修} \times C_{1断续、2短时修正} \times I_z \geqslant I_{计算电流} = I_{n额定负载率下的额定电流}\ 或\ I_{短时工作}$$

且 $C_{1断续、2短时修正} > 1$

2. 断续矫正系数 C_1：式 12.8-1

　1）$T_{工作周期} > 10\min$ 或 $\varepsilon > 65\%$ 时：$C_1 = 1$

　2）其他情况：$C_1 = \sqrt{\dfrac{1-e^{-T_{负载起时(h负载)}/\tau_{发热时间常数}}}{1-e^{-t_{负载持续时间} \times T_{负载起时(1作周期)}/\tau_{发热时间常数}}}}$

3. 短时矫正系数 C_2：式 12.8-2

　1）$t_{工作} > 4\tau_{发热时间常数}$ 或 $t_{停} < 3\tau_{发热时间常数}$ 时：$C_2 = 1$ 或 C_2 按 C_1 公式

　2）其他情况：$C_2 = \dfrac{1.15}{\sqrt{1-e^{-t_{工作}/\tau_{发热时间常数}}}}$

4. 载流量修正后截面 S 查表 12.8-2～表 12.8-11

低压电器 Note17　**并联导体的过电流保护，分支回路能被保护的最大长度** GB/T 16895.5 过电流 P10、P11、P18～P20 附录 A、D，配四 P963 11.2.3.4

1. m 根并联导体中的第 x 根导体的设计电流 I_x：

　1）通用公式：$I_x = \dfrac{I_{总设计电流}}{\left(\dfrac{Z_x}{Z_1} + \dfrac{Z_x}{Z_2} + \dfrac{Z_x}{Z_3} + \cdots + \dfrac{Z_x}{Z_m}\right)}$　GB/T 16895.5 过电流 式（A.1）

　2）$S_总 \leqslant 120\text{mm}^2$ 时：$I_{x导体处设计电流} = \dfrac{I_总 \times S_{x导体截面}}{S_{总导体截面}}$　式（A.2）

2. 分支回路能被保护的最大长度 $L_{\max}$　附录 D

　1）最大限值：$L_{\max} \leqslant 3\text{m}$，且分支回路没有其他连接或电源插座；
　　　　　　　短路、火灾、对人危险降到最低

　2）某处限值：三角形法则：$L_{\max} \leqslant L_{iO点处最远保护长度}$

示意图如图 6-3 所示。

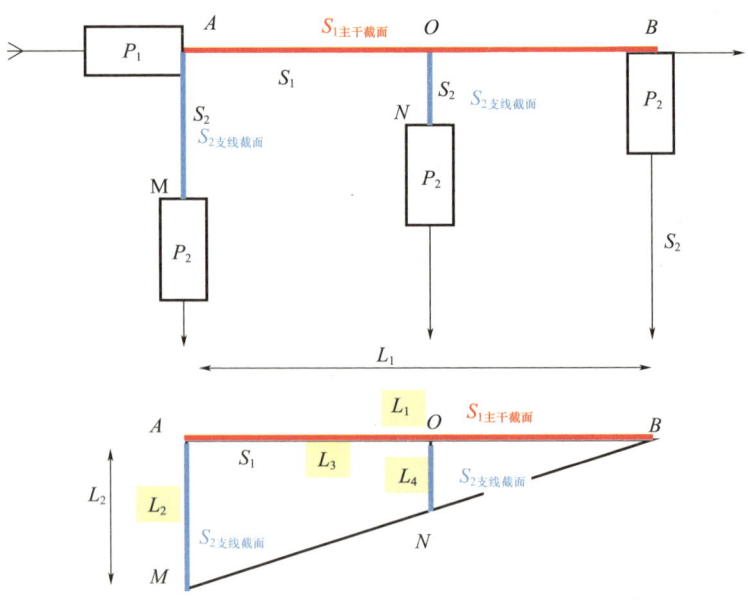

图 6-3 相关示意图（2）

L_4：截面 S_2 在 O 点的分支回路能被 A 点保护电器 P_1 保护的最大长度：

$$L_4 = (L_1 - L_3) \times L_2 / L_1 = (L_1 - L_3) \times S_2 / S_1$$

$$L_1 = L_2 \times S_{1干线导体截面} / S_{2支线导体截面}$$

$L_{1干线导体最远保护距离}$ 与 $S_{1干线导体截面}$、$L_{2支线导体最远保护距离}$ 与 $S_{2支线导体截面}$ 满足：

配四 P965 低压电器 Note6 一～二 故障情况下的自动切断电源 L_{max}

第七章　供配电

供配电知识点汇总　配四　P457

供配电 Note1　负荷分级　GB 51348　民规　附录 A
供配电 Note2　消防负荷　GB 51348　民规　附录 A
供配电 Note3　供电电源容量及回路数计算　GB 51348　民规　附录 A
供配电 Note4　柴发及容量计算　GB 51348　民规条文　P34　6.1.3
供配电 Note5　不间断电源 UPS、EPS 容量计算　GB 51348　民规　P63
供配电 Note6　变压器选择　GB 51348　民规　P19
供配电 Note7　线路电压偏差　配四　P458
供配电 Note8　变压器电压降、抽头提升、电容器补偿　配四　P461
供配电 Note9　电压偏差计算　配四　P463
供配电 Note10　电压不平衡　GB/T 15543　电压不平衡　P3
供配电 Note11　电压暂降　配四　P483
供配电 Note12　电能质量-谐波　GB/T 14549　谐波　P5
供配电 Note13　电容器安装知识　GB 50227　电容　P9
供配电 Note14　电容器电压相关计算　GB 50227　电容　P14
供配电 Note15　保护电容器的熔断器、电抗器、导体　GB 50227　电容　P17
供配电 Note16　电容器额定电流及涌流　GB 50227　电容　P31
供配电 Note17　电容器容量计算　GB/T 50227　电容　P45
供配电 Note18　电压波动　配四　P473
供配电 Note19　电动机启动时间　配四　P481
供配电 Note20　电压闪变　GB/T 12326　电压波动　P5

电容器发热量计算（也称为发热功率）GB 50227　电容条文　P107 式（3）
电压偏差测量、测量点合格率、电网综合合格率　GB/T 12325　电压偏差　5 章节、附录 A、B
停电时间、供电可靠率、停电次数、停电率　配四　P491　6.6.2
谐波测量　GB/T 14549　谐波

供配电 Note1　负荷分级 GB 51348 民规 附录 A

一、负荷分级类别：依据 GB 55024 电智通用 3.1.1 各负荷分级要求
二、普通负荷分级确定

1. 根据建筑类别查 GB 51348 民规 附录 A 对应 1～25 行
2. 确定建筑一、二类高层、多层 GB 50016 火规 表 5.1.1 详见表 7-1

表 7-1　民用建筑的分类

名称	一类高层/m	二类高层/m	单多层/m
住宅	54＜H＜100	27＜H≤54	H≤27
公共建筑	(1) 50＜H＜100 (2) H＞24 且 24 以上任一层 S 大于 1000m² 的各类公建 (3) 医疗建筑、重要公建、独立老人照料设施 (4) 省以上广播网络、防灾调度建筑 (5) 网局级、省级电力调度建筑 (6) 藏书大于 100 万册的图书馆、书库	其他高层 公共建筑	单层 或 H≤24

3. 一二类高层、多层查 GB 51348 附录 A 对应 26～27 行
4. 为重要负荷工作的空调：

1) 为特级负荷：空调一级负荷
2) 为大量一级负荷：空调二级负荷 GB 51348 3.2.4

5. 重要电信机房的交流电源：负荷级别≥该建筑中最高等级。GB 51348 3.2.5
6. 住宅小区的给水泵房、供暖锅炉房及换热站：负荷≥二级。GB 51348 3.2.6
7. 战时负荷分级：GB 50038 人防 P134 7.2.4
8. 宿舍、旅馆：门厅（大堂）、楼梯间、主要走道和通道的照明、安全防范系统：供电≥二级负荷 GB 55025 宿舍旅馆 2.0.11
9. 特大型宿舍（床位＞500 2.0.2）客梯、生活给水泵、排水泵：负荷≥一级。GB 55025 宿舍旅馆 3.1.5
10. 大型旅馆（客房＞600 2.0.2）客梯、生活给水泵、排水泵、经营及管理用计算机系统：负荷≥一级。GB 55025 宿舍旅馆 4.1.3
11. 数据中心：

A 级数据中心：负荷≥特级 8.1.12

B 级数据中心：负荷≥一级 GB 50174 数据中心 8.1.13

12. 工业电视系统：负荷≥二级 GB 50115 工业电视 9.0.1
13. 机械工厂：配四 P44～45 表 2.1-1
14. 以上所有负荷取最大值！

供配电 Note2　消防负荷 GB 51348 民规 附录 A

一、消防负荷分级确定
1. 超高、一二类高层、体育馆、剧场、交通建筑查 GB 51348 附录 A 对应 26～31 行
2. 根据建筑类别查 GB 55037 防火通用 10.1.2～3

　　1）一级负荷：10.1.2

　　　　（1）建筑高度大于 50m 的乙、丙类厂房和丙类仓库
　　　　　　厂房分级：GB 50016 火规 表 3.1.1 仓库分级：GB 50016 火规 表 3.1.3
　　　　（2）二层式、二层半式和多层式民用机场航站楼
　　　　（3）建筑面积大于 5000m² 且平时使用的人民防空工程
　　　　（4）地铁工程
　　　　（5）一、二类城市交通隧道

　　2）二级负荷：10.1.3

　　　　（1）室外消防用水量大于 30L/s 的厂房、仓库。GB 50016 火规 10.1.2
　　　　（2）室外消防用水量大于 35L/s 的可燃材料堆场、可燃气体储罐（区）和甲、乙类液体储罐（区）。储罐分级：表 3.1.3
　　　　（3）粮食仓库及粮食筒仓。GB 50016 火规 10.1.2
　　　　（4）座位数超过 1500 个的电影院、剧场
　　　　（5）座位数超过 3000 个的体育馆
　　　　（6）任一层建筑面积大于 3000m² 的商店和展览建筑
　　　　（7）省（市）级及以上的广播电视、电信和财贸金融建筑
　　　　（8）非（二层式、二层半式和多层式）的民用机场航站楼
　　　　（9）室外消防用水量大于 25L/s 的其他公共建筑
　　　　（10）水利工程，水电工程
　　　　（11）三类城市交通隧道

3. 汽车库、修车库：查 GB 51348 附录 A 31 行；根据 GB 50067 车库防火 9.0.1 已修正
　　车库分级：GB 50067 车库防火 表 3.0.1
4. 大中型石油化工企业消防水泵房：负荷≥二级 GB 50160 石化防火 9.1.1
5. 燃煤电厂：查 GB 50160 火电防火 P54 9.1.1、9.1.2、9.1.4
6. 变电站：户内、地下负荷＝一级，户外负荷＝二级 GB 50160 火电防火 11.7.1
7. 人防：$S>5000m^2$ 且平时使用，负荷＝一级；$S \leqslant 5000m^2$，负荷＝二级 GB 50098 人防防火 8.1.1
8. 以上所有负荷取最大值！！！

二、典型负荷工作归类统计表（表 7-2）

表 7-2　典型负荷工作归类统计表

种类	负荷名称	负荷种类	平计	消计	备注
消控室用电	火灾探测与报警系统	消防	是	是	题目给出消防控制室用电总负荷时平、消均考虑
	自动灭火系统或装置	消防	是	是	
消防应急照明	疏散照明	消防	否	是	
	疏散指示标志	消防	是	是	题中未单独告知时，平时忽略
水泵类	消火栓泵、喷淋泵	消防	否	是	
	消防稳压泵	消防	是	是	
	消防电梯井底潜污泵 消防泵房潜污泵 设消防给水系统地下室潜污泵	消防	是	是	潜污泵也称排水泵，其他场所未说明按普通负荷考虑
	仓库中潜污泵	消防	是	是	
电梯、电动门窗	消防电梯	消防	是	是	
	电动的防火门窗	消防	否	是	
风机类	电动挡烟垂壁	消防	是	是	
	防火阀门	消防	是	是	
	防烟排烟设施	消防	否	是	消防风机兼平常用通风机时，平、消均需计入
备用照明	屋顶消防直升机坪备用照明	普通	见备注	见备注	50%正常照度，合用时平常全部计入，消防时计一半
	避难层备用照明	普通	见备注	见备注	50%正常照度，合用时平常全部计入，消防时计一半
	消控室、消防水泵房的备用照明	消防	见备注	见备注	100%正常照度，合用时计入，负荷名称为房间的照明负荷时平、消均计入
	电话总机房、配电室、发电机房、防排烟风机房的备用照明	普通	见备注	见备注	题目负荷名称为房间的照明负荷时平、消均计入
消防联动普通负荷	安防系统用电	普通	是	是	入侵报警系统、视频安防监控系统、出入口控制系统、电子巡查系统、停车库管理系统等
其他	安全照明	普通	是	是	包含航空障碍灯负荷、手术室、急救室和剧场等
	明显关键词提示安全负荷	普通	是	是	比如医院特级负荷，民航系统特级负荷
	题干备注提示消防不切除普通负荷	普通	是	是	

三、应急照明种类及工作模式

1. 疏散照明——消防负荷
2. 备用照明——非消防负荷
3. 安全照明——非消防负荷

四、应急照明工作模式

1) 正常时工作：

   （1）疏散指示标志。

   （2）与正常照明合用的备用照明。

   （3）与正常照明合用的安全照明。

2) 消防时工作：

   （1）疏散照明和疏散指示标志；

   （2）设备间的备用照明 GB 51348 表 13.6.6。

设备间的备用照明：屋顶消防救援用直升机停坪场、避难间（层）、消防控制室、电话总机房、配电室、发电站（自备发电机房）、消防水泵房、防排烟风机房。

3) 安全照明（手术室、急救室和剧场等）。

五、疏散照明灯、疏散标志灯设置规定

GB 51309 应急照明 P9 3.2.8～3.2.11；GB 51348 P199 13.6.5、表 13.6.6

供配电 Note3　供电电源容量及回路数计算 GB 51348 民规 附录 A

一、负荷供电要求

1. **一级负荷**供电：GB 55024 电智通用 3.1.2

一级负荷应由两个电源供电，当一个电源发生故障时，另一个电源不应同时受到损坏。每个电源的容量应满足全部一级、特级用电负荷的供电要求。

2. **特级负荷**供电：GB 55024 电智通用 3.1.3

   1）3 个电源应由满足一级负荷要求的两个电源和一个应急电源组成；

   2）应急电源的容量应满足同时工作最大特级用电负荷的供电要求；

   3）应急电源的切换时间，应满足特级用电负荷允许最短中断供电时间的要求；

   4）应急电源的供电时间，应满足特级用电负荷最长持续运行时间的要求。

3. **二级负荷**供电：GB 51348 3.2.11

   1）二级负荷的外部电源进线宜由 35kV、20kV 或 10kV 双回线路供电；当负荷较小或地区供电条件困难时，二级负荷可由一回 35kV、20kV 或 10kV 专用的架

空线路供电；

2) 当建筑物由一路35kV、20kV或10kV电源供电时，二级负荷可由两台变压器各引一路低压回路在负荷端配电箱处切换供电，另有特殊规定者除外；

3) 当建筑物由双重电源供电，且两台变压器低压侧设有母联开关时，二级负荷可由任一段低压母线单回路供电；

4) 对于冷水机组（包括其附属设备）等季节性负荷为二级负荷时，可由一台专用变压器供电。

4. 三级负荷可采用单电源单回路供电 GB 51348 3.2.12

二、供电电源容量及回路数计算 GB 51348 3.3.2

1. n 条供电线路≥平时工作的特、一、二、三级负荷
2. 任一种 $n-1$ 条线路≥平时工作的特、一、二级负荷
3. 任一种 $n-1$ 条线路≥消防工作的特、一、二级负荷

上述1、2同时满足。

供配电 Note4　柴发及容量计算 GB 51348 民规条文 P34 6.1.3

一、民用柴油发电机知识点：GB 51348 条文6.1.3；配四 P95～96

二、容量计算

(1) 方案及初步设计阶段：

$S_{柴}=0.1\sim0.2\times S_{变压器}$　GB 51348 6.1.3.2 面积越大，系数越小

(2) 施工图设计阶段：GB 51348 条文 6.1.3

1) 按稳定负荷计算：

① 已知总等效效率时：式（1）

② 已知每个设备效率：式（2）

2) 按最大单台电动机或成组电动机启动计算：式（3）

3) 按启动电动机时母线容许电压降计算：式（4）

三. 民用柴油发电机额定功率计算步骤：

1. 根据题意确定平时状态下柴发供的负荷

平时状态下负荷＝非消防特级负荷＋双电源中一路为柴发的非消防一级负荷＋平时工作的消防负荷 GB 51348 民规 附录A

　　平时工作的消防负荷：消防电梯、疏散指示、消控室、消防稳压泵、
　　　　　　　　　　　消防潜污泵、火警系统

2. 根据题意确定火灾状态下柴发供的负荷

第七章 供配电

火灾状态下负荷＝消防负荷＋设备间备用照明＋安全照明 GB 51348 表 13.6.6
3. 按照（二. 容量计算）分别计算消防、非消防容量，计算功率＝两者中最大值
4. 大气压≠100kPa、温度≠25℃、湿度≠30％时：

   额定功率≥计算功率/C

   系数 C 查 GB 51348 条文 6.1.3 表2～表5。湿度、是否增压定表格，海拔、温度定行列
5. 连续运行时间超 12h 配四 P96（5）

   额定功率＝环境修正后额定功率/0.9

四、工业柴油发电机额定功率计算：配四 P94 2.6-1～7

五、人防柴油发电机额定功率计算：GB 50038 人防 人防 Note

供配电 Note5　不间断电源 UPS、EPS 容量计算 GB 51348 民规 P63

一、UPS 计算容量：根据用途（1～4）选一，考虑（四）海拔修正
1. 为信息网络系统供电、非并列供电：GB 51348 6.3.3.2

   $S_{ups输出功率} > 1.2 \times S_{网络设备额定功率}$（不含冗余备用 GB 50174 P80条文）
2. 为其他设备供电（优先查对应规范）：$S_{ups输出功率} = 1.3 \times S_{最大计算负荷}$ GB 51348 6.3.3.2
3. 两台 UPS 并列供电：$S_{每台ups输出功率} > 1.2 \times S_{网络设备额定功率}$ GB 51348 6.3.3.3
4. UPS 输入电源为自备柴油发电机组：$S_{输出功率} \geq S_{柴发容量} / 1.2$ GB 51348 6.3.11
5. 为变电所继电保护合闸分闸工作 配四 P622（7.9-1～7.9-2）

二、有多种负荷种类的 EPS 计算容量 配四 P105 2.6.5.4

0. 按照（1～3）分别计算，取最大值，考虑（四）海拔修正
1. 校验最大单台直接启动：$S_{EPS输出功率} > 7 \times S_{最大单台直接启动}$ 配四 2.6.5.4（1）
2. 考虑同时工作容量：$S_{EPS输出功率} = 1.1 \times S_{同时工作容量}$ 配四 2.6.5.4（2）
3. 考虑同时工作电机容量及启动方式：

   （1）风机、水泵直接起动：$S_{EPS输出功率} > 5 \times S_{同时工作电机容量}$ 配四 2.6.5.4（3）

   （2）风机、水泵变频起动：$S_{EPS输出功率} > 1.1 \times S_{同时工作电机容量}$ 配四 2.6.5.4（4）

   （3）风机、水泵星三角起动：$S_{EPS输出功率} > 3 \times S_{同时工作电机容量}$ 配四 2.6.5.4（5）

三、适用于应急照明负荷的 EPS 计算容量 GB 51348 6.2.2

0. 按照（1～3）分别计算，取合理值，考虑（四）海拔修正
1. 考虑总容量：$S_{EPS输出功率} > 1.3 \times S_{应急照明负荷总容量}$ GB 51348 6.2.2.3
2. 考虑单机容量上限：$S_{EPS单台} \leq 90 kV \cdot A$ GB 51348 6.2.2.5
3. 考虑过载并长期工作：$S_{EPS输出功率} > 1.2 \times S_{应急照明负荷}$ GB 51348 6.2.2.7

   《照明设计手册》（第三版） P461（21-1）$S_{EPS输出功率} > K_{EPS可靠系数} \times S_{应急照明负荷总容量}$

$K_{\text{EPS·DC}} = 1.1 \sim 1.15$；$K_{\text{EPS·AC}} = 1.1 \sim 1.3$

四、海拔超过1000m，海拔修正：

$S_{\text{额定容量}} = S_{\text{计算功率}} / \text{降频系数}$　　　降频系数：配四 P103 表 2.6-4 详见表 7-3

表 7-3　在海拔 1000m 以上使用的降额系数

海拔/m	降额系数
1000	1.0
1500	0.95
2000	0.91
2500	0.86
3000	0.82
3500	0.78
4000	0.74
4500	0.7
5000	0.67

供配电 Note6　变压器选择 GB 51348 民规 P19

一、电网变压器（≥35kV）选择：GB 50059≥35 变电所

下述①②同时满足条件下选择变压器容量及数量

① n 台主变满足全部一、二、三级负荷：GB 50059≥35 变电所 3.1.2

　　$n \times$ 单台变压器容量 $\times$ 负荷率 $\geq$ 平时工作的全部一、二、三级负荷

　　负荷率：需已知，未知时可按 100% 考虑

② $n-1$ 台主变满足全部一、二级负荷 GB 50059≥35 变电所 3.1.3

　　$(n-1) \times$ 单台变压器容量 $\times$ 过负荷系数 $\geq$ 平时工作的全部一、二级负荷

　　$(n-1) \times$ 单台变压器容量 $\times$ 过负荷系数 $\geq$ 消防工作的全部一、二级负荷

　　过负荷系数：需已知，未知时可按 100% 考虑

二、配网变压器（≤35kV）选择：GB 51348 民规

下述①②③同时满足条件下选择变压器容量及数量

① n 台主变满足全部一、二、三级负荷：GB 51348 民规 4.3.2

　　$n \times$ 单台变压器容量 $\times$ 负荷率 $\geq$ 平时工作的全部一、二、三级负荷

　　负荷率：需已知，未知时可按 85% 考虑

② $n-1$ 台主变满足全部一、二级负荷 GB 51348 民规 4.3.2

　　$(n-1) \times$ 单台变压器容量 $\times$ 过负荷系数 $\geq$ 平时工作的全部一、二级负荷

　　$(n-1) \times$ 单台变压器容量 $\times$ 过负荷系数 $\geq$ 消防工作的全部一、二级负荷

过负荷系数：需已知，未知时可按 1.3 考虑

③ 每台变压器容量≤2000kV·A；仅有一台变压器容量≤1250kV·A GB 51348 民规 4.3.7

预装式干式变压器容量≤800kV·A；预装式油浸式变压器容量≤630kV·A

供配电 Note7　线路电压偏差　配四 P458

一、电压偏差：正常运行方式下，运行电压 U 对系统标称电压 U_n 的偏差相对值

$$\Delta u_{电压降} = \frac{U_{运行电压} - U_{n标称电压}}{U_{n标称电压}} \times 100\% \quad 配四　式 6.2-1$$

二、三相平衡线路电压降 Δu_L 计算（注意查看手册单位）

1) 已知 $I_{电流}$、$R'_{单位长度电阻}$、$X'_{单位长度电抗}$：配四　式 6.2-5

$$\Delta u_{L(百分比前的数)} = \frac{\sqrt{3} \times I_{(A)} \times l_{(km)}}{10 \times U_{n(kV)}} \quad (R'_{=0.几(\Omega/km)} \times \cos\varphi + X'_{=0.几(\Omega/km)} \times \sin\varphi)$$

2) 已知 $I_{电流}$、$\Delta u_{i 电流矩，单位电流长度电压降}$：

$$\Delta u_{L(百分比前的数)} = I_{(A)} \times l_{(km)} \times \Delta u_{i(\%/(A \cdot km))} \quad 配四　式 6.2-5$$

3) 已知 $P_{功率}$、$R'_{单位长度电阻}$、$X'_{单位长度电阻}$：

$$\Delta u_{L(百分比前的数)} = \frac{P_{(kW)} \times l_{(km)}}{10 \times U_{n(kV)}^2} \left[R'_{=0.几(\Omega/km)} + X'_{=0.0几(\Omega/km)} \times \tan\varphi \right] \quad 配四　式 6.2-5$$

4) 已知 $P_{功率}$、$\Delta u_{p 功率矩，单位功率长度电压降}$：

$$\Delta u_{L(百分比前的数)} = P_{(kW)} \times l_{(km)} \times \Delta u_{p(\%/(kW \cdot km))} \quad 配四　式 6.2-5$$

注：（1）R'、X'、Δu_p、Δu_i 可查（注意查表单位不同）　配四 P871~881

　　架空：P871~P873 表 9.4-12~15。

　　电缆：P873~P878 表 9.4-16~22。

　　导线、母线：P878~P881 表 9.4-23~28。

（2）$\varphi>0$：电流滞后电压（感性负载），$\sin\varphi>0$，"末端电压会降低"

　　$\varphi<0$：电流超前电压（容性负载），$\sin\varphi<0$ "末端电压会上升"

三、相间、单相线路电压降计算（注意查看单位）配四　式 6.2-6、7

四、供电线路电压降允许值　配四　表 6.2-6 详见表 7-4

表 7-4　供电线路电压降允许值

名　称	允许电压降/%
从配电变压器二次侧母线算起的低压线路	5
从配电变压器二次侧母线算起的供给有照明负荷的低压线路	3~5
从 110（35）kV/10（20 或 6）kV 变压器二次侧母线算起的 10（20 或 6）kV 线路	5

供配电 Note8　**变压器电压降、抽头提升、电容器补偿**　配四　P461

一、变压器电压降 Δu_T 计算

1) 已知负荷率 β、功率因数角 φ、负荷平均分配：配四　式 6.2-8

$$\Delta u_T = \beta_{负载率} \times (u_{RN电阻百分数}(百分比前的数) \times \cos\varphi + u_{XN电抗百分数}(百分比前的数) \times \sin\varphi)$$

2) 已知有功功率 P、无功功率 Q 负荷，不平均分配：配四　式 6.2-8

$$\Delta u_T = \frac{P_{有功}(kW) \times u_{RN电阻百分数}(百分比前的数) + Q_{无功}(kVar) \times u_{XN电抗百分数}(百分比前的数)}{S_{rT额定容量}(kV \cdot A)}$$

3) 功率因数<0.5，仅知 $u_{kN阻抗百分数}$ 时估算法：$\Delta u_T = \beta \times u_{kN阻抗百分数}$ 　配四　式 6.2-9

　(1) $u_{RN电阻百分数}$：$u_{RN电阻百分数}(百分比前的数) = \dfrac{100 \times \Delta P_{k短路损耗}(kW)}{S_{rT额定容量}(kV \cdot A)}$

　(2) $u_{XN电抗百分数}$：$u_{XN电抗百分数}(百分比前的数) = \sqrt{u_{kN阻抗百分数}^2 - u_{RN电阻百分数}^2}$

　(3) 负载率 β：$\beta = S_{实际计算负载(不含损耗)} / S_{rT额定容量}$ 　特殊情况详见表 7-5

表 7-5　β 特殊取值

变压器满载	$\beta = 1$
变压器最小损失率	《钢铁企业电力设计手册》(上册) P291 式 6-18
变压器无功经济运行	《钢铁企业电力设计手册》(上册) P292 式 6-22
变压器综合经济运行	《钢铁企业电力设计手册》(上册) P296 式 6-33

4) 根据变压器满载时的电压降查表　配四　P460　表 6.2-1

二、变压器抽头对电压提升 e：多个变压器时　$e_总 = \Sigma e$

1) 常用配电变压器分接头与二次空载电压和电压提升的关系，查表 7-6

表 7-6　常用配电变压器分接头与二次空载电压和电压提升的关系

变压器一次侧标称电压	10 (20或6) ±5%/0.4kV 配四 P463 表 6.2-5			10.5 (6.5) ±5%/0.4kV 《钢铁企业电力设计手册》(上册) P266 表 5-9		
变压器分接头	+5%	0	-5%	+5%	0	-5%
低压提升 e	0	+5	+10	-5	0	+5

2) 常用逆调压：最大负荷时，$e=5$；最小负荷时，$e=0$　配四　P466　6.2.5

三、电容器补偿对电压偏差变化 $\Delta U'_d$、$\Delta U'_{cT}$：值为百分比前面的数值

1) 电容器对线路：配四　P466　式 6.2-13

$$\Delta U'_{cT对线路补偿}(百分比前的数) = \Delta Q_{投入容量}(kVar) \times \frac{X_{线路电抗}(\Omega)}{10 \times U_{n标称电压}^2(kV)}$$

2) 电容器对变压器：配四　P466　式 6.2-14

$$\Delta U'_{cT对变压器补偿}(百分比前的数) = \Delta Q_{投入容量}(kVar) \times \frac{u_{kN阻抗百分数}(百分比前的数)}{S_{rT}变压器额定容量(kV \cdot A)}$$

投入电容，电压升高：ΔU_c 为正。退出电容，电压降低：ΔU_c 为负

供配电 Note9　**电压偏差计算**　配四 P463

一、计算用电设备处（末端）电压偏差 Δu_x：配四 P463 式 6.2-12

1) 已知实际负荷压降 Δu_{L1}、Δu_T、Δu_{L2}

$$\Delta u_x = \Delta u_{0首端偏差} + e - (\Delta u_{L1} + \Delta u_T + \Delta u_{L2}) \pm \Delta U'_{c补偿线路} \pm \Delta U'_{cT补偿变压器}$$

2) 已知满载压降 $\Delta u_{L1满}$、$\Delta u_{T满}$、$\Delta u_{L2满}$ 及负荷率 β

$$\Delta u_x = \Delta u_{0首端偏差} + e - \beta(\Delta u_{L1满} + \Delta u_{T满} + \Delta u_{L2满}) \pm \Delta U'_{c补偿线路} \pm \Delta U'_{cT补偿变压器}$$

$\Delta U'_{d}$、$\Delta U'_{cT}$：投入电容、电压升高、则 $\Delta U'_c$ 为正，则退出电容、电压降低、则 $\Delta U'_c$ 为负

二、电压偏差计算步骤：

1) 求高低压线路电压降 Δu_{L1}、Δu_{L2}：配四 P458 供配电 Note7 二
2) 求变压器电压降 Δu_T：配四 P461 供配电 Note8 一
3) 求变压器抽头电压提升 e：配四 P461 供配电 Note8 二
4) 求电容器补偿影响 $\Delta U'_c$：配四 P461 供配电 Note8 三
5) 分别计算高低负荷下电压偏差 Δu_x：本 Note 一
6) 判断是否符合允许值：本 Note 四

三、偏差范围计算

偏差范围 $= \Delta U_{最大值} - \Delta U_{最小值} =$ 最小负荷时偏差 $-$ 最大负荷时偏差　配四 6.2-12

四、电压偏差允许值

1) 用电设备处：配四 表 6.2-3 详见表 7-7

表 7-7　用电设备端子电压偏差允许值

名称	电压偏差允许值	名称	电压偏差允许值
电动机	$-5\% \sim +5\%$	一般工作场所照明	$-5\% \sim +5\%$
其他用电设备（当无特殊要求时）	$-5\% \sim +5\%$	远离变电所的小面积一般工作场所照明、应急照明、道路照明、警卫照明、用安全特低电压供电的照明	$-10\% \sim +5\%$
电梯	$-7\% \sim +7\%$　GB 51348 民规 3.4.3-3		

2) 供电电压偏差限值、产权交界处：配四 表 6.2-4 详见表 7-8

表 7-8　供电电压偏差限值

系统标称电压/kV	供电电压偏差限值/%
≥35（线电压）	$\Delta U_大 - \Delta U_小 \leq 10$ 且 $\|U_大\| \leq 10$ 且 $\|U_小\| \leq 10$
≤20（线电压）	$-7 \sim +7$
0.22（相电压）	$-10 \sim +7$

五、电压偏差对电气设备特性影响：影响率 $= f(1+\Delta u) - 1$　配四 P461 表 6.2-3

供配电 Note10　**电压不平衡** GB/T 15543 电压不平衡 P3

一、电压不平衡度 ε 定义：电力系统正常运行的 最小方式（或较小方式）下（$S_{k短路容量min}$）、最大的生产（运行）周期中负荷（$S_{运行负荷max}$）引起的不平衡 实测值。

$S_{k短路容量min}$ 未知时：$S_{k短路容量min}=0.7 \times S_{k短路容量max}$　GB/T 12326 电压波动 P4 注

二、电压不平衡度限值：

1）公共点处（电力系统中一个以上用户的连接处）：

$\varepsilon_{U2一般负序} \leqslant 2\%$；$\varepsilon_{U2短时负序} \leqslant 4\%$　GB/T 15543 电压不平衡 P2 4.1

2）每个用户处：

$\varepsilon_{U2一般负序} \leqslant 1.3\%$；$\varepsilon_{U2短时负序} \leqslant 2.6\%$　GB/T 15543 电压不平衡 P2 4.2

三、测量和取值：GB/T 15543 电压不平衡 P2 6.3 详见表 7-9

表 7-9　测量取值相关要求

测量时间	公共点	168h		测量间隔时间＝1min
	波动负荷	工作日 24h		测量间隔时间＝1min
测量取值要求	公共点负序不平衡	10min 内测量值从小到大 0%～95% 的数据≤2%；所有值数据≤4%		
	日波动负荷负序不平衡	1min 内测量值从小到大 0%～95% 的数据应≤2%；所有值数据应≤4%		
		日累计大于 2% 时间≤72min 且每 30min 内大于 2% 时间≤5min；若 1min 内值＞2%，则此 min 超标		
测量仪器	记录周期＝3s		仪器测量间隔时间＝10 周波	
	离散采样测量仪器计算	$\varepsilon = \sqrt{\frac{1}{m}\sum_{k=1}^{m}\varepsilon_k^2}$　3s 内测得的不平衡度的算数平均数		
	测量误差	电压：｜测量值－实际值｜≤0.2%	电流：｜测量值－实际值｜≤1%	

四、不平衡度 ε 计算　GB/T 15543 电压不平衡 式 A.1

1. 负序电压不平衡度 表达式：$\varepsilon_{U2负序} = U_{2负序}/U_{1正序}$

   零序电压不平衡度 表达式：$\varepsilon_{U0} = U_{0零序}/U_{1正序}$

2. 准确计算，无零序分量时，已知各 线电压的模：a、b、c　GB/T 15543 式 A.2

$\varepsilon_{U2} = \sqrt{\frac{1-\sqrt{3-6L}}{1+\sqrt{3-6L}}}$，其中 $L=(a^4+b^4+c^4)/(a^2+b^2+c^2)^2$　计算参考配四 P470 例 6.3-1

3. 近似计算，正序阻抗＝负序阻抗时，已知 负序电流值：GB/T 15543 式 A.2

$\varepsilon_{U2} = \dfrac{\sqrt{3} \times I_{最大负序电流(A)} \times U_{I标称电压(kV)}}{S_{K min最小或较小短路容量(kVA)}}$　题目未知时：$S_{k短路容量min}=0.7 \times S_{k短路容量max}$　GB/T 12326 P4 注

4. 单相负荷引起的负序电压不平衡度：$\varepsilon_{U2负序} = S_{U单相负荷容量}/S_{k短路容量min}$　GB/T 15543 式 A.2

供配电 Note11　**电压暂降**　配四 P483

一、电压暂降

电动机启动时电压降：$\Delta u_{st启动电压降} = \dfrac{U_{st启动前} - U_{st启动时}}{U_{n标称}} \times 100\%$　配四 P478 式 6.5-1

启动时电压百分比：$u_{st启动电压百分比} = \dfrac{U_{st启动时}}{U_{n标称}} \times 100\%$　配四 P478 式 6.5-2

二、母线启动电压允许值 u_{stB}：配四 P479　6.5.5.2　u_{stB} 的计算详见六-5 取值要求见表 7-10。

表 7-10　u_{stB} 取值要求

一般情况下	电动机频繁启动	$u_{stB} = U_{stB}/U_n \geq 0.9$
	电动机不频繁启动	$u_{stB} = U_{stB}/U_n \geq 0.85$
母线无照明或其他电压比较敏感负载并且电动机不频繁启动		$u_{stB} = U_{stB}/U_n \geq 0.8$

三、电动机启动方式及特点：配四 P479 表 6.5-1

计算降压百分比 k：$k = U_{启动}/U_{标称} =$ 自耦变压器变比，代入表格获得启动各值。

四、电动机端子电压允许值 u_{stM}：u_{stM} 的计算详见六-6

$$u_{stM} = \dfrac{U_{stM}}{U_n} \geq \sqrt{\dfrac{1.1 \times m_{静阻转矩}}{m_{stM启动转矩}}}$$　配四　式 6.5-3

五、电压暂降计算-过程参数计算

1. 预接负荷的无功功率 Q_L（未启动电动机前其他已接负荷）：配四 P483 表 6.5-4

   1）已知预接负荷：$Q_{L(MVar)} = S_{L预接负荷(MV \cdot A)} \times \sin\varphi_L = P_{L预接负荷(MV \cdot A)} \tan\varphi_L$

   2）已知变压器负载率 β：$Q_{L(MVar)} = (\beta S_{rT变压器(MV \cdot A)} - S_{rM电动机}) \times \sin\varphi_L$

   3）估算法：$Q_{L(MVar)} = 0.6 \times (S_{rT变压器(MV \cdot A)} - 0.75 \times S_{rM电动机})$

2. 电动机启动容量 S_{stM}：$S_{stM(MV \cdot A)} = k_{st} S_{rM} = k_{st} \sqrt{3} U_{rM} I_{rM} = k_{st} \times \dfrac{P_{(MW)}}{\cos\varphi \times \eta}$

3. 线路电抗 $X_{l(\Omega)}$：配四 P483 表 6.5-4

   1）已知单位长度电抗 X'_l：$X_{l(\Omega)} = X'_{l(\Omega/km)} \times l_{(km)}$

   2）按表 7-11 近似计算：S 为导线截面（mm^2）；l 为线路长度（km）

表 7-11　近似计算表

分类			导线穿管或<10kV 电缆线路	10kV 交联聚乙烯电缆
线路较短			$0.08 \times l$	$0.09 \times l$
线路较长	铜芯	>150mm²	$(0.08 + 6.1/S) \times l$	$(0.09 + 6.1/S) \times l$
		≤150mm²	$(18.3/S) \times l$	$(18.3/S) \times l$
	铝芯	>240mm²	$(0.08 + 10/S) \times l$	$(0.09 + 10/S) \times l$
		≤240mm²	$(30/S) \times l$	$(30/S) \times l$

六、全压启动时 电压暂降 计算步骤 配四 P482 表 6.5-4

示意图如图 7-1 所示。

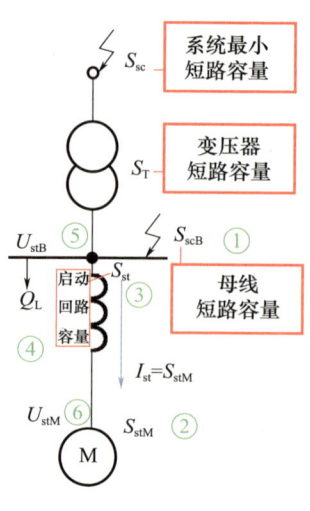

1. 计算 母线短路容量 S_{scB}：

$$S_{S母线短路容量(MV\cdot A)} = \cfrac{1}{\cfrac{1}{S_s}+\cfrac{1}{S_1}}$$

$$= \cfrac{1}{\cfrac{1}{S_{S系统短路}(MV\cdot A)}+\cfrac{u_k\% 短路百分数}{S_{T变压器容量}(MV\cdot A)}}$$

2. 计算 电动机额定启动容量 S_{stM}：

$$S_{stM电动机启动容量(MVA)} = k_{st}S_{rM} = k_{st}\sqrt{3}U_{rM}I_{rM}$$

$$= k_{st} \times P_{rM(MW)}/(\cos\varphi \times \eta)$$

3. 计算 母线启动回路的计算容量 S_{st}：

$$S_{st启动回路容量(MV\cdot A)} = \cfrac{1}{\cfrac{1}{S_{stM}}+\cfrac{1}{S_1}} = \cfrac{1}{\cfrac{1}{S_{stM}}+\cfrac{X_1}{U_{av}^2}}$$

$$= \cfrac{1}{\cfrac{1}{S_{stM电动机启动容量}(MV\cdot A)}+\cfrac{X_{1线路电抗}(\Omega)}{[1.05\times U_{1r}(kV)]^2}}$$

图 7-1 相关示意图（1）

4. 计算 预接负荷 Q_L：详见五-1
5. 计算电动机启动时 母线电压相对值 u_{stB}：

$$u_{st母线相对值} = \cfrac{u_s \times S_{scB}}{S_{scB}+Q_L+S_{st}} = \cfrac{1.05 \times S_{B母线短路}(MV\cdot A)}{S_{scB母线短路}+Q_{L预接负荷}(kVar)+S_{st母线启动}}$$

a) 校验 允许值：详见二
b) 计算电动机启动时 母线电压 U_{stB}：$U_{stB母线电压} = u_{st母线电压相对值} \times U_{rt标称}$

6. 计算电动机启动时电动机 端子电压相对 值 u_{stM}：

$$u_{stM端子电压相对值} = u_{st母线电压相对值} \times \cfrac{S_{st母线启动}}{S_{stM电机额定启动}}$$

a) 校验 允许值：详见四
b) 电动机启动时端子电压 U_{stM}：$U_{stM启动电压} = u_{stM端子电压相对值} \times U_{rt标称电压}$
c) 求 启动时间 t_{st}、$t_{st.max}$：配四 P480 供配电 Note19 式 6.5-4、5

7. 求启动 回路启动电流 I_{st}、电动机实际启动电流 I_{stM}：

$$I_{st} = I_{stM} = u_{stM}\cfrac{S_{stM电机启动容量}}{\sqrt{3} \times U_{rM电机额定电压}} = u_{stM端子电压相对值} \times k_{st启动系数} \times I_{rM电动机额定}$$

七、电抗器降压启动时 电压暂降 计算步骤 配四 P482 表 6.5-4

示意图如图 7-2 所示。

0. 判断电抗器启动可能性《钢铁企业电力设计手册》(下册) P233（24-48～49）

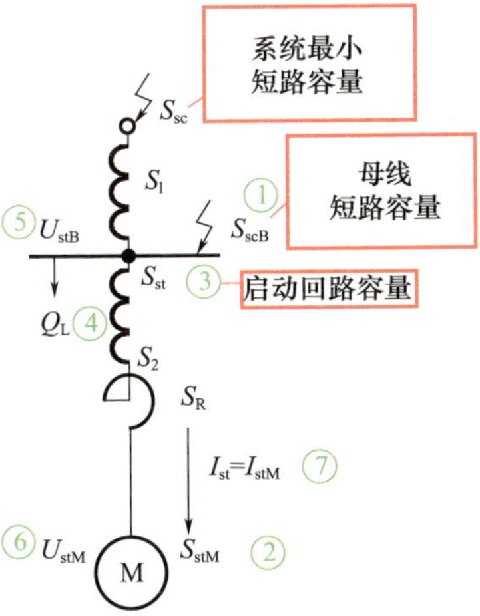

1. 计算母线短路容量 S_{scB}：

$$S_{scB(MV \cdot A)} = \cfrac{1}{\cfrac{1}{S_{SC}} + \cfrac{1}{S_{l1}}} = \cfrac{1}{\cfrac{1}{S_{SC}} + \cfrac{X_{l1}}{U_{av}^2}}$$

$$= \cfrac{1}{\cfrac{1}{S_{SC\text{系统短路}}(MV \cdot A)} + \cfrac{X_{l1\text{线路1}(\Omega)}}{[1.05 \times U_{rt\,kV}]^2}}$$

2. 计算电动机额定启动容量 S_{stM}：

$$S_{stM} = k_{st} S_{rM} = k_{st} \sqrt{3} U_{rM} I_{rM} = k_{St} \times P_{rM(MW)} / (\cos\varphi \times \eta)$$

3. 计算母线启动回路的计算容量 S_{st}：

$$S_{st(MV \cdot A)} = \cfrac{1}{\cfrac{1}{S_{stM}} + \cfrac{1}{S_R} + \cfrac{1}{S_{l2}}} = \cfrac{1}{\cfrac{1}{S_{stM}} + \cfrac{X_R + X_{l2}}{U_{av}^2}}$$

$$= \cfrac{1}{\cfrac{1}{S_{stM\text{电机启动容量}}} + \cfrac{X_{R\text{电抗器}} + X_{l\text{线路2}(\Omega)}}{[1.05 \times U_{rt\,kV}]^2}}$$

4. 计算预接负荷 Q_L：详见五-1

5. 计算电动机启动时母线电压相对值 u_{stB}：

$$u_{stB\text{母线电压相对值}} = \cfrac{u_s \times S_{scB}}{S_{scB} + Q_L + S_{st}} = \cfrac{1.05 \times S_{scB\text{母线短路}(MV \cdot A)}}{S_{B\text{母线短路}} + Q_{L\text{预接负荷}(MVar)} + S_{\text{母线启动}}}$$

a) 校验允许值：详见二

b) 计算电动机启动时母线电压 U_{stB}：$U_{stB\text{母线启动电压}} = u_{stB\text{母线电压相对值}} \times U_{rt\text{标称}}$

6. 计算电动机启动时电动机端子电压相对值 u_{stM}：

$$u_{stM\text{端子电压相对值}} = u_{stB\text{母线电压相对值}} \times \cfrac{S_{\text{母线启动}}}{S_{stM\text{电机额定启动}}}$$

a) 校验允许值：详见四

b) 电动机启动时端子电压 U_{stM}：$U_{stM\text{启动端子电压}} = u_{stM\text{端子电压相对值}} \times U_{rt\text{标称电压}}$

c) 求启动时间 t_{st}、t_{stmax}：配四 P480 供配电 Note19 式 6.5-4、5

7. 求启动回路启动电流 I_{st}、电动机实际启动电流 I_{stM}：

$$I_{st} = I_{stM} = u_{stM} \cfrac{S_{stM\text{电机启动容量}}}{\sqrt{3} \times U_{rM\text{电机额定电压}}} = u_{stM\text{端子电压相对值}} \times k_{st\text{启动系数}} \times I_{rM\text{电动机额定}}$$

a) 校验启动电器过负荷能力：电抗器启动电流 I_{stR}

$$I_{stR\text{电抗器启动电流}} > I_{st\text{回路启动电流}} \cfrac{t_{st-\text{一次启动时间}(s)}}{60} \times \sqrt{\cfrac{N_{\text{连续启动次数}}}{2}}$$

图 7-2 相关示意图（2）

其中：$I_{st}=I_{stM}$；N 为连续启动次数，默认＝2

t_{st} 为电动机一次启动时间（s） 供配电 Note19 配四 P481

八、变压器电动机组-全压启动时 电压暂降 计算步骤 《钢铁企业电力设计》（上册） P281 例 3

九、自耦变压器-降压启动时 电压暂降 计算步骤 《钢铁企业电力设计》（上册） P281 例 4

供配电 Note12　电能质量-谐波 GB/T 14549 谐波 P5

一、公共连接点定义：多个用户接入公用电网的连接处。GB/T 14549 谐波 3:1

二、谐波电流允许值 I_{hp} 允许值

1. 公共点基准允许值（基准短路容量下）：GB/T 14549 谐波 详见表 7-12

表 7-12　谐波电流允许值　　　　　　　　　　　　　　　A

标准电压/kV	基准短路容量/(MV·A)	谐波次数谐波电流允许值/次																						
		2	3	4	5	6	7	8	9	10	11	12	13	14	15	16	17	18	19	20	21	22	23	24	25
0.38	10	78	62	39	62	26	44	19	21	16	28	13	24	11	12	9.7	18	8.6	16	7.8	8.9	7.1	14	6.5	12
6	100	43	34	21	34	14	24	11	11	8.5	16	7.1	13	6.1	6.8	5.3	10	4.7	9.0	4.3	4.9	3.9	7.4	3.6	6.8
10	100	26	20	13	20	8.5	15	6.4	6.8	5.1	9.3	4.3	7.9	3.7	4.1	3.2	6.0	2.8	5.4	2.6	2.9	2.3	4.5	2.1	4.1
35	250	15	12	7.7	12	5.1	8.8	3.8	4.1	3.1	5.6	2.6	4.7	2.2	2.5	1.9	3.6	1.7	3.2	1.5	1.8	1.4	2.7	1.3	2.5
66	500	16	13	8.1	13	5.4	9.3	4.1	4.3	3.3	5.9	2.7	5.0	2.3	2.6	2.0	3.8	1.8	3.4	1.6	1.9	1.5	2.8	1.4	2.6
110	750	12	9.6	6.0	9.6	4.0	6.8	3.0	3.2	2.4	4.3	2.0	3.7	1.7	1.9	1.5	2.8	1.3	2.5	1.2	1.4	1.1	2.1	1.0	1.9

2. 公共点的最小短路容量不等于基准时允许值：

$$I_{h实际允许值}=\frac{S_{k1最小短路容量(MV\cdot A)}}{S_{k2基准(MV\cdot A)}} I_{hp查表允许值} \quad \text{GB/T 14549 谐波 附录 B 式 B1}$$

注：公共点的最小短路容量 $S_{k1最小}$：$S_{k1最小(MV\cdot A)}=\dfrac{1}{\dfrac{1}{S系统短路容量}+\dfrac{u_k\%短路百分数}{S_{rT变压器容量}}}$

配四 P284 式 4.6-13

3. 第 i 个用户的 h 次谐波允许值

$$I_{h用户}=I_{h公共点允许值}\times\left(\frac{S_{协议容量}}{S_{公共设备容量、变压器容量}}\right)^{1/\alpha} \quad 14549 \text{ 谐波 附录 C 式 C6}$$

谐波的相位叠加系数 α　GB/T 14549 谐波 附录 C 表 C2 详见表 7-13

表 7-13　谐波的相位叠加系数 α

谐波次数 h	3	5	7	11	13	9 或 >13 或偶次
α	1.1	1.2	1.4	1.8	1.9	2

4. 照明谐波限值：《照明设计手册》(第三版) P502 表 23-8
5. $I_{每相输入电流}\leqslant 16A$，A、B、C、D类用电设备谐波限值：配四 P504 表 6.7-11~13
6. $I_{每相输入电流}>16A$ 且 $\leqslant 75A$ 用电设备谐波限值：配四 P505 表 6.7-14~17
7. $I_{每相输入电流}>75A$ 用电设备谐波限值：配四 P507 表 6.7-14

三、谐波含有率、含量、总谐波畸变率计算公式 GB/T 14549 谐波 附录 A

1. 第 h 次谐波电压含有率HRU_h：$HRU_{h电压含有率}=U_h/U_{1基}$ 式 A1
2. 第 h 次谐波电流含有率HRI_h：$HRI_{h电流含有率}=I_h/I_{1基}$ 式 A2
3. 谐波电压总含量 $U_{H谐波总}$：$U_{H总}=\sqrt{\sum_{h=2} U_h^2}$ 式 A3
4. 谐波电流总含量 $I_{H谐波总}$：$I_{H总}=\sqrt{\sum_{h=2} I_h^2}$ 式 A4
5. 回路总电压 $U_{总}$：$U_{回路总}=\sqrt{U_{1基}^2+\sum_{h=2} U_h^2}=\sqrt{\sum_{h=1} U_h^2}=\sqrt{U_{1基}^2+U_{H路总③}^2}$
6. 回路总电流 $I_{总}$：$I_{回路总}=\sqrt{I_{1基}^2+\sum_{h=2} I_h^2}=\sqrt{\sum_{h=1} I_h^2}=\sqrt{I_{1基}^2+I_{H谐波总③}^2}$
7. 电压总谐波畸变率THD_U：

$$THD_{U电压畸变率}=U_{H总③}/U_{1基}=\sqrt{\sum HRU_{h谐波电压含有率①}^2}\quad 式\ A5$$

8. 电流总谐波畸变率THD_I：

$$THD_{电流畸变率}=I_{H总③}/I_{1基}=\sqrt{\sum HRI_{h谐波电流含有率②}^2}\quad 式\ A6$$

9. $U_{1基}$：基波电压方均根值。$I_{1基}$：基波电流方均根值 $I_{1基}=S/(\sqrt{3}\times U_N)$
   U_h：第 h 次谐波电压方均根值。I_h：第 h 次谐波电流方均根值

四、第 h 次谐波电压含有率$HRU_h①$与第 h 次谐波电流分量 I_h 的关系 GB/T 14549 谐波

1) 已知 h 次谐波阻抗 Z_h：$HRU_{h谐波电压含有率①}=\dfrac{\sqrt{3}\times Z_{h次谐波阻抗(\Omega)}\times I_{h次谐波电流(A)}}{1000\times U_{N(kV)}}$ 式 C1

2) 已知最小短路容量 S_k 常用估算法：

$I_{h(A)}$（A）→ U（%）：$HRU_{h谐波电压含有率①}=\dfrac{\sqrt{3}\times U_{N(kV)}\times h_{谐波次数}\times I_{h次谐波电流(A)}}{1000\times S_{k(MVA)}}$ 式 C2

U（%）→ $I_{h(A)}$：$I_{h次谐波电流(A)}=\dfrac{1000\times S_{k最小短路容量(MVA)}\times HRU_{h谐波电压含有率①}}{\sqrt{3}\times U_{N(kV)}\times h_{谐波次数}\times I_{h次谐波电流(A)}}$ 式 C3

注：$S_{k(MV\cdot A)}$、$U_{N(kV)}$、$I_{h(A)}$ 同地点；
S_k=最小短路容量，当求$HRU_{h谐波电压含有率①}$范围时，S_k 分别取最大最小

五、同次谐波叠加 14549 谐波

1) 已知两谐波相位角差 θ_h：$I_h=\sqrt{I_{h1}^2+I_{h2}^2+2I_{h1}I_{h2}\cos\theta_h}$ 式 C4
2) 未知两谐波相位角差 θ_h：$I_h=\sqrt{I_{h1}^2+I_{h2}^2+K_{h(表C1)}I_{h1}I_{h2}}$ 式 C5

同次谐波叠加系数 K_h 14549 谐波 表C1 详见表7-14

表7-14　同次谐波叠加系数 K_h

谐波次数 h	3	5	7	11	13	9或>13或偶次
K_h	1.62	1.28	0.72	0.18	0.08	0

注：两个以上同次谐波迭加，依次使用以上公式；求电压的公式相同。

六、谐波高低压侧转换：$I_{h低} = I_{h高} \times U_{高压额定} / U_{低压额定}$

七、正序谐波：$(4、7、10\cdots\cdots 3k+1)$ 次；负序谐波：$(2、5、8\cdots\cdots 3k-1)$ 次；
　　零序谐波：$(3、6、9\cdots\cdots 3k)$ 次。配四 P492 6.7.1

八、特征谐波次数 h_c：$h_c = k_{正整数} \times p_{整流电路的脉动数} \pm 1$　配四 P494 式 6.7.9

注：1. k 为正整数；
　　2. p 为整流电路的脉动数：单相半波=1，单相全波或桥式=2，三相零式=3，
　　　三相全波=6、六相全波=12。

九、换流（整流）设备谐波理论最大值 $I_{hp理论最大}$

1. 谐波数为特征谐波 $h=h_c$ 时：$I_{hp理论最大} \leq I_{1基波} / h_c$　配四 P495 式 6.7.11
2. 谐波数为非特征谐波 $h \neq h_c$ 时：$I_{hp理论最大} \leq I_{1基波} / h_c$　配四 P495 式 6.7.12

十、间谐波限值：配四 P511 表 6.7-22~23

十一、间谐波电压合成：配四 P511 （6.7-19）

$$U_{ik} = \sqrt[3]{U_{ih1}^3 + U_{ih2}^3 + \cdots + U_{ihk}^3}$$

十二、换流装置产生的特征谐波频谱：配四 P494 （6.7-10）

$$f_{频谱} = (p_{1整流环节脉动数} m_{非负整数} \pm 1) f_{1输入工频频率} \pm p_{2逆变环节脉动数} n_{非负整数} f_{0变流器输出频率}$$

十三、换流装置产生的非特征谐波频谱：配四 P511 （6.7-20）

$$f_{频谱} = (p_{1整流环节的脉动数} m_{非负整数} \pm 1) f_{1交流输入工频频率} \pm n f_{0变流器输出频率}$$

1. p_1 整流环节的脉动数：单相半波=1，单相全波或桥式=2，三相零式=3，
　　三相全波=6、六相全波=12

2. m、n：非负整数，且不同时为 0

供配电 Note13　**电容器安装知识** GB 50227 电容 P9

一、安装知识

1. 高压（$U_{电容} > 1kV$）时，采用星形接线。GB 50227 电容 4.1.2.1 图 1
2. 中性点非直接接地时（$1kV < U \leq 66kV$ 及部分 110kV）：星形接线电容器中性点不应接地。GB 50227 电容 4.1.2.1 详见图 7-3

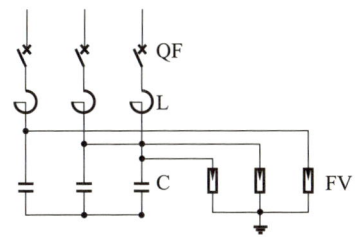

图 7-3 星形连接、不直接接地

3. 每相或每个桥臂，多台电容器宜采用先并联后串联。GB 50227 4.1.2.2 详见图 7-4

4. 每个串联段的电容器总容量限制：$Q_{串联段} \leqslant 3900kVar$ GB 50227 4.1.2.3

串联段：相互并联的单台电容器群 图 7-4 中线框

5. 低压（$U_{电容} \leqslant 1kV$）时，电容器可与低压柜共母线，可三角接线（图 7-5）或星形接线。GB 50227 4.1.3

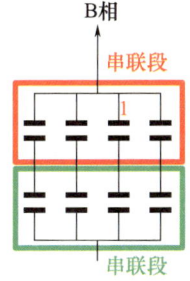

图 7-4 先并后串

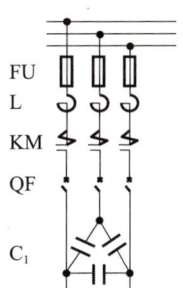

图 7-5 低压三角形接线

供配电 Note14　电容器电压相关计算 GB 50227 电容 P14

接线示意图如图 7-6、图 7-7 所示。

一、星形接线单台电容器实际运行电压 U_c（kV）

$$U_{电容运行电压(kV)} = \frac{U_{S母线运行电压}}{\sqrt{3} \times S_{串联段} \times (1-K_{电抗率})}$$ GB 50227 电容 式 5.2.2

1. 并联电容器装置的母线运行电压 U_S（kV）：

$U_{S母线运行电压(kV)} = U_{S0投入前母线电压} + \Delta U_{投入后母线升高}$ 详本 Note 三；

未知时取平均电压：$U_{C运行电压(kV)} = 1.05 \times 标称电压$

2. 电容器组每相的串联段数 S：详 Note13-4 串联段定义

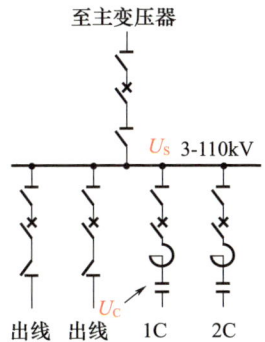

图 7-6 接线示意图（1）

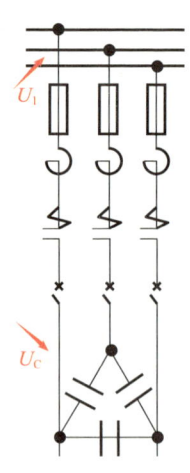

3. 电抗率 K：$K = \dfrac{X_{L串联电抗器的额定感抗}}{X_{C串联连接的电容器的额定容抗}}$ 配四 P1035 式 11.11-1

二、**低压三角形**接线电容器实际运行端电压 U_c（kV）

$$U_{c电容运行电压（kV）} = \dfrac{U_{母线运行电压（0.4kV）}}{1-K_{电抗率}}$$ 配四 P1035 式 11.11-2

电抗率 K：$K = \dfrac{X_{L串联电抗器的额定感抗}}{X_{C串联连接的电容器的额定容抗}}$ 配四 式 11.11-1

三、并联电容器装置投入后**母线电压升高值** ΔU：GB 50227 电容条文说明 P63 式（1）

$$\Delta U_{电容投入后母线升高（kV）} = U_{s0投入前母线电压} \times \dfrac{Q_{本次投入电容器容量（MVar）}}{S_{d三相短路容量（MV·A）}}$$

注：分组投切时电压波动限值：$\dfrac{\Delta U}{U_{S0}} = \dfrac{Q}{S_d} \leqslant 2.5\%$ GB 50227 电容条文 P45 3.0.3

图 7-7 接线示意图（2）

四、电容器**额定电压**：

1. **星形**接线**单台**电容器额定电压 U_{cN}（kV）

$$U_{cN星形单台额定（kV）} = \dfrac{1.05 \times U_{SN电网标称电压（kV）}}{\sqrt{3} \times S_{串联段} \times (1-K_{电抗率})}$$ GB 50227 电容条文说明 P63 式（2）

2. **三角形**接线**单台**电容器额定电压、**电容器组**额定电压 U_{cN}（kV）

$$U_{cN三角形单台额定（kV）} = \dfrac{1.05 \times U_{SN电网标称电压（kV）}}{S_{串联段} \times (1-K_{电抗率})}$$ GB 50227 电容条文说明 P63 式（2）

1）电容器组每相的串联段数 S；详 Note13 -4 串联段定义

2）电抗率 K：$K = \dfrac{X_{L串联电抗器的额定感抗}}{X_{C串联连接的电容器的额定容抗}}$ 配四 P1035 式 11.11-1

3）电抗率 K 选择值：GB 50227 电容 P17 Note15 三

供配电 Note15　保护电容器的熔断器、电抗器、导体 GB 50227 电容 P17

一、电容器额定电流 I_{NQ}

单台电容器额定电流 I_{NQ}：$I_{NQ单台额定（A）} = Q_{N单台容量（kVar）} / U_{N单台电容器额定电压（kVar）}$

电容器组额定电流 I_{NQ}：$I_{NQ电容器组额定（A）} = \dfrac{Q_{N电容器组容量（kVar）}}{\sqrt{3} \times U_{N电容器组额定电压（kV）}}$

二、熔断器额定电流 I_N

已知 Q_N：$I_N \geqslant k_{计算系数} \times Q_N$ 配四 P1037 式 11.11-3

$k_{Uc=400V} = 2.5$；$k_{Uc=525V} = 2$；$k_{Uc=690V} = 1.5$

已知 I_{NQ}：

低压：$I_N=(1.68\sim 1.8)\times I_{NQ}$　配四　P1037

高低压单台：$I_N=(1.37\sim 1.5)\times I_{NQ}$　GB 50227 电容器　5.4.2

高低压成组：$I_N=1.3\times I_{NQ}$　GB 50227 电容器　5.8.2

内部熔断器：$I_N=(1.5\sim 2)\times I_{NQ}$　GB/T 50062 电力继保　8.1.2

三、串联电抗器**电抗率 K**：GB 50227 电容　5.5.2

1. 谐波少，**用于限制涌流**时：$K_{电抗率}=0.001\sim 0.01$

2. **用于抑制谐波**时：

（1）谐波为 5 次及以上时：$K=0.05$

（2）谐波为 3 次及以上时：$K=0.12$；亦可采用 2 种混装

3. 已知**最低谐波次数 n、K 可靠系数**：《**钢铁企业电力设计手册**》（上册）　P418　式 10.4

$$K_{电抗率}=\frac{X_{L感抗}}{X_{C容抗}}=\frac{Q_{L电抗容量}}{Q_{C电容容量}}=\frac{K_{可靠系数=1.2\sim 1.5}}{n_{可能产生的最低谐波次数}^2}$$

四、串联**电抗器额定电流、容量**

1. **额定**电流：$I_{NL电抗器额定电流}=I_{NQ并联电容器组额定电流}$　GB 50227 电容　5.5.5

2. 三相电抗器**实际**容量：详见 GB 50227 电容　P45　Note17

五、**导体、软线选择**

1. **单台电容器**：$I_{Z载流量}\geq 1.5\times I_{NQ单台}$，**采用软导线**　GB 50227 电容　5.8.1

2. **电容器组**：

（1）**电容器分组回路**、**汇流母线**、**均压线**：$I_{Z载流量}\geq 1.3\times I_{NQ电容器组}$　GB 50227　5.8.2

（2）**双星形中性点导体**、**桥形连接线**：$I_{Z载流量}\geq I_{NQ电容器组}$　GB 50227　5.8.3

接线示意图如图 7-8 所示。

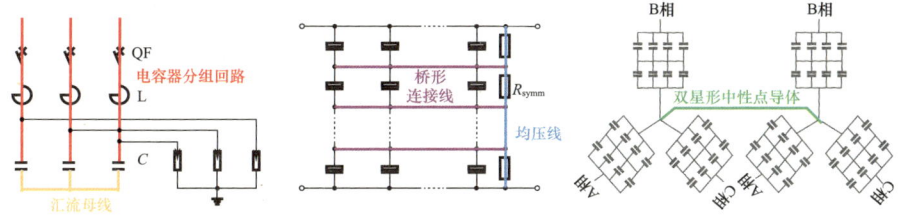

图 7-8　接线示意图（3）

供配电 Note16　**电容器额定电流及涌流　GB 50227 电容　P31**

一、电容器**额定**电流 I_{NQ}

单台电容器额定电流 I_{NQ}：$I_{NQ单台额定(A)}=\dfrac{Q_{N单台容量(kVar)}}{U_{N单台电容器额定电压(kVar)}}$

电容器组额定电流 I_{NQ}：$I_{NQ电容器组额定(A)} = \dfrac{Q_{N电容器组容量(kVar)}}{\sqrt{3} \times U_{N电容器组额定电压(kV)}}$

二、电容器合闸涌流允许值 $I_{ym允许}$

$$I_{ym允许} = 20 \times I_{NQ电容器组总} = \dfrac{20 \times Q_{投入后总(kVar)}}{\sqrt{3} \times U_{N电容器组额定电压}} \quad \text{GB 50227 电容 5.5.3}$$

三、电容器合闸涌流实际值 $I_{ym实际}$ 计算步骤

1. 计算涌流峰值标幺值、涌流倍数 I_{*ym}

1) 当 $K_{1准备投} = K_{2运行中}$ 时：

$$\beta_{影响系数} = 1 - \dfrac{1}{\sqrt{1 + \dfrac{Q_{投入后总}}{K_{准备投} \times S_{d三相短路容量}}}} \quad \text{GB 50227 电容 A.0.1-2}$$

$$I_{*ym涌流倍数} = \dfrac{1}{\sqrt{K_{准备投}}} \times \left(1 - \beta_{影响系数} \dfrac{Q_{准备投}}{Q_{投入后总}}\right) + 1 \quad \text{GB 50227 电容 A.0.1-1}$$

2) 当 $K_{1准备投} \neq K_{2运行中}$ 时：

(1) 当 $K_{1准备投} > 1.5 \times \dfrac{Q_{投入后总}}{S_{d三相短路容量}}$ 时：

$$I_{*ym涌流倍数} = \dfrac{1}{\sqrt{K_{1准备投}}} + 1 \quad \text{GB 50227 电容 A.0.2}$$

(2) 当 $K_{1准备投} \leq 1.5 \times \dfrac{Q_{投入后总}}{S_{d三相短路容量}}$ 且 $K_{2运行中} > 1.5 \times \dfrac{Q_{投入后总}}{S_{d三相短路容量}}$ 时：

$$\beta_{影响系数} = 1 - \dfrac{1}{\sqrt{1 + \dfrac{Q_{投入后总}}{K_{准备投} \times S_{d三相短路容量}}}} \quad \text{GB 50227 电容 A.0.1-2}$$

$$I_{*ym涌流倍数} = \dfrac{1}{\sqrt{K_{准备投}}} \times \left(1 - \beta_{影响系数} \dfrac{Q_{准备投}}{Q_{投入后总}}\right) + 1 \quad \text{GB 50227 电容 A.0.1-1}$$

2. 计算涌流实际值 $I_{ym实际}$：

$$I_{ym实际值(A)} = \sqrt{2} \times I_{*ym涌流倍数} \times \dfrac{Q_{准备投(kVar)}}{\sqrt{3} \times U_{N电容器组额定电压}} \quad \text{GB 50227 电容 A.0.1}$$

3. 校验涌流实际值：

$$I_{ym实际值(A)} < I_{ym允许} = 20 \times I_{NQ电容器总} = \dfrac{20 \times Q_{投入后总(kVar)}}{\sqrt{3} \times U_{N电容器组额定电压}} \quad \text{GB 50227 电容 5.5.3}$$

供配电 Note17　电容器容量计算 GB 50227 电容 P45

一、单台电动机补偿容量 Q_b：《钢铁企业电力设计手册》(上册) P305 式 6-40 GB 50052 6.0.12

$$Q_{b单台电动机补偿容量(kVar)} \leq 0.9 \times \sqrt{3} \times U_{N电动机额定电压(kV)} \times I_{0空载励磁(A)}$$

I_0 为电动机空载励磁电流（A）。

    1. 某电气公司推荐的方法：

$$I_0 = 2I_{N电机额定}(1-\cos\varphi_N) \quad 《钢铁企业电力设计手册》（上册） P305 \ 式 6-41$$

    2. 按电动机最大转矩倍数推算的方法：《钢铁企业电力设计手册》（上册） P305 式 6-42

$$I_0 = I_{N电机额定}\left(\sin\varphi_N - \frac{\cos\varphi_N}{2b}\right) \quad b = \frac{最大转矩}{额定转矩} = 1.8 \sim 2.2$$

    3. 按经验数据估算方法：《钢铁企业电力设计手册》（上册） P305

        1）大容量电机：$I_0 = (0.2 \sim 0.35) \times I_{N电机额定}$

        2）小容量电机：$I_0 = (0.35 \sim 0.5) \times I_{N电机额定}$

二、安装容量估算 $Q_{估}$：$Q_{估} = (0.1 \sim 0.3) \times S_{变电站主变压器合计容量}$ GB 50227 电容条文 3.0.2

三、每个串联段的电容器并联总容量 $Q_{单串联}$：$Q_{单串联} = 3900$kVar GB 50227 电容 4.1.2.3

四、发生 n 次谐波谐振的电容器容量 Q_{cx}（MVar） GB 50227 电容 4.1.2

$$Q_{cx\ n次谐波谐振电容器容量(MVar)} = S_{d母线短路容量(MV\cdot A)} \times \left(\frac{1}{n_{谐波次数}^2} - K_{电抗率}\right)$$

五、计算星形接线并联电容器组 $Q_{c电容器组实际容量}$、电抗器 $Q_{L实际容量}$、电网 $Q_{e电网补偿}$

已知单个电容器的额定相电压为 $U_{r单台额定}$，额定容量为 $Q_{r单台额定}$；每相有 S 个串联段，M 个并联段；串联电抗器电抗率为 K

原则：电容器容抗 X_c 不变，$Q = \omega CU^2 \rightarrow X_C = \frac{1}{\omega C} = \frac{U^2}{Q}$，$Q \propto U^2$。

1. 当条件仅知电容器组额定线电压为 $U_{N电容器组}$，电容器组额定容量为 $Q_{N电容器组}$

$$U_{r单台额定} = \frac{U_{N电容器组}}{\sqrt{3} \times S_{串联段}}, \quad Q_{r单台额定} = \frac{Q_{N电容器组}}{3 \times M_{并联段} \times S_{串联段} \times K_{双星形=2,其余=1}}$$

2. 求母线运行电压 $U_{S母线运行}$

$$U_{母线运行} = U_{so} + \Delta U \quad 详 P14 \ GB 50227 \ 电容 \ Note14；未知时 = 1.05 \times 标称电压$$

3. 求单台电容器实际运行电压 $U_{c单台实际}$：$U_{c单台实际(kV)} = \frac{U_{S母线运行电压(kV)}}{\sqrt{3} \times S_{串联段} \times (1 - K_{电抗率})}$

    GB 50227 电容 式 5.2.2 详 P14 Note14 P14（一）

4. 求单台电容器实际容量 $Q_{r单台实际}$：$Q_{c单台实际} = \frac{U_{c单台实际}^2}{U_{r单台额定}^2} \times Q_{r单台额定}$

5. 求单组三相电容器组实际容量 $Q_{c单组电容器组实际}$：

$$Q_{c单组电容器组实际} = 3 \times S_{串联段} \times M_{并联段} \times K_{双星形=2,其余=1} \times Q_{r单台实际}$$

    求全部三相电容器组实际容量 $Q_{c全部电容器组实际} = n_{组数} \times Q_{c单组电容器组实际}$

6. 求单组三相电抗器实际容量 $Q_{L实际}$：$Q_{L单组实际} = K_{电抗率} \times Q_{c单组电容器组实际}$

    求全部三相电抗器实际容量 $Q_{L全部电抗器组实际} = n_{组数} \times Q_{L单组实际}$

7. 求单组电容器组电网补偿容量 $Q_{电网实际补偿}$：$Q_{单组电容器组补偿} = (1 - K_{电抗率}) \times Q_{c单组电容器组实际}$

求全部三相电容器组电网补偿容量 $Q_{总电网补偿} = n_{组数} \times Q_{单组电容器组补偿}$

六、计算三角形接线并联电容器组 $Q_{c实际容量}$、电抗器 $Q_{L实际容量}$、电网 $Q_{c电网补偿}$：

已知单组电容器组的额定相电压为 $U_{c单组额定}$，额定容量为 $Q_{c单组额定}$；共 n 组电容器组；串联电抗器电抗率为 K；母线运行电压为 $U_{S母线运行}$：未知时取 400V

原则：电容器容抗 X_c 不变，$Q = \omega C U^2 \rightarrow X_c = \dfrac{1}{\omega C} = \dfrac{U^2}{Q}$，$Q \propto U^2$。

1. 求单组电容器组实际运行电压 $U_{c单组实际}$：

$$U_{电容运行电压(kV)} = \dfrac{U_{\text{母线运行电压}=0.4(kV)}}{1 - K_{电抗率}}$$ 配四 P1035 式 11.11-2

2. 求单组电容器组实际容量 $Q_{c单组实际}$：$Q_{c单组实际} = \dfrac{U_{c单组实际}^2}{U_{c单组额定}^2} \times Q_{c单组额定}$

求全部 n 组电容器组实际容量 $Q_{c总组实际} = n_{组数} \times Q_{c单组实际}$

3. 求单组电抗器组实际容量 $Q_{L单组实际}$：

$$Q_{L单组实际} = K_{电抗率} \times Q_{c单组实际} = \dfrac{U_{S母线运行}^2}{U_{c单组额定}^2} \times \dfrac{K_{电抗率}}{(1 - K_{电抗率})^2} \times Q_{c单组额定}$$

求全部 n 组电抗器组实际容量 $Q_{L总实际} = n_{组数} \times Q_{L单组实际}$

4. 求单组电容器组电网补偿容量 $Q_{单组电网补偿}$：配四 P39 式 1.11-11

$$Q_{单组电网补偿} = (1 - K_{电抗率}) \times Q_{c单组实际} = \dfrac{U_{S母线运行}^2}{U_{c单组额定}^2} \times \dfrac{1}{1 - K_{电抗率}} \times Q_{c单组额定容量}$$

求全部 n 组电容器组电网补偿容量 $Q_{总电网补偿} = n_{组数} \times Q_{单组电网补偿}$

供配电 Note18　电压波动　配四 P473

一、电压波动限值：任何一个波动负荷在电力系统公共连接点产生的电压变动限值与电压变动频度、电压等级有关　配四 P473　表 6.4-1　详见表 7-15

表 7-15　电压波动限值

波动频率 r/（次/h）	波动限值 d/%＞波动值；基准为标称电压	
	$U_N \leq 35kV$	$U_N > 35kV$
$r \leq 1$	4	3
$1 < r \leq 10$ 或者电弧炉	3	2.5
$10 < r \leq 100$	2	1.5
$100 < r \leq 1000$	1.25	1

二、电压波动测量和估算

1. 基本定义式：$d = \dfrac{\Delta U}{U_n} = \dfrac{U_{max} - U_{min}}{U_n}$　配四 P471　式 6.4.1

2. 已知有功、无功变化量 ΔP_t、ΔQ_t 时：

$$d = \frac{R_{L电阻(\Omega)} \Delta P_{t(W)} + X_{L电抗(\Omega)} \Delta Q_{t(Var)}}{U_{nc V)}^2} \quad 配四\ P471\ 式\ 6.4.2$$

3. 高压电网 $X_L \gg R_L$ 时：$d \approx \dfrac{\Delta Q_{t无功变化量}}{S_{k短路容量min}} = \dfrac{\Delta Q_{t无功变化量}}{0.7 \times S_{k短路容量max}}$ 配四 P471 式 6.4.3

4. 无功变化为主的三相负荷（大功率电动机启动容量 ΔS_t）：配四 P472 式 6.4.4

$$d \approx \frac{\Delta S_{t三相容量变化量}}{S_{k短路容量min}} = \frac{\Delta S_{t三相容量变化量}}{0.7 \times S_{k短路容量max}}$$

5. 无功变化为主的相间负荷（大功率电动机启动容量 ΔS_t）：配四 P472 式 6.4.5

$$d \approx \frac{\sqrt{3} \times \Delta S_{t相间容量变化量}}{S_{k短路容量min}} = \frac{\sqrt{3} \times \Delta S_{t相间容量变化量}}{0.7 \times S_{k短路容量max}}$$

6. 电弧炉引起的变动：

1) 当已知 $S_{k电弧炉母线短路容量}$ 或 $I_{k电弧炉母线短路}$ 时：配四 P472 式 6.4.4

$$d \approx \frac{\Delta Q_{t无功变化量}}{S_{k电网短路容量min}} = \frac{S_{k电弧炉母线短路容量}}{0.7 \times S_{k电网短路容量max}} = \frac{\sqrt{3} \times U_{b基准电压(kV)} \times I_{k电弧炉母线短路电流(kA)}}{0.7 \times S_{k电网短路容量max(MV \cdot A)}}$$

2) 当已知 $S_{rH电弧变压器额定}$ 时：配四 P475 式 6.4.9~10

$$d \approx \frac{S_{dT作短路容量}(\sin^2\varphi_{电极} - \sin^2\varphi_{熔化期})}{S_{k短路容量min}} = \frac{k_{短路电流倍数} \times S_{rH电弧变压器额定} \cos^2\varphi_{熔化期}}{0.7 \times S_{k短路容量max}}$$

典型值：$\sin\varphi_{d电极短路} = 0.98 \approx 1$;

$\cos\varphi_{N融化期} = 0.7 \sim 0.85$ 默认取 0.7;

$k_{工作短路电流倍数} \leqslant 3.5$, $S_{dT作短路容量} = k_{短路电流倍数} \times S_{N电弧变压器额定}$

7. 电弧焊机焊接时引起的电压波动计算：配四 P475 式 6.4.12~13

$$d \approx \frac{(k_{冲击倍数} - 1) \times k_{N折算系数} \times S_{N最大一台电弧焊机} \sin\varphi}{S_{k短路容量min}} = \frac{2.3 \times k_{N折算系数} \times S_{N最大一台电弧焊机} \times \sin\varphi}{0.7 \times S_{k短路容量max}}$$

注：$k_{冲击倍数} = 0.9 \times I_{setN瞬时整定电流} / I_{N线路额定电流} \approx 3.3$;

φ 为弧焊变压器一次侧阻抗角；$\sin\varphi_{自动弧焊变压器} = 0.86$; $\sin\varphi_{手动弧焊变压器} = 0.94$;

k_N 为折算至等效三相负荷的系数, $k_{N相间380V} = 3$, $k_{N单相220V} = 3$, $k_{N三相380V} = 1$.

供配电 Note19　电动机启动时间　配四 P481

一、一般风机、水泵用电动机启动时间 t_{st} (s)

1. 已知：$J_{总转动惯量}$（kg×m²）、$m^*_{av平均转矩标么值}$　配四 42 版 P480 式 6.5.2

$$t_{st} = \frac{4g_{重力加速度=9.807} \times J_{总转动惯量(kg \times m^2)} \times n_{0电动机额定转速(r/min)} \times 10^{-3}}{3580 \times P_{rM(kW)} \left(u^*_{stM端子电压相对值} \right)^2 \times m^*_{stM平均启动转矩标么} - m^*_{av平均阻转矩标么值}}$$

2. 已知：$J_{总转动惯量}$（kg×m²）、$m^*_{j静阻转矩标么值}$　配四 38 版 P480 式 6.5.4

$$t_{st} = \frac{4g_{重力加速度=9.807} \times J_{总转动惯量(kg \times m^2)} \times n_{0电动机额定转速(r/min)} \times 10^{-3}}{3580 \times P_{rM(kW)} \left(u^*_{stM端子电压相对值} \right)^2 \times m^*_{stM,a平均启动转矩标么} - m^*_{j静阻转矩标么值}}$$

3. 已知：$GD^2_{总飞轮矩(k_N \times m^2)}$《钢铁企业电力设计》（上册）P276 式5-16

$$t_{st} = \frac{(GD^2)_{总飞轮矩(k_N \times m^2)} \times n_{0电动机额定转速(r/min)}^2}{3580 P_{rM(kW)}(u_{stM端子电压相对值}^2 \times m^*_{stM平均启动转矩标幺} - m^*_{静阻转矩标幺值})}$$

二、电动机最长允许启动时间 $t_{st.\,max(s)}$：使同步机铜制阻尼笼温度不超300℃，在冷却状态下连续启动2次（或热态下启动1次）配四 P480 式6.5.5

$$t_{st.\,max} = \frac{325 \times G_{转子阻尼条铜重(kg)}}{P_{rM(kW)} \times u_{stM端子电压相对值}^2 \times m_{stM启动转矩相对值}}$$

相关参数：

1. $u_{stM端子电压相对值}$：P482 Note11 -六、七
2. $m^*_{stM.\,a平均启动转矩标幺}$：见表7-16

表 7-16　$m^*_{stM.\,a平均启动转矩标幺}$

电动机类型		$m^*_{stM.\,a平均启动转矩标幺}$
同步机	$m_{stM启动} < m_{in牵入}$	$m^*_{stM.\,a平均启动转矩标幺} = 1.1 \times m_{stM启动}$
	$m_{stM启动} \geq m_{in牵入}$	$m^*_{stM.\,a平均启动转矩标幺} = 0.5 \times (m_{stM启动} + m_{in牵入})$
普通笼形电动机		$m^*_{stM.\,a平均启动转矩标幺} = 0.8 \times m_{stM启动} + 0.2 \times m_{max最大}$
高速笼形电动机		$m^*_{stM.\,a平均启动转矩标幺} =$ 配四：$0.75 \times m_{stM启动} + 0.25 \times m_{max最大}$ 钢铁：$1.05 \times m_{stM启动}$

$m_{in牵入}$：同步电动机牵入转矩相对值

$m_{max最大}$：电动机最大转矩相对值

$m_{stM启动}$：启动转矩相对值

$m_{av均阻转矩标幺值}$：离心式风机$=0.23$，出口阀关闭启动的水泵$=0.21$，出口阀打开启动的水泵$=0.35$

总飞轮矩：$k_N \times m^2$　$gD^2_{圆柱体} = \frac{0.5 \times m_{质量(kg)} g_{重力加速度=9.8} D^2_{直径(m)}}{1000}$；《钢铁企业电力设计手册》（下册）P17 表23-9

供配电 Note20　**电压闪变** GB/T 12326 电压波动 P5

一、电压闪变定义：灯光照度不稳定造成的视感 单位（次）

二、电力系统公共连接点长时间电压闪变限值 L_P：在系统较小方式下 $S_{k短路容量min}$（测量周期$=168h$）：$L_{P(\leq 110kV)}=1$；$L_{P(>110kV)}=0.8$　GB/T 12326 电压波动 5.1 表2

三、单独波动负荷用户长时间电压闪变规定（测量周期$=24h$）：

1. 满足第一级闪变规定（四选一即可）：可直接接入电网 GB/T 12326 电压波动 5.2.2

   1) 单个波动负荷：$P_{长时间闪变值} < 0.25$

2) $35<U\leqslant 220\text{kV}$时：$(\Delta S/S_{k\text{短路容量min}})_{\max}<0.1\%$

3) $U\leqslant 35\text{kV}$时：$(\Delta S/S_{k\text{短路容量min}})_{\max}=(\Delta S/0.7S_{k\text{短路容量max}})_{\max}<k\%$

　　k：由频度 r（次/min）查表3　GB/T 12326 电压波动 5.2.2 表3

4) 符合 GB 17625.2 和 GB/Z 17625.3 的低压用电设备

2. 满足第二级闪变规定：GB/T 12326 电压波动 5.2.3

　　1) 求接于公共点 PCC 所有负荷产生闪变限值 G：GB/T 12326 电压波动 式（2）

$$G_{\text{所有负荷闪变限值}}=\sqrt[3]{L_{\text{P公共点限值}}^3-T_{\text{传递系数}}^3\times L_{\text{H上一电压等级限值}}^3}$$

　　　　$T_{\text{传递系数}}$：典型值=0.8，计算详 本笔记七电力系统闪变传递计算

　　　　$L_{\text{P公共点}}$、$L_{\text{H上一电压等级}}$ 限值：由电压查表2

　　2) 单个用户闪变限值 E_i：GB/T 12326 电压波动 式（3）

$$E_{i\text{单个用户}}=G_{\text{所有负荷}}\times\sqrt[3]{\frac{S_{\text{协议用电容量}}}{S_{\text{总供电量容量、变压器容量}}}\times\frac{1}{F_{\text{波动负荷同时系数}}}}$$

　　　　注：$F_{\text{波动负荷同时系数}}$：$F=0.2\sim 0.3$ 且 $F\leqslant S_{\text{协议用电容量}}/S_{\text{总供电量容量、变压器容量}}$

　　　　$S_{\text{总供电量容量、变压器容量}}$ 当 $U>35\text{kV}$ 时：计算详本笔记九

　　3) 校验需满足 $P_{\text{lt时间闪变值}}<E_{i\text{单个用户限值}}$

四、短时间电压闪变值 P_{st} 计算：

1. 当负荷为周期性等间隔矩形波（或阶跃波）时

　　1) 根据变化频率 查图1 或 表4 得 $d_{\text{Lim,闪变Pst}}=1$ 时的电压波动限值

　　2) 求 $d_{\text{实际电压波动}}$：供配电 Note18-二、电压波动 配四 P473

　　3) $P_{\text{st}}=d_{\text{实际电压波动}}/d_{\text{Lim}}$ GB/T 12326 P5 式 10

2. 当已知 CPF 曲线：GB/T 12326 附录 A 式 A

　　1) 取 CPF 折线上横坐标 CPF=0.1%、1%、3%、10%、50% 的点

　　2) 查得各点的纵坐标 S（t）次数的值 $P_{0.1\%,1\%,3\%,10\%,50\%}$

　　3) $P_{\text{st}}=\sqrt{0.0314P_{0.1\%}+0.0525P_{1\%}+0.0657P_{3\%}+0.28P_{10\%}+0.08P_{50\%}}$

五、长时间闪变值 P_{lt} 计算：

1. 已知短时间电压闪变值 P_{st} 本 Note 三

　　1) 求长时间测量时间包含的短时间的个数：

$$n=T_{\text{L长记录周期}}/T_{\text{S短记录周期}}\text{ 一般为 }2\text{h}/10\text{min}=12$$

　　2) $P_{\text{lt}}=\sqrt[3]{\dfrac{1}{n}\sum_{j=1}^{n}(P_{\text{st}j\text{第}j\text{个短时间闪变值}})^3}$ GB/T 12326 附录 A 式 A.2

2. 单独波动负荷用户（24h），已知负荷投入闪变值 P_{lt1}，负荷退出闪变值 P_{lt0}

$$P_{\text{lt2单独引起的长时间闪变值}}=\sqrt[3]{P_{\text{lt投入后检测}}^3-P_{\text{lt0退出后检查}}^3}\text{ GB/T 12326 电压波动 P3 式1}$$

六、电弧炉长时间闪变值 P_{lt} 计算：

求 $d_{电弧炉电压波动}$：供配电 Note18 **电压波动**（二.6） 配四 P473

1）当已知电弧炉类型：GB/T 12326 电压波动 P10 附录 C
$$P_{lt电弧炉} = K_{lt} \times d_{电弧炉电压波动}$$

K_{lt}：交流电弧炉 0.48；直流电弧炉 0.3；精炼电弧炉 0.2；康斯丁电弧炉 0.25

2）当未知电弧炉类型：配四 P475 式 6.4-11
$$P_{lt电弧炉} = 0.5 \times d_{电弧炉电压波动}$$

七、长、短时间闪变值叠加计算：GB/T 12326 电压波动 P5 式 11
$$P_{叠加} = \sqrt[m]{(P_{t1})^m + (P_{t2})^m + \cdots + (P_{tn})^m}$$

$m_{重叠可能性}$：1）同时发生重叠率很高，$m=1$；2）同时发生的情况，如熔化期重叠的电弧炉，$m=2$。

3）同时发生可能性很小，$m=3$；4）熔化期不重叠的电弧炉，$m=4$。

八、电力系统不同母线闪变传递计算 GB/T 12326 电压波动 P6 式 12
示意图如图 7-9 所示。

图 7-9　相关示意图（3）

1）$P_{tB到A的闪变} = T_{tB到A闪变系数} \times P_{tB闪变}$

$T_{tB到A闪变系数} = \dfrac{S_{kA',tB短路时A到B}}{S_{kA总} - S_{kB',tB短路时B到A}}$

2）特例：$S'_{kA} = 0$ 且 $S_{kA总} = S'_{kA}$ 时（B 为 A 的唯一上级母线），$P_{tB到A的闪变} = P_{tB闪变}$

九、不同短路容量的闪变值转换

S_{k0} 变为 S_{k1} 时，$P_{t1} = P_{t0} \times \dfrac{S_{k0短路容量}}{S_{k1短路容量}}$　GB/T 12326 电压波动 P6 式 13

十、高压总供电容量 S_{tHV} 的估算：(U>35kV) GB/T 12326 电压波动 P9 附录 B

1）在 PCC 点附近无较大波动负荷时：$S_{tHV} = \sum S_{tHV引入PCC的各电源}$

2）在 PCC 点附近有较大波动负荷时：$S_{tHV} = S_{tHV1} + T_{2\to1} \times S_{tHV2} + T_{3\to1} \times S_{tHV3}$

S_{tHV1}、S_{tHV2}、S_{tHV3}：用 1）计算；传递系数 $T_{2\to1}$、$T_{3\to1}$ 详见本笔记（七-1）

十一、闪变合格率：GB/T 12326 电压波动 P11 附录 D

第八章　继电保护

继电保护知识点汇总　配四　P513

继保 Note1　**电力变压器保护**　配四　P521
继保 Note2　**线路保护**　配四　P551
继保 Note3　**母线分段断路器保护**　配四　P565
继保 Note4　**电容器保护**　配四　P573
继保 Note5　**电动机保护**　配四　P585
继保 Note6　**互感器选择**　配四　P605
继保 Note7　**互感器回路及控制回路电缆选择**　配四　P763

电流互感器一次侧额定电流计算及规定：GB/T 50063 电测仪表 P23 7.1.4～5
电流互感器二次侧负荷实际值 $S_{s实际}$、额定值 $S_{s额定}$：GB/T 50063 电测仪表 P24 表 7.7.1
指针式测量仪表量程：量程＝额定值×1.5　GB/T 50063 电测仪表 P6 3.1.5
电能表标定电流、额定最大电流　GB/T 50063 电测仪表 P18 4.1.8、12
测量仪表满刻度值　GB/T 50063 电测仪表 **P30 附录 A**
电测量变送器校准值　GB/T 50063 电测仪表 P32 附录 B
电能计量装置类别等级、准确度　GB/T 50063 电测仪表 P68 条文 4.1.2

继保 Note1　**电力变压器保护**　配四　P521

一、保护配置：配电变压器，P519 表 7.2-1；电力变压器，配四 P520 表 7.2-2
二、过程相关参数值计算：

1. 变压器一次侧额定电流 I_{1rT}：$I_{1rT} = \dfrac{S_{rT额定}}{\sqrt{3} \times U_{N高压侧额定}}$

2. 变压器二次侧额定电流 I_{2rT}：$I_{2rT} = \dfrac{S_{rT额定}}{\sqrt{3} \times U_{N低压侧额定}}$

3. 同一位置，两相短路电流 I_{xxk2} 与三相短路电流 I_{xxk3} 的转化：
　　高压侧转换：$I_{11k2*} = 0.866 \times I_{11k3*}$。低压侧转换：$I_{22k2*} = 0.866 \times I_{33k3*}$

4. 短路位置与继电器在同侧的转换公式：$I_{sen.k} = K_{电流分布系数} \times I_{11(或22)kx} / n_{TA}$

    $K_{电流分布系数}$：根据短路形式和接线方式查表定 K P529 表 7.2-6

5. 短路电流在高低压侧转化

    1）求流入变压器高压一次侧电流 I_{12kx}：$I_{12kx} = K_{电流分布系数} \times I_{22kx} / n_T$

    2）求流入二次侧继电器电流 $I_{sen.k}$：$I_{sen.k} = K_{电流分布系数} \times I_{22kx} / (n_T \times n_{TA})$

6. 电流分布系数 K：

    1）根据短路点与需流入换算的相对位置，及变压器形式确定查哪个表：同一侧，查 P529 表 7.2-6；不同侧、Yd11，查 P530 表 7.2-7；不同侧、Yn0，查 P531 表 7.2-8；不同侧、Dyn11，查 P532 表 7.2-9

    2）根据短路形式 k，确定行

    3）① 如求流入变压器高压一次侧电流 I_{12kx}：选 3 相 3 继那列

    ② 求流入二次侧继电器电流 $I_{sen.k}$：选继电器接线方式那列

    确定列及 K 电流分布系数值

三、主保护：动作电流整定步骤：大电流整定

1. 用保护名称查表 7.2-3 定计算项目行 配四 P520 表 7.2-3

2. 由示意图定整定的基础参照电流、电压：I_{1rT}、$I''_{2k3.max}$ 等，详见本笔记-二

3. 套 $I_{op.k}$ 公式计算出保护装置二次侧动作电流 $I_{op.k}$

过程相关参数值计算：

    1）K_{con} 接线系数：星形＝1；三角形相电流差＝$\sqrt{3}$

    2）过负荷系数：电动机自启动＝2～3，详细计算式 配四 P522 注①

        无自启动＝1.3～1.5

4. 一次侧动作电流 I_{op}：$I_{op} = \dfrac{I_{op.k 二次侧动作电流} \times n_{TA 互感器变比}}{K_{con 接线系数}}$

5. 一次侧动作电压 U_{op}：$U_{op} = U_{op.k 一次侧动作电压} \times n_{TV 互感器变比}$

四、灵敏度校验步骤：保护范围内最小故障电流校验

1. 用保护名称查表 7.2-3 定计算项目行 配四 P520 表 7.2-3

2. 由示意图确定校验电流短路发生处与检测二次回路的相对位置

3. 根据计算项目行，获得与 $I_{op.k 二次回路}$ 相关的 K_{sen} 公式

4. 电流分布系数 K、校验用电流电压计算 详见本笔记-二

5. 所有参数代入 K_{sen} 公式，得到 K_{sen} 灵敏系数，判断是否满足灵敏性

五、差动保护 配四 P523～525 7.2.4

六、中性点接地的 110kV 变压器后备保护（零序过电流保护）

    零序 1 段、2 段过电流：配四 P526～527 7.2.5.2

七、中性点可能接地或不接地运行的110kV变压器后备保护（零序电流/电压保护）

配四 P527 7.2.5.3

八、非电量保护 配四 P528

配电变压器：表 7.2-4。电力变压器：配四 表 7.2-5

继保 Note2　线路保护 配四 P551

一、保护配置：P550 表 7.3-1

二、过程相关参数值计算：

1. 同一位置，两相短路电流 I_{xxk2} 与三相短路 I_{xxk3} 的转化：

    高压侧转换：$I_{11k2*} = 0.866 \times I_{11k3*}$。低压侧转换：$I_{22k2*} = 0.866 \times I_{33k3*}$

2. 短路位置与继电器在同侧的转换公式：

    $$I_{sen.k} = K_{电流分布系数} \times I_{11(或22)kx} / n_{TA} \quad P529 \ 表 7.26$$

3. 短路电流在高低压侧转化 Yd11、Yyn0、Dyn11 P530～P532 表 7.2-7～9

    1）求流入变压器高压一次侧电流 I_{12kx}：$I_{12kx} = K_{电流分布系数} \times \dfrac{I_{22kx}}{n_T}$

    2）求流入二次侧继电器电流 $I_{sen.k}$：$I_{sen.k} = K_{电流分布系数} \times I_{22kx} / (n_T \times n_{TA})$

    3）$K_{电流分布系数}$：根据短路形式和接线方式查表定 K P529～30 表 7.2-6～9；

4. $K_{con 接线系数}$：星形=1；三角形相电流差=$\sqrt{3}$

5. 过负荷电流 I_{ol}：电机自启动时 配四 P551 注③

三、主保护，动作电流整定步骤：大电流整定

1. 根据电压等级和保护名称确定表格

    1）35～66kV 的无时限（或带时限）电流和电压速断保护：查 P551 表 7.3-3

    2）6～20kV 所有保护及 35～66kV 其他保护 查 配四 P550 表 7.3-2

2. 用保护名称查表 7.3-2 或表 7.3-3 定计算项目行

3. 根据计算项目行，获得 $I_{op.k 二次回路}$ 公式及其整定参照值（如 I_{ol}、I_{2k3max} 等）

4. 由示意图理解确定整定参照值实际发生位置

5. 套 $I_{op.k}$ 公式计算出保护装置二次侧动作电流 $I_{op.k}$

6. 一次侧动作电流 I_{op}：$I_{op} = \dfrac{I_{op.k 二次侧动作电流} \times n_{TA 互感器变比}}{K_{con 接线系数}}$

7. 一次侧动作电压 U_{op}：$U_{op} = U_{op.k 一次侧动作电压} \times n_{TV 互感器变比}$

四、灵敏度校验步骤：保护范围内最小故障电流校验

1. 根据电压等级和保护名称确定表格

    1）35～66kV 的无时限（或带时限）电流和电压速断保护：查 P551 表 7.3-3

2) 6～20kV 所有保护及 35～66kV 其他保护 查 配四 P550 表 7.3-2

2. 用保护名称查表 7.3-2 或 3 定计算项目行

3. 根据计算项目行，获得 $I_{op.k二次回路}$ 相关 K_{sen} 公式及其整定参照值（如 I_{2k2min}、I_{1k2min} 等）

4. 由示意图理解确定整定参照值实际发生位置

5. 所有参数代入 K_{sen} 公式，得到 K_{sen} 灵敏系数，判断是否满足灵敏性

继保 Note3　母线分段断路器保护　配四　P565

一、保护配置：

P563 6～20kV：表 7.4-1。35～66kV：表 7.4-2。110kV：表 7.4-3

二、过程相关参数值计算：

1. 同一位置，两相短路电流 I_{xxk2} 与三相短路 I_{xxk3} 的转化：

   高压侧转换：$I_{11k2*} = 0.866 \times I_{11k3*}$。低压侧转换：$I_{22k2*} = 0.866 \times I_{22k3*}$。

2. 短路位置与继电器在同侧的转换公式：$I_{sen.k} = K_{电流分布系数} \times I_{11(或22)kx} / n_{TA}$

3. $K_{电流分布系数}$：根据短路形式和接线方式查表定 K　P529　表 7.2-6

4. $K_{con接线系数}$：星形=1；三角形相电流差=$\sqrt{3}$

5. 过负荷电流 I_{ol}：电机自启动时，配四　P551　注③

三、主保护，动作电流整定步骤：大电流整定

1. 根据电压等级和保护名称确定表格

   1) 6～20kV 保护：查 配四 P564 表 7.4-4

   2) 35～110kV 的过电流保护、电流速断保护：查 配四 P564 表 7.4-5

   3) 110kV 的零序过电流保护 查 配四 P565 表 7.4-6

2. 用保护名称查表 7.4-4～7.4-6 定计算项目行

3. 根据计算项目行，获得 $I_{op.k二次回路}$ 公式及其整定参照值（如 I_{ol}、I_{k2min} 等）

4. 由示意图理解确定整定参照值实际发生位置

5. 套 $I_{op.k}$ 公式计算出保护装置二次侧动作电流 $I_{op.k}$

6. 一次侧动作电流 I_{op}：$I_{op} = \dfrac{I_{op.k二次侧动作电流} \times n_{TA互感器变比}}{K_{con接线系数}}$

7. 一次侧动作电压 U_{op}：$U_{op} = U_{op.k二次侧动作电流} \times n_{TV互感器变比}$

四、灵敏度校验步骤：保护范围内最小故障电流校验

1. 根据电压等级和保护名称确定表格

   1) 6～20kV 保护：查 配四 P564 表 7.4-4

   2) 35～110kV 的过电流保护、电流速断保护：查 配四 P564 表 7.4-5

   3) 110kV 的零序过电流保护 查 配四 P565 表 7.4-6

2. 用保护名称查表 7.4-4～7.4-6 定计算项目行
3. 根据计算项目行，获得 $I_{op.k二次回路}$ 相关的 K_{sen} 公式及其整定参照值（如 I_{k2min}、I_{3k2min} 等）
4. 由示意图理解确定整定参照值实际发生位置
5. 所有参数代入 K_{sen} 公式，得到 K_{sen} 灵敏系数，判断是否满足灵敏性

五、母线差动保护 配四 P566 7.4.3.2.1

六、母联失灵保护 配四 P566 7.4.3.2.4

继保 Note4　**电容器保护**　配四 P573

一、3～20kV 保护配置：配四 P572 表 7.5-1
二、过程相关参数值计算：

1. $K_{con接线系数}$：星形＝1；三角形相电流差＝$\sqrt{3}$
2. $n_{串联段}$、$m_{并联段}$、$K_{双星形系数}$：双星形＝2，其余＝1
以图 8-1 为例：$n_{串联段}=2$；$m_{并联段}=4$；$K_{双星形系数}=2$

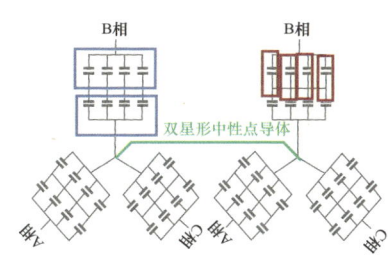

图 8-1　接线图示例

3. 单台电容器额定电压 $U_{r单台}$：$U_{r单台额定}=\dfrac{U_{N电容器组额定}}{\sqrt{3}\times n_{串联段}}$

4. 单台电容器额定容量 $Q_{r单台}$：$Q_{r单台额定}=\dfrac{Q_{N电容器组额定}}{3\times m_{并联段}\times n_{串联段}\times K_{双星形=2,其余等于1}}$

5. 电抗率 $K_{电抗率}$：$K_{电抗率}=X_L/X_C=Q_L/Q_C$

6. 单台电容器容抗 $X'_{c单台}$：$X'_{c单台}=\dfrac{U^2_{r单台额定}}{Q_{r单台额定}}$

7. 电容器组容抗 $X_{c电容器组}$：$X_{c电容器组}=\dfrac{\sqrt{3}\times U^2_{r单台额定}\times n_{串联段}}{Q_{r单台额定}\times m_{并联段}\times K_{双星形=2,其余等于1}}$

8. 单台电容器在实际运行电流 $I'_{rc单台}$（A）：

$I'_{rc单台}=\dfrac{Q_{r单台额定}}{U^2_{r单台额定}}\times\dfrac{1.05\times U_{SN电网标称电压}}{\sqrt{3}\times n_{串联段}\times(1-K_{电抗率})}$　GB 50227 电容条文说明 P63 式（2）

注：1.05 可有可无，考试凑答案；$U_{SN电网标称电压}$（kV） $Q_{r单台额定}$（kVar）

9. 电容器组在实际运行电流 $I_{rc电容器组}$（A）：

$I_{rc电容器组}=I'_{rc单台}\times m_{并联段}\times K_{双星形=2,其余等于1}$

10. 单台电容器实际运行电压 $U'_{c单台}$：$U'_{rc单台}=\dfrac{1.05\times U_{SN电网标称电压}}{\sqrt{3}\times n_{串联段}\times(1-K_{电抗率})}$

注：1.05 可有可无，考试凑答案；$U_{SN电网标称电压}$（kV）

11. 电容器组每相实际运行电压 U_{rph}：$U_{rph}=\dfrac{1.05\times U_{SN电网标称电压}}{\sqrt{3}\times(1-K_{电抗率})}$

注：1.05 可有可无，考试凑答案；$U_{SN电网标称电压}$（kV）

12. 同一位置，两相短路电 I_{xxk2} 与三相短路 I_{xxk3} 的转化：

高压侧转换：$I_{11k2*} = 0.866 \times I_{11k3*}$。低压侧转换：$I_{22k2*} = 0.866 \times I_{33k3*}$

13. 短路位置与继电器在同侧的转换公式：$I_{sen.k} = K_{电流分布系数} \times \dfrac{I_{11(或22)kx}}{n_{TA}}$

14. $K_{电流分布系数}$：根据短路形式和接线方式查表定 K P529 表7.26

三、主保护，动作电流整定步骤：大电流整定

1. 用保护名称查配四 P572~4 表7.5-2 定计算项目行
2. 根据计算项目行，获得 U、$I_{op.k二次回路}$ 公式及其整定参照值（如 I_{rc}、I_{k2min} 等）
3. 由示意图理解确定整定参照值实际发生位置
4. 套 $I_{op.k}$ 公式计算出保护装置二次侧动作电流 $I_{op.k}$
5. 一次侧动作电流 I_{op}：$I_{op} = \dfrac{I_{op.k二次侧动作电流} \times n_{TA互感器变比}}{K_{con接线系数}}$
6. 一次侧动作电压 U_{op}：$U_{op} = U_{op.k一次侧动作电压} \times n_{TV互感器变比}$

四、灵敏度校验步骤：保护范围内最小故障电流校验

1. 用保护名称查配四 P572~P574 表7.5-2 定计算项目行
2. 根据计算项目行，获得 $I_{op.k二次回路}$ 相关的 K_{sen} 公式及其整定参照值（如 U_{rph}、I_{rc} 等）
3. 由示意图理解确定整定参照值实际发生位置
4. 所有参数代入 K_{sen} 公式，得到 K_{sen} 灵敏系数，判断是否满足灵敏性

继保 Note5 电动机保护 配四 P585

一、保护配置：配四 P583 表7.6-1

二、过程相关参数值计算：

1. $K_{con接线系数}$：星形=1；三角形相电流差=$\sqrt{3}$
2. 同一位置，两相短路电流 I_{xxk2} 与三相短路 I_{xxk3} 的转化：

高压侧转换：$I_{11k2*} = 0.866 \times I_{11k3*}$。低压侧转换：$I_{22k2*} = 0.866 \times I_{33k3*}$

3. 短路位置与继电器在同侧的转换公式：$I_{sen.k} = K_{电流分布系数} \times I_{11(或22)kx}/n_{TA}$
4. 启动电流倍数 K_{st}：降压电抗器启动、变压器电动机组时：P584 注①

$$K'_{st} = \dfrac{1}{\dfrac{1}{K_{st}} + \dfrac{u_{k电抗或变压器} \times S_{rM}}{S_{r变压器或电抗器}}}$$

5. 电动机额定电流 I_{rm}：$I_{rM} = \dfrac{P_N}{\sqrt{3} \times U_N \times \eta \times \cos\varphi}$
6. 三相短路反馈电流 I''_{kM}：P584 注②

$$I''_{kM} = \left(\dfrac{1.05}{x''_{k超瞬态电机}} + 0.95\sin\varphi_{额定功率因数角}\right) I_{rM}$$

7. 电动机电容电流 I_{eM}：

隐极式：P592 式 7.6-22。凸极式：P593 式 7.6-23

三、主保护，动作电流整定步骤：大电流整定

1. 用保护名称查表 7.6-2 定计算项目行

2. 根据计算项目行，获得 $I_{op.k二次回路}$ 公式及其整定参照值（如 I_{rM}、I''_{kM} 等）

3. 由示意图理解确定整定参照值实际发生位置

4. 套 $I_{op.k}$ 公式计算出保护装置二次侧动作电流 $I_{op.k}$

5. 一次侧动作电流 I_{op}：$I_{op} = \dfrac{I_{op.k二次侧动作电流} \times n_{TA互感器变比}}{K_{con接线系数}}$

四、灵敏度校验步骤：保护范围内最小故障电流校验

1. 用保护名称查表 7.6-2 或 3 定计算项目行

2. 根据计算项目行，获得 $I_{op.k二次回路}$ 相关的 K_{sen} 公式及其整定参照值

3. 由示意图理解确定整定参照值实际发生位置

4. 所有参数代入 K_{sen} 公式，得到 K_{sen} 灵敏系数，判断是否满足灵敏性

五、定时限过流保护：P584 顶部笔记、P598 例 7.6-2

六、电动机差动保护：P585 式 7.6-1～式 7.6-4、P598 例 7.6-2

七、负序过流保护：P585～6 式 7.6-5～式 7.6-8、P598 例 7.6-2

八、过热保护：P586 式 7.6-9～式 7.6-11、P599 例 7.6-2

九、堵转保护：P587 7.6.3.7

继保 Note6 互感器选择 配四 P605

一、保护用电流互感器参数识别：

例如 5P10、30VA、内阻 0.16Ω 变比 400/1：

仪表精确级：复合误差 $\leq \pm 5\%$。$K_{ał准确限值系数} = 10$。$S_{n额定容量、二次负载能力} = 30V \cdot A$

$R_{ct二次线圈电阻} = 0.16\Omega$，$I_{1N一次侧额定} = 400A$，$I_{2N二次侧额定} = 1A$

二、电流互感器一次侧额定电流计算及规定：

$$I_{1N一次侧额定} = I_{2N二次侧额定} \times n_{TA}$$

$I_{2N二次额定}$：默认 $= 5A$ 或部分 $110kV = 1A$

1. 总规定：I_{1N} 接近且 $\geq I_{一次回路正常最大负荷}$ GB/T 50063 电测仪表 P23 7.1.4

2. 指针式仪表规定：

1) 非直接启动电动机：$I_{1N} = 1.25 \times I_{1N设备}$ 或 $1.25 \times I_{线路最大负荷电流}$

2) 直接启动电动机：$I_{1N} = 1.5 \times I_{rM电动机额定}$ GB/T 50063 P23 7.1.4

3. 实际负荷校验：GB/T 50063 电测仪表 P23 7.1.5

1) 电能计量用电流互感器：$I_{实际负荷电流} = (0.3 \sim 0.6) \times I_{1N}$
2) S级电流互感器：$I_{实际负荷电流} = (0.2 \sim 0.6) \times I_{1N}$

三、电流互感器二次侧负荷实际值 $S_{s实际}$、额定值 $S_{s额定}$：GB/T 50063 电测仪表 P24 表 7.7.1

实际值 $S_{s实际}$：$S_{s负荷实际} = I_{二次侧实际}^2 Z_{b二次阻抗} = \left(\dfrac{I_{一次侧实际}}{n_{TA}}\right)^2 Z_{b实际阻抗}$

额定值 $S_{s额定}$：

1. 仪表精确级 0.1、0.2、0.5、1、0.2S、0.5S；$S_{s二次负荷实际} = (0.25 \sim 1) \times S_{s额定}$
2. 仪表精确级 3、5；$S_{s二次负荷实际} = (0.5 \sim 1) \times S_{s额定}$

四、电流互感器二次侧阻抗额定（允许值）$Z_{bn二次侧阻抗允许值}$ 配四 P749 式 8.3-1

$Z_{bn二次阻抗允许值} = S_{s负荷额定} / I_{2N二次侧电流}^2$；$I_{2N二次侧电流}$：$I_{2N} = 5A$ 或 $1A$（仅部分 110kV）

五、电流互感器实际二次侧阻抗 Z_b 计算：配四 P605 式 7.7.6

$Z_b = \Sigma K_{rc继电器阻抗换算系数} Z_{r仪表线圈阻抗} + K_{lc导线阻抗换算系数} R_{l导线电阻} + R_{c接触电阻}$

1. 导线电阻 R_l：$R_{l导线电阻} = L_{导线长} / (\gamma_{电导率} \times S_{截面积}) = L_{导线长m} / (57 \times S_{截面积mm^2})$
2. 接触电阻 R_c：$R_{c接触电阻} = 0.05 \sim 0.1 \Omega$
3. K_{rc} 继电器阻抗换算系数、K_{lc} 导线阻抗换算系数：根据校验电流 I_k 的短路类型及继电器接线方式查表获得。

接线图如图 8-2 所示。

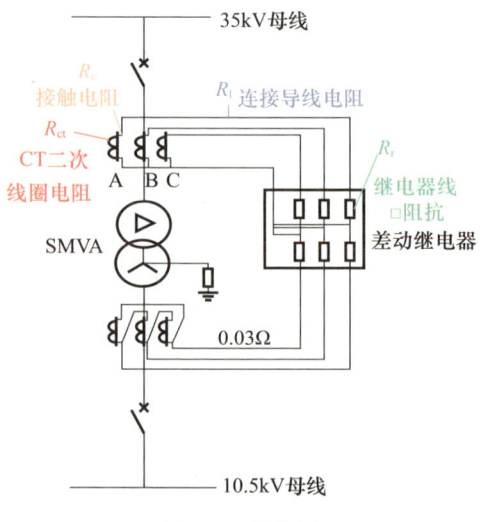

图 8-2 接线图

1) 保护用互感器 P605 表 7.7-2 详见表 8-1。

表 8-1 继电器及连接导线阻抗换算系数表

电流互感器接线方式		三相短路		两相短路		单相短路接地		经 Yd 变压器两相短路	
		K_{rc}	K_{lc}	K_{rc}	K_{lc}	K_{rc}	K_{lc}	K_{rc}	K_{lc}
单相		1	2	1	2	1	2		
三相星形		1	1	1	1	1	2	1	1
两相星形	$Z_{r0}=Z_r$	$\sqrt{3}$	$\sqrt{3}$	2	2	2	2	3	3
	$Z_{r0}=0$	1	$\sqrt{3}$						
两相差接		$\sqrt{3}$	$2\sqrt{3}$	2	4				
三角形		3	3	3	3	2	2	3	3

2) 计量用互感器 P749 表 8.3-5 详见表 8-2。

表 8-2 仪表或继电器用电流互感器各种接线方式时的接线系数

互感器接线方式		K_{rc}	K_{lc}	备注
单相		1	2	
三相星形		1	1	
两相星形	$Z_{r0}=Z_r$	$\sqrt{3}$	$\sqrt{3}$	Z_{r0} 为中性线回路的负荷阻抗
	$Z_{r0}=0$	1	$\sqrt{3}$	
两相差接		$\sqrt{3}$	$2\sqrt{3}$	
三角形		3	3	

六、电流互感器校验法：

通用计算步骤：

1. I_k 保护校验一次故障电流：保护区末端最大短路电流。（如差动 $I_k=I_{12k3max}$）

   1) 计算到保护区末端的系统阻抗标幺值之和 $X_{\Sigma c}$（取小）配四 P281 表 4.6-5

   2) CT 装低压侧：$I_k = I_{22k3} = \dfrac{I_{b基准短路电流}}{X_{\Sigma c标幺值}}$ 配四 P280 式 4.6-6、P282 4.6-12

   3) CT 装高压侧：$I_k = I_{12kx} = K_{电流分布系数} \times I_{22kx} / n_T$

2. K_{pcf} 故障校验系数：$K_{pcf} = I_{校验故障电流入互感器一次侧} / I_{1N一次侧额定}$

3. K_{alf} 准确限值系数：由互感器型号得，5P10 代表 $K_{alf}=10$

4. $K_{暂态系数、可靠系数}$：准确限值系数由题目定，默认=1

方法一：一般校验法，余量过大 配四 P604 7.7.1.5-（2）-1)

1. $K_{\text{alf准确限值系数}} > K_{\text{暂态系数}} \times K_{\text{pc故障校验系数}}；K_{\text{暂态系数}}$ 由题目定，此处可＝1
2. $Z_{\text{bn额定二次阻抗}} > Z_{\text{实际二次阻抗}}$；$Z_{\text{bn}}$ 见本 Note-三，Z_b 见本 Note-四
3. $K_{\text{alf准确限值系数}} > $ 可靠系数 $\times \dfrac{I_{k\text{检验故障电流流入互感器一次侧}}}{I_{1N\text{一次侧额定}}}$ 《钢铁企业电力设计手册》(下册)(15-34)
4. 已知 $I_{\text{实际电流}}$：可校验容量

$$S_{\text{s负荷额定}} = I_{2N\text{二次侧额定}}^2 Z_{\text{bn额定二次阻抗}} > S_{\text{s负荷实际}} = I_{\text{二次侧实际}}^2 Z_{\text{b实际二次阻抗}}$$

方法二：极限电动势校验法，适用于 P 级、PX 级

1. P 类额定二次极限电动势 E_{sl}：配四 P604 式 7.7.1

$$E_{sl\text{额定二次极限电动势}} = K_{\text{alf准确限值系数}} \times I_{2N\text{二次侧额定}} \times (R_{ct\text{二次线圈}} + R_{b\text{二次侧额定电阻}})$$

1) $R_{bn\text{二次侧额定电阻}}$: 本 Note-三
2) $I_{2N\text{二次侧额定}}$: 默认＝5A 或部分 110kV＝1A

PX 类额定拐点电动势 E_{sl}：配四 P604 式 7.7.5

$$E_{sl\text{额定拐点电动势}} = K_{x\text{尺寸系数}} \times I_{2N\text{二次侧额定}} \times (R_{ct\text{二次线圈}} + R_{bn\text{二次侧额定电阻}})$$

$K_{x\text{尺寸系数}}$ 由题目定

2. 检验要求的二次感应电动势 E_s：配四 P604 式 7.7.2

$$E_s = K_{\text{暂态系数}} \times K_{pc\text{做障校验系数}} \times I_{2N\text{二次侧额定}} \times (R_{ct\text{二次线圈}} + R_{b\text{二次侧实际电阻}})$$

$$= K_{\text{暂态系数}} \times \dfrac{I_{k\text{故障校验电流流入互感器一次侧}}}{n_{TA}} \times (R_{ct\text{二次线圈}} + R_{b\text{二次侧实际电阻}})$$

$R_{b\text{二次实际电阻}}$ 见本 Note-四

3. 合格判定，额定大于等于监测要求

$$E_{sl\text{额定极限、拐点电动势}} \geq E_{s\text{检验要求的二次极限电动势}} \quad \text{配四 P604 式 7.7.3}$$

方法三：实际限值系数曲线法，适用于 PR 级 配四 P605 7.7.1.5-（2）-4）

1. 参考 本 Note-三 公式 计算 $R_{b\text{二次侧实际阻抗}}$
2. 根据 $R_{b\text{二次侧阻抗}}$ 查曲线，得 $K'_{\text{alf修正后准确限值系数}}$
3. 判断 $K'_{\text{alf修正后准确限值系数}} > K_{\text{暂态系数}} \times K_{pc\text{做障校验系数}}$ 是否满足

七、**指针式测量仪表量程**：量程＝额定值×1.5 GB/T 50063 电测仪表 P6 3.1.5

八、**电能表**标定电流、额定最大电流 GB/T 50063 电测仪表 P18 4.1.8、12

九、**测量仪表满刻度值** GB/T 50063 电测仪表 P30 附录 A

十、**电测量变送器校准值** GB/T 50063 电测仪表 P32 附录 B

十一、**电能计量装置**类别等级、准确度 GB/T 50063 电测仪表 P68 条文 4.1.2

继保 Note7　**互感器回路及控制回路电缆选择**　配四 P763

一、K_{lc}导线阻抗换算系数、K_{rc}继电器阻抗换算系数：根据校验电流 I_k 的短路类型及继电器接线方式查表获得。

1. 保护用互感器 P605 表 7.7-2

2. 计量用互感器 P749 表 8.3-5

二、测量用电流回路的控制电缆截面积 S：配四 P760 式 8.5-1

$$S = \frac{K_{lc\text{导线}} \times L_{\text{电缆长(m)}}}{\gamma_{\text{电导率}} (Z_{bn\text{二次额定阻抗}} - K_{rc\text{继电器}} \times Z_{rm\text{继电器阻抗}} - R_{c\text{接触电阻}})} \times 10^6 \geq \text{允许值}$$

1. K_{lc} 导线换算系数、K_{rc} 继电器换算系数见 Note6（五、1）

2. γ 电导率：铜取 57×10^6 S/m

3. 二次测额定阻抗 Z_{bn}：继保 Note6（三）配四 P605

$$Z_{bn\text{二次阻抗允许值}} = S_{s\text{负荷额定}} / I_{2N\text{二次侧电流}}^2 \ \Omega$$

4. 接触电阻 R_c：$R_{c\text{接触电阻}} = 0.05 \sim 0.1 \Omega$

5. S 允许值：

测量用，$I_{2N} = 5A$；$S \geq 4 mm^2$；测量用，$I_{2N} = 1A$；$S \geq 2.5 mm^2$

计量用：$S \geq 4 mm^2$　GB/T 50063 电测仪表 P26 8.1.5

三、保护用电流回路的控制电缆截面积 S　配四 P761 式 8.5-2

$$S = \frac{K_{lc\text{导线}} \times L_{\text{电缆长(m)}}}{\gamma_{\text{电导率}} (Z_{b\text{二次实际阻抗}} - K_{rc\text{继电器}} \times Z_{rm\text{继电器阻抗}} - R_{c\text{接触电阻}})} \times 10^6$$

1. K_{lc} 导线换算系数、K_{rc} 继电器换算系数：Note6（一、2）

2. γ 电导率：铜取 57×10^6 S/m　$\gamma_{\text{电导率}} = 1/\rho_{\text{电阻率}}$

3. 二次测实际阻抗 Z_b：继保 Note6（六-方法一至方法三）反推　配四 P605

4. 接触电阻 R_c：$R_{c\text{接触电阻}} = 0.05 \sim 0.1 \Omega$

四、电压回路的控制电缆截面积 S　配四 P761 式 8.5-3

$$S = \sqrt{3} \times K_{con\text{接线系数}} \times \frac{P_{\text{每一相负荷}} \times L_{\text{电缆长(m)}}}{U_{sn\text{二次侧电压}} \times \gamma_{\text{电导率}} \times \Delta U_{\text{下降电压数值}}} \times 10^6 \geq \text{允许值}$$

1. K_{con} 接线系数：三相星形接线为 1，两相星形接线为 $\sqrt{3}$，单相接线为 2

2. $P_{\text{每一相负荷}}$：电压互感器每一相负荷 V·A

3. $U_{sn\text{二次回路线电压}}$：$U_{sn} = 100V$

4. γ 电导率：铜取 57×10^6 S/m　$\gamma_{\text{电导率}} = 1/\rho_{\text{电阻率}}$

5. $\Delta U_{\text{下降电压数值}}$：优先选 $\Delta U \%_{\text{电压降百分比}} \times 100V$，其次选 $\Delta U \%_{\text{电压降百分比}} \times 57V$

上式中 $\Delta U \%_{\text{电压降百分比}}$：测量用 = 0.03；计量用 = 0.002　GB/T 50063 电测仪表 8.2.3

保护用 = 0.03；GB/T 50062 装置保护 15.1.5.2

6. S 允许值：计量用，$S \geq 4\text{mm}^2$；

　　　　　　其他测量用，$S \geq 2.5\text{mm}^2$　GB/T 50063 电测仪表 8.2.5

五、控制信号回路的控制电缆截面积 S 配四 P761 式 8.5-4

$$S = \frac{2 \times I_{Q.max(A)} \times L_{电缆长(m)}}{\Delta U\%_{允许电压降百分比} \times U_{r回路标称电压(V)} \times \gamma_{电导率}} \times 10^6 \geq 允许值$$

1. $I_{Q.max}$：流过合闸或跳闸绕组的最大电流（A）

2. $\Delta U\%_{电压降百分比}$：$\Delta U\% = 0.1$

3. U_r 回路标称电压：$U_r = 220\text{V}$

4. γ 电导率：铜取 57×10^6 S/m　　$\gamma_{电导率} = 1/\rho_{电阻率}$

5. S 允许值：强电铜芯控制回路，$S \geq 1.5\text{mm}^2$；

　　　　　　弱电铜芯控制回路，$S \geq 0.5\text{mm}^2$　GB/T 50062 保护装置 15.1.5

六、控制线路临界长度，二者取小（允许值）配四 P1105

1. 接触器、继电器能不能释放（校验线路电容），配四 P1105 式 12.1-7。

$$L_{单程长度} \leq L_{max最大长度(km)} = \frac{500 \times P_{h保持功率(VA)}}{C_{单位长度电容(\mu F/km)} \times U^2_{n控制回路标称电压(V)}}$$

$C_{单位长度电容}$：接触器 3 芯 = 0.6μF/km；继电器 2 芯 = 0.3μF/km

2. 验电压降，配四 P1105 式 12.1-8

$$L_{单程长度} \leq L_{max最大长度(km)} = \frac{线路压降百分比_{(默认0.1)} \times U^2_{n控制回路标称电压(V)}}{\Delta u_{单位长度电压降(V/A \cdot km)} \times P_{h吸合功率(VA)}}$$

$\Delta u_{单位长度电压降}$：1.5 mm^2 = 29；2.5 mm^2 = 18；4 mm^2 = 11

3. 已知 L 算 U_n，公式反算

第九章 线 路

架空线知识点汇总《电力工程高压送电线路设计手册》(第二版) P1 GB 50061 线路 P1

线路 Note1	线路各半径、几何均距、对地高度《电力工程高压送电线路设计手册》(第二版) P16
线路 Note2	正序（负序）电抗《电力工程高压送电线路设计手册》(第二版) P16
线路 Note3	零序阻抗《电力工程高压送电线路设计手册》(第二版) P17
线路 Note4	导线对称布置：正序、负序、零序电容《电力工程高压送电线路设计手册》(第二版) P20
线路 Note5	无地线：正序、负序电容、电纳《电力工程高压送电线路设计手册》(第二版) P21
线路 Note6	零序电容、电纳《电力工程高压送电线路设计手册》(第二版) P22
线路 Note7	送电线路的波阻抗、自然功率、导线表面的电场强度《电力工程高压送电线路设计手册》(第二版) P24
线路 Note8	架空线张力应力概念《电力工程高压送电线路设计手册》(第二版) P177
线路 Note9	观测最大风速、基本风速、风速换算《电力工程高压送电线路设计手册》(第二版) P167
线路 Note10	风压、梯度风速计算《电力工程高压送电线路设计手册》(第二版) P173
线路 Note11	气象条件组合、风速换算 GB 50061 线路 P7《电力工程高压送电线路设计手册》(第二版) P179
线路 Note12	电线荷载（张力）、比载（应力）、神奇大表格《电力工程高压送电线路设计手册》(第二版) P179
线路 Note13	电线状态方程、代表档距、极大档距《电力工程高压送电线路设计手册》(第二版) P182
线路 Note14	临界档距、有效临界档距、控制气象条件、控制档距《电力工程高压送电线路设计手册》(第二版) P187
线路 Note15	施工弧垂计算 GB 50061 线路 P9
线路 Note16	风振及防振《电力工程高压送电线路设计手册》(第二版) P218

线路 Note17　水平、垂直档距，水平（风）荷载、垂直荷载《电力工程高压送电线路设计手册》（第二版）P174

线路 Note18　转角塔风、角度、横向荷载；不平衡力《电力工程高压送电线路设计手册》（第二版）P327

线路 Note19　金具、绝缘子机械强度、破坏荷载、握力 GB 50061 线路 P11

线路 Note20　绝缘子片数、最小间隙 GB 50061 线路 P13

线路 Note21　风偏角《电力工程高压送电线路设计手册》（第二版）P103

线路 Note22　导线布置线间距离、保护角 GB 50061 线路 P15

线路 Note23　线路防雷保护线路《电力工程高压送电线路设计手册》（第二版）P125

线路 Note24　杆塔定位高度、呼称高《电力工程高压送电线路设计手册》（第二版）P602

线路 Note25　对地距离、交叉跨越 GB 50061 线路 P32

线路 Note1　**线路各半径、几何均距、对地高度**《电力工程高压送电线路设计手册》（第二版）P16

一、单导线、分裂导线的**各半径计算**

各参数含义见表 9-1。

表 9-1　各参数含义

	名称 单位都是 m	依据内容	出处
单导线	r 物理半径（几何参数）		
	r_e 有效半径（磁参数）	$r_e = 0.81r$	线册 P16 表 2-1-1
	几何半径		
分列导线	R_m 等价半径（几何参数）自几何均距、等值半径	$R_m = (nrR_0^{n-1})^{1/n}$	线册 P16 式 (2-1-7)
	R_0 分裂导线半径（几何参数）	$R_0 = S/[2\sin(\pi/n)]$	线册 P16 式 (2-1-9)
	R_e 有效半径（磁参数）	已知 R_0：$R_e = (nr_e R_0^{n-1})^{1/n}$	线册 P16 式 (2-1-8)
		已知 S 分裂间距、n 根数	线册 P16 下方

注：线册即《电力工程高压送电线路设计手册》（第二版），下同。

各参数示意图如图 9-1 所示。

二、d_m 相导线的几何均距（m）

$d_m = \sqrt[3]{d_{ab} \times d_{bc} \times d_{ca}}$　线册 P16 式 2-1-3

三、H_a、H_b、H_c：导线 a、b、c 对地高度（m）

$H_{a,b,c}$ = 档距中点的高度加 1/3 的弧垂 = 挂点高度 -2/3 弧垂　线册 P26

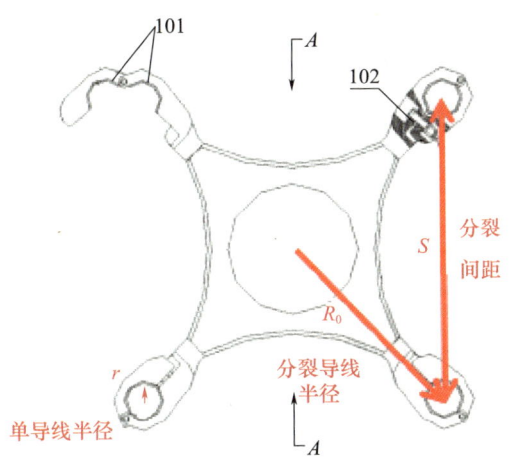

图 9-1 各参数示意图

线路 Note2　**正序（负序）电抗**：《电力工程高压送电线路设计手册》（第二版）P16　详见表 9-2

表 9-2　正序（负序）电抗相关规定

名称	依据内容	出处
正序（负序）阻抗	$Z_1 = R + j \times X_1$，Ω/km；线路正序（负序）阻抗相等； R：相导线电阻；X_1：相导线正序电抗。 注：$R_{相导线电阻} = R_{分裂导线电阻} / 分裂数$	线册 P16 式 2-1-1
单回路 单导线正序电抗 Ω/km	$X_1 = 0.0001\pi\mu_{导磁率} f_{频率} + 0.0029 f_{频率} \times \lg \dfrac{d_{m导线几何均距}}{r_{导线物理半径}}$ 或 $X_1 = 0.0029 f_{频率} \times \lg \dfrac{d_{m导线几何均距}}{r_{e}有效半径}$ r_e 有效半径：钢芯铝绞线：$r_e = 0.81r$（m），其余：表 2-1-1	线册 P16 式 2-1-2
	d_m 相导线的几何均距（m）	$d_m = \sqrt[3]{d_{ab} \times d_{bc} \times d_{ca}}$	线册 P16 式 2-1-3
单回路 分裂导线正序电抗 Ω/km	$X_1 = 0.0001\pi\mu_{导磁率} f_{频率} + 0.0029 f_{频率} \times \lg \dfrac{d_{m导线几何均距}}{R_{n分裂自几何均距}}$ $X_1 = 0.0029 f_{频率} \times \lg \dfrac{d_{m导线几何均距}}{R_{e分裂有效半径}}$	线册 P16 式 2-1-5

注：μ——导线材料的相对**导磁率**，对于有色金属 $\mu = 1$；
　　f——频率，Hz
　　d_m——相导线间的**几何均距**，m，$d_m = \sqrt[3]{d_{ab} \times d_{bc} \times d_{ca}}$ 线册 P16 式 2-1-3
　　d_{ab}、d_{bc} 及 d_{ca}——三相导线间距离，m
　　r——导线的**半径**，m
　　r_e——导线的**有效半径**，m。它与导线的材料和结构尺寸有关。

线路 Note3　**零序阻抗**《电力工程高压送电线路设计手册》(第二版) P17　详见表 9-3

表 9-3　零序阻抗相关规定

单回路无地线	Z_0 零序阻抗	$Z_0 = (R+0.15) + j0.435 \lg \dfrac{D}{R_e d_m^2}$ Ω/km	式 2-1-11
单回路单地线	$Z_{0(1)}$ 零序阻抗	$Z_{0(1)} = Z_0 - Z_{0(ag)}^2 / Z_{0(g)}$	式 2-1-12
	$Z_{0(g)}$ 地线零序阻抗	$Z_{0(g)} = 3R_g + 0.15 + j0.435 \lg \dfrac{D}{r_{e(g)}}$	式 2-1-13
	$Z_{0(ag)}$ 地线与三相导线间的零序互感阻抗	$Z_{0(ag)} = 0.15 + j0.435 \lg \dfrac{D}{d_{ag} d_{bg} d_{cg}}$	式 2-1-14
双回路无地线	Z'_0 每一回路零序阻抗	$Z'_0 = Z_0 + Z_{0(\text{Ⅰ Ⅱ})}$	(2-1-18)
	Z'_0 双回路零序阻抗 导线型号相同时	$Z'_0 = 0.5(Z_0 + Z_{0(\text{Ⅰ Ⅱ})})$	(2-1-19)
	$Z_{0(\text{Ⅰ Ⅱ})}$ 第Ⅱ回路对第Ⅰ回路的零序互感抗	$Z_{0(\text{Ⅰ Ⅱ})} = 0.15 + j0.435 \lg \dfrac{D}{d_{m(\text{Ⅰ Ⅱ})}}$	(2-1-20)
	$d_{m(\text{Ⅰ Ⅱ})}$ 第Ⅰ回路导线与第Ⅱ回路导线几何均距	$d_{m(\text{Ⅰ Ⅱ})} = \sqrt[9]{d_{aa'} d_{ab'} d_{ac'} d_{ba'} d_{bb'} d_{bc'} d_{ca'} d_{cb'} d_{cc'}}$	(2-1-21)
	Z_0 单回路零序阻抗	$Z_0 = (R+0.15) + j0.435 \lg \dfrac{D}{R_e d_m^2}$	(2-1-11)
双回路单地线	$Z'_{0(1)}$ 零序阻抗	$Z'_{0(1)} = Z'_0 - Z_{0(ag)}^2 / Z_{0(g)}$	(2-1-22)
	$Z'_{0(ag)}$ 导线与地线零序互感阻抗	$Z'_{0(ag)} = 0.15 + j0.435 \lg \dfrac{D}{\sqrt[6]{d_{ag} d_{bg} d_{cg} d_{a'g} d_{b'g} d_{c'g}}}$	(2-1-23)
	$Z_{0(g)}$ 地线零序阻抗	$Z_{0(g)} = 3R_g + 0.15 + j0.435 \lg \dfrac{D}{r_{e(g)}}$	(2-1-13)

注：R——每相导线的电阻，Ω/km；　　　　　　　D——地中电流的等价深度，m；
　　ρ——大地电阻率，Ω·m；　　　　　　　　　f——频率，Hz；
　　R_d——大地电阻，当 $f=50$Hz 时 $R_d \approx \pi^2 f \times 10^{-4} \approx 0.05$，Ω/km；
　　d_m——三相导线间的几何均距，m；　　　　　$d_m = \sqrt[3]{d_{ab} \times d_{bc} \times d_{ca}}$　线册 P16 式 2-1-3
　　R_e——分裂导线有效半径，m；　　　　　　　r_e——有效半径，m；
　　R_g——地线的电阻，Ω/km　　　　　　　　　$r_{e(g)}$——地线的有效半径，m
　　d_{ag}、d_{bg}、d_{cg}——三相导线至地线的距离，m。

线路 Note4　导线对称布置：**正序、负序、零序电容**《电力工程高压送电线路设计手册》（第二版）P20　详见表 9-4

表 9-4　正序、负序、零序电容相关规定

电位系数 α	$\alpha_{aa}=41.45\times 10^{6}\lg\dfrac{2H_a}{r}$，1/F/km	(2-1-26)
	$\alpha_{ab}=41.45\times 10^{6}\lg\dfrac{D_{ab}}{d_{ab}}$，1/F/km	(2-1-27)
H_a、H_b 导线 a 和 b 对地高度	$H_{a,b}$＝档距中点的高度加 1/3 的弧垂＝挂点高度－2/3 弧垂	线册 P26
导线对称布置：正序电容 C_1	$C_1=\dfrac{1}{\alpha_{aa}-\alpha_{ab}}=3C_{ab}+C_0$，F/km（导线对称布置）	(2-1-28)
导线对称布置：零序电容 C_0	$C_0=\dfrac{1}{\alpha_{aa}+2\alpha_{ab}}$，F/km	(2-1-29)
导线对称布置：线间电容 C_{ab}	$C_{ab}=\dfrac{\alpha_{ab}}{\alpha_{aa}-\alpha_{ab}}\cdot\dfrac{1}{\alpha_{aa}+2\alpha_{ab}}=\dfrac{1}{3}(C_1-C_0)$	(2-1-30)
三相导线的对地几何平均高 H_m	$H_m=\sqrt[3]{H_1H_2H_3}$	

正序电容、零序电容和线间电容的关系	三者大概关系	C_1	$3C_{ab}$	C_0	
	有地线的单回路	100%	44%	56%	线册 P20
	有地线的双回路	1%	60%	40%	

各参数示意图如图 9-2 所示。

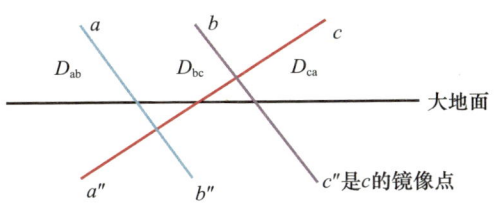

图 9-2　各参数示意图

H_a、H_b——导线 a 和 b 的对地高度，P26

　　　$H_{a,b}$＝档距中点的高度加 1/3 的弧垂＝挂点高度－2/3 弧垂

r——导线半径（分裂导线使用 **R_m**）

d_{ab}——导线 a 与导线 b 的距离，m，余类推。

D_{ab}——导线 a 与导线 b 的镜像间距离，m，余类推。

H_1、H_2、H_3——三相导线的对地高，m。

线路 Note5　无地线：**正序、负序电容、电纳**《电力工程高压送电线路设计手册》（第二版）P21　详见表 9-5

表 9-5　正序、负序电容、电纳相关规定

无地线		依据 线册 P21	出处
单回路	电容	$C_1 = \dfrac{0.02413 \times 10^{-6}}{\lg \dfrac{d_m}{R_m}}$ F/km	(2-1-31)
单回路	电纳	$b_{c1} = \omega C_1 = \dfrac{7.58 \times 10^{-6}}{\lg \dfrac{d_m}{R_m}}$ S/km	(2-1-32)
双回路	电容	$C_1 = 0.02413 \times 10^{-6} \div \lg \left(\dfrac{2H_m}{R_m} \times \dfrac{d}{D} \times \dfrac{D'}{d'} \times \dfrac{d''}{D''} \right)$ F/km	(2-1-33)
双回路	电纳	$b_{c1} = \omega C_1$, S/km	线册 P21

三相导线的对地几何平均高 H_m：$H_m = \sqrt[3]{H_1 H_2 H_3}$

H_1、H_2、H_3——三相导线的对地高，m；

d_m——相导线的几何均距（m），$d_m = \sqrt[3]{d_{ab} \times d_{bc} \times d_{ca}}$　线册 P16 式 2-1-3

R_m——等价半径（几何参数），自几何均距、等值半径

$R_m = (nrR_0^{n-1})^{1/n}$　（**单导线**使用 r）

线路 Note6　**零序电容、电纳**《电力工程高压送电线路设计手册》（第二版）P22　详见表 9-6

表 9-6　零序电容、电纳相关规定

名称		依据内容	出处
单回路	无地线	$C_{0电容} = 0.008043 \times 10^{-6} \div \lg \dfrac{D_f}{\sqrt[3]{R_m d_m^2}}$; F/km $D_f = \sqrt[9]{2H_a 2H_b 2H_c D_{ab}^2 D_{bc}^2 D_{ca}^2}$	P22 (2-1-34)
单回路	无地线	$b_{0电纳} = \omega C_0 = 2.53 \times 10^{-5} \div \lg \dfrac{D_f}{\sqrt[3]{R_m d_m^2}}$; S/km	(2-1-35)
单回路	单地线	$C_0 = 0.008043 \times 10^{-6} / \left[\lg \dfrac{D_f}{\sqrt[3]{R_m d_m^2}} - \dfrac{\left(\lg \dfrac{D_{mag}}{d_{mag}}\right)^2}{\lg \dfrac{2H_g}{r_g}} \right]$; F/km	(2-1-36)
单回路	双地线	$C_0 = 0.008043 \times 10^{-6} / \left[\lg \dfrac{D_f}{\sqrt[3]{R_m d_m^2}} - \dfrac{2\left(\lg \dfrac{D_{magh}}{d_{magh}}\right)^2}{\lg \dfrac{2H_{gh}}{r_g} + \lg \dfrac{D_{gh}}{d_{gh}}} \right]$; F/km	(2-1-37)

续表

名称		依据内容	出处
对称双回路	无地线	$C_0 = 0.008043 \times 10^{-6} / \left[\lg \dfrac{D_l}{R_m d_m^2} + \lg \dfrac{D_{M(I,II)}}{d_{M(I,II)}} \right]$ ；F/km	(2-1-38)

D_l——导线 a、b、c 到其镜像间的几何均距，m；

H_a、H_b、H_c——导线 a、b、c 对地高度（m），P26

$\qquad H_{a,b,c}$=档距中点的高度加 1/3 的弧垂=挂点高度-2/3 弧垂

D_{ab}——导线 a 对导线 b 镜像的距离（m），余类推；

d_m——相导线的几何均距（m） $d_m = \sqrt[3]{d_{ab} \times d_{bc} \times d_{ca}}$ P16 式 2-1-3

R_m——等价半径（几何参数）自几何均距、等值半径

$\qquad\qquad\qquad R_m = (nrR_0^{n-1})^{1/n}$ （单导线使用 r）

线路 Note7 送电线路的波阻抗、自然功率、导线表面的电场强度《电力工程高压送电线路设计手册》（第二版）P24

一、线路的波阻抗 P24

$$Z_{n波阻抗} = \sqrt{\dfrac{X_{1正序电抗}}{b_{1正序电纳}}} = \sqrt{\dfrac{L_{1正序电感}}{C_{1正序电容}}} \; \Omega \qquad (2-1-41)$$

二、线路的自然功率 P24

$$P_{n自然功率} = \dfrac{U_{线电压}^2}{Z_{n波阻抗}} \; \text{MW} \qquad (2-1-42)$$

各参数单位见表 9-7。

表 9-7 各参数单位

X_1	b_1	L_1	C_1	U	Z_n（数百欧）	P_n
Ω/km	S/km	H/km	F/km	kV	Ω	MW

$\mu F = 10^{-6} F$；$nF = 10^{-9} F$；$pF = 10^{-12} F$

三、导线表面的电场强度 线册 P24 详见表 9-8

表 9-8 导线表面的电场强度相关规定

单导线	有效值	$E = 0.001039 \dfrac{C_1 U_L}{r}$，MV/m	(2-1-43)
	最大值	$E_m = 0.00147 \dfrac{C_1 U_L}{r} \approx \sqrt{2} \times E$，MV/m	(2-1-44)

续表

分裂导线	单根导线平均电场强度有效值	$\overline{E}=0.001039\dfrac{C_1U_L}{n_{分裂导线根数}\times r}$ MV/m	(2-1-45)
	单根导线平均电场强度最大值	$E_m=0.00147\dfrac{C_1U_L}{n_{分裂导线根数}\times r}=2\times\overline{E}$ MV/m	(2-1-45)

四、导线临界电场强度最大值 线册 P30 式 2-2-1 式 2-2-2

C_1：相导线工作（或称正序）电容，pF/m

$$1F=10^6\mu F=10^9 nF=10^{12}pF$$
$$1F/km=10^9 pF/m$$

U_L：线电压 kV

r：单导线半径，cm

线路 Note8 架空线张力应力概念《电力工程高压送电线路设计手册》（第二版）P177

一、架空线的机械特性（表 9-9）

表 9-9 架空线的机械特性

项目	$T_{张力}$	$\sigma_{应力}=\dfrac{T_{张力}}{S_{总计算截面}}$	$\sigma_{应力}$
理论值	T_{js}、T_N 计算拉断力、额定拉断力、额定计算拉断力、最大拉断力，线册 P770 表 11.2-1		
转换公式	T_1瞬时破坏张力 $=0.95\times T_{js}$计算拉断力 线册 P177		
设计值	T_p 设计拉断力、拉断力、保证拉断力、试验保证拉断力、保证计算拉断力、瞬时破坏张力、破坏强度		σ_{ts}瞬时破坏强度、破坏强度、抗拉强度、破坏应力
转换公式	T_{max}最大使用张力 $=T_1$瞬时破坏张力$/F$安全系数： F安全系数 ≥ 2.5 GB 50061 线路 5.2.3		σ_0最大使用应力 $=\sigma_{ts}$瞬时破坏强度$/F$安全系数 F安全系数 ≥ 2.5 50061 线路 5.2.3
最低点最大（控制气象条件时）	T_{max}最大使用张力、最大设计张力		σ_0 许用应力、最大使用应力

二、T_{av} 平均运行张力

T_{av} 平均运行张力 $\leqslant$ 安全百分比 $\times T_1$ 瞬时破坏张力

安全百分比查表 5.2.4 GB 50061 线路 P9 5.2.4

三、T_{max} 最大使用张力、σ_0 许用应力 = 规范要求值

张力最大工况：低温大风覆冰其一，σ_0 许用应力 $= 0.4 \times \sigma_1$ 瞬时破坏强度 GB 50061 线路 5.2.3

年平均气温工况：σ_0 许用应力 $=$ 平均运行张力百分数 $\times \sigma_1$ 瞬时破坏强度 GB 50061 线路 5.2.4

断线工况：σ_0 许用应力 $=$ 断线张力百分数 $\times \sigma_1$ 瞬时破坏强度 GB 50061 线路 8.1.12、8.1.13

绝缘子、金具：$F_{设计荷载} < F_{u 金具破坏荷载} / K_{机械强度安全系数 5.3.2}$ GB 50061 线路 P11 (5.3.1)

极大档距时：$\sigma_{悬挂点最大应力} = 1.1 \times \sigma_0$ 许用应力 $= 0.44 \times \sigma_1$ 瞬时破坏强度 线册 P184

四、转换公式：

$$\sigma_{应力} = \frac{T_{张力}}{S_{总计算截面}}, \quad \gamma_{比载(N/m \cdot mm^2)} = \frac{g_{单位荷载(N/m)}}{\sigma_{应力(N/mm^2)}}, \quad T_{张力(N)}$$

线路 Note9 观测最大风速、基本风速、风速换算《电力工程高压送电线路设计手册》（第二版）P167

一、观测最大风速 v_j

1. 采集原始数据：气象台站通过安装在不同高度处的风速仪、通过观测时距、不同观测次数下收集到的 最大风速样本

2. 风速仪的 各高度风速 转化为统计 观测高度风速 V_i

$$v_{i 观测高度} = v_{x 安装高度} \times \left(\frac{h_{i 观测高度}}{h_{x 安装高度}} \right)^\alpha \quad 线册\ P168\ 式\ 3\text{-}1\text{-}1$$

3. 风速次时换算：得到统一观测高度连续自记 10min 平均最大风速 P168～169

4. 按 极值 I 型分布函数求观测最大风速 v_T：

$$v_T = -\frac{\sqrt{6}}{\pi} \times \left[0.57722 + \ln\left(-\ln\left(1 - \frac{1}{T_{重现期}=30}\right)\right) \right] \times SX_{标准差} + v_{平均值} \quad P170\ 式\ 3\text{-}1\text{-}5$$

按计算器、菜单、统计、单变量、OPTN、下↓、2变量、$\bar{v}_{平均值}$、$SX_{标准差}$

二、基本风速 V_0 = 基准的 最大设计风速：空旷 地区距地 10m 高、重现期为 30 年 的连续自记 10min 平均的最大风速 线册 P170、GB 50061 线路 4.0.11

1. 按 基本风压分布图求 $P_{0 基本风压}$ ； 2. P_0 代入公式得 v_0：

$$P_{0 基本风压} = \frac{1}{2}\rho v_0^2 = \frac{v_0^2}{1600} \quad (kN/m^2) = 0.625 v_0^2 \quad (N/m^2, \rho_a) \quad 线册\ P170\ 式\ 3\text{-}1\text{-}8$$

三、当 导线处最大设计风速 $\neq$ 导线处最大风速统计值、风速高度换算 过程：

1. 求 $h_{已知高度}$ 和 $v_{已知风速}$：

1) 已知 基本风速 v_0：$h_{已知高度} = 10m$，$v_{已知风速} = v_0$ 基本风速 线册 P170

2) 已知110kV 典型气象区等级：

　　$h_{已知高度}=15\mathrm{m}$；查表得 $v_{已知风速}=v_{基准高度风速}$，线册 P167 表 3.1-3

3) 已知≤66kV 地区最大设计风速：

　　$h_{已知高度}=10\mathrm{m}$；$v_{已知风速}=v_{最大设计风速}$ GB 50061 线路 4.0.11

2. 求 $h_{导线高度}$：

1) 优先用题干给 $h_{导线高度}$

2) 未给 $h_{导线高度}$：≤66kV：$h_{导线高度}=10\mathrm{m}$；110kV：$h_{导线高度}=15\mathrm{m}$

3. 求 v_s 导线风速、K_h 风速高度变化系数：

$v_s=v_{已知}\times(h_{导线}/h_{S已知})^{a粗糙度系数}$　线册 P168 式 3-1-1

$K_{h风速高度变化系数}=(h_{导线}/h_{S已知})^{a粗糙度系数}$　线册 P168 式 3-1-11

$\alpha_{地面粗糙度系数}$：1) 海面、海岛、海岸、湖岸及沙漠，$\alpha_A=0.12$。

2) 空旷田野、乡村、丛林、丘陵、房屋比较稀疏的中、小城镇和大城市郊区：$\alpha_A=0.16$。

3) 多层高层建筑且房屋密度较大的大城市市区：$\alpha_C=0.2$。

线路 Note10　风压、梯度风速计算《电力工程高压送电线路设计手册》（第二版）P173

一、各类风压计算

各类风压计算公式见表 9-10。

表 9-10　各类风压计算公式

理论风压	理论风压是以恒定风速 v 垂直吹到平面上，在单位面积上所受到的压力，通常称为"理论风压"。其表示式为 $P_0=\frac{1}{2}\rho v^2$（N/m², Pa）线册 P173 式 3-1-12	P_0—平面上的理论风压，P_a（或 N/m²）； v—风速，m/s； ρ—空气密度，kg/m³
基本风压	利用《基本风压分布图》计算基本风速： $P_{0基本风压}=\frac{1}{2}\rho v_0^2=\frac{v_0^2}{1.6}$（N/m²） $=0.625 v_0^2$（N/m², P_a）线册 P170 式 3-1-8	$P_{0基本风压}$：P_a（或 N/m²） v_0：基本风速，空旷、10m、30 年的最大风速 m/s； ρ：大风时的空气密度，kg/m³
导线平均高度处的风压	$P_s=\frac{\rho}{2}v_s^2=\frac{\rho}{2}v_0^2\left(\frac{h_{s导线高度}}{h_{s基本}}\right)^2=\frac{\rho}{2}v_0^2K_h^2=\mu_z\frac{\rho}{2}v_0^2=\mu_z P_{0基本风压}$ μ_z 风压高度变化系数：P173 $\mu_z=K_{h高度变化系数}^2=(h_{导线}/h_{S基本})^{2\times a粗糙度}$ α 地面粗糙度系数：线册 P168 1. 海面、海岛、海岸、湖岸及沙漠：$\alpha_A=0.12$； 2. 空旷田野、乡村、丛林、丘陵、房屋比较稀疏的中、小城镇和大城市郊区：$\alpha_B=0.16$； 3. 多层高层建筑且房屋密度较大的大城市市区：$\alpha_C=0.2$	

二、梯度风高度、梯度风速

梯度风高度离地面达到一定高度时，风速不再受地面粗糙度的影响（四类地区的梯度风速相等）。这一高度称为梯度风高度，相应风速称为梯度风速。

$H_{梯度风高度}$：

1. 海面、海岛、海岸、湖岸及沙漠：$H_{梯度风高度}=300m$；
2. 空旷田野、乡村、丛林、丘陵、房屋比较稀疏的中、小城镇和大城市郊区：
   $H_{梯度风高度}=350m$。梯度风速：$v_{梯度}=v_{已知}×(h_{梯度}/h_{S已知})^{a地面粗糙度系数}$

线路 Note11　**气象条件组合、风速换算**　GB 50061 线路 P7《电力工程高压送电线路设计手册》（第二版）P179　详见表 9-11

表 9-11　风速换算规定

气象条件		导线处设计风速/（m/s）	冰厚/mm	气温/℃
最大风工况 导线最大设计风速 v 4.0.8　4.0.11	≤66kV： GB 50061 4.0.11	需换算至导线高度 默认10m高	应无冰	最低气温≤−10℃地区： $T=-5℃$； 最低气温≥−5℃地区： $T=+10℃$
	110kV：线册 P167 表3-1-4	需换算至导线高度 默认15m高		
覆冰工况	GB 50061 4.0.3	≤66kV　　10m/s 不换算	5 的倍数	−5℃
	线册 P176	110kV　　10m/s 不换算		
最低气温工况　4.0.1		无风	无冰	实际最低气温的多年统计值
最高气温工况　4.0.1		无风	无冰	40℃
年平均气温 GB 50061　4.0.1、 4.0.2		无风	无冰	$t_{地区年平均气温}=3\sim17℃$时： $T=[(t+2.5)/5$ 向下取整$]×5$ $t_{地区年平均气温}<3℃$ 或 $>17℃$时： $T=[(t-1.5)/5$ 向下取整$]×5$
安装工况 GB 50061　4.0.4		10m/s 不换算	无冰	最低气温−40℃：$T=-15℃$ 最低气温−20℃：$T=-10℃$ 最低气温−10℃：$T=-5℃$ 最低气温−5℃：$T=0℃$
校验导线与地线 之间距离 GB 50061　5.2.2		无风	无冰	+15℃

续表

气象条件		导线处设计风速/(m/s)	冰厚/mm	气温/℃
雷电过电压 GB 50061 4.0.5		$v_{基本}\geq 35m/s$ 15m/s 不换算	无冰	+15℃
		$v_{基本}<35m/s$ 10m/s 不换算		
内部（操作）过电压 GB 50061 4.0.7		$v_{设计}=0.5\times v_{导线最大设计风速}$（需换算至导线高度）且 $v_{设计}\geq 15$	无冰	同年平均气温行
带电作业 GB 50061 4.0.9		10m/不换算	无冰	+15℃
长期荷载 GB 50061 4.0.10		5m/s 不换算	无冰	同年平均气温行
邻档断线 线册 P615 仅110kV		无风	无冰	+15℃
绝缘子金具	断线断联 GB 50061 8.1.10、11 线册 P72	无风	无冰	最低气温月的最低平均气温
基本风速 GB 50061 4.0.11	定义	1. 按当地空旷平坦地面上 10m 高度处 10min 时距，平均年最大风速观测数据，经概率统计得出（30）年一遇最大值后确定的风速。 2. 无可靠资料时，$v_{基本风速}\geq 23.5m/s$		
	山区架空线	无资料时，$v_{基本风速}=1.1\times v_{附近平地风速}$ 且 $v_{基本风速}=\geq 25m/s$		
	经过森林或市区	当屏蔽物高度大于杆塔高度的 2/3：$v_{基本风速}=0.8\times v_{附近平地风速}$		
最大设计风速（v） =基本风速（v_{10m}）到导线平均高度处的风速 =工频电压下风偏最大值对应的风速		导线平均高度	66kV 及以下线路	题干给
				默认 10m 高
			110kV 线路	题干给
				默认 15m 高

仅计算 $v_{最大设计风速}$、计算 $v_{操作过电压}=0.5\times v_{最大设计风速}$ 时，需要用其他高度的风速换算到导线平均高度

三、风速高度换算过程：

1. 求 $h_{已知高度}$ 和 $v_{已知风速}$：

   1) 已知基本风速 v_0：$h_{已知高度}=10m$；$v_{已知风速}=v_{基本风速}$ 线册 P170

   2) 已知 110kV 典型气象区等级：
      $h_{已知高度}=15m$；查表得 $v_{已知风速}=v_{基准高度最大风}$· 线册 P167 表 3.1-3

   3) 已知 ≤66kV 地区最大设计风速：
      $h_{已知高度}=10m$；$v_{已知风速}=v_{基准高度最大风}$ GB 50061 线路 4.0.11

2. 求h_i导线高度：
1) 优先用题干给h_i导线高度
2) 未给$h_{i导线高度}$：≤66kV：$h_{i导线高度}$＝10m；110kV：$h_{i导线高度}$＝15m
3. 求v_i导线风速、K_h风速高度变化系数：

$v_i = v_{i已知} \times (h_{i导线}/h_{s已知})^{a地面粗糙度系数}$　　线册 P168 式 3-1-1

$K_{h风速高度变化系数} = (h_{i导线}/h_{s已知})^{a地面粗糙度系数}$　　线册 P168 式 3-1-11

$a_{地面粗糙度系数}$：1) 海面、海岛、海岸、湖岸及沙漠，a_A＝0.12；
2) 空旷田野、乡村、丛林、丘陵、房屋比较稀疏的中、小城镇和大城市郊区，a_B＝0.16。
3) 多层高层建筑且房屋密度较大的大城市市区，a_C＝0.2。

线路 Note12　**电线荷载（张力）、比载（应力）、神奇大表格**《电力工程高压送电线路设计手册》（第二版）P179

一、计算**单位荷载 g、比载 γ** 流程：线册 P179 表 3-2-3
1. 根据对应工况，查气象天气组合表，查气象条件：风速、冰厚、气温
　　　　　　　　　　　　　GB 50061 线路 P167
2. 根据气象条件，选择表格行：荷载比载类别 线册 表 3-2-3
例如：最高温、最低温、年平均气温：综合比载＝γ_1。
　　大风工况：综合比载＝γ_6。覆冰工况：综合比载＝γ_7。
3. 仅**最大风、内部过电压工况时，风速换算**到**导线平均高度处**线册 P168 式 3-1-1

$v_{导线平均高度风速} = v_{i已知} \times (h_{i导线}/h_{s已知})^{a地面粗糙度系数}$　　详线册 P179 Note11 **风速换算**

4. 电线风压**不均匀系数 α**：
1) ≤66kV：GB 50061 线路 表 8.1.6 详见表 9-12

表 9-12　电线风压不均匀系数 α（1）

设计风速/(m/s)	<20	20～29	30～34	≥35
α	1.0	0.85	0.75	0.7

2) 110kV：线册 表 3-1-14 详见表 9-13

表 9-13　电线风压不均匀系数 α（2）

基准高度风速/(m/s)（非实际风速）	≤10	15	20≤v<30	30≤v<35	≥35
计算杆塔所受张力和风荷载时	1.0	1.0	0.85	0.75	0.7
校验电气间隙计算张力和风荷载时	1.0	0.75	0.61	0.61	0.61

5. 电线受风体型系数 μ_{sc}　线册 P175　表 3-1-15　详见表 9-14

表 9-14　电线受风体型系数 μ_{sc}

表面状况	无冰时		覆冰时
电线外径 d/mm	$d<17$	$d\geq 17$	不论 d 大小
μ_{sc}	1.2	1.1	1.2

二、比载荷载应力张力转换公式

$$\frac{\gamma_{比载}(N/m\cdot mm^2)}{\sigma_{应力}(N/mm^2)}=\frac{g_{单位荷载}(N/m)}{T_{张力}(N)}=\frac{g_{单位荷载}(N/m)}{\sigma_{应力}(N/mm^2)\times A_{计算截面}(mm^2)}$$

三、曲线方程，弧垂 f_x，最大弧垂 f_m，最大弧垂工况判别法，档内线长 L，悬挂点切线应力 σ_A、σ_B，悬挂点应力垂直分量 σ_{AV}、σ_{BV}，悬挂点最大张力 T_B，最低点到悬挂点水平距离（半侧的垂直档距）l_{OA}、l_{OB}，垂直档距，悬挂点到最低点垂直距离 y_{OA}、y_{OB}，电线悬挂点悬垂角（倾斜角）θ_A、θ_B：线册　表 3-3-1

注意事项：1) A 为低塔，B 为高塔。

2) γ 比载皆为综合比载：

最高温、最低温、年平均气温：综合比载$=\gamma_4$。

大风工况：综合比载$=\gamma_6$。覆冰工况：综合比载$=\gamma_7$；

线路 Note13　**电线状态方程 、代表档距、极大档距**《电力工程高压送电线路设计手册》（第二版）P182

一、悬挂点等高状态方程公式　线册 P182 式 3-3-1

$$\sigma_{m已知}-\frac{\gamma_{m已知}^2 l_{代表档距}^2 E_{弹性系数}}{24\sigma_{m已知}^2}=\sigma_{未知}-\frac{\gamma_{未知}^2 l_{代表档距}^2 E_{弹性系数}}{24\sigma_{未知}^2}-\alpha_{膨胀系数}E_{弹性系数}(t_{m已知}-t_{未知})$$

不同工况下参数的相关规定见表 9-15。

表 9-15　不同工况下参数的相关规定

工况	张力	比载	温度	代表档距	弹性系数	膨胀系数
工况一	$\sigma_{m已知}$	$\gamma_{m已知}$	$t_{m已知}$	l_r	E	α
工况二	$\sigma_{未知}$	$\gamma_{未知}$	$t_{未知}$			

注：1. E 弹性系数、弹性模量：线册 P177 式 3-2-2，实际值：P773 表 11-2-5
　　2. α 膨胀系数：线册 P177 式 3-2-3，实际值：P773 表 11-2-5
　　3. 计算耐张段时，l 档距为 l_r 代表档距，σ 应力为代表应力

二、悬挂点不等高状态方程公式线册 P182 式 3-3-3
三、用状态方程计算某气象条件下应力及相关指标流程：

1. 预先确定四大气象条件及待求的气象条件 GB 50061 线路 Note4 气象条件组合

2. 计算电线在各种气象条件下的 γ 综合比载 P179 Note 电线荷载、比载
3. 确定电线使用安全系数和最低点最大使用应力及特殊气象条件下的控制条件下最低点允许应力（如平均运行应力值，地线受导线与地线间距控制的应力等）
4. 计算临界档距、有效临界档距、代表档距、控制气候条件 线册 P187 Note
5. 利用控制气候条件代入状态方程计算待求气象条件下的 σ 最低点允许应力。
6. 利用 σ 最低点允许应力计算待求气象条件下的相关指标 线册 P181 表 3-3-1

四、档距 l_r

1. 不考虑悬挂点高差：线册 P182 式 3-3-4
2. 考虑悬挂点高差：线册 P182 式 3-3-5

五、极大档距 l_m

当 $σ_{最低点应力}=0.4×σ_{破坏应力}$ 时，$σ_{悬挂点应力}⩽0.44×σ_{破坏应力}$；

当 $σ_{悬挂点应力}=0.44×σ_{破坏应力}$ 时，$l_{档距}$ 为 $l_{m极大档距}$

无高差时 $l_{0m极大档距}$：$l_{cm}=0.8871365\sqrt{\dfrac{σ_m}{(γ_6、γ_7)_{max}}}$ 式 3-3-13

线路 Note14 临界档距、有效临界档距、控制气象条件、控制档距《电力工程高压送电线路设计手册》（第二版）P187

一、临界档距 l_{cr}：最大风、覆冰、最低温、年平均气温中任意两者工况的档距临界值

1. 当计算包含年平均气温：

$$l_{cr}=\sqrt{\dfrac{24E_{弹性系数}(σ_m-σ_n)+24α_{膨胀系数}(t_m-t_n)}{\left(\dfrac{γ_m}{σ_m}\right)^2-\left(\dfrac{γ_n}{σ_n}\right)^2}}$$ 线册 P187 式 3-3-19

注：年平均气温 $σ_{允许使用应力}$：50061 线路 P9 表 5.2.4

2. 当计算不包含年平均气温（仅最大风、覆冰、最低温）

$$l_{cr}=σ_m\sqrt{\dfrac{24α_{膨胀系数}(t_m-t_n)}{γ_m^2-γ_n^2}}$$ 线册 P187 式 3-3-20

二、有效临界档距、控制气象条件 线册 P187

l_{cr} 取值见表 9-16。

表 9-16 l_{cr} 取值

A	B	C	D
▲$l_{cr(AB)}=325$ $l_{cr(AC)}=328$ $l_{cr(AD)}=368$	▲$l_{cr(BC)}=361$ $l_{cr(BD)}=507$	▲$l_{cr(CD)}=581$	

l_{cr} 示意图如图 9-3 所示。

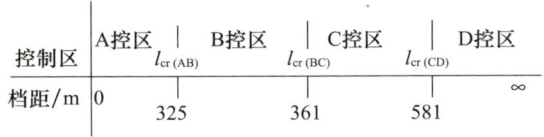

图 9-3　l_{cr} 示意图

1. 根据气候条件表计算最大风、覆冰、最低温、平均温下四个 $\gamma_{综合比载}/\sigma_{许用应力}$ 线册 P179 表 3-2-3
2. 根据 $\gamma_{综合比载}/\sigma_{许用应力}$ 从小到大排列，气候条件填入组合表　表 3-3-3　第一行
3. （本 Note 一）两两组合计算 6 个 l_{cr} 临界档距，填入组合表　第二行
4. 判断每列，如本列有任一值为 0 或虚数，本列舍去
5. 从剩下列开始判别：
   1) 该气候条件有效临界档距＝本列最小正实数，记录本有效临界档距
   2) 获得有效临界档距下标第二个字母，如跳过某列，某列舍去
   3) 判别第二个字母所在列，继续步骤 5。如当前列已舍，则结束所有步骤五
6. 将步骤 5 记录的所有有效临界档距，填入档距区间示意图
7) 计算代表档距 P182 式 3-3-4，代入档距区间示意图，得到控制气象条件

三、单独代表档距求控制气候条件（判别式法）

1. 根据各气候条件 $\gamma_{综合比载}$、$\sigma_{许用应力}$、$t_{温度}$ 求判别式 F_{nx} P187 式 3-3-21
2. F_{nx} 值最大的为控制气象条件

四、最大地线应力 σ_g P186 式 3-3-17

五、地线应力 控制档距 l_c：P186 式 3-3-18
当前最大地线应力和档距时，地线与导线间距刚好满足要求的档距

线路 Note15　施工弧垂计算　GB 50061 线路 P9

一、≥35kV：降温法施工弧垂计算流程

1. 计算得耐张段代表档距 l_r 线册 P182 式 3-3-4
2. 查气象条件表得 $t_{安装工况温度}$　GB 50061 线路 P6 4.0.4
3. 查得安装时的 $\Delta T_{初伸长降温补偿值}$　GB 50061 线路 P9 5.2.5
4. 根据 ($t_{安装工况温度}-\Delta T_{初伸长降温补偿值}$)、$l_r$ 代表档距，
   查百米应力弧垂表得 f_{100}：档距为 100m 时的观测弧垂
5. 求得施工弧垂：线册 P182 式 3-5-5

$$f_{\text{实际施工弧垂}} = \frac{\gamma_{\text{电线自重比载}} \times l_{\text{实际档距}}^2}{\sigma_{\text{代表档距的架线应力}}} = f_{100\text{档距为100m时的观测弧垂}} \times \left(\frac{l_{\text{实际档距}}}{100}\right)^2$$

注：$f_{100\text{档距为100m时的观测弧垂}} = \frac{\gamma_{\text{电线自重比载}} \times 100^2}{\sigma_{\text{代表档距的架线应力}}}$

二、10kV：减少弧垂法 施工弧垂 GB 50061 线路 P9 5.2.6

1. 铝绞线、绝缘铝绞线：$f_{\text{实际施工弧垂}} = 0.8 \times f_{\text{计算弧垂}}$
2. 钢芯铝绞线：$f_{\text{实际施工弧垂}} = 0.88 \times f_{\text{计算弧垂}}$

三、初伸长率：规范参考值：GB 50061 线路 P9 表 5.2.5

$$\varepsilon_{\text{初伸长率}} = \frac{\text{几年后增加长度}}{\text{导线原始长度}}$$

线路 Note16　风振及防振《电力工程高压送电线路设计手册》（第二版）P218

一、f_W 风的冲击频率

$$f_{W\text{风的冲击频率}} = K \times \frac{V_{\text{垂直于电线的风速}}}{d_{\text{电线的直径(mm)}}}$$　线册 P219（3-6-1）

注：K 为系数，与雷诺数有关，$K = 185 \sim 210$，一般用 200

二、f_c 电线的振动频率

$$f_c = \frac{n_{\text{档内振动半波数}}}{2L_{\text{档内电线长度(m)}}} \sqrt{\frac{T_{\text{单根电线张力}}}{m_{\text{电线单位质量(kg)}}}} = \frac{1}{\lambda_{\text{波长(m)}}} \sqrt{\frac{T}{m}}$$　线册 P219（3-6-2）

三、λ 振动波长、$\lambda/2$ 振动半波长

$f_W = f_c$　线册 P219（3-6-3）

$$\lambda/2 \text{振动半波长} = \frac{\lambda_{\text{振动波长}}}{2} = \frac{d_{\text{电线的直径}}}{400 v_{\text{垂直于电线的风速}}} \sqrt{\frac{T_{\text{单根电线张力}}}{m_{\text{电线单位质量}}}}$$

四、α_M 最大振动角

$$\alpha_M = 60 \tan^{-1}\left(\frac{2\pi A_{\text{最大振幅}}}{\lambda_{\text{振动波长}}}\right)$$　线册 P220（3-6-5）

五、α 近似计算振动角

$\alpha = 60 \tan^{-1}\left(A_{\text{89mm处弯曲幅值(高峰-低峰) mm}}/178\right)$　P223（3-6-10）

六、ε_c 动弯应变

$\varepsilon_c = 354 \times d_{\text{电线外层线股直径mm}} \times A_{\text{89距线夹出口89mm处动弯曲幅值(高峰-低峰)}}$

注：如计算出 $\varepsilon_c = 300 \ \mu_\varepsilon$，应表示为 $\varepsilon_c = \pm 150 \ \mu_\varepsilon$；$\mu_\varepsilon = 10^{-6}$ m/m　P223（3-6-11）

七、v 振动风速

1. 振动风速下限 = 0.5m/s。
2. 振动风速上限查 表 3-6-3 P222

八、W 防振锤质量：$W = 0.3036 d_{电线直径mm} - 1.361$　线册　P226（3-6-13）

九、b_1 第一个防振锤距线夹出口的距离：

算法1　已知最大最小风速v_{max}、v_{min}、最大最小张力T_{max}、T_{min}：

$$b_1 = \frac{\frac{\lambda_{min}}{2} \times \frac{\lambda_{max}}{2}}{\frac{\lambda_{min}}{2} + \frac{\lambda_{max}}{2}} = \frac{1}{1+\mu} \cdot \frac{\lambda_{min}}{2}$$　线册　P230（3-6-14）

$$\frac{\lambda_{min}}{2} = \frac{d}{400\, v_{max}} \sqrt{\frac{T_{max}}{m}};\quad \frac{\lambda_{max}}{2} = \frac{d}{400\, v_{min}} \sqrt{\frac{T_{max}}{m}};\quad \mu = \frac{v_{min}}{v_{max}} \times \sqrt{\frac{T_{min}}{T_{max}}}$$

算法2　已知最大v_{max}、最小张力T_{min}：

$$b_1 = (0.9 \sim 0.95) \times \frac{\lambda_{min}}{2} = \frac{(0.9 \sim 0.95) \times d_{线外径mm}}{400\, v_{max\,m/s}} \sqrt{\frac{T_{min\,N}}{m_{线单位长度质量kg/m}}}$$　线册　P230（3-6-15）

算法3　已知最大v_{max}、平均运行张力T_{av}：

$$b_1 = (2.25 \sim 2.375) \times \left(\frac{d_{线外径mm}}{v_{max\,m/s}} \sqrt{\frac{T_{av\,N}}{m_{线单位长度质量kg/m}}} \right) \times 10^{-3}$$　线册　P230（3-6-15）

注：T_{min}、T_{max}、T_{av} 为单根电线张力 $= T_{单相张力} / 分裂数\, n$

平均运行张力 T_{av}：$T_{av} \leqslant 0.25 \times T_p$ 瞬时破坏张力 GB 50061 线路 P9 5.2.4

十、防振锤安装数量 线册 P228 表3-6-9

一档内两端的防振锤总数 = 单导线每档每端防振锤安装数量$_{查表3-6-9} \times 2$倍 $\times$ 子导线数量

线路 Note17　水平、垂直档距，水平（风）荷载、垂直荷载《电力工程高压送电线路设计手册》（第二版）P174

一、水平档距（风档距）l_H

1. 近似式：$l_H = (l_1 + l_2)/2$　线册　P183（3-3-9）

2. 准确式 $l_H = \left(\frac{l_1}{\cos\beta_1} + \frac{l_2}{\cos\beta_2} \right)/2$　线册　P183（3-3-10）

二、垂直档距（重力档距）l_v

1. 转角塔：$l_v = l_{1v} + l_{2v} = \left(\frac{l_1}{2} + \frac{\sigma_{10(N/m^2)} \Delta h_1}{\gamma_{v(N/(m\cdot m^2))} l_1} \right) + \left(\frac{l_2}{2} + \frac{\sigma_{20} \Delta h_2}{\gamma_v l_2} \right)$　线册　P183（3-3-11）

2. 直线塔$\sigma_{10} = \sigma_{20} = \sigma_0$：$l_v = \frac{l_1 + l_2}{2} + \frac{\sigma_{10(N/m^2)}}{\gamma_v} \left(\frac{\Delta h_1}{l_1} + \frac{\Delta h_2}{l_2} \right) = l_{H水平档距} + \frac{\sigma_0}{\gamma_v} \alpha$　(3-3-12)

1. α 杆塔综合高差系数 $= \Delta h_1/l_1 + \Delta h_2/l_2$

2. Δh_1、Δh_2 杆塔两侧悬挂点高差 $= h_{当前计算杆塔悬挂点} - h_{相邻杆塔}$，有正负

3. γ_v 比载：优先用 $\gamma_{1自重}$、$\gamma_{3自重加冰重}$，无答案用综合比载

三、导线处最大风速$V_{导线}$、K_h风速变换系数

$v_{导线} = v_{已知} \times (h_{导线}/h_{S已知})^{\alpha 地面粗糙度系数}$ 线册 P168 式 3-1-1

$K_{h风速高度变化系数} = (h_{导线}/h_{S已知})^{\alpha 地面粗糙度系数}$ 线册 P168 式 3-1-11

$\alpha_{地面粗糙度系数}$：1. 海面、海岛、海岸、湖岸及沙漠，$\alpha_A = 0.12$；

2. 空旷田野、乡村、丛林、丘陵、房屋稀疏的中、小城镇和大城市郊区，$\alpha_B = 0.16$；

3. 多层高层建筑且房屋密度较大的大城市市区，$\alpha_C = 0.2$。

四、g_H导线单位风荷载（N/m）线册 P174

$g_{H单位风荷载} = 0.625 \times \alpha_{不均匀系数} \times \mu_{SC体型系数} \times d_{迎风外径} \times (v_{导线(注意高度变换)})^2 \times 10^{-3}$

注：$d_{迎风外径} = (d_{导线计算外径} + 2\times\delta_{冰厚}) \times n_{分裂导线分裂数} \times n_{每一相子导线数}$

五、电线风压不均匀系数 α

1. ≤66kV：GB 50061 线路 表 8.1.6 详见表 9-12

2. 110kV：线册 表 3-1-14 详见表 9-13

六、电线受风体型系数 μ_{SC} 线册 P175 表 3-1-15

电线受风体型系数 μ_{SC} 见表 9-17。

表 9-17　电线受风体型系数 μ_{SC}

表面状况、电线外径 d/mm	无冰时、$d<17$	无冰时、$d\geqslant 17$	覆冰时、不论 d 大小
受风体型系数 μ_{SC}	1.2	1.1	1.2

七、单相导线风荷载 W_x

1. 已知 g_H单位风荷载 或 h_{av}导线平均高度：线册 P174（3-1-14）

$W_{x(N)} = g_{H单位导线单位风荷载Note-四} \times l_{H水平档距} \times \beta_{C,500kV杆塔调整系数=1} \sin^2\theta_{风线夹角}$

2. 已知 W_0 基本风压：GB 50061 线路 P18（8-1-2）优先×μ_z风压变化系数

$W_{x(kN)} = \alpha_{不均匀系数} \times \mu_{SC体型系数} \times d_{迎风外径} \times l_{H水平档距} \times W_{0基本风压(kN/m^2)} \times \mu_{z风压变化系数}$

注：$\mu_{z风压高度变化系数} = K_{h高度变化系数}^2 = (h_{导线}/h_{S基本})^{2\alpha 粗糙度系数}$ 线册 P173

八、塔身或横担风荷载 W_s GB 50061 线路 P18（8-1-1）

$W_{s塔(kN)} = \beta_{风振系数} \times \mu_{z风压高度变化系数} \times \mu_{SC受风体型系数} \times A_{迎风投影面积} \times W_{0基本风压(kN/m^2)}$

1. β风振系数：GB 50061 线路 表 8.1.5

2. μ_z风压高度变化系数 $= K_{h高度变化系数}^2 = (h_{导线}/h_{S基本})^{2\alpha 粗糙度系数}$ 线册 P173

3. W_0基本风压 $= v_{0设计风速(无需高度换算)}^2 / 1600$（kN/m²）

九、绝缘子串风荷载 P_1

$P_{1串(N)} = 0.613125 \times A_{1串受风面积} \times V_{导线平均风速}^2$ 线册 P104（2-6-45）

十、G 垂直荷载（N）

线册 P327（6-2-5）

1. 杆塔上、悬垂串：

$$G_{垂直荷载} = L_{V垂直档距} \times g_{自重或自重冰垂单位荷载} \times n_{每相电线根数} + G_{绝缘子、金具、防振锤等的重力}$$

2. 悬垂线夹：

$$G_{垂直荷载} = L_{V垂直档距} \times g_{自垂或自重冰垂单位荷载} + G_{防振锤重力}$$

线路 Note18　转角塔风、角度、横向荷载；不平衡力《电力工程高压送电线路设计手册》（第二版）P327

一、P_x 电线作用在转角塔上的风荷载：当风平行于横担平面时，$θ_{风线夹角} = 90° - α_{偏角}$

$$P_{x最大} = W_{x垂直线路风荷载} \sin^2 θ_{风线夹角} = W_x \sin^2 \left(90 - \frac{α_{偏角}}{2}\right) = W_x \cos^2 \frac{α_{偏角}}{2} \quad P327 (6-2-4)$$

注：W_x 垂直于线路的风（水平）荷载：线册 P174（3-1-14）线路 Note17 一、四

$$W_{x(N)} = g_{用单位线单位风载(N/m)} \times l_{l水平档距(m)} \times β_{C500米杆塔调整系数=1}$$

各参数示意图如图 9-4 所示。

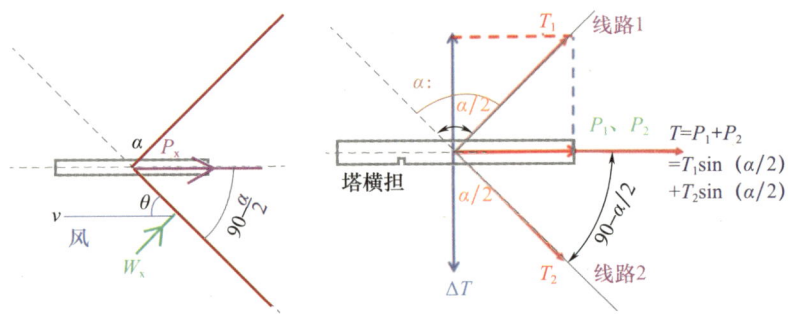

图 9-4　各参数示意图

二、T 电线张力作用在转角塔上的角度荷载：当 $α_1 = α_2 = α/2$ 时 线册 P328（6-2-8）

$$T_{角度荷载} = P_1 + P_2 = (T_1 + T_2) \sin \frac{α}{2}；P_1 = T_1 \sin \frac{α}{2}；P_2 = T_2 \sin \frac{α}{2}$$

三、P 作用在转角塔上的横向荷载：$P_{横向荷载} = P_{x风载} + T_{角度荷载}$

四、$ΔT$ 正常运行时电线不平衡张力：当 $α_1 = α_2 = α/2$ 时 线册 P327（6-2-7）

$$ΔT_{正常运行不平衡张力} = (T_1 - T_2) \cos \frac{α}{2}$$

五、$ΔT$ 断线工况时电线不平衡张力、断线张力：详见表 9-18

表 9-18　$ΔT$ 断线工况时电线不平衡张力、断线张力

杆塔类型	导线或地线种类	$ΔT$ 断线张力 = 百分数系数%×$T_{max最大使用张力}$ = 百分数系数%×$T_{1瞬时破坏张力}$/安全系数		
		混凝土杆、钢管混凝土杆	拉线塔	自立塔

续表

			15～20	30	50
直线塔 GB 50061 线路 P21 8.1.12		地线	15～20	30	50
	单导线	$S \leqslant 95mm^2$	30	30	40
		$120mm^2 \sim 185mm^2$	35	35	40
		$S \geqslant 210mm^2$	40	40	50
	分裂导线	平地	$40 \times (n 分裂数 - 1)$		
		山地	$50 \times (n 分裂数 - 1)$		
耐张塔 8.1.13		地线	80		
		导线	70		

线路 Note19 金具、绝缘子机械强度、破坏荷载、握力 GB 50061 线路 P11

一、F_u 绝缘子、线夹、金具机械强度、破坏荷载

$$F_{u金具破坏荷载} > K_{机械强度安全系数表5.3.2} \times F_{设计荷载} \quad GB\ 50061\ 线路\ P11\ (5.3.1)$$

二、F 绝缘子、悬垂线夹设计荷载

1. 耐张串：校验张力最大工况（低温、大风、覆冰）的设计张力

$$F_{设计荷载} = T_{max最大使用张力} = T_{P瞬时破坏力} / 安全系数 \quad 线册\ P295\ GB\ 50061\ 线路\ 5.2.3$$

2. 悬垂串：

1) 校验综合荷载最大工况（大风、覆冰）的每相导线最大综合荷载

$$F_{设计荷载} = \sqrt{(W_{x风荷载} + P_{l悬垂串风荷载})^2 + (G_{垂直荷载-悬垂串})^2} \quad (N) \quad 线册\ P295$$

注：$W_{x风荷载}$、$G_{垂直荷载}$：P174 Note

2) 校验断线工况的 $\Delta T_{断线张力}$ GB 50061 线路 P21 8.1.12、13

$$F_{设计荷载} = \Delta T_{断线张力} = 断线百分比 \times T_{max最大使用张力} \quad 线册\ P295$$

3. 悬垂线夹：

1) 校验综合荷载最大工况（大风、覆冰）的每根导线最大综合荷载

$$F_{设计荷载} = \sqrt{(l_{H水平档距} g_{H单根单位风荷载})^2 + (G_{垂直荷载-悬垂线夹})^2} \quad (N)$$

线册 P295：g_H单根单位风荷载、G垂直荷载 P174 Note

2) 校验断线工况的 ΔT 断线张力 GB 50061 线路 P21 8.1.12、13

$$F_{设计荷载} = \Delta T_{断线张力} = 断线百分比 \times T_{max最大使用张力} \quad 线册\ P295$$

三、F_w 悬垂线夹握力：线册 P292 表 5-2-2

$$F_w 悬垂线夹握力 = 握力百分比_{表5.2.2} \times T_{js计算拉断} = 握力百分比 \times T_{P瞬时破坏张力} / 0.95$$

四、F_w 耐张线夹握力：线册 P294、P177

1. 压缩型耐张线夹：
   F_w压缩型耐张线夹握力 $= 0.95 \times T_{js计算拉断力} = 0.95 \times T_{p瞬时破坏张力}/0.95$

2. 非压缩型耐张线夹
   F_w非压缩型耐张线夹握力 $= 0.9 \times T_{js计算拉断力} = 0.9 \times T_{p瞬时破坏张力}/0.95$

线路 Note20　**绝缘子片数、最小间隙** GB 50061 线路 P13

一、n_h 绝缘子片数：

1. 求 n　XP－70：$n_{35kv}=3$；$n_{66kv}=5$；GB 50061 线路 P13 6.0.3
   $\qquad\qquad n_{110kv}=7$；线册 表 2-6-7
   求工频状态 n：按爬电比距；$n_{110kV工频}$：线册 P81（2-6-17）

2. 塔高超 40m 修正；

3. 海拔超 1km 修正；

4. 耐张串修正；

5. 向上取整

相关规定见表 9-19。

表 9-19　相关规定

66kV 及以下	悬垂串	$n_h \geq \left(n + \dfrac{h_{T塔高}-40}{10}\right)[1+0.1\times(H_{海拔km}-1)]$	GB 50061 6.0.3、6.0.4、6.0.7
	耐张串	$n_h \geq \left(n + \dfrac{h_{T塔高}-40}{10}\right)[1+0.1\times(H_{海拔km}-1)]+1$	
110kV	悬垂串	工频：$n_h \geq n_{110kV工频} \times [1+0.1\times(H_{海拔km}-1)]$ 操作：$n_h \geq 7 \times [1+0.1\times(H_{海拔km}-1)]$ 雷电：$n_h \geq \left(7 + \dfrac{h_{T塔高}-40}{10}\right)[1+0.1\times(H_{海拔km}-1)]$	三种工况取大　线册 P82 表 2-6-7 P103
	耐张串	工频：$n_h \geq 7 \times [1+0.1\times(H_{海拔km}-1)]$ 操作：$n_h \geq 7 \times [1+0.1\times(H_{海拔km}-1)]+1$ 雷电：$n_h \geq \left(7 + \dfrac{h_{T塔高}-40}{10}\right)[1+0.1\times(H_{海拔km}-1)]$	三种工况取大　线册 P8 表 2-6-7 P96、P103

二、最小间隙：1. 查表 9-20 得**最小间隙 d**；GB 50061 线路 P12、P13

表 9-20 最小间隙 d

间隙类型	工况	最小间隙/m				
		<3kV	10kV	35kV	66kV	110kV
		线路 6.0.12		线路 6.0.9		线册
带电部分到接地部分	雷电过电压	0.05	0.2	0.45	0.65	1 表2-6-17
	内部过电压			0.25	0.50	0.7 表2-6-17
	运行电压			0.10	0.20	0.25 表2-6-7
	带电作业 6.0.13		0.4	0.6	0.7	1 表2-6-18
操作人员停留工作时：		$d_{停留工作修正}=d+0.3\sim0.5$				
带电部分到带电部分 6.0.11		0.15	0.3	<3kV 线与 3~10kV 线=0.2		

2. 海拔超 1km 修正：$d_{海拔修}=d\times[1+0.1\times(H_{海拔km}-1)]$ GB 50061 线路 6.0.10

线路 Note21　**风偏角**《电力工程高压送电线路设计手册》(第二版) P103

一、φ 悬垂绝缘子串的风偏角：线册 P103（2-6-44）P174 Note

$$\varphi=\arctan\frac{\frac{P_{I悬垂串风压力(N)}}{2}+g_{H导线单位风荷载(N/m)}\times l_{H水平档距}}{\frac{G_{I悬垂串重力(N)}}{2}+g_{I导线自重单位荷载(N/m)}\times l_{V垂直档距}}$$

$$=\arctan\left(\frac{P_{I悬垂串风压(N)}/2+g_{H导线单位风荷载(N/m)}\times l_{H水平档距}}{G_{I悬垂串重力(N)}/2+g_{I导线自重单位荷载(N/m)}\times l_{V垂直档距}+\alpha_{高差系数}\times T_{张力}}\right)$$

1. g_H 为对应工频电压、操作过电压及雷电过电压风速下的导线风荷载，N/m
2. $T_{张力}$ 为对应工频电压、操作过电压及雷电过电压风速下的导线张力，N/m
3. $\alpha_{高差系数}=\Delta h_1/l_1+\Delta h_1/l_1$

二、η 导线的风偏角

线册 P106　$\eta=\arctan\dfrac{\gamma_{4风比载}}{\gamma_{1自重比载}}$

三、l_H 水平档距（风档距）

1. 近似式：$l_H=(l_1+l_2)/2$　线册 P183（3-3-9）

2. 准确式：$l_H=\left(\dfrac{l_1}{\cos\beta_1}+\dfrac{l_2}{\cos\beta_2}\right)/2$　线册 P183（3-3-10）

四、l_V 垂直档距（重力档距）

1. 转角塔：$l_V=l_{1v}+l_{2v}=\left(\dfrac{l_1}{2}+\dfrac{\sigma_{10(N/m^2)}\Delta h_1}{\gamma_{v(N/(m\cdot m^2))}l_1}\right)+\left(\dfrac{l_2}{2}+\dfrac{\sigma_{20}\Delta h_2}{\gamma_v l_2}\right)$　线册 P183（3-3-11）

2. 直线塔 $\sigma_{10} = \sigma_{20} = \sigma_0$：$l_v = \frac{l_1 + l_2}{2} + \frac{\sigma_0 {}_{(N/m^2)}}{\gamma_v} \left(\frac{\Delta h_1}{l_1} + \frac{\Delta h_2}{l_2} \right) = l_{H水平档距} + \frac{\sigma_0}{\gamma_v} \alpha$ （3-3-12）

1) α 杆塔综合高差系数 $= \Delta h_1/l_1 + \Delta h_1/l_1$

2) Δh_1、Δh_2 杆塔两侧悬挂点高差 $= h_{当前计算杆塔悬挂点} - h_{相邻杆塔}$，**有正负**

3) γ_v 比载：优先用 $\gamma_{1自重}$、$\gamma_{3自重加冰重}$，无答案用综合比载

五、导线处最大风速 $v_{导线}$

$$v_{导线} = v_{已知} \times (h_{导线}/h_{S已知})^{地面粗糙度查表}$$ 线册 P168 式 3-1-1

α 地面粗糙度系数：1. 海面、海岛、海岸、湖岸及沙漠，$\alpha_A = 0.12$；

2. 空旷田野、乡村、丛林、丘陵、房屋稀疏的中、小城镇和大城市郊区，$\alpha_B = 0.16$；

3. 多层高层建筑且房屋密度较大的大城市市区，$\alpha_C = 0.2$。

六、g_H导线单位风荷载 （N/m） 线册 P174

$$g_{H单位风荷载} = 0.625 \times \alpha_{不均匀系数} \times \mu_{SC体型系数} \times d_{迎风外径} \times v_{导线（注意高度变换）}^2 \times 10^{-3}$$

注：$d_{迎风外径} = (d_{导线计算外径} + 2 \times \delta_{冰厚}) \times n_{每导线分裂根数} \times n_{每一相子导线数}$

七、α 电线风压不均匀系数

1. ≤66kV：GB 50061 线路 表 8.1.6 详见表 9-12

2. 110kV：线册 表 3-1-14 详见表 9-13

八、μ_{sc} 电线受风体型系数 线册 P175 表 3-1-15 详见表 9-17

九、P_1 绝缘子串风荷载：线册 P104 (2-6-45)

$$P_{1绝缘子串风荷载(N)} = \frac{9.81}{16} \times A_{1串受风面积} \times v_{平均风速－注意高度变换(m/s)}^2$$

$A_{1串受风面积} = (A_{2绝缘子受风面积} + A_{3金具受风面积}) \times K_{系数单、双联}$

单联：1

双联：1.5~2

$A_{2绝缘子受风面积} = n_{绝缘子片数} \times A$ 单片受风面积

盘径为254mm：0.02m²

大盘径、双盘径：0.03m²

$A_{3金具受风面积} =$ 单导线：0.03m²。双分裂导线：0.04m²。3~4 分裂导线：0.05m²

线路 Note22　导线布置线间距离、保护角 GB 50061 线路 P15

一、$D_{水平}$排布线间距离 （m）

GB 50061 线路 P15 (7.0.3-1)

$$D_{水平线间距离} = 0.4 L_{k悬垂串长度} + \frac{U_{线电压(kV)}}{110} + 0.65 \sqrt{f_{最大弧垂（最高温）}}$$

校验：$D_{水平线间距离}$ 本 Note 四、六

二、$D_{x三角}$排布线间距离 **(m)**：GB 50061 线路 P15 (7.0.3-1~2)

$$D_{X三角线间距离} = \sqrt{D_p^2 + \left(\frac{4}{3}D_z\right)^2} D_{水平线间距离} \quad (7.0.3\text{-}2)$$

校验：$D_{X三角线间距离}$ 本 Note 四

D_p、D_z 示意图如图 9-5 所示。

 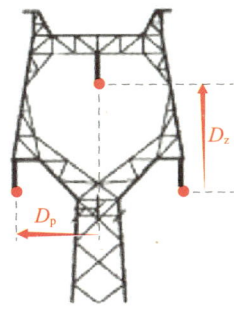

图 9-5 D_p、D_z 示意图

三、h垂直线间距离（m）

二个步骤 GB 50061 线路

1. $h_{垂直线间距离} = 0.75 \times \left[0.4 L_{k悬垂串长度(m)} + \dfrac{U_{线电压(kV)}}{110} + 0.65 \sqrt{f_{最大弧垂-最高温}} \right]$ （7.0.3-1、7.0.3-3）

2. 判断规范许可值：110kV：$h_{110kV垂直线间距离}$ 3.5m 线册 P115 表 2-6-22
66kV：$h_{66kV垂直线间距离}$ 2.25m，35kV：$h_{35kV垂直线间距离}$ 2m GB 50061 线路 7.0.3-2

3. 特殊情况校验：$h_{垂直线间距离}$ 本 Note 四、五

四、 多回路杆塔的 不同回路 之间导线最小距离 D_{min}、D_{xmin}、h_{min}：GB 50061 线路 表 7.0.6 详见表 9-21

表 9-21 导线最小间距

线路电压	3kV～10kV	35kV	66kV	110kV 线册 P115
线间距离/m	1.0	3.0	3.5	4m 且<（单回路 D、D_x、h）+0.5m

五、$h_{不同电压(min)}$ 同一杆塔的 不同电压等级导线最小垂直距离 GB 50061 线路 7.0.7
66kV、10kV 同杆塔，不同电压等级导线间：$h_{垂直线间距离} \geqslant 3.5m$。
35kV、10kV 同杆塔，不同电压等级导线间：$h_{垂直线间距离} \geqslant 2m$。

六、$D_{p覆冰(min)}$ 覆冰区导线最小水平偏移 GB 50061 线路 7.0.5 详见表 9-22

表 9-22　导线最小水平偏移　　　　　　　　　　　　　　　　　　m

设计覆冰厚度/mm	35kV	66kV	110kV 线册 P115 表 2-6-23
10	0.20	0.35	0.50
15	0.35	0.50	0.70
≥20	0.85	1.00	

七、杆塔 D 双地线间距离、保护角 θ 要求：GB 50061 线路 6.0.15

1. $\theta_{保护角} = 20° \sim 30°$
2. $\theta_{单回路山区保护角} = 25°$
3. $D_{双地线间距离} \leqslant 5 \times h_{地线与导线垂直距离Note一三}$

八、S 档距中央导线与地线间距　GB 50061 线路 (5.2.2)

在 15℃、无风、无冰工况下：

$$S = \sqrt{(D_p)^2 + (D_z)^2} \cdot 0.012 L_{档距} + 1$$

间距相关规定如图 9-6 所示。

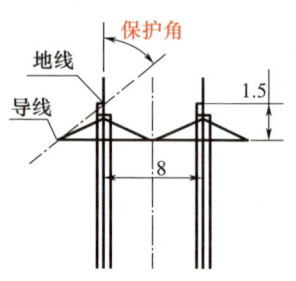

图 9-6　间距相关规定

线路 Note23　**线路防雷保护**线路《电力工程高压送电线路设计手册》(第二版) P125

线路防雷保护规定见表 9-23。

表 9-23　线路防雷保护规定

通用参数	计算内容	依据	
雷电参数	雷暴日与雷暴小时比值	线册 P121 表 2-7-1	
	雷电流幅值	线册 P121 公式 2-7-1；2-7-2	GB 50064 附录 D.1.1-1~3
	地闪密度	线册 P121	GB 50064 P98
	线路落雷次数	线册 P125 公式 2-7-9	GB 50064 附录 D.1.2
	击杆率	线册 P125 表 2-7-2	GB 50064 附录 D.1.7
	斜角波波头平均陡度	线册 P122 公式 2-7-3	
	半余弦波波头平均陡度	线册 P122 公式 2-7-8	

续表

通用参数		计算内容	依据	
杆塔参数		杆塔波阻抗和电感平均值	线册 P126 表 2-7-3	
		杆塔分流系数 β	线册 P126 公式 2-7-18、2-7-19 查表 2-7-4	
耦合系数		耦合系数	线册 P131 公式 2-7-46	
		电晕校正系数	线册 P134 表 2-7-9	
		几何耦合系数	线册 P133 公式 2-7-53；2-7-55	
		几何耦合系数典型值	线册 P134 表 2-7-8	
跳闸率计算	建弧率	建弧率	线册 P129 公式 2-7-40	GB 50064 附录 D.1.8
		绝缘子电压梯度	线册 P129 公式 2-7-41；2-7-42	GB 50064 附录 D.1.9
	跳闸率	无避雷线 中性点不宜接地系统	线册 P130 公式 2-7-43	
		无避雷线 中性点直接接地系统	线册 P130 公式 2-7-44	
		有避雷线	线册 P130 公式 2-7-45	GB 50064 附录 D.1.7

雷击大地导线感应电压：
1. 无地线： 线册 P125（2-7-13）
2. 有地线： 线册 P125（2-7-14）
相关规定见表 9-24。

表 9-24 相关规定

雷电绕击导线	耐雷水平	经验法	绕击率	线册 P125（2-7-11）、（2-7-12）
			耐雷水平	线册 P129（2-7-38）、（2-7-39）
		电气几何模型法 EGM	击距（线路手册 P125）没细讲	GB 50064（D.1.5-1）、（D.1.5-2)、(D.1.5-3）
			先导入射角	GB 50064（D.1.5-4）
			耐雷水平	GB 50064（D.1.5-5）

续表

雷击杆塔	4个电压	导线感应电压分量	先导发展模型法	GB 50064（D.1.6-1）、(D.1.6-2)、(D.1.6-3)
			经验法 无地线	线册 P126 (2-7-15)
			经验法 有地线	线册 P126 (2-7-16)
		塔顶电位	流经杆塔雷电流瞬时值	线册 P126 (2-7-17)
			杆塔分流系数	线册 P126 (2-7-18)、(2-7-19)，表2-7-4
			塔顶电位	线册 P126 (2-7-20)
		横担高度处电位	公式 2-7-22 中的 U_{ta}	线册 P127 (2-7-22)
		导线上的电压	不考虑工频电压（有地线）	线册 P127 (2-7-21)
		绝缘上承受的电压	等于横担高度处的电位和导线上的电位之差	线册 P127 (2-7-22)
	耐雷水平		相交法	线册 P129 图 2-7-8
			经验法 有地线	线册 P127 (2-7-23)
			经验法 无地线（中性点非有效接地）	线册 P127 (2-7-24)
			经验法 无地线（中性点直接接地）	线册 P127 (2-7-25)

3. 绕击率的计算（★★★★★）   经验法 线册 P125

平原线路：$\lg P_\theta = \dfrac{\theta\sqrt{h}}{86} - 3.9$ (2-7-11)

山区线路：$\lg P'_\theta = \dfrac{\theta\sqrt{h}}{86} - 3.35$ (2-7-12)

式中 P_θ、P'_θ——平原、山区线路的绕击率；

  θ——杆塔上地线对外侧导线的保护角；

  h——地线在杆塔上的悬挂点高度（m）。

注意地线是否绝缘。
山区线路的绕击率约为平地线路的3倍，或相当于保护角增大8°的情况。

> GB 50064 5.3.1-5 当采用两根地线时，杆塔上两地线间的距离不应超过导线与地线间垂直距离的5倍

相关公式如图 9-7 所示。

> 注意区分：
> 绕击率
> 绕击率的对数

第九章 线路

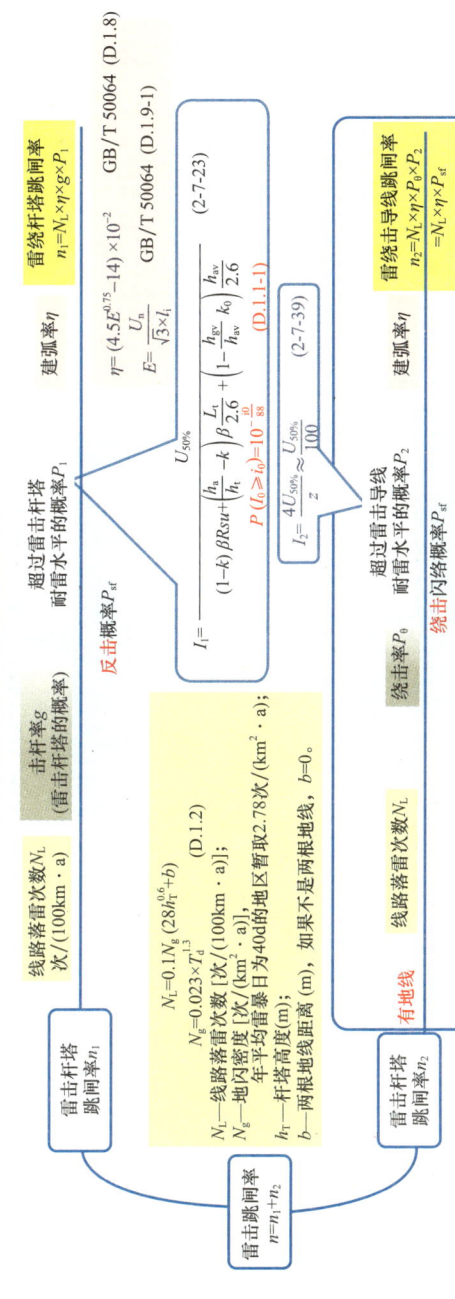

图9-7 相关公式

线路 Note24　**杆塔定位高度、呼称高**《电力工程高压送电线路设计手册》(第二版) P602

一、弧垂 K 值：$K = \dfrac{\gamma_{\text{最大弧垂比载}}(\text{N/m·mm}^2)}{8 \times \sigma_{\text{最大弧垂应力}}(\text{N/mm}^2)} = \dfrac{g_{\text{最大弧垂单位荷载}}(\text{N/m})}{8 \times T_{\text{最大弧垂张力}}(\text{N})}$　线册 P601

二、K 值换算：线册 P601（8-2-2）

$$\dfrac{K_{\text{x目标k值}} \times m_{\text{x目标横比例分母}}^2}{n_{\text{x目标纵比例分母}}} = \dfrac{K_{\text{n模板k值}} \times m_{\text{n模板横比例分母}}^2}{n_{\text{n模版纵比例分母}}}$$

即一块纵比例为 $1/n_n$、横比例为 $1/m_n$，K 值=K_n 的模板
使用在纵比例为 $1/n_x$、横比例为 $1/m_x$ 的断面图上可当 K 值=K_x 的模板用。

三、h_1 导线有效定位高度确定　线册 P602

$$h_{1\text{定位高度}} = H_{\text{呼称高}} - S_{\text{对地安全距离}} - \lambda_{\text{绝缘子串长(悬垂塔)}} - \delta_{\text{定位裕度}} - h_{2\text{杆塔施工基面}} - f_{\text{m最大弧垂}}$$

1. δ 定位裕度：$\delta_{\text{档距}} < 700 = 1\text{m}$（默认）

$\delta_{\text{档距}} > 700$、孤立档 $= 1.5\text{m}$

$\delta_{\text{大跨度}} = 2 \sim 3\text{m}$

2. S 对地安全距离：GB 50061 线路 P32　线路 Note 对地距离、交叉跨越

3. f_m 最大弧垂：线册 P180 表 3-3-1

$$f_{\text{m最大弧垂}} = \dfrac{\gamma_{\text{最大弧垂比载}} \times l_{\text{档距}}^2}{8 \times \sigma_{\text{最大弧垂应力}}}$$

4. 最大弧垂判别法：覆冰或最高温　线册 P188

1) $\dfrac{\gamma_{7\text{覆冰综合比载}}}{\sigma_{7\text{覆冰应力}}} > \dfrac{\gamma_{1\text{自重比载}}}{\sigma_{1\text{最高温应力}}}$ 时：f_m 最大弧垂为覆冰时

2) $\dfrac{\gamma_{7\text{覆冰综合比载}}}{\sigma_{7\text{覆冰应力}}} < \dfrac{\gamma_{1\text{自重比载}}}{\sigma_{1\text{最高温应力}}}$ 时：f_m 最大弧垂为最高温时

各参数示意图如图 9-8 所示。

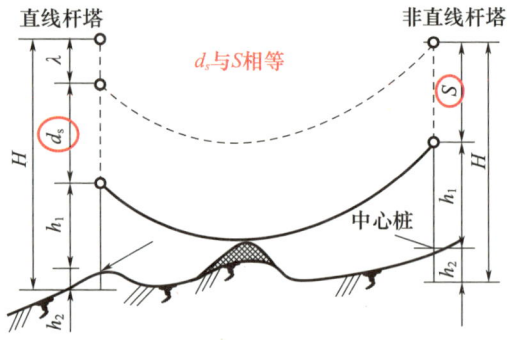

图 9-8　各参数示意图（1）

线路 Note25　**对地距离、交叉跨越** GB 50061　线路 P32

一、Δ_H 垂直距离计算（最大弧垂工况）：线册 P609（8-2-20）

各参数示意图如图 9-9 所示。

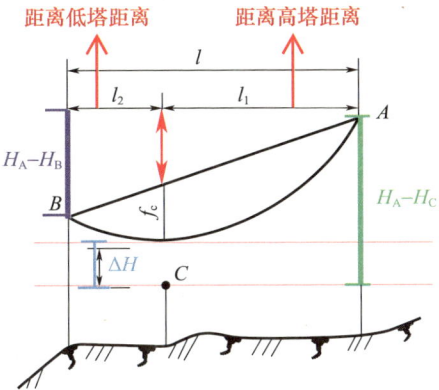

图 9-9　各参数示意图（2）

$$\Delta H_{垂直距离} = (H_A - H_C) - f_{C点弧垂} - \frac{(H_A - H_B) \times l_{1C点到高塔距离}}{l_{档距}}$$

C 点：最高各点中，选离 档距中央 最接近的一个点

$$f_{C点处弧垂} = \frac{\gamma_{最大弧垂工况比载} \times l_{1至高塔距离} \times l_{2至低塔距离}}{2 \times \sigma_{最大弧垂工况水平应力}}$$

二、D_x 最小水平距离、$S_{最小距离}$ （最大风偏工况）

$D_{x最小水平距离} = X_{检查物到塔距离} - [(\lambda_{绝缘子串长} + f_{最大风偏弧垂}) \times \sin \Phi_{风偏角} + S_{1串到塔距离}]$

$D_y = Y_{绝缘子串挂点垂直距离} - C_{检测物垂直距离} - (\lambda_{绝缘子串长} + f_{最大风偏弧垂}) \times \cos \Phi_{风偏角}$

$S_{最小距离} = \sqrt{D_x^2 + D_y^2}$　线册 P610

各参数示意图如图 9-10 所示。

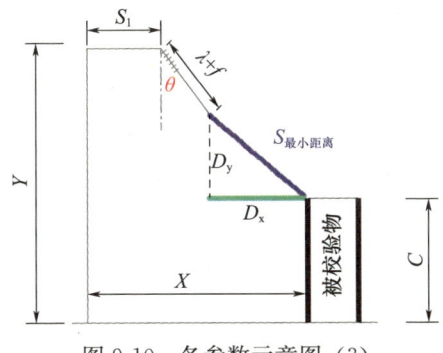

图 9-10　各参数示意图（3）

三、规范要求值：

1. 对地距离 GB 50061 线路 P33 12.0.7

   电线最大弧垂工况下，垂直方向距离 ΔH 垂直距离

2. 对山坡、峭壁、岩石 GB 50061 线路 P33 12.0.8

   电线最大风偏工况下，斜边方向距离 S 最小距离

3. 对建筑物 GB 50061 线路 P33 12.0.9

   电线最大弧垂工况下，垂直方向距离 ΔH 垂直距离

4. 与城市多层建筑 GB 50061 线路 P33 12.0.10

   电线最大风偏工况下，水平方向距离 D、最小水平距离

5. 对树木（考虑生长高度）距离 GB 50061 线路 P34 12.0.11

   电线最大弧垂工况下，垂直方向距离 ΔH 垂直距离

6. 与公园、绿化、防护林带 GB 50061 线路 P34 12.0.12

   电线最大风偏工况下，斜边方向距离 S 最小距离

7. 对果树、经济作物、绿化灌木距离 GB 50061 线路 P34 12.0.13

   电线最大弧垂工况下，垂直方向距离 ΔH 垂直距离

8. 对街道行道树 GB 50061 线路 P34 12.0.14

   电线最大弧垂工况下，垂直方向距离 ΔH 垂直距离

   电线最大风偏工况下，水平方向距离 D、最小水平距离

9. 跨越铁路、公路、弱电线路、电力线路 GB 50061 线路 P34 12.0.15

   电线最大弧垂工况下，垂直方向距离 ΔH 垂直距离

   电线最大风偏工况下，水平方向距离 D、最小水平距离

第十章 导　　体

导体知识点汇总 GB 50217 缆规 P1 5222 导规 P1
配四 P775

导体 Note1　　**按载流量选电缆截面（电力派）** GB 50217 缆规 P72 附录 D
导体 Note2　　**按载流量选电缆截面（电力派）7 个修正系数** GB 50217 缆规 P72 附录 D
导体 Note3　　**按载流量选母线、裸导体截面（电力派）** DL/T 5222 导规 P11
导体 Note4　　**按经济电流密度选截面** GB 50217 缆规 P57 附录 B DL/T 5222 导规 P141 5.1.6
导体 Note5　　**按截面（管径）利用率选截面** GB 50217 缆规 P37
导体 Note6　　**热稳定选截面** 配四 P383
导体 Note7　　电缆计算长度、订货长度 GB 50217 缆规 P81
导体 Note8　　电缆、电线**的绝缘（额定电压、绝缘类型）** 配四 P779
导体 Note9　　感应电势、**感应电势**接地形式、护层电压限制器 GB 50217 缆规 P78
导体 Note10　电缆沟、电缆隧道、工作井、电缆夹层、厂房尺寸间距 GB 50217 缆规 P39
导体 Note11　穿管**敷设最大管长、实际（允许）拉力、实际（允许）侧拉力** GB 50217 缆规 P82
导体 Note12　阻燃、耐火电缆 配四 P781
导体 Note13　**按载流量选电缆、导体截面（IEC 法）** 配四 P813
导体 Note14　**按载流量选电缆、导体截面（IEC 法）7 个修正系数** 配四 P813

电缆损耗功率　配四 P156 式（3.4-1/2）
电缆单位长度散热量（热损失功率）配四 P916 式（10.2-2）
直接支持**电缆**的支吊架的允许跨距 GB 50217 缆规 P47 表 6.1.2
电缆固定部件抗张强度（固定件动稳定校验）GB 50217 缆规 P49 6.1.10
导体接头电流密度、接头长 DL/T 5222 导规 P14 5.1.10
硬导体伸缩接头间距及截面 DL/T 5222 导规 P16 5.3.9、5.3.10

导体 Note1　**按载流量选电缆截面（电力派）GB 50217 缆规　P72　附录 D**

一、I'_z 载流修正

载流量选电缆截面总原则：GB 50217 缆规　3.6.1

1. $I'_{z截流修}=K_{温度修}K_{土壤热阻}K_{多根并列}K_{日照}K_{铝转铜}K_{断线短时}I_{z载流量}\geq I_{c计算电流}/K_{谐波}$

    各段工况时：$K_{修分别算}$，取 $K_{修最小}$，取 $I'_{z修最小}$

2. I_z 导体载流量查表（本 Note-三），S 截面取大
3. 单电缆穿过不同散热区域时：分区域计算 S，S 取大。GB 50217 P13 3.3.6

二、I_c 最大负荷电流

1. 低压电器：配四（1.4-6）

    负荷、用电设备（电动机）：$I_{c计算电流}=\dfrac{S_{c计算负荷}}{\sqrt{3}U_{n标称电压}}$

2. 高压电器：配四 P315 表 5.2-3

    出线回路：$I_{c计算电流}=\dfrac{S_{c最大计算负荷(包括转移负荷)}}{\sqrt{3}U_{n标称电压}}$

    变压器回路：$I_{c计算电流}=(1.05\text{ 或过负荷倍数})\times\dfrac{S_{c最大计算负荷(包括转移负荷)}}{\sqrt{3}U_{n额定电压}}$

    其他详 配四 P315 表 5.2-3

三、I_z 电缆载流量

GB 50217 缆规（PE 不算芯数）P66～71 查表 C.0.1-1～C.0.3

1. 1kV 聚氯乙烯 V 空气：查 P66 表 C.0.1-1；$I_{z铜芯}=1.29\times I_{z铝芯}=1.29\times$ 查表值
2. 1kV 聚氯乙烯 V 埋地：查 P67 表 C.0.1-2；$I_{z铜芯}=1.29\times I_{z铝芯}=1.29\times$ 查表值
3. 1～3kV 交联聚乙烯 YJ 空气：查 P68 表 C.0.1-3；$I_z=$ 查表值
4. 1～3kV 交联聚乙烯 YJ 埋地：查 P69 表 C.0.1-4；$I_z=$ 查表值
5. 6kV 三芯交联聚乙烯 YJ：查 P70 表 C.0.2；$I_{z铜芯}=1.29\times I_{z铝芯}=1.29\times$ 查表值
6. 10kV 三芯交联聚乙烯 YJ：查 P71 表 C.0.3；$I_{z铜芯}=1.29\times I_{z铝芯}=1.29\times$ 查表值

导体 Note2　**按载流量选电缆截面（电力派）7 个修正系数　GB 50217 缆规　P72　附录 D**

一、K 环境温度修正

空气中：环境温度≠40℃时。土壤中：环境温度≠25℃时

1. 用绝缘类别查 GB 50217 缆规 P56 附录 A，得 $\theta_{H持续工作最高允许温度}$
2. 用电缆敷设场所查 GB 50217 缆规 P13 表 3.6.5，得 $\theta_{2实际环境温度}$
3. 查表法：$\theta_{2环境温度}$ 表内可查，查 GB 50217 P72 表 D.0.1

    用敷设位置、$\theta_{H允许温度}$、$\theta_{2环境温度}$ 查表得 $K_{温度修}$

公式法：θ_2环境温度 表内不可查，GB 50217 P72（D.0.2）

二、$K_{土壤热阻修正}$

直埋、穿管埋地时 GB 50217 P72 表 D.0.3

情况 1　I_z查表附录 C 时，表内 $\rho_{热阻基准值} \neq 1.2$ 时：C.0.1-4、C.0.2、C.0.3

  1. 用 $\rho_{实际土壤热阻系数}$ 查表 D.0.3 得 $K_{新基准修正系数}$

  2. $K_{土壤热阻修正} = K_{新基准修正系数} / 0.87$

情况 2　$\rho_{热阻基准值} = 1.2$ 且 $\rho_{实际热阻系数} \neq 1.2$ 时，用 $\rho_{实际土壤热阻系数}$ 查表 D.0.3 得 $K_{土壤热阻修正}$

情况 3　$\rho_{热阻基准值} = 1.2$ 且 $\rho_{实际热阻系数} = 1.2$；$K_{土壤热阻修正} = 1$

三、$K_{多根并列修正}$

电缆多根并列敷设 GB 50217 P73、P74

情况 1　土壤中多根并列、非单芯电缆、已知电缆净距：

  用并列根数、电缆净距查 GB 50217 表 D.0.4 得 $K_{多根并列修正}$

情况 2　空气中单层多根并列、电缆 <7 根、非单芯电缆、已知电缆中心距：

  用并列根数、电缆中心距查 GB 50217 表 D.0.5 得 $K_{多根并列修正}$

情况 3　桥架上无间距配置多层并列、电缆 ≥7 根、已知桥架类型、层数：

  用电缆层数、桥架类别查 GB 50217 表 D.0.6 得 $K_{多根并列修正}$

四、$K_{日照修正}$

  户外明敷无遮阳，GB 50217 P74 表 D.0.7

  用截面、电压、芯数查 GB 50217 表 D.0.7 得 $K_{日照修正}$

五、$K_{断续负载、短时负载}$

配四下 P1188（12.8-1/2）

六、$K_{铝转铜}$

当 GB 50217 查表 C.0.1-1、C.0.1-2、C.0.3、C.0.4：

$$I_{z铜} = 1.29 \times I_z \text{查表值}，K_{铝转铜} = 1.29$$

七、$K_{三次谐波修正}$

前提 $S_{ph相} = S_{N中性线}$ GB 50054 低压 3.2.9 及条说

1. 计算单相相线的三次谐波电流 $I_{3谐}$

2. 计算三次谐波分量：三次谐波分量 $= I_{3相线谐} / I_{c基(计算电流)}$

3. 三次谐波分量 ≤15% 时：$K_{谐波} = 1$；$I'_{c修} = I_{c基(计算电流)}$

15% < 谐波分量 ≤33% 时：$K_{谐波} = 0.86$；$I'_{c修} = I_{c基(计算电流)} / 0.86$

33% < 谐波分量 ≤45% 时：$K_{谐波} = 0.86$；$I'_{c修} = 3 \times I_{3谐} / 0.86 = 3 \times$ 谐波分量 $\times I_{基} / 0.86$

谐波分量 >45% 时：$K_{谐波} = 1$；$I'_{c修} = 3 \times I_{3相线谐} = 3 \times$ 谐波分量 $\times I_{基}$

导体 Note3　**按载流量选母线、裸导体截面（电力派）DL/T 5222 导规 P11**

 一、I'_z载流修正

 载流量选导体截面总原则：

 1. $I'_{z载流修} = K_{母线裸导体综合修正系数} \times I_{z母线载流量} \geqslant I_{c最大计算电流}$

 2. I_z导体载流量查表（本 Note-三），$S_{截面}$取大

 二、$K_{母线裸导体综合修正系数}$

   DL/T 5222 导规　P11　表 5.1.5

   用是否计及日照、导体形式、海拔高度、实际环境温度**查**表 5.1.5 得 $K_{综合}$

 三、I_z导体载流量

DL/T 5222 导规　P132～141　查表 1～表 8

1. 镁铝硅系管形母线：查 P132 表 1

2. 镁铝系管形母线：查 P133 表 2

3. JL 型铝绞线：查 P134 表 3

4. JLHA 型铝绞线：查 P135 表 4

5. 钢芯铝绞线：查 P137 表 5

6. 钢芯铝合金绞线：查 P138 表 6

7. 扩径导线：查 P139 表 7

8. 矩形铝导体：查 P140 表 8

 四、I_c最大负荷电流

1. 低压电器：配四（1.4-6）

  负荷、用电设备（电动机）：$I_{c计算电流} = \dfrac{S_{c计算负荷}}{\sqrt{3}U_{n标称电压}}$

2. 高压电器：配四 P315　表 5.2-3

  出线回路：$I_{c计算电流} = \dfrac{S_{c最大计算负荷（包括转移负荷）}}{\sqrt{3}U_{n标称电压}}$

  变压器回路：$I_{c计算电流} = (1.05\ 或过负荷倍数) \times \dfrac{S_{c最大计算负荷（包括转移负荷）}}{\sqrt{3}U_{n额定电压}}$

  其他详　配四 P315　表 5.2-3

导体 Note4　**按经济电流密度选截面** GB 50217 缆规 P57 附录 B　DL/T 5222 导规　P141　5.1.6

 一、经济电流密度选截面总原则

  $S_{截面} = I_{c最大负荷电流} / j_{经济电流密度}$　GB 50217 缆规　B.0.1；DL/T 5222 导规 P141　5.1.6 条文

 二、电缆经济电流密度选截面

$S_{截面} = I_{max最大负荷电流} / j_{经济电流密度}$，截面取最接近 GB 50217 B.0.1 特例：电动机备用回路时，$T_{max最大负荷利用小时}$ 需按运行情况折算 B.0.3-2

求 $j_{经济电流密度}$：

1. 查图法 GB 50217 缆规 图 B.0.2.1～B.0.2.12

流程：导体材质定曲线；$T_{max最大负荷利用小时}$ 定纵坐标；横坐标得 $j_{经济电流密度}$

求 $T_{max最大负荷利用小时}$：已知 $\tau_{最大负荷利用小时}$、$\cos\varphi$，查 GB 50217 缆规 P173 表 11

价格相关规定见表 10-1。

表 10-1 价格相关规定（1）

价格	单一电价	两部电价
0.271～0.33	图 B.0.2-1	图 B.0.2-7
0.33～0.403	图 B.0.2-2	图 B.0.2-8
0.403～0.491	图 B.0.2-3	图 B.0.2-9
0.491～0.599	图 B.0.2-4	图 B.0.2-10
0.599～0.731	图 B.0.2-5	图 B.0.2-11
0.731～0.892	图 B.0.2-6	图 B.0.2-12

2. 公式法：GB 50217 缆规 P57，（B.0.1-1～B.0.1-6）

三、电缆经济电流范围（三班制、未区分单双电价）

选截面：

$I_{表中上限} \geqslant I_{计算电流}$ $S_{截面}$ 查表值取大 配四 P1588-1590 表 16.4-1/2/3

四、导体经济电流密度

选截面：$S_{截面} = I_{max最大负荷电流} / j_{经济电流密度}$，$S_{截面}$ 取大 DL/T 5222 5.1.6

求 $j_{经济电流密度}$：

1. 查图法 DL/T 5222 导规 P150～155，条说 5.1.6 图 14～图 25

流程：导体材质定曲线；$T_{max最大负荷利用小时}$ 定纵坐标；横坐标得 $j_{经济电流密度}$

求 $T_{max最大负荷利用小时}$：已知 $\tau_{最大负荷利用小时}$、$\cos\varphi$，查 GB 50217 缆规 P173 表 11

价格相关规定见表 10-2。

表 10-2 价格相关规定（2）

价格	单一电价	两部电价
0.271～0.33	P150 图 14	P153 图 20
0.33～0.403	P150 图 15	P153 图 21
0.403～0.491	P151 图 16	P154 图 22

续表

价格	单一电价	两部电价
0.491~0.599	P151 图 17	P154 图 23
0.599~0.731	P152 图 18	P155 图 24
0.731~0.892	P152 图 19	P155 图 25

2. 公式法：DL/T 5222 导规 P141，式（1）~式（6）

五、$I_{c最大负荷电流}$

详 GB 50217 缆规 P72 附录 D 导体 Note1

导体 Note5　按截面（管径）利用率选截面 GB 50217 缆规 P37

一、桥架（托盘、梯架）截面利用率

配四 P909　10.2.4（8）

$S_{电力缆外截面积}/S_{桥架内截面积} \leqslant 40\%$

$S_{控制缆外截面积}/S_{桥架内截面积} \leqslant 50\%$

二、金属导管、金属槽盒截面利用率

GB 50054 低压配电　7.2.14

载流导线≤30 根

$S_{导线外截面积}/S_{金属管、槽盒内截面积} \leqslant 40\%$

三、导线穿管时截面利用率

配四 P897　10.1.4（2）

3 根导线以上：$S_{导线外截面积}/S_{金属管、槽盒内截面积} \leqslant 40\%$

两根导线：$S_{穿管内径}/(S_{线1外径}+S_{线2外径}) \geqslant 1.35$

四、导线穿管时导管长度限值

配四 P897　10.1.4（2）

1. 0 个弯头：$L<30m$
2. 1 个 90°~120° 的弯：$L<20m$
3. 2 个 90°~120° 的弯：$L<15m$
4. 3 个 90°~120° 的弯：$L<8m$

注：2 个（120°~150°）的弯＝1 个（90°~120°）的弯

超出的措施：①加拉线盒、箱或②加大管径

五、电缆穿管规定

GB 50217 缆规 P37　5.4.4

1. **穿管电缆根数**
   重要场所：1管1根
   电动机回路：1管≤3根电力电缆；1管≤多根控制电缆
2. **内径要求**
   单电缆：$D_{穿管内径} / D_{单电缆外径} \geq 1.5$
   多电缆：$D_{管内径} / D_{多电缆包络外径} \geq 1.5$
   排管：$D_{排管内径} \geq 75mm$
3. **弯头数量要求：**
   非直角弯：弯头数≤3个
   直角弯：弯头数≥2个
   超出的措施：采用两段保护管 P147 条说 5.4.5

导体 Note6　热稳定选截面　配四 P383

一、高压导体热稳定选截面

$$S \geq \frac{10^3 \times \sqrt{Q_{短路电流热效应}(kA^2 \cdot \Omega \cdot s)}}{C_{热稳定系数}}$$ 配四 P385 (5.1.9)

1. 求 Q_t 短路电流热效应（$kA^2 S$）配四 P385 高压电器 Note5 短路热稳定校验
2. **求 C 热稳定系数：**
   1) 查表法：裸导体：优先 5222 导规 P13 表 5.1.9；其次配四 表 5.6-5
      硬导体、裸导线：配四 P384 表 5.6-7
   2) 公式法：配四 P383（5.6-12）

二、高压电缆热稳定选截面

$$S \geq \frac{10^3 \times \sqrt{Q_{短路电流热效应}(kA^2 \cdot \Omega \cdot s)}}{C_{热稳定系数}}$$ 配四 P385 (5.1.10)

1. 求 Q_t 短路电流热效应（$kA^2 \cdot \Omega \cdot s$）：
   1) 非发电厂馈线（可忽略直流分量）：$Q = I_k^2 \times t$ 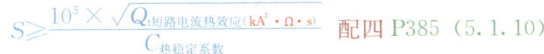 GB 50217 P77（E.1.3-2）
      $t_{短路时间}$：配四 P333 高压电器 Note2 短路时间 t 选择
   2) 已知直流分量：配四 P385 高压电器 Note5 短路热稳定校验
   3) 发电厂的馈线回路：
      (1) $P_{机组容量} \leq 100MW$：查配四 P383（5.6-11）
      (2) $P_{机组容量} > 100MW$：查配四 P383 表 5.6-4
2. **求 C 热稳定系数：**
   1) 查表法：配四 P384 表 5.6-7

2) 公式法：配四 P383 (5.6-13、5.6-14)

三、低压（≤1kV）导体电缆热稳定选截面

t 以 0.1s 为界，配四 式 11.2-4/5 P962

1. $0.1s \leq t \leq 5s$ 时：$S \geq I_{\text{预期短路电流(A)}} \sqrt{t_{(s)}} / k$ 配四 式 11.2-4

2. $t < 0.1s$ 时：$S \geq \dfrac{\sqrt{\text{保护电器允许} I^2 t}}{k}$，配四 式 11.2-5

t 可查图，1) 求 I_k / I_{set1} 的值，2) 用值查纵坐标，3) 用纵坐标查与曲线交点，4) 交点查横坐标得 t

k 导体计算系数：

1) 精算公式：GB 50054 P53 式 A.0.1
2) 相导体-PVC90℃、橡胶 85℃：配四 P962 表 11.2-2
3) 相导体-其余：GB 50054 P56 表 A.0.7
4) 裸导体：GB 50054 P55 表 A.0.6
5) 电缆芯线或成束敷设的 PE 导体：GB 50054 低压配电 P54 表 A.0.4
6) 金属护层做 PE 导体：GB 50054 低压配电 P55 表 A.0.5
7) 非电缆芯线且不成束敷设的绝缘 PE 导体：GB 50054 低压配电 P54 表 A.0.2
8) 与电缆护层接触且不成束敷设的裸 PE 导体：GB 50054 低压配电 P54 表 A.0.3

导体 Note7　电缆计算长度、订货长度 GB 50217 缆规 P81

一、电缆计算长度

GB 50217 缆规 P31 5.1.17 P81 附 G

$L_{\text{计算长度}} =$ 实际路径长 $+$ ①路径附加 $+$ ②终端、接头、引至设备附加

1. 求①纵向、横向 路径附加：（已知埋深时 注意加上下路径）

    （纵向）高差地形、伸缩节、迂回备用

    （横向）蛇形

2. 求②终端、接头、引至设备附加：GB 50217 缆规 P81 附 G

    估算：表 G 注

    ②终端、接头、引至设备附加＝线路长×5%，

    精确：查附 G 表 G 首、末终端、附加一定有，中间接头看已知

    ②终端、接头、引至设备附加＝

    终端（首＋末）$_{\text{表第一行}}$＋中间接头$_{\text{表第二行}}$＋引至首端$_{\text{表剩余行}}$＋引至末端$_{\text{表剩余行}}$

二、电缆订货长度

GB 50217 缆规 P383 5.1.18

1. 长距离电缆：$L_{订货长度} = L_{计算长度}$
2. 非长距离电缆且 $\leq 35kV$：$L_{订货长度} = (1.05 \sim 1.1) \times L_{计算长度}$

导体 Note8　电缆、电线的绝缘（额定电压、绝缘类型）配四 P779

一、$U_{电缆相间额定电压}$

$$U_{电缆相间额定电压} \geq U_{工作线电压} \quad GB\ 50217\ 缆规\ P4\ 3.2.1$$

二、U_0 电缆相对地额定电压

GB 50217 缆规 P4 3.2.2

1. 直接、低电阻接地系统，$t_{接地保护动作} \leq 1min$：$U_0 \geq U_{0工作相电压} = \dfrac{U_{工作线电压}}{\sqrt{3}}$

2. 不接地、谐振接地系统，$1min < t_{接地保护动作} \leq 8h$：

$$U_0 \geq 1.33 \times U_{0工作相电压} = \dfrac{1.33 \times U_{工作线电压}}{\sqrt{3}}$$

GB 50217 缆规　条文 3.2.2 注：提高一挡　举例 10kV 选 8.7/10

3. 安全要求较高 或 $t_{接地保护动作} > 8h$：$U_0 \geq 1.73 \times U_{0工作相电压} = \dfrac{\sqrt{3} \times U_{工作线电压}}{\sqrt{3}}$

　配四 P778 表 9.1-2

　A 类：$t_{接地保护动作} \leq 1min$：$U_0 \geq 6kV$

　B 类：$1min < t_{接地保护动作} \leq 1h$：$U_0 \geq 6kV$

　C 类：$t_{接地保护动作} > 1h$：$U_0 \geq 8.7kV$

三、U_m 电缆最高电压

配四 P778 表 9.1-2

四、低压电缆 $U_{0相对地}/U_{相间}$

$U_{0相对地}/U_{相同} = 0.6/1kV$　配四 P779 9.1.3.4

五、电线 $U_{0相对地}/U_{相间}$

配四 P779 9.1.3.4

1. 220V 单相供电系统 = 300/300V
2. 220/380V 系统：IT 系统 = 450/750V
　　　　　　　　　TN、TT 系统 = 300/500V

导体 Note9　感应电势、感应电势接地形式、护层电压限制器 GB 50217 缆规 P78

一、感应电势接地要求

三芯电缆：直接接地；GB 50217 缆规 P23 4.1.10

交流单芯：考虑感应电势影响 GB 50217 缆规 P23 4.1.11～4.1.12

二、$U_{感应允许值}$ 单芯正常感应电势允许值（上限）

GB 50217 缆规 P23 4.1.10

1. 未采取无人接触安全措施：$E_{s实际值} \leq U_{感应允许值} = 50V$
2. 有采用无人接触安全措施：$E_{s实际值} \leq U_{感应允许值} = 300V$

三、单芯三种接地方式

GB 50217 缆规 P23 4.1.12

1. 当满足 $E_{s实际值} \leq U_{感应允许值}$ 且线路不长：图 4.1.12-1

   措施：一端或中央单点直接接地（其他端接护层电压限值器 CP）

2. 当 $E_{s实际值} > U_{感应允许值}$ 且线路较长且（水下电缆、≤5kV、>35kV 的小容量电缆）

   措施：两端直接接地（最不好）图 4.1.12-2

3. 当 $E_{s实际值} > U_{感应允许值}$ 且线路较长且 >35kV 的大容量电缆 图 4.1.12-3

   措施：交叉互联（分为若干单元，每单元内 3 小段，两端直接接地、中间接 CP）

   措施后满足 $E_{s实际值} / (3 \times n_{单元数}) \leq U_{感应允许值}$

四、E_s 单芯正常感应电势实际值

GB 50217 缆规 P78 （F.0.1）

$$E_{s正常感应电势实际值} = L_{电缆计算长度} \times E_{s0单位长度正常感应电势实际值}$$

1. $L_{Max电缆计算长度最大值}$（km）：

   1) 一端直接接地：$L_{Max电缆计算长度最大值} = L_{电缆实际长度}$
   2) 两端、中间直接接地：$L_{Max电缆计算长度最大值} = 0.5 \times L_{电缆实际长度}$
   3) 交叉互联：$L_{Max电缆计算长度最大值} = L_{Max接头～绝缘接头实际最大长度}$

2. $L_{任一点电缆计算长度实际值} = L_{当前点到直接接地点距离的最小值}$

五、E_{s0} 单位长度正常感应电势实际值

GB 50217 缆规 P79 F.0.2

$$E_{s0单位长度正常感应电势实际值} = [E_{s0～A相,C相} \cdot E_{s0～B相}]_{Max}$$

六、U_{cy} 护层电压限制器残压

GB 50217 缆规 P24 4.1.14-1

U_{cy}护层电压限制器残压 ≤ U_{ny}电缆护层冲击耐压 / 1.4

注：U_{ny}电缆护层冲击耐压：GB 50217 缆规 P129 条说 4.1.3 表 4

导体 Note10　电缆沟、电缆隧道、工作井、电缆夹层、厂房尺寸间距　GB 50217 缆规 P39

一、电缆沟

电缆沟尺寸相关规定如图 10-1 所示。

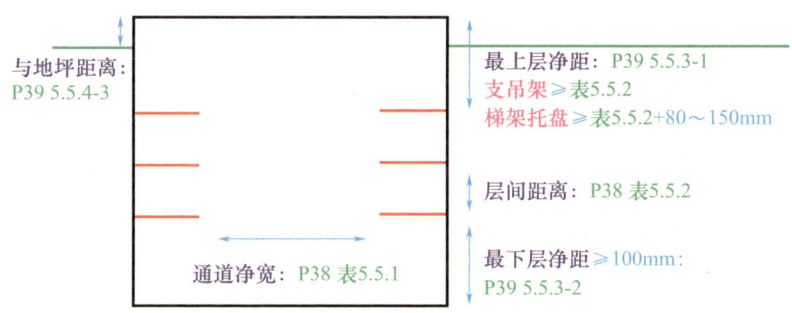

图 10-1　电缆沟尺寸相关规定

二、电缆隧道

电缆隧道尺寸相关规定如图 10-2 所示。

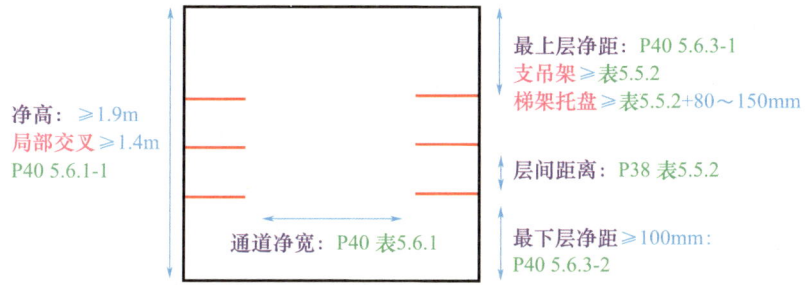

图 10-2　电缆隧道尺寸相关规定

三、封闭工作井

封闭工作井尺寸相关规定如图 10-3 所示。

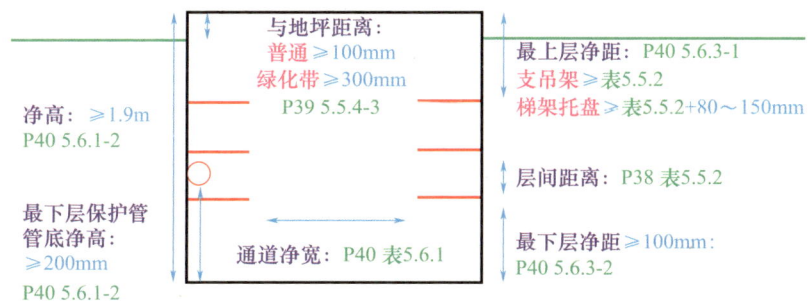

图 10-3　封闭工作井尺寸相关规定

四、电缆夹层

电缆夹层尺寸相关规定如图 10-4 所示。

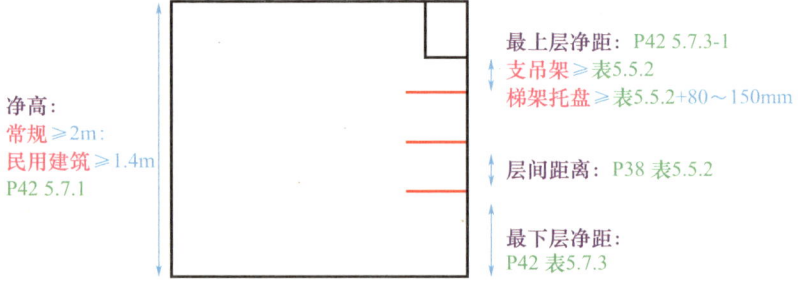

图 10-4　电缆夹层尺寸相关规定

五、厂房内

厂房内尺寸相关规定如图 10-5 所示。

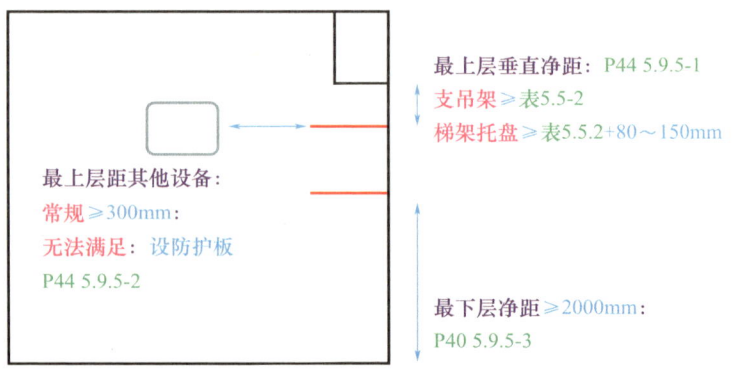

图 10-5　厂房内尺寸相关规定

导体 Note11　穿管敷设最大管长、实际（允许）拉力、实际（允许）侧拉力　GB 50217 缆规 P82

一、穿管敷设最大允许管长判断公式

GB 50217 缆规 P82 H.0.1

$T_{i第i个直线段拉出实际拉力} \leqslant T_{m电缆允许拉力}$　（H.0.1-1）

$T_{j第j个弯曲段拉出实际拉力} \leqslant T_{m电缆允许拉力}$

$P_{j第j个弯曲段拉出实际侧压力} \leqslant P_{m电缆允许侧压力}$　$(j=1, 2, \cdots)$　（H.0.1-2）

$T_{i第i个直线段拉出实际拉力} \leqslant T_{m电缆允许拉力}$　（H.0.1-1）

$$T_{j\text{第}j\text{个弯曲段拉出实际拉力}} \leqslant T_{m\text{电缆允许拉力}}$$
$$P_{j\text{第}j\text{个弯曲段拉出实际侧压力}} \leqslant P_{m\text{电缆允许侧压力}} \quad (j=1,2,\cdots) \quad (H.0.1\text{-}2)$$

二、$T_{m\text{电缆允许拉力}}$（N）

　　GB 50217 缆规 P82（H.0.4）

$$T_{m\text{电缆允许拉力}} = k_{\text{校正系数}} \sigma_{\text{允许抗压强度}} q_{\text{电缆芯数}} S_{\text{导体(非电缆)截面积(mm}^2\text{)}} / \text{安全系数}$$

1. $k_{\text{校正系数}}$：**电力电缆** $k=1$；**控制电缆** $k=0.6$

2. $\sigma_{\text{允许抗压强度}}$（N/mm²）：**铜芯** $\sigma=68.6$；**铝芯** $\sigma=39.2$

三、$P_{m\text{电缆允许侧压力}}$（N/m）

GB 50217 缆规 P82 H.0.5

1. **分相统包**电缆：$P_{m\text{电缆允许侧压力}} = \mathbf{2500\text{N/m}}$

2. 其他**挤塑绝缘**或**自容式充油**电缆：$P_{m\text{电缆允许侧压力}} = \mathbf{3000\text{N/m}}$

四、$T_{i\text{第}i\text{个直线段拉出实际拉力}}$（N）：GB 50217 缆规 P82（H.0.2-1）

$$T_{i\text{第}i\text{个直线段实际拉力}} = T_{i-1\text{前一个直线段}} + \mu_{\text{动摩擦系数}} C_{\text{质量校正系数}} W_{\text{单位长度质量(kg/m)}} \times 9.8 \times L_{\text{第}i\text{段长度}}$$

1. **起始拉力**：$T_0 = T_{i-1(i=1)} + \mu_{\text{动摩擦系数}} C_{\text{质量校正系数}} W_{\text{单位长度质量(kg/m)}} \times 9.8 \times 20$

2. $\mu_{\text{动摩擦系数}}$：用**管材**查 P84 表 H.0.6

3. $C_{\text{质量校正系数}}$：C_1根电缆质量校正系数$=1$；C_2根电缆质量校正系数$=1.1$

$$C_{3\text{根电缆品字形质量校正系数}} = 1 + \left[\frac{4}{3} + \left(\frac{d_{\text{电缆外径}}}{D_{\text{保护管内径}} - d_{\text{电缆外径}}}\right)^2\right]$$

五、T_j **第** j **个弯曲段拉出实际拉力**（N）

GB 50217 缆规 P82（H.0.2-2）

$$T_{j\text{第}j\text{个弯曲段实际拉力}} = T_{j\text{第}j\text{个直线段实际拉力}} \times e^{\mu_{\text{动摩擦系数}} \times \theta_{\text{第}j\text{段弯管的夹角角度(rad)}}}$$

$\mu_{\text{动摩擦系数}}$：用**管材**查 P84 表 H.0.6

六、P_j**个弯曲段实际侧压力**（N/m）

GB 50217 缆规 P83 H.0.3

1. **1 根电缆**：（H.0.3-1）

$$P_{j\text{第}j\text{个弯曲段实际侧压力}} = T_{j\text{第}j\text{个弯曲段实际拉力}} / R_{j\text{第}j\text{个弯曲段弯曲管道内半径(m)}}$$

2. **2 根电缆**：（H.0.3-2）

$$P_{j\text{第}j\text{个弯曲段实际侧压力}} = 1.1 \times T_{j\text{第}j\text{个弯曲段实际拉力}} / (2 \times R_{j\text{第}j\text{个弯曲段弯曲管道内半径(m)}})$$

3. **3 根电缆呈品字形**：（H.0.3-3）

$$P_{j\text{第}j\text{个弯曲段实际侧压力}} = C_{3\text{质量校正系数}} \times T_{j\text{第}j\text{个弯曲段实际拉力}} / (2 \times R_{j\text{第}j\text{个弯曲段弯曲管道内半径(m)}})$$

$$C_{\text{质量校正系数}}: C_{3\text{质量校正系数}} = 1 + \left[\frac{4}{3} + \left(\frac{d_{\text{电缆外径}}}{D_{\text{保护管内径}} - d_{\text{电缆外径}}}\right)^2\right]$$

导体 Note12　阻燃、耐火电缆　配四 P781

一、阻燃电缆分类

1. 阻燃类别 A、B、C、D（考虑成束非金属材料体积）：配四 P780　表 9.1-3

2. 烟气特性：①一般；②低烟低卤；③无卤：配四 P781

3. 阻燃类别新 A、B_1、B_2、B_3：配四 P782　表 9.1-5

4. 附加分级（滴落物、烟气毒性、腐蚀性）：配四 P783　表 9.1-6

二、阻燃电缆计算成束非金属材料体积，确定阻燃等级

1. 计算成束非金属材料体积（L/m）：

　　1）查表法：根据电压、绝缘、芯数、截面查得非金属含量　配四 P887 附录 C

　　2）估算法：非金属材料体积＝电缆截面积－导体面积　$1000mm^2 = 1L/m$

2. 托盘内敷设预留电缆修正：体积$_{修正后}$＝1.2×体积$_{修正前}$　配四 P783

3. 使用体积$_{修正后}$查表得阻燃等级　配四 P780　表 9.1-3

三、阻燃电缆应用场景

1. 火警广播：GB 50016 火规 10.1.10

2. 火警总线：人员密集，B_1；其他，B_2。GB 51348 民规 13.8.4-1

3. 民用电力电缆：一类高层公共场所 B_1，其他一类高层 B_2　GB 51348 民规 13.9.1-3、4

4. 民用通信电缆：GB 51348 民规　表 13.9.3　重要公共建筑详条文说明

5. 易燃易爆场所、地下变电站、人员密集、重要工业、公共设施：GB 50217 缆规 7.0.5

6. 一级负荷双回路共沟：GB 50053　20kV 变电站　4.1.8

四、耐火电缆分类

1. 耐火特性：N 耐火、NJ 耐火冲击、NS 耐火喷水

2. 绝缘材质：

　　1）有机型耐火电缆：绝缘层内的云母层耐火

　　2）刚性矿物绝缘电缆：氧化镁绝缘层耐火

　　3）柔性矿物绝缘电缆：云母层、(加矿物的绝缘层、内护套)耐火

五、耐火电缆应用场景

1. 消防系统、救生系统、高温环境、辐射环境：配四 P786～787

2. 消防安防重要回路；重要电源双回路：GB 50217 缆规 7.0.7

3. 油罐区、木结构、高温场所用矿物绝缘电缆：GB 50217 缆规 7.0.10

4. 总变电所至分变电所高压电缆：GB 51348 民规　13.8.4-7

5. 10kv 柴发输出配电线路：GB 51348 民规　13.8.4-8

6. 消防联动控制线：GB 51348 民规 13.8.4-1

7. 超高层垂直配电干线 400A 以上：GB 51348 民规 13.8.4-5
8. 超高层避难间的通信广播音视频线路：GB 51348 民规 13.8.4-6

导体 Note13　**按载流量选**电缆、导体**截面**（IEC 法）配四 P813
一、I'_z 载流修正

载流量选电缆截面总原则：GB 50217 缆规 3.6.1
1. $I'_{z截流修}=K_{成束数设}K_{温度修}K_{土壤热阻}K_{日照}K_{断线应力}K_{中频}I_{z载流量}\geqslant I_{计算电流}/K_{谐波}$
   各段工况时：$K_{皆分别算}$，取 $K_{修最小}$，取 I'_z 修最小
2. I_z 导体载流量查表（本 Note-三），$S_{截面}$ 取大
3. 单电缆穿过不同散热区域时：分区域计算 S，S 取大。GB 50217 P13 3.3.6

二、I_c 最大负荷电流
1. 低压电器：配四（1.4-6）

   负荷、用电设备（电动机）：$I_{c计算电流}=\dfrac{S_{c计算负荷}}{\sqrt{3}U_{n系统标称电压}}$

2. 高压电器：配四 P315 表 5.2-3

   出线回路：$I_{c计算电流}=\dfrac{S_{c最大计算负荷（包括转移负荷）}}{\sqrt{3}U_{n标称电压}}$

   变压器回路：$I_{c计算电流}=(1.05 \text{ 或过负荷倍数})\times\dfrac{S_{c最大计算负荷（包括转移负荷）}}{\sqrt{3}U_{n额定电压}}$

   其他详　配四 P315 表 5.2-3

三、I_z 电缆载流量
配四（PE 不算芯数）P829～P849
1. 750V 穿管电线：聚氯乙烯 P829 表 9.3-15。交联聚乙烯 P831 表 9.3-16。
   耐热聚氯乙烯 P833 表 9.3-17。
2. 750V 明敷电线：聚氯乙烯 P834 表 9.3-18。交联聚乙烯 P834 表 9.3-19。
   塑料软线、塑料护套线 P835 表 9.3-20。
3. 交联聚乙烯电缆：
   110kV 左空气中、右直埋 P836 表 9.3-21；6～35kV 空气中 P836 表 9.3-22；
   6～35kV 左直埋、右穿管埋 P837 表 9.3-23；1kV 空气中 P838 表 9.3-24；
   1kV 桥架 P839 表 9.3-25；1kV 左直埋、右穿管埋 P841 表 9.3-26。
4. 1kV 聚氯乙烯电缆：
   明敷 P842 表 9.3-27；桥架 P843 表 9.3-28；
   左直埋、右穿管埋 P845 表 9.3-29。

5. 橡皮绝缘电缆 P845～846、架空绝缘电缆 P846、矿物绝缘电缆 P847～849

四、I_z导体载流量

配四 P849～P857

涂漆矩形导体 表 9.3-35～36；单片裸铜包铝母线 表 9.3-37；

安全滑触线 表 9.3-38～41；铝绞线 表 9.3-42；

裸铜绞线 表 9.3-43；圆导体 表 9.3-44；刚体滑触线 表 9.3-45～49

导体 Note14　按载流量选电缆、导体截面（IEC 法）7 个修正系数　配四 P813

一、$K_{成束敷设校正}$

多回路多根多芯

1. 前提条件：

1) θ_n 不同时：按长期允许工作温度 θ_n 最低的线查表计算

2) 某回路 $I_{C实际电流}$ ＜ $0.3\Sigma I_{C成束敷设额定电流}$ 时：忽略此回路　配四 P812

3) 每相包含 m 根并联导体时：回路数＝m×回路数

2. 单层间距未知时：P812 表 9.3-2

直埋且已知间距时：P813 表 9.3-3

穿管埋地且已知间距时：P813 表 9.3-4

空气中单层桥架且已知间距时：P814 表 9.3-5

多层桥架且紧靠排列时：P817 表 9.3-6

敷设在管/槽/盒内且未知间距时：公式法　$K_{成束敷设} = \dfrac{1}{\sqrt{n_{多芯电缆数或回路数}}}$　P813

二、$K_{环境温度修正}$

空气中：环境温度≠30℃时。土壤中：环境温度≠20℃时

1. 用电缆敷设方式和场所查　配四 P823 表 9.3-8，得 $\theta_{a实际环境温度}$

温度相关规定见表 10-3。

表 10-3　温度相关规定

电缆敷设方式、场所	机械通风	选取的环境温度	条文
土中直埋		埋深处的最热月平均地温	表 9.3-8
空气、墙、楼板、地坪 穿管		最热月的日最高温度平均值	P826
水下		最热月的日最高水温平均值	表 9.3-8
有热源设备的厂房	有	通风设计温度	表 9.3-8
	无	最热月的日最高温度平均值＋5℃	表 9.3-8

续表

电缆敷设方式、场所		机械通风	选取的环境温度	条文
一般性厂房及其他建筑物内		有	通风设计温度	表 9.3-8
		无	最热月的日最高温度平均值	表 9.3-8
户外空气中			最热月的日最高温度平均值	表 9.3-8
户外电缆沟	覆土未知		最热月的日最高温度平均值	表 9.3-8
	无覆土		最热月的日最高温度平均值＋7～10℃	P828
	覆土≥30cm		最热月的日最高温度平均值＋5℃	P828
户内电缆沟		无	最热月的日最高温度平均值＋5℃	表 9.3-8
隧道、电气竖井		无	最热月的日最高温度平均值＋5℃	表 9.3-8
隧道、电气竖井		有	通风设计温度	表 9.3-8

2. θ_a环境温度 为 5 的倍数→查表法：用位置、绝缘类型、θ_a环境温度 查表得 $K_{温度修}$

　1) 空气中敷设时：P824 表 9.3-9

　2) 直埋、穿管埋地时：P825 表 9.3-10

θ_a环境温度 表内不可查→公式法：

1) 用绝缘类别查 配四 P812 表 9.3-1，得 θ_N持续工作最高允许温度

2) θ_c基准温度

　　　空气中：θ_c基准温度＝30℃。土壤中：θ_c基准温度＝20℃

3) $K_{温度修} = \sqrt{\dfrac{\theta_N\text{持续工作最高允许温度} - \theta_a\text{实际环境温度}}{\theta_N\text{持续工作最高允许温度} - \theta_c\text{基准温度}}}$

三、K 土壤热阻修正

直埋、穿管埋地 $\rho_{土壤}$≠2.5 时 电缆沟不修正 P826 表 9.3-12

根据 土壤情况查 P826 表 9.3-11 得 $\rho_{实际土壤热阻系数}$

三个特例：

　1) 沙与砾石混合比 1∶1 时：ρ＝1.2～1.5

　2) 沙与水泥混合，沙与水泥体积比 14∶1 或质量比 18∶1 时：ρ＝1.2

　3) 敷设电缆用回填土：ρ＝1～1.2

情况 1　I_z 查表 9.3-21 110kV 交联电缆，表内 $\rho_{热阻基准值}$≠2.5 时：

　1) 用 $\rho_{实际土壤热阻系数}$ 查 P826 表 9.3-12 得 $K_{标准基准修正系数}$

　2) 用 $\rho_{表内热阻基准值}$ 查表 P826 表 9.3-12 得 $K_{标准基准修正系数}$

　3) $K_{土壤热阻修正}$＝$K_{标准基准修正系数}$/$K_{表内基准修正系数}$

情况 2　$\rho_{热阻基准值}$＝2.5 且 $\rho_{实际热阻系数}$≠2.5 时

用 $\rho_{实际土壤热阻系数}$ 查 P826 表 9.3-12 得 $K_{土壤热阻修正}$

情况 3 $\rho_{热阻基准值}$＝2.5 且 $\rho_{实际热阻系数}$＝2.5 时：$K_{土壤热阻修正}$＝1

四、$K_{日照修正}$

户外明敷无遮阳 1～10kV 电缆 配四 P826 表 9.3-13

用截面、电压、芯数查 配四 P826 表 9.3-13 得 $K_{日照修正}$

五、$K_{断续负载、短时负载}$

配四下 P1188（12.8-1/2）

六、$K_{中频修正}$

通过中频电流 配四 P858 表 9.3-50

七、$K_{三次谐波修正}$

前提 $S_{ph相}$＝$S_{N中性线}$ GB 50054 低压 3.2.9 及条说

1. 计算单相相线上的三次谐波电流 $I_{相线3谐}$
2. 计算三次谐波分量：三次谐波分量＝$I_{相线3谐}$/$I_{c基波(计算电流)}$
3. 三次谐波分量≤15％时：$K_{谐波}$＝1；$I'_{c修}$＝$I_{c基波(计算电流)}$

15％＜谐波分量≤33％时：$K_{谐波}$＝0.86；$I'_{c修}$＝$I_{c基波(计算电流)}$/0.86

33％＜谐波分量≤45％时：$K_{谐波}$＝0.86；$I'_{c修}$＝3×$I_{3谐}$/0.86＝3×谐波分量×$I_{基}$/0.86

谐波分量＞45％时：$K_{谐波}$＝1；$I'_{c修}$＝3×$I_{相线3谐}$＝3×谐波分量×$I_{基}$

第十一章 照 明

照明知识点汇总《照明设计手册》(第三版) P1

照明 Note1   常规参数定义及计算《照明设计手册》(第三版) P1 GB/T 50034 照规 P3
照明 Note2   照明方式、种类；光源、灯具、附属装置选择 GB/T 50034 照规 P9
照明 Note3   照明数量和质量 GB/T 50034 照规 P13
照明 Note4   LPD 功率密度 GB/T 50034 照规 P41
照明 Note5   点光源点照度计算步骤《照明设计手册》(第三版) P119
照明 Note6   线光源点照度计算步骤《照明设计手册》(第三版) P129
照明 Note7   面光源点照度计算步骤《照明设计手册》(第三版) P137
照明 Note8   室内平均照度计算、灯数量《照明设计手册》(第三版) P145
照明 Note9   单位容量法计算最低电功率及灯数量《照明设计手册》(第三版) P153
照明 Note10   平均球面照度、标量照度、平均柱面照度《照明设计手册》(第三版) P157
照明 Note11   大面积投光灯照度《照明设计手册》(第三版) P161
照明 Note12   导光管采光照度《照明设计手册》(第三版) P169
照明 Note13   道路照明《照明设计手册》(第三版) P407
照明 Note14   照度、工作面高度、炫光、均匀度、显色指数、规范限值 GB/T 50034 照规 P17

黑板照明《照明设计手册》(第三版) P192
电脑教室照明《照明设计手册》(第三版) P201
书库照明《照明设计手册》(第三版) P203
   体育场馆照明之四角布置《照明设计手册》(第三版) P320
   灯具功能分类《照明设计手册》(第三版) P76～79
   1/2 照度角、最大允许距高比《照明设计手册》(第三版) P79
   光学特性《照明设计手册》(第三版) P80
   灯具平均亮度《照明设计手册》(第三版) P81～82
   使用期综合费用、道路照明各成本《照明设计手册》(第三版) P86～87
   电压偏移实际光通量、电压波动允许次数《照明设计手册》(第三版) P92

照明控制《照明设计手册》(第三版) P104 图 4-2

照明谐波电流限值《照明设计手册》(第三版) P502 表 23-8

照明 Note1　**常规参数定义及计算**《照明设计手册》(第三版) P1 GB/T 50034 照规 P3 详见表 11-1

表 11-1　参数定义及计算公式

物理量	定义	公式	单位
发光强度 I	光源在给定方向单位立体角内传输的光通量	$I_{光强} = \Phi_{光通量} / \Omega_{立体角}$　(1-4)	cd
光通量 φ	单位时间内由光源（被照物）所发出（吸收）的光能	$\Phi_{光通量} = I_{光强} \cdot \Omega_{立体角}$　(1-4)	lm=cd·sr
照度 E	入射到单位面积的光通量	$E_{照度} = \dfrac{\Phi_{光通量}}{A_{面积}}$　(1-3) $= \dfrac{I_{光强} \cdot \Omega_{立体角}}{A_{面积}} = \dfrac{I_{光强}}{r^2_{距离}}$　(5-1)	$lx = \dfrac{lm}{m^2} = \dfrac{cd \cdot sr}{m^2}$
亮度 L	光源在给定方向单位面积单位立体角内传输的光通量	$L_{亮度} = I_{光强} / (A_{面积} \cdot \cos\theta)$　(1-5) $L_{均匀漫反射亮度} = \rho_{反射系数} E_{照度} / \pi$　(1-6) $L_{均匀漫透射亮度} = \tau_{透射系数} E_{照度} / \pi$　(1-7) $L_{光源表面亮度} = \rho_{反} \tau_{透} E_{照} / \pi$《照明设计手册》(第三版)(5-38)	$\dfrac{cd}{m^2} = \dfrac{lm}{sr \cdot m^2}$

相关参数规定见表 11-2。

表 11-2　相关参数规定

知识点	GB/T 50034 照规	具体内容
E_{av}维持平均照度	2.0.8	E_{av}维持平均照度 $= E_{初始照度} \times K_{维护系数}$
U_0照度均匀度	2.0.32	U_0照度均匀度 $= E_{min最小照度} / E_{av平均照度}$
参考面/作业面	2.0.9～10	参考平面高度详见 P17～40 表 5.2～5.5
K维护系数	2.0.12	$K_{维护系数} = E_{av平均照度} / E_{初始} = L_{av平均亮度} / L_{初始}$，$K_{维护系数}$ 查 P13 表 4.1.4
照明方式	2.0.13～17	一般、分区、局部、混合、重点照明
照明种类	2.0.18～22	正常照明、应急照明。应急照明包括疏散、安全、备用照明
η灯具效率	2.0.30	η灯具功率 $= \Phi_{灯具输出光通量} / \Phi_{光源}$
灯具效能	2.0.31	灯具效能 $= \Phi_{灯具输出光通量} / P_{灯具输入功率}$

续表

知识点	GB/T 50034 照规	具体内容
UGR 统一眩光值	2.0.36	UGR：衡量室内照明眩光的值。标准值为最高限值
GR 眩光值	2.0.37	GR：衡量体育场馆、室外照明眩光的值。标准值为最高限值
（光）闪变指数 P_{st}^{LM}	2.0.49	短期内低频（80Hz 以内）光输出闪烁影响程度的度量。【条文说明：以 $P_{st}^{LM}=1$ 为限值，它表示在标准试验条件下，50%的实验者（概率）刚好感知到闪烁现象；当 $P_{st}^{LM}>1$ 时，50%以上的观察者会感知到闪烁现象】
频闪效应可视度 SVM	2.0.50	光输出频率范围为 80~2000Hz 时，短期内频闪效应影响程度的度量。【条文说明：SVM＝1 时，刚好可见；SVM＜1 时，不可见；SVM＞1 时，可见】
R_a 一般显色指数	2.0.53	R_a 照明标准值为最小限值。R_a 查 P15 4.4.2
反射比	2.0.60	反射的辐射通量或光通量与入射的辐射通量或光通量之比。（《照明设计手册》（第三版）P3，透射比或透射系数：透过材料或介质的光通量与入射光通量之比）
LPD 照明功率密度	2.0.61	单位面积上一般照明的额定功率（包括光源、镇流器、驱动电源或变压器等附属用电器件）
年曝光量	2.0.63	度量物体年累积接受光照度的值。查表 5.3.9-3 或 GB 55016—2021 第 3.3.3-4 条
RI 室形指数	2.0.54	$RI_{室形指数} = \dfrac{2 \times 地面面积}{(h_{灯高} - h_{工作面高}) \times 周长} = \dfrac{5}{RCR_{室空间比}}$
RCR 室空间比		$RCR_{室空间比} = \dfrac{2.5 \times (h_{灯高} - h_{工作面高}) \times 周长}{地面面积} = \dfrac{5}{RI_{室形指数}}$ 《照明设计手册》（第三版）P7 (1-10)

照明 Note2　照明方式、种类；光源、灯具、附属装置选择 GB/T 50034 照规 P9 详见表 11-3

表 11-3　照明相关规定（1）

项目	条款	具体内容
照明方式	3.1.1	一般、分区、局部、混合、重点照明的应用
照明种类	3.1.2	什么场所设置正常、应急（疏散、安全、备用）、值班、警卫、障碍照明与《建筑环境通用规范》（GB 55016—2021）第 3.1.3 条对接

续表

项目	条款	具体内容
LED 电气性能	3.2.5	LED 灯输入功率与额定值之差：1）额定功率小于等于 5W，偏差不大于 0.5W；2）额定功率大于 5W，偏差不大于额定值 10%。LED 灯的功率因数不应低于表 3.2.5 的规定；LED 灯在距离 1m 处噪声的 A 计权等效声级不应大于 24dB
LED 光度性能	3.2.6	LED 灯的初始光通量不应低于额定光通量的 90%，且不应高于额定光通量的 120%；其工作 3000h 的光通量维持率不应小于 96%，6000h 的光通量维持率不应小于 92%。 LED 初始光效见 P11 表 3.2.6-1、表 3.2.6-2
灯具光生物安全性	3.3.4	灯具分类：RG0、RG1、RG2、RG3，详见条文说明。【与《建筑环境通用规范》(GB 55016—2021) 第 3.3.6 条对接】 3.3.6 儿童及青少年长时间学习或活动的场所应选用无危险类 (RG0) 灯具；其他人员长时间工作或停留的场所应选用无危险类 (RG0) 或 1 类危险 (RG1) 灯具或满足灯具标记的视看距离要求的 2 类危险 (RG2) 的灯具
功率因数	3.3.5	荧光灯功率因数不应低于 0.9，高强气体放电灯功率因数不应低于 0.85，LED 灯具功率因数不应低于 0.9
谐波	3.3.6	P102 条文说明表 1（5～25W）、《照明设计手册》(第三版) P502 表 23-8（大于 25W）
冲击电流	3.3.7	表 3.3.7 75W 及以上 LED 灯具的启动冲击电流限值。对照第 3.2.5 条第 5 点：75W 以下 LED 灯启动冲击电流峰值不应大于 40A，持续时间应小于 1ms
灯具 效率效能	2.0.36 2.0.37 3.3.10	2.0.36 **灯具效率**、2.0.37 **灯具效能** 表 3.3.10-1～表 3.3.10-4 给出了灯具初始**效率最低值**； 表 3.3.10-5～表 3.3.10-8 给出了灯具初始**效能最低值**
特殊场所	3.3.11	1. 潮湿、腐蚀性气体或蒸汽、高温、多尘埃、室外等 12 种情况选择 2. **灯具防护等级**参见《照明设计手册》(第三版) P76 表 3-4～表 3-6
室外照明设备	3.3.12	【条文说明有更细致要求】【与《建筑环境通用规范》(GB 55016—2021) 第 3.1.4 条对接】3.1.4 对人员可触及的光环境设施，当表面温度高于 70℃时，应采取隔离保护措施
镇流器		3.3.6、照明手册 P46 镇流器选择条款

照明 Note3　**照明数量和质量** GB/T 50034 照规 P13 详见表 11-4

表 11-4　照明相关规定（2）

章节	知识点	条款	具体内容
4.1 照度	照度标准分级	4.1.1	0.5～5000lx（主观效果上明显感觉到照度最小变化的照度差大约 1.5 倍）
	分级提高一级	4.1.2	照度标准值分级提高一级的 8 种情况
	分级降低一级	4.1.3	照度标准值分级降低一级的 3 种情况
	维护系数 K	4.1.4	灯具最小擦拭次数及维护系数值表 4.1.4
	设计照度偏差	4.1.5	灯具>10 个：设计照度与照度标准值允许偏差+10%
	邻近周围照度	4.1.4	作业面邻近周围（作业面外宽度不小于 0.5m 的区域）照度可低于作业面照度，但不低于表 4.1.4；
	背景区域照度	4.1.5	作业面背景区域一般照明的照度不宜低于作业面邻近周围照度的 1/3
4.2 均匀度	工作场所	4.2.1	均匀度：一般场所不应低于 0.4；长时间工作的场所不应低于 0.6；对视觉要求高的场所不应低于 0.7
	邻近周围照度	4.2.2	作业面邻近周围（作业面外宽度不小于 0.5m 的区域）照度可低于作业面照度，但不低于表 4.2.2
	非作业区域照度	4.2.3	通道和其他非作业区域一般照明的照度不宜低于作业面邻近周围照度的 1/3
	墙面、顶棚平均照度	4.2.4	墙面不宜低于 50lx，顶棚不宜低于 30lx；人员长期工作并停留场所墙面不宜低于作业面或参考平面平均照度的 30%，顶棚不宜低于作业面或参考平面平均照度的 20%
	有电视转播	4.2.5	有电视转播要求的体育场馆：比赛场地、观众席前排等
	无电视转播	4.2.6	无电视转播要求的体育场馆：训练、业余比赛、专业比赛等
4.3 眩光限制	遮光角、表面亮度	4.3.1	表 4.3.1-1 遮光角；P116 条文说明遮光角示意图； 表 4.3.1-2 带保护罩灯具的表面亮度
	防止或减少	4.3.2	防止或减少光幕反射和反射眩光三措施
	亮度限值	4.3.3	表 4.3.3 与灯具中垂线 65°～90°的平均亮度限值
4.4 闪烁、频闪	闪变指数	4.4.1	光源和灯具的闪变指数（P_{st}^{LM}）不应大于 1
	频闪效应	4.4.2	人员长期工作房间或场所，其频闪效应可视度（SVM）不应大于 1.3；《建筑环境通用规范》(GB 55016—2021) 第 3.3.7 条：儿童及青少年长时间学习或活动的场所选用光源和灯具的频闪效应可视度（SVM）不应大于 1.0。 4.4.2 条文说明：频闪比=100%×(A−B)/(A+B)

续表

章节	知识点	条款	具体内容
4.5 光源颜色	色表特征	4.5.1	色温、色表特征（暖、中间、冷）、适用场所；与《照明设计手册》（第三版）P11 表 3-1 对应补充学习
	色温	4.5.2	室内夜间长期工作或停留的房间或场所，相关色温不宜高于 4000K；室外照明相关色温不宜高于 5000K
	显示指数	4.5.3	在灯具安装高度大于 8m 的工业建筑场所，R_a 可低于 80。对接《建筑环境通用规范》（GB 55016—2021）第 3.3.5 条 3.3.5 长时间工作或停留场所；同类产品的色容差不应大于 5SDCM；R_a 不应低于 80；特殊显色指数（R_9）不应小于 0
	色容差	4.5.4	室内色容差不大于 5SDCM；室内色容差不大于 7SDCM
	LED 色偏差	4.5.5	寿命期内偏差不超过 0.07；不同方向不超过 0.004
4.6	非视觉效应	4.6.1~4.6.8	2024 版规范新增
4.7 反射比	作业面	4.7.1	长时间工作房间，作业面反射比 0.2~0.6
	内表面	4.7.2	表 4.7.2 长时间工作房间内表面（顶棚、墙面、地面）反射比

照明 Note4　**LPD 功率密度**　GB/T 50034　照规　P41

一、计算 LPD

GB/T 50034　照规　2.0.61　GB 55015 节能与可再生　P163　条文 6.3.13（5）（6）

$$LPD_{(W/m^2)} = \frac{P_{额定功率}}{A_{房间面积}} = k_{电压修正系数} \times \frac{P_{测量功率}}{A_{房间面积}} = \frac{U_{0额定电压}^2}{U_{实测电压}^2} \times \frac{P_{测量功率}}{A_{房间面积}}$$

1. $P_{额定功率}$ 包括光源、镇流器、驱动电源或变压器等附属用电器件

   不包括 LED 恒压直流电源、照明控制设备、传感器功耗。GB 55015　条文说明 3.3.7

2. 装饰性灯具：$P_{额定功率} = 0.5 \times P_{装饰灯功率} + P_{非装饰灯功率}$　GB/T 50034　照规　6.3.18

二、查 LPD 限值：GB/T 50034　照规　GB 55015 节能与可再生　详见表 11-5

表 11-5　LPD 相关规定

住宅建筑	GB/T 50034 P55 表 6.3.1（现行＋目标）
居住建筑公共机动车库	GB/T 50034 P55 表 6.3.2（目标） GB/T 55015 P32 表 3.3.7-2（现行）
宿舍	GB/T 50034 P55 表 6.3.3（现行＋目标）

续表

图书馆	GB/T 50034 P56 表 6.3.4（现行＋目标）
办公用途场所	GB/T 50034 P56 表 6.3.5（目标）、GB 55015 P33 表 3.3.7-3（现行）
商店	GB/T 50034 P56 表 6.3.6（目标）、GB 55015 P33 表 3.3.7-4（现行）重点照明时，限值＋5
旅馆	GB/T 50034 P57 表 6.3.7（目标）、GB 55015 P33 表 3.3.7-5（现行）
医疗	GB/T 50034 P57 表 6.3.8（目标）、GB 55015 P33 表 3.3.7-6（现行）
教育	GB/T 50034 P58 表 6.3.9（目标）、GB 55015 P34 表 3.3.7-7（现行）
博览建筑（美术馆、科技馆、博物馆）	GB/T 50034 P58、P59 表 6.3.10-1 美术馆、表 6.3.10-2 科技馆、表 6.3.10-3 博物馆（目标＋现行）
会展	GB/T 50034 P60 表 6.3.11（目标）、GB 55015 P34 表 3.3.7-8（现行）
交通	GB/T 50034 P60 表 6.3.12（目标）、GB 55015 P34 表 3.3.7-9（现行）
金融	GB/T 50034 P60 表 6.3.13（目标）GB 55015 P35 表 3.3.7-10（现行）
工业非爆炸	GB/T 50034 P61 表 6.3.14（目标）GB 55015 P35 表 3.3.7-11（现行）
非爆炸通用场所	GB/T 50034 P63 表 6.3.15（目标）GB 55015 P37 表 3.3.7-12（现行）
整楼范围限值	GB 55015 节能与可再生 P72 表 C.0.6-3

三、LPD$_{限值修正}$

1. 营业厅装重点照明时：LPD$_{修正限值}$＝5＋LPD$_{查表值}$

GB/T 50034 P56 表 6.3.6（目标）、GB 55015 P33 表 3.3.7-4 注（现行）

2. 室形指数 RI≤1 修正：

　1) 计算室形指数 $RI = \dfrac{2 \times 地面面积}{(h_{灯嘉} - h_{工作面高}) \times 周长}$　GB/T 50034 照规 2.0.54

　2) 当 RI≤1 时，LPD 修正限值≤1.2×LPD 查表值 GB 55015 节能与可再生 3.3.7

3. 因 GB/T 50034 照规 4.1.2、4.1.3 提高、降低照度标准后修正：

LPD$_{修正限值}$＝(修正后照度×LPD$_{查表值}$)/修正前照度 GB 55015 节能与可再生 3.3.7

四、LPD$_{实际值}$ 与 LPD$_{修正限值}$ 的比较

LPD$_{实际值}$≤LPD$_{修正限值}$ GB/T 50034 照规 6.1.3

照明 Note5　点光源点照度计算步骤《照明设计手册》（第三版）P119

一、点光源求点照度计算条件

点光源在确定平面上 P 点产生的照度

点光源：线状发光体长度 L≤1/4 照射距离；圆盘形发光体直径 R≤1/5 照射距离

点照度：非平均照度；明确被照点所在平面及位置

二、旋转对应示意图

求 2 个夹角 θ、φ：照三 P120 图 5-5

$$E=\frac{I_\theta}{R^2}\cos\varphi$$

θ：光轴与光源到测量点连线 SP 夹角

φ：光源到测量点连线 SP 与被照面法线夹角

特例：当光轴垂直于被照面时，$\theta=\varphi$

各参数示意图如图 11-1 所示。

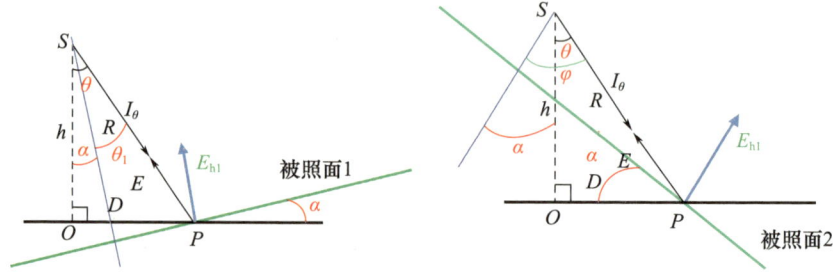

图 11-1 各参数示意图（1）

倾斜面不穿过垂线段 SO，被照面法线与光线 SP 的夹角：$\varphi=|\theta-\alpha|$

倾斜面穿过垂线段 SO，被照面法线与光线 SP 的夹角：$\varphi=\theta+\alpha$

三、求 $I_{沿SP方向光强}$ （cd）

由 $\theta_{光轴与SP夹角}$ 查光源光强分布表，插值法得 $I_{沿SP方向光强}$

当光源光通量≠分布表基准值时：$I_{沿SP方向光强}=I_{\theta查表值}\times\Phi_{实际光通量}/1000_{查灯表光通量基准值}$

四、求 E_{h1} 单个光源点照度 （lm）

$$E=\frac{I_\theta}{R^2}\cos\varphi$$ 《照明设计手册》（第三版）P118 （5-2）

五、求 E_h 总光源点照度、并考虑非标光通量、多个光源、维护系数

$E_h=\dfrac{\Sigma（E_{h1单个光源照度}\times\Phi_{光源实际光通量}）\times K_{维护系数}}{1000_{查灯表光通量基准值}}$ 《照明设计手册》（第三版）P118 （5-11）（5-15）

K 维护系数：GB 50034 照规 表 4.1.6

照明 Note6 线光源点照度计算步骤 《照明设计手册》（第三版）P129

一、线光源求点照度计算条件

点光源在确定平面上 P 点产生的照度

线光源： 宽度 b 较长度 L 小得多的发光体；圆盘形发光体直径 $R ≤ 1/5$ 照射距离

点照度： 非平均照度；明确被照点所在平面及位置

二、确定灯具纵轴光强分布类型

1. 绘制 $\dfrac{I_{\theta \cdot \alpha}}{I_{\theta \cdot 0}} = f(\alpha)$，$\alpha$ 曲线，与《照明设计手册》（第三版）P125 图 5-10 对比，与 C 类灯具光强分布曲线相近

2. 查表 5-6，通过光源分布公式或方位系数公式反过来确定灯具类型。

三、求 E_h 单个（连续）线光源水平照度

各参数示意图如图 11-2、图 11-3 所示。

$$E_h = \dfrac{\Phi_{\text{单个灯具总光通量}} \times I'_{\theta \cdot 0 \text{单位长度光强}} \times K_{\text{维护系数}}}{1000 \times h_{\text{计算高度}}} \cos^2\theta \times (AF \text{水平方位系数})$$ 《照明设计手册》（第三版）P126（5-21）

1. 求 θ：$\theta = \arccos(h/R) = \arctan(D/h)$

2. 求 $I_{\theta \cdot 0 \text{线光源在}\theta\text{平面上光强}}$：
   常用查表法： 通过 θ 查表 A—A 平面得 $I_{\theta \cdot 0}$

3. 求 $I'_{\theta \cdot 0 \text{单位度光强}} = I_{\theta \cdot 0}/l_{\text{单个灯具长度}}$（m）

4. 求 α 方位角：$\alpha = \arctan\dfrac{l_{\text{连续灯具总长}}}{\sqrt{h^2 + D^2}}$

5. 求 AF 水平方位系数：
   1) 查表法：通过 α 查 P126 表 5-3 插值所得
   2) 公式法：通过 α 查 P130 表 5-6 计算得

6. $K_{\text{维护系数}}$：GB/T 50034 照规 表 4.1.4

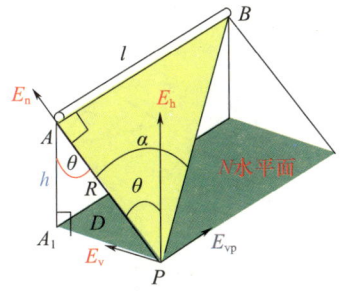
图 11-2 各参数示意图（2）

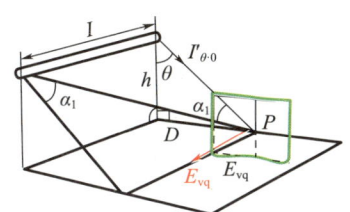
图 11-3 各参数示意图（3）

四、求 E_v 单个（连续）线光源平面垂直且面朝光源照度

$E_v = E_{h\text{本笔记二}} \times \tan\theta$ 《照明设计手册》（第三版）P129 表 5-5（2）

五、求 E_{vq} 单个线光源平面垂直且平行光源照度
各参数示意图如图 11-4 所示。

$$E_h = \frac{\Phi_{\text{单个灯具总光通量}} \times I'_{\theta \cdot 0\text{单位长度光强}} \times K_{\text{维护系数}}}{1000 \times h_{\text{计算高度}}} \cos\theta \times (a_{\text{垂直方位系数}})$$ 《照明设计手册》(第三版)

P128 (5-24)

1. 求 θ：$\theta = \arccos(h/R)$
2. 求 $I_{\theta \cdot 0\text{线光源在}\theta\text{平面上光强}}$：
   常用查表法：通过 θ 查表 A-A 平面得 $I_{\theta \cdot 0}$
3. 求 $I'_{\theta \cdot 0\text{单位长度光强}} = I_{\theta \cdot 0}/l_{\text{单个灯具长度}}$
4. 求 α 方位角：$\alpha = \arctan \dfrac{l_{\text{连续灯具总长}}}{\sqrt{h^2 + D^2}}$
5. 求 $a_{\text{垂直方位系数}}$：
   1) 查表法：通过 α 查 P128 表 5-4 插值所得
   2) 公式法：通过 α 查 P130 表 5-6 计算得

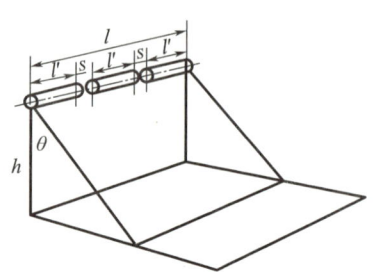

图 11-4 各参数示意图（4）

六、不连续线光源按照连续光源照度计算《照明设计手册》(第三版) P131 (5-25)

1. 计算前提条件：灯具相同且同一轴线布置且光源间的距离 $S > h/(4\cos\theta)$
2. $I'_{\theta \cdot 0\text{单位长度光强修正}} = \dfrac{\text{所有光源实际长度和}}{\text{不连续光源长度（含间距）}} \times I'_{\theta \cdot 0\text{单位长度光强}}$
3. 根据本 Note 三、四、五计算照度

七、不连续线光源无法按照连续光源照度计算：$S > h/4\cos\theta$ 时
$$E_{\alpha \&} = E_{\alpha 5} - E_{\alpha 4} + E_{\alpha 3} - E_{\alpha 2} + E_{\alpha 1}$$

八、计算点不在线光源端点（组合法）：如 P_1、P_2
各参数示意图如图 11-5 所示。

P_1 点：$E_{hP1} = E_{hAD} - E_{hAB}$
$E_{vqP1} = E_{vqAD} - E_{vqAB}$
$E_{vP1} = E_{vAD} - E_{vAB}$

P_2 点：$E_{hP2} = E_{hDC} + E_{hCB}$
$E_{vqP2} = E_{vqCD}$ （只算一半）
$E_{v2} = E_{vBC} + E_{vCD}$

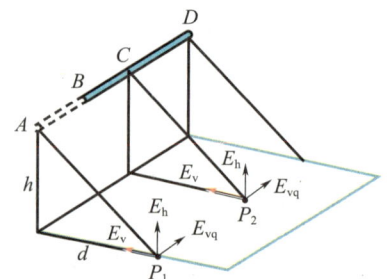

图 11-5 各参数示意图（5）

照明 Note7 面光源 点照度计算步骤《照明设计手册》(第三版) P137

一、面光源求点照度计算条件：矩形等亮度面光源在确定平面上 P 点产生的照度
二、E_h 水平面照度的计算：《照明设计手册》(第三版) P136

各参数示意图如图 11-6 所示。

$E_h = L_{面光源的亮度(cd/m2)} \times f_{h水平面立体角投影率(形状因数)}$ 《照明设计手册》（第三版）P136（5-29）

f_h 水平面立体角投影率（形状因数）：

1. 优先公式法：$f_h = \dfrac{1}{2}\left(\dfrac{Y}{\sqrt{1+Y^2}}\arctan\dfrac{X}{\sqrt{1+Y^2}} + \dfrac{X}{\sqrt{1+X^2}}\arctan\dfrac{Y}{\sqrt{1+X^2}}\right)$

其中：$X = a_{灯长}/h_{计算高度}$，$Y = b_{灯宽}/h_{计算高度}$。

arctan 值为**弧度制**＝**角度值**×π/180，X 与 Y、a 与 b **可互换**

2. 查图法：《照明设计手册》（第三版）P137 图 5-17

1）计算 **X** 值：$X = a_{灯长}/h_{计算高度}$，**定曲线**
2）计算 **Y** 值：$Y = b_{灯宽}/h_{计算高度}$，**定横坐标**
3）**查曲线交点的纵坐标**，得 f_h 形状因数

三、非端点处水平面照度组合计算《照明设计手册》（第三版）P136

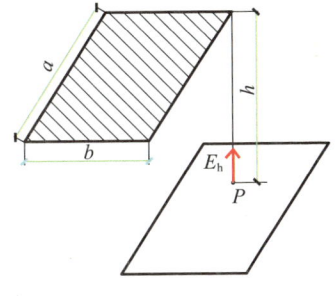

图 11-6 各参数示意图（6）

各点位置图如图 11-7 所示。

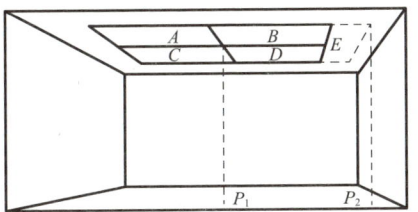
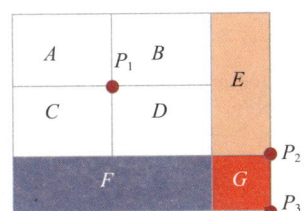

图 11-7 各点位置图

分割矩形光源（P_1 点）：$E_{hP1} = E_{hA1} + E_{hB1} + E_{hC1} + E_{hD1} = 4E_{hA1}$ （5-30）

补充矩形光源（P_2 点）$E_{hP2} = E_{h(A+B+C+D+E)2} - E_{hE2}$ （5-31）

补充矩形光源（P_3 点）$E_{hP3} = E_{h(A+B+C+D+E+F+G)3} - E_{h(E+G)3} - E_{h(F+G)3} + E_{hG3}$

四、E_v 垂直面照度的计算

各参数示意图如图 11-8 所示。

《照明设计手册》（第三版）P137（5-32）

$E_v = L_{面光源的亮度(cd/m2)} \times f_{v垂直面立体角投影率(形状因数)}$

f_v 垂直面立体角投影率（形状因数）：

1. 优先公式法：$f_v = \dfrac{1}{2}\left(\arctan\dfrac{1}{Y} - \dfrac{Y}{\sqrt{X^2+Y^2}}\arctan\dfrac{1}{\sqrt{X^2+Y^2}}\right)$

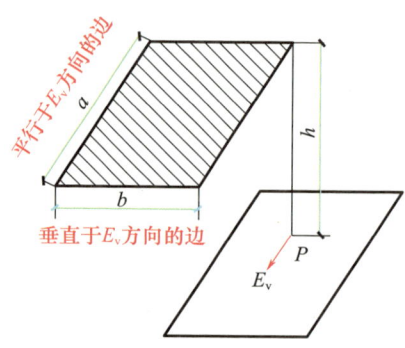

图11-8 各参数示意图（7）

其中：$X=\dfrac{a_{平行E_v方向的边}}{b_{垂直于E_v方向的边}}$，$Y=\dfrac{h_{计算高度}}{b_{垂直于E_v方向的边}}$。

arctan 值为**弧度制＝角度值**×π/180，**X** 与 **Y**、**a** 与 **b** 不可换

2. 查图法：《照明设计手册》（第三版）P138
图5-20：步骤同本 Note 二 **查表法**；**XY** 计算参考公式法

五、E_φ 倾斜面照度的计算：《照明设计手册》（第三版）P138（5-33）

各参数示意图如图 11-9 所示。

计算条件：面光源与被照面要实际相交

$$E_\varphi = L_{面光源的亮度(cd/m2)} \times f_{\varphi 倾斜面立体角投影率（形状因数）}$$

f_φ 倾斜面立体角投影率（形状因数）：

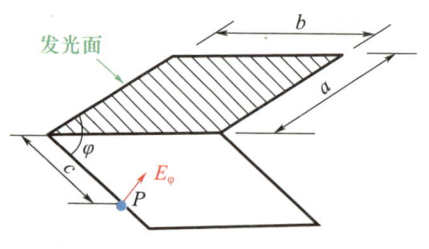

图11-9 各参数示意图（8）

1. $\varphi=0$ 时：详本 Note 二 **E_h 水平面照度**
2. $\varphi=90$ 时：详本 Note 四 **E_v 垂直面照度**
3. $\varphi=30、60$ 时：查图法《照明设计手册》（第三版）P139 图5-22、图5-23

1）计算 **X**、**Y** 值

$$X=\dfrac{a_{灯非相交边的长度}}{b_{相交边的长度}}，Y=\dfrac{c_{P点到交线距离}}{b_{相交边的长度}}$$

2）**X** 值查图，定曲线
3）**Y** 值查图，定横坐标
4）查曲线交点的纵坐标，得 f_φ 形状因数

4. 公式法：《照明设计手册》（第三版）P138（5-33）

其中：$X=\dfrac{a_{灯非相交边的长度}}{b_{相交边的长度}}$、$Y=\dfrac{c_{P点到交线距离}}{b_{相交边的长度}}$

arctan 值为**弧度制＝角度值**×π/180，**X** 与 **Y**、**a** 与 **b** 不可换

六、矩形 c 类灯具非等亮度面光源点照度计算《照明设计手册》（第三版）P137（5-34）

计算条件：矩形非等亮面光源 $I_\alpha = I_0 \cos^2\alpha$

$$E_{h水平面照度} = L_{0面光源法线方向亮度(cd/m2)} \times f_{立体角投影率（形状因数）}$$

f 立体角投影率（形状因数）：

各参数示意图如图 11-10 所示。

1. 查图法《照明设计手册》（第三版）P141 图5-25

1）计算 **X**、**Y** 值

$X=\dfrac{a}{h}$，$Y=\dfrac{b}{h}$　X 与 Y，a 与 b 可换

2) X 值查图，定曲线

3) Y 值查图，定横坐标

4) 查曲线交点的纵坐标，得 f 形状因数

2. 公式法：《照明设计手册》（第三版）P137（5-33）

arctan 值为弧度制＝角度值×π/180，X 与 Y，a 与 b 可换

七、圆形等亮面光源的点照度计算

1. 面光源平行被照面：《照明设计手册》（第三版）P142（5-36）；特例 P 在轴线上：P141（5-35）

2. 面光源垂直被照面：《照明设计手册》（第三版）P142（5-37）

图 11-10　各参数示意图（9）

八、$L_{面光源表面亮度}$

$L = E_{照度} \times \rho_{反射系数} \times \tau_{透射系数} / \pi$　《照明设计手册》（第三版）P142（5-38）

照明 Note8　室内平均照度计算、灯数量《照明设计手册》（第三版）P145

一、E_{av} 平均照度公式

《照明设计手册》（第三版）P145（5-39）　GB/T 50034 照规 4.1.7

$E_{av} = \dfrac{\Phi_{光源光通量} N_{光源个数} U_{利用系数} K_{维护系数}}{A_{工作面面积}} = (0.9 \sim 1.1) \times$ 照度标准值（灯具>10个时，照度可有20%的偏差）

1. $\Phi_{光源光通量}$：$\Phi_{光源光通量} = \Phi_{灯具光通量} /$ 灯具效率

2. K 维护系数：GB/T 50034 照规　表 4.1.6

3. U 利用系数：（0. 几～1. 几）本笔记　二

二、U 利用系数法（0. 几～1. 几）

1. 公式法：$U = \Phi_{工作面接收} / \Phi_{光源光通量}$　（5-40）

2. 查表法：

1) 计算 RCR 室空间比或 RI 室形指数　本笔记　三

2) 计算 ρ_{eff} 有效顶棚、地板空间反射比（有吊顶时直接用顶棚反射比）本笔记　四

3) 计算 ρ_{wav} 墙面平均反射比　本笔记　五

4) 根据以上三个结果，查对应灯具利用系数表、用插值法，得 $U_{利用系数}$

三、RCR 室空间比、RI 室形指数、CCR 顶棚空间比、FCR 地板空间比：

$RCR_{室空间比} = \dfrac{2.5 \times (h_{灯高} - h_{工作面高}) \times 周长}{地面面积} = \dfrac{5}{RI_{室形指数}}$　《照明设计手册》（第三版）P146

（5-44）

$$RI_{室形指数} = \frac{2 \times 地面面积}{(h_{灯高} - h_{工作面高}) \times 周长} = \frac{5}{RCR_{室空间比}}$$ 《照明设计手册》(第三版) P7 (1-9)

$$CCR_{顶棚空间比} = \frac{2.5 \times (h_{顶高} - h_{灯高}) \times 周长}{地面面积} = \frac{h_{顶高} - h_{灯高}}{h_{灯高} - h_{工作面高}} \times RCR$$ 《照明设计手册》(第三版) P146 (5-42)

$$FCR_{地板空间比} = \frac{2.5 \times h_{工作面高} \times 周长}{地面面积} = \frac{h_{工作面高}}{h_{灯高} - h_{工作面高}} \times RCR$$ 《照明设计手册》(第三版) P146 (5-43)

四、ρ 空间表面平均反射比；ρc 有效顶棚反射比、ρf 有效地板空间反射比

有吊顶时，求 U 利用系数可直接用顶棚反射比查表，无须计算有效反射比。

$$\rho_{平均反射比} = \frac{\sum_{i=1}^{n} \rho_{i第i个表面的反射比} A_{i第i个表面的面积}}{\sum_{i=1}^{n} A_{i第i个表面的面积}}$$ 《照明设计手册》(第三版) P146 (5-46)

N 实体面数量：为除去开口面后剩下的实体面，一般为 5

$$\rho_{c顶棚有效反射比} = \frac{\rho_{平均反射比} A_{0开口面积}}{A_{s实体面面积} - \rho_{平均反射比}(A_{s实体面面积} - A_{0开口面积})}$$ 《照明设计手册》(第三版) P146 (5-45)

$$\rho_{f地板有效反射比} = \frac{\rho_{平均反射比} A_{0开口面积}}{A_{s实体面面积} - \rho_{平均反射比}(A_{s实体面面积} - A_{0开口面积})}$$ 《照明设计手册》(第三版) P146 (5-45)

各参数示意图如图 11-11 所示。

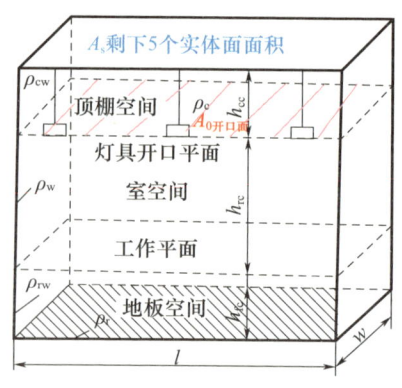
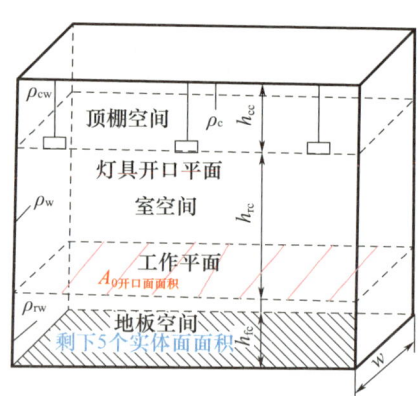

图 11-11 各参数示意图 (10)

五、ρwav 墙面平均反射比 《照明设计手册》(第三版) P147 (5-47)

$$\rho_{wx} = \frac{\rho_{w\text{墙面反射比}}(A_{w\text{四周总面积}} - \sum_{i=1}^{N} A_{x\text{面特殊面的面积}}) + \sum_{i=1}^{N} \rho_{xi\text{特殊面反射比}} A_{xi}}{A_{w\text{四周总面积}}}$$

$$A_{w\text{四周总面积}} = (h_{\text{灯高}} - h_{\text{工作面高}}) \times \text{周长}$$

各参数示意图如图 11-12 所示。

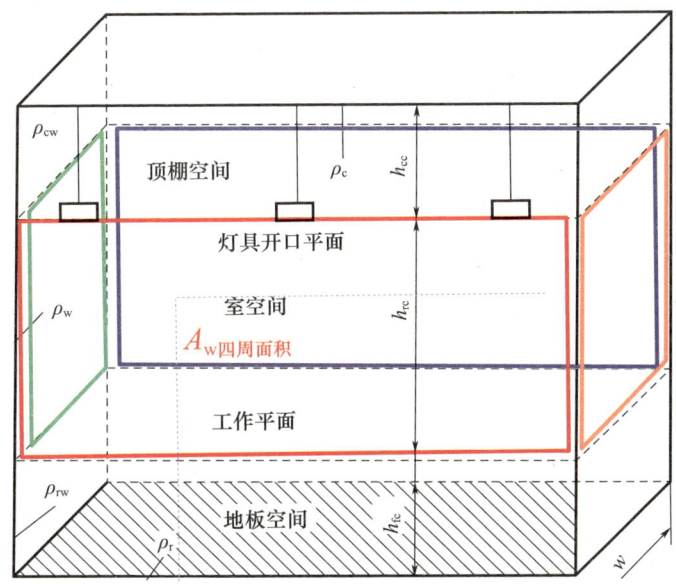

图 11-12　各参数示意图（11）

六、灯数量计算

1. 公式法：《照明设计手册》（第三版） P148（5-48）

$$N_{\text{光源个数}} = \frac{E_{av\text{平均照度}} \times A_{\text{工作面面积}}}{\Phi_{\text{光源}\text{光通量}} U_{\text{利用系数}} K_{\text{维护系数}}}$$

$N_{\text{光源个数}}$ 取<u>最接近值</u>，并验算

　　1）灯具＞10 个：（1～1.2）×照度标准值

　　2）灯具≤10 个，可超出此偏差 GB/T 50034 照规 4.15

2. 灯具概算曲线法：《照明设计手册》（第三版） P148（5-49）、图 5-29

　　1）根据 $h_{\text{灯具距工作面高度}}$，定概算曲线

　　2）根据 $S_{\text{房间面积}}$，定纵坐标

　　3）根据纵坐标与曲线交点，得<u>横坐标—由概算曲线上查出的灯数</u>

　　4）实际照度值≠概算曲线假定值时：

$$N_{\text{实际概算灯数}} = \text{由概算曲线上查出的灯数} \times \frac{\text{实际照度值}}{\text{概算曲线假定值}_{(\text{默认}100)}}$$

3. 单位容量法求灯数量：

详《照明设计手册》(第三版) P153 Note9 **单位容量法计算最低电功率及灯数量**

照明 Note9　**单位容量法计算最低电功率及灯数量**《照明设计手册》(第三版) P153

一、P_0 单位面积电功率（单位容量）（W/m²）；Φ_0 单位光辐量（lm/m²）

1. 计算 $RCR_{\text{室空间比}}$（$RI_{\text{室形指数}}$）：

$$RCR_{\text{室空间比}} = \frac{2.5 \times (h_{\text{灯高}} - h_{\text{工作面高}}) \times \text{周长}}{\text{地面面积}} = \frac{5}{RI_{\text{室形指数}}} \text{《照明设计手册》(第三版)}$$

P146（5-44）

$$RI_{\text{室形指数}} = \frac{2 \times \text{地面面积}}{(h_{\text{灯高}} - h_{\text{工作面高}}) \times \text{周长}} = \frac{5}{RCR_{\text{室空间比}}} \text{《照明设计手册》(第三版) P7 (1-9)}$$

2. 根据灯具**上下光通量比例**及 $s_{\text{灯距}}$ 与 $h_{\text{计算高度}}$ **关系**；或**灯具名称举例**

　　查《照明设计手册》(第三版) P155 表 5-21，确定**灯具配光分类**

3. 根据**灯**具配光分类及 $s_{\text{灯距}}$ 与 $h_{\text{计算高度}}$ 关系

　　查《照明设计手册》(第三版) P154 表 5-20，查每个格子**第一行**确定 P_0 单位电功率（单位容量）

　　　　　　　　　　　　　　　　　　　查每个格子**第二行**确定 Φ_0 单位光辐射量

　　P_0 不可查时：公式法：P_0 单位电功率 = Φ_0 单位光辐射量/60

二、Φ 在设计照度条件下**房间需要的光源总光通量**（lm）

　　$\Phi_{\text{光源总光通量}} = \Phi_{0\text{单位光辐射量}} A_{\text{房间面积}} E_{\text{设计平均照度}}$ 《照明设计手册》(第三版) P152 (5-50)

三、P 在设计照度条件下房间需要安装的**最低电功率**（W）《照明设计手册》(第三版) P152（5-50）

　　P 最低电功率 = $P_{0\text{单位电功率}} A_{\text{房间面积}} E_{\text{设计平均照度}} C_{1\text{反射比修正}} C_{2\text{光源修正}} C_{3\text{灯效修正}}$

1. C_1 反射比修正：根据 ρ_c 顶棚、ρ_w 墙、ρ_f 地板空间反射比，（计算详 P145 Note8）

　　查《照明设计手册》(第三版) P153 表 5-18，得 C_1 反射比修正

2. C_2 光源修正：

1) 40W、60lm/W、2400lm 的荧光灯时：$C_2 = 1$

2) 光源功率 $\neq$ 40W 或光效 $\neq$ 60lm/W 或光通量 $\neq$ 2400lm 或不是荧光灯时：

C_2 查《照明设计手册》(第三版) P153 表 5-19 得 C_2 光源修正。

3. C_3 灯具效率修正：1) $\eta = 70\%$ 时：$C_3 = 1$；

　　　　　　　　　　　　2) $\eta = 60\%$ 时：$C_3 = 1.22$；

3) $\eta=50\%$ 时：$C_3=1.47$；

四、N 单位容量法计算灯具数：《照明设计手册》（第三版）P155 例 5-12

$N=P$ 最低电功率$/P_1$ 实际选用灯具的功率（不含镇流器）

照明 Note10　**平均球面照度、标量照度、平均柱面照度**《照明设计手册》（第三版）P157

一、**点光源**在点处**平均球面照度**：$E_s = \dfrac{\Phi}{4\pi r^2} = \dfrac{I}{4(R)^2}$《照明设计手册》（第三版）P156（5-51）

二、**面光源**在点处**平均球面照度**：$E_s = \dfrac{1}{4}\int L_{亮度}\, d\omega_{立体角}$《照明设计手册》（第三版）P156（5-54）

　　当面光源为均匀漫射光源：$E_s = \dfrac{1}{4} L_{亮度}\, \omega_{立体角}$《照明设计手册》（第三版）P156（5-55）

三、E_s **室内平均球面照度（标量照度）**

1. 求 **BZ 分类**：直接、半直接照明（BZ1～BZ3；25％上射光）

　　　　　　　　均匀漫射照明（BZ4～BZ10；50％上射光）

BZ 曲线：《照明设计手册》（第三版）P78 图 3-1；BZ 函数表达式：《照明设计手册》（第三版）P79

2. 求 **RI**$_{室形指数}$ = $\dfrac{2\times 地面面积}{(h_{灯高} - h_{工作面高})\times 周长} = \dfrac{5}{RCR_{室空间比}}$　GB/T 50034 照规 2.0.54

3. 求 ρ_f 地面反射比：

$\rho_{地板反射比} = \dfrac{\rho_{平均反射比}\cdot A_{0开口面积}}{A_{实体面积} - \rho_{平均反射比}(A_{实体面积} - A_{0开口面积})}$《照明设计手册》（第三版）P146（5-45）

$\rho_{平均反射比} = \dfrac{\sum\limits_{i=1}^{N}\rho_{第i个表面的反射比} A_{第i个表面的面积}}{\sum A_{部i个表面的面积}}$《照明设计手册》（第三版）P146（5-46）

4. 求 E_h 水平面照度：被测处的点照度：点光源点照度：详见《照明设计手册》（第三版）P119 Note；

　线光源点照度：详见《照明设计手册》（第三版）P129 Note；面光源点照度：详见《照明设计手册》（第三版）P137 Note

5. **公式＋K，查图法求 E_s 标量照度**：

　1) 计算 ρ_{wav} 墙面平均反射比：《照明设计手册》（第三版）P147（5-47）

$\rho_{wav} = \dfrac{\rho_{w墙面反射比}(A_{w四周总面积} - \sum\limits_{i=1}^{N} A_{特特殊面的面积}) + \sum\limits_{i=1}^{N}\rho_{特特殊面反射比} A_{特}}{A_{w四周总面积}}$

$$A_{w四周总面积} = (h_{灯高} - h_{工作面高}) \times 周长$$

2) 查图法定 K_s 标量照度换算系数：《照明设计手册》(第三版) P157 图 5-32

 ① 由 $\rho_{w均}$ 墙面平均反射比 定需要查的图

 ② 由 BZ 分类 定曲线，特例：当灯具为间接型，查 C 曲线

 ③ 由室形指数 RI 定横坐标

 ④ 横坐标与曲线交点的纵坐标为 K_s 标量照度换算系数

3) 代入公式，求 E_s 室内平均球面照度（标量照度）《照明设计手册》(第三版) P156 （5-56）

$$E_{s标量照度} = E_{h水平面照度} (K_{s标量照度换算系数} + 0.5\rho_{地面反射比})$$

E_s/E_h 查表法求 E_s 标量照度：E_s 和 E_h 的简易换算

 1) 根据 RI 室形指数、BZ 分类、ρ_f 地面反射比 查表《照明设计手册》(第三版) P157 表 5-22

 得 $E_{h水平面照度}/E_{s室内平均球面}$ 照度（标量照度）

 2) 代入公式，求 E_s 室内平均球面照度（标量照度）

$$E_{s室内平均球面照度(标量照度)} = E_{h水平面照度}/(E_h/E_s)_{查表值}$$

四、E_c 点光源在圆柱体侧面上形成的平均柱面照度：《照明设计手册》(第三版) P158 (5-58)

五、E_c 面光源在圆柱体侧面上形成的平均柱面照度：《照明设计手册》(第三版) P158 (5-59)

六、E_c 室内平均柱面照度：《照明设计手册》(第三版) P159 （5-60）

$$E_{c室内平均柱面照度} = E_{h水平面照度} (K_{c柱面换算系数} + 0.5\rho_{地面反射比})$$

1. 求 $\rho_{地面反射比}$：

$$\rho_{地板反射比} = \frac{\rho_{平均反射比} A_{0开口面面积}}{A_{s实体面面积} - \rho_{平均反射比}(A_{s实体面面积} - A_{0开口面面积})}$$ 《照明设计手册》(第三版) P146 (5-45)

$$\rho_{平均反射比} = \frac{\sum_{i=1}^{N} \rho_{i第i个表面的反射比} A_{i第i个表面的面积}}{\sum_{i=1}^{N} A_{i第i个表面的面积}}$$ 《照明设计手册》(第三版) P146 (5-46)

2. 求 E_h 水平面照度：被测处的点照度，点光源点照度：详见《照明设计手册》(第三版) P119 Note。

 线光源点照度：详见《照明设计手册》(第三版) P129 Note。面光源点照度：详见《照明设计手册》(第三版) P137 Note

3. K_c 柱面换算系数：$K_{c柱面换算系数} = 1.5 K_{s标量照度换算系数} - 0.25$

4. K_s 标量照度换算系数：

1) 已知 $E_{s球面、标量照度}$ 时，公式法：《照明设计手册》(第三版) P156（5-56）

$$K_{标量照度换算系数} = E_{标量照度}/E_{h水平面照度} - 0.5\rho_{地面反射比}$$

2) 查图法：《照明设计手册》(第三版) P157 图 5-32 **具体参数详本 Note 三 5-1**

(1) 由 ρ_{ws} 墙面平均反射ρ 定需要查的图

(2) 由 BZ 分类 定曲线，特例：当灯具为 间接型，查 C 曲线

(3) 由室形指数 RI 定横坐标

(4) 横坐标与曲线交点的纵坐标为 K_s 标量照度换算系数

照明 Note11　　**大面积投光灯照度**《照明设计手册》(第三版) P161

一、**N 最少安装投光灯台数计算**：《照明设计手册》(第三版) P159（5-63）

$$N_{投光灯数} = \frac{E_{av平均照度}A_{面积}}{\Phi_{投光灯具光通量}U_{利用系数}K_{维护系数(0.7\sim 0.65)}} = \frac{E_{av平均照度}A_{面积}}{\Phi_{投光光源光通量}\eta_{灯效}U_{利用}K_{维护}}$$

$$= \frac{E_{min最低照度}A_{面积}}{\Phi_{l投光灯光源光通量}\eta_{灯效}U_{利用系数}U_{1照度均匀度}K_{维护系数(0.7\sim 0.65)}}$$

二、**P 单位面积容量计算**：《照明设计手册》(第三版) P160（5-64）

$$P_{单位面积容量} = \frac{P_{L单台投光功率}E_{min最低照度}}{\Phi_{投光灯光源光通量}\eta_{灯效}U_{利用系数}U_{1照度均匀度}K_{维护系数(0.7\sim 0.65)}}$$

$$= \frac{E_{min最低照度}}{\eta_{l光源光效率}\eta_{灯效}U_{利用系数}U_{1照度均匀度}K_{维护系数(0.7\sim 0.65)}} = m \cdot E_{min最低照度}$$

m 值：可根据 光源种类查表《照明设计手册》(第三版) P160 表 5-23

三、**投光灯平均照度的计算**：《照明设计手册》(第三版) P160（5-66）

$$E_{av平均照度} = \frac{N_{投光灯数}\Phi_{l投光灯光源光通量}\eta_{灯效}U_{利用系数}K_{维护系数(0.7\sim 0.65)}}{A_{面积}}$$

$$= \frac{N_{投光灯数}\Phi_{投光灯具光通量}U_{利用系数}K_{维护系数(0.7\sim 0.65)}}{A_{面积}}$$

U 利用系数：1. 计算全射入面百分比 $=\dfrac{光通量全射入被照面灯盏数}{总盏数}$

2. 用全射入面百分比查表《照明设计手册》(第三版) P160 表 5-24，得 U 利用系数

四、**投光灯点照度的计算**

1. 查图《照明设计手册》(第三版) P161 图 5-35 **定四点坐标**：投光灯点 $S(x, y, z)$、瞄准点 $M(x_m, y_m, z_0)$、计算点 $P(x_p, y_p, z_0)$、投影点 $Q(x, y, z_0)$

2. 计算水平角 α、垂直角 β：《照明设计手册》(第三版) P162（5-71）、(5-73)

3. 根据 α、β，查光强分布图《照明设计手册》(第三版) P164 图 5-35 定 $I_{(α \cdot β)平均光强}$：

$$I_{(α \cdot β)平均光强} = 查表左上角值 \times 1000 cd$$

4. 把 $I_{(\alpha,\beta)}$ 代入《照明设计手册》(第三版) P162（5-75~78）计算 $E_{各种照度}$

5. 实际应用时：$E_{照度实际值} = E_{各种照度} \times K_{维护系数(一般为0.7)}$

五、投光灯的光束效率（或称光束因数）：

$$F_{光束效率} = \Phi_{总光束光通量} / \Phi_{光源光通量} \quad 《照明设计手册》(第三版) \ P80 \ (3-1)$$

六、投光灯的灯具绝对光强值：《照明设计手册》(第三版) P79 底部

$$I_{灯具绝对光强} = I_{查配光曲线值} \times \Phi_{灯具光通量} / 1000$$

照明 Note12　**导光管采光照度**《照明设计手册》(第三版) P169

E_s 室外天然光设计照度值的确定：

1. 确定**城市光气候分区**（两种方法）

   1）如已知**天然光年平均总照度** E_q（**klx**）：查《照明设计手册》(第三版) P167 二-2 确定**光气候分区**

   2）如已知**城市名称**：**查表**确定**城市光气候分区** GB 55016 建筑环境通规 表 B.0.2

2. 根据**城市光气候分区**，查《照明设计手册》(第三版) P168 表 5-26 得 E_s **室外天然光设计照度值**

3. 计算 $RCR_{室空间比} = \dfrac{2.5 \times (h_{灯高} - h_{工作面高}) \times 周长}{地面面积} = \dfrac{5}{RI_{室形指数}}$ 《照明设计手册》(第三版) P146（5-44）

4. 根据 $\rho_{c顶棚反射比}$、RCR、$\rho_{w墙面反射比}$ 查《照明设计手册》(第三版) P167 表 5-26 **插值**确定**采光利用系数 CU**

5. 根据**污染程度、安装角度**，查《照明设计手册》(第三版) P169 表 5-28 确定 **MF 维护系数**：

6. 计算 $M_{直段等效长度}$：$= L_{导光管长度} / D_{导光管直径}$ 《照明设计手册》(第三版) P169（5-83）

7. 根据**弯头角度、管直径**，查《照明设计手册》(第三版) P170 表 5-29 确定 $M_{各弯曲段等效长度}$

8. 求 $M_{直段弯段总等效长度}$：$= M_{直段等效长度} + M_{各弯曲段等效长度}$

9. 根据 $M_{总等效长度}$、**导光筒反射比**查《照明设计手册》(第三版) P170 表 5-30 **插值**确定 **TTF 传输效率**

10. 根据**管径尺寸**查《照明设计手册》(第三版) P170 表 5-31 确定 $A_{t有效截面积}$

11. 计算 $\eta_{导光管采光系统效率}$：《照明设计手册》(第三版) P167（5-81）

$$\eta_{导光管采光系统效率} = \tau_{1采光罩透射比} \times TTF_{导光筒传输效率} \times \tau_{2漫射器透射比}$$

12. 计算 $\Phi_U{}_{设计输出光通量}$：

   1）公式法：《照明设计手册》(第三版) P167（5-80）

$$\Phi_{U设计输出光通量} = E_{s室外天然光设计照度值} \times A_{t有效截面积} \times \eta_{导光管采光系统效率}$$

2) 查表法：东方风光产品《照明设计手册》(第三版) P171 表 5-32

13. 计算 E_{av} 室内平均水平照度：《照明设计手册》(第三版) P167 (5-79)

$$E_{av平均水平照度} = \frac{n_{导光管数量} \times \Phi_{U漫射器的设计输出光通量} \times CU_{采光利用系数} \times MF_{维护系数}}{S_{总采光面积}}$$

S 面积：优先使用 总采光面积，其次使用 房间面积

照明 Note13　道路照明《照明设计手册》(第三版) P407

一、画出最小计算面积的 $S_{灯间距}$、$W_{路宽}$、灯罩分布情况示意图

各参数相互关系如图 11-13 所示。

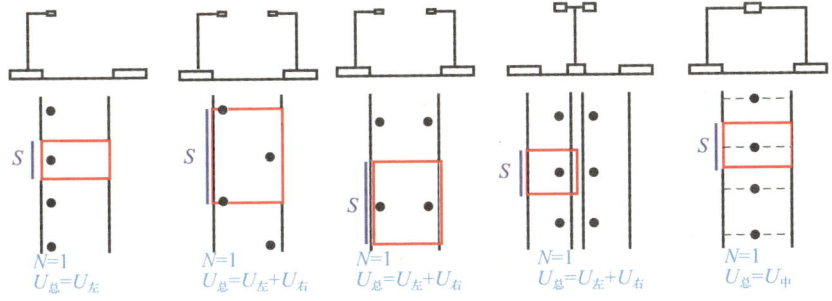

图 11-13　各参数相互关系

二、分别求 每个灯 的 U 利用系数

0. 当仅求部分区域：则仅计算区域所在 $U_{利用}$

1. 情况 1：路在垂线左右《照明设计手册》(第三版) P407 图 18-9

1) 计算 $W_{车道1}/h$；$W_{人行道2}/h$

2) 查《照明设计手册》(第三版) P407 图 18-12 得 $U_{W车道1}/h$、$U_{W人行道2}/h$

3) 计算 $U_{单灯利用系数} = U_{W车道1}/h + U_{W人行道2}/h$

各参数示意图如图 11-14 所示。

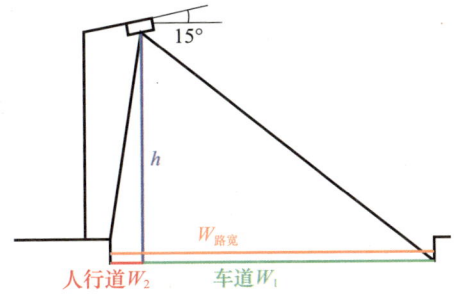

图 11-14　各参数示意图（12）

2. 情况2：路在灯垂线外侧《照明设计手册》（第三版）P407 图 18-10

1）计算 $W_{车道1}/h$；$W_{车道2}/h$
2）查《照明设计手册》（第三版）P407 图 18-12 得 $U_{W车道1}/h$、$U_{W车道2}/h$
3）计算 $U_{单灯利用系数} = U_{W车道1}/h - U_{W车道2}/h$

各参数示意图如图 11-15 所示。

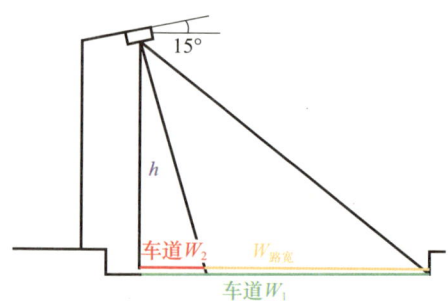

图 11-15　各参数示意图（13）

3. 情况3：路在灯垂线内测《照明设计手册》（第三版）P407 图 18-10
各参数示意图如图 11-16 所示。

1）计算 $W_{人行道1}/h$；$W_{人行道2}/h$
2）查《照明设计手册》（第三版）P407 图 18-12 得 $U_{W人行道1}/h$、$U_{W人行道2}/h$
3）计算 $U_{单灯利用系数} = U_{W人行道1}/h - U_{W人行道2}/h$

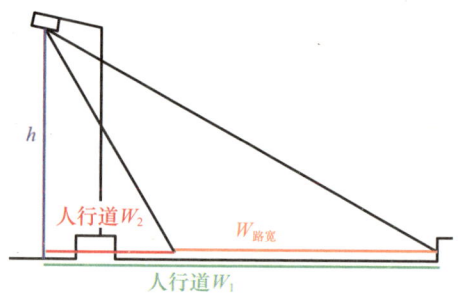

图 11-16　各参数示意图（14）

三、求最小计算面积范围内所有灯的 U 总利用系数

$U_{计算面积内总利用系数} = \Sigma U_{每个灯利用系数}$：详本 Note、一、示意图公式

四、求 $E_{av道路平均照度}$、$S_{灯杆间距}$：《照明设计手册》（第三版）P406（18-5）

$$E_{av平均照度} = \frac{\Phi_{单灯光源光通量} U_{总利用系数} K_{维护系数} N_{(N=1)}}{S_{灯间距} W_{路宽}}$$

$$S_{\text{灯间距}} = \frac{\Phi_{\text{单灯具光源}}\text{光通量} \cdot U_{\text{总利用系数}} \cdot K_{\text{维护系数}} \cdot N_{(N=1)}}{E_{\text{av 平均照度}} \cdot W_{\text{路宽}}}$$

1. 先计算本 Note 一～三
2. $S_{\text{灯间距}}$、$W_{\text{路宽}}$ 为最小计算面积范围内的值 详本 Note 一、二的示意图

五、求 E_p 道路照明垂直于 SP 的平面上的点照度

$$E_p = I_{\gamma c} \times \cos^3 \gamma / h^2 \quad 《照明设计手册》（第三版）P405（18-4）$$

六、求 E_h 道路照明水平面上的点照度《照明设计手册》（第三版）P405（18-4）

$$E_{h\text{单灯}} = E_p \times \cos\gamma = I_{\gamma c} \times \cos^3 \gamma / h^2 \quad 《照明设计手册》（第三版）P118（5-2）$$

$$E_{h\text{总}} = \sum E_{h\text{各灯水平面照度}}$$

七、求 L_p 道路照明单个灯在 P 点亮度：《照明设计手册》（第三版）P405（18-6）

$$L_p = I(c, \gamma) \times \cos^3\gamma \times q(\beta, \gamma)/h^2 = \gamma(\beta, \gamma) \times I(c, \gamma)/h^2$$

1. $I(c, \gamma)$ 灯具指向 P 点的光强值：查灯光强曲线
2. $\gamma(\beta, \gamma)$ 简化亮度系数：查标准路面的 γ 表

八、求 L_{av} 路面平均亮度：《照明设计手册》（第三版）P405（18-7）

$$L_{av\text{平均亮度}} = \eta_{L\text{亮度产生系数}} \cdot Q_{\text{0平均亮度系数}} \cdot \Phi_{\text{光源光通量}} \cdot M_{\text{维护系数}} / W_{\text{路宽}} \cdot S_{\text{灯间距}}$$

九、计算 SWF 道路权重、M 照明等级、机动车道照明标准值

1. 根据《照明设计手册》（第三版）P389 表 18-1、填表并计算 SWF
2. $M=6-SWF$ 向上取整，得 M 照明等级
3. 查表《照明设计手册》（第三版）P393 表 18-4，得各项照明标准值

十、各照明标准值

1. 道路照明设计标准——机动车道：《照明设计手册》（第三版）P393 表 18-3
2. CIE 技术文件——机动车道：《照明设计手册》（第三版）P393 表 18-4
3. 交会区：《照明设计手册》（第三版）P398 表 18-13
4. 人行及非机动车道——照明标准：《照明设计手册》（第三版）P398 表 18-14
5. 人行及非机动车道——眩光限值：《照明设计手册》（第三版）P399 表 18-15

十一、LPD 机动车道功率密度限值：《照明设计手册》（第三版）P410 表 18-19

照明 Note14　照度、工作面高度、炫光、均匀度、显色指数、规范限值 GB/T 50034 照规 P17

照度标准值步骤：1 算、2 查、3 修、4 比

一、步骤 1

计算照度 $E_{av} = \dfrac{\Phi \times N \times U \times K}{A}$　详 Note8《照明设计手册》（第三版）P145（5-39）

二、步骤2

查规范限值：GB/T 50034 照规 照度相关规定汇总表见表11-6。

表11-6 照度相关规定汇总表

知识	具体内容
一般规定	5.1.1 E 平均维持照度：实际≥查表规定值 5.1.2 UGR 统一眩光值：实际≤查表规定值 5.1.3 U_0 一般照明均匀度：实际≥查表规定值 5.1.4 体育场所 GR 眩光值：实际≤查表规定值 5.1.5 显示指数 R_a：实际≥查表规定值
照度 标准值	P25 表5.2.1 住宅建筑照明标准值 P26 表5.2.2 居住建筑公共机动车库照明标准值 P26 表5.2.3 宿舍建筑照明标准值 P27 表5.2.4 居住建筑室外公共区域照明标准值 P27 表5.3.1 图书馆建筑照明标准值 P28 表5.3.2 办公建筑照明标准值 P28 表5.3.3 商店建筑照明标准值 P29 表5.3.4 观演建筑照明标准值 P29 表5.3.5 旅馆建筑照明标准值 P30 表5.3.6 医疗建筑照明标准值 P31 表5.3.7 老年人照料设施建筑照明标准值 P31 表5.3.8 教育建筑照明标准值 P32 表5.3.9-1 美术馆建筑照明标准值 P32 表5.3.9-2 科技馆建筑照明标准值 P33 表5.3.9-3 博物馆建筑陈列室展品照度标准值及年曝光量限值 P34 表5.3.9-4 博物馆建筑其他场所照明标准值 $E_{混合} = E_{一般照度}/(0.2\sim 0.3)$ 注 P34 表5.3.10 会展建筑照明标准值 P34 表5.3.11 交通建筑照明标准值 P35 表5.3.12 金融建筑照明标准值 P36 表5.3.13-1 无电视转播的体育建筑照明标准值 P38 表5.3.13-2 有电视转播的体育建筑照明标准值 P39 表5.3.14 公共建筑室外公共区域照明标准值 P40 表5.4.1 工业建筑照明标准值：$E_{局部照明} = (1\sim 3) \times E_{一般照明}$ 表注 P50 表5.4.2 工业建筑室外公共区域照明标准值 P51 表5.5.1 公共和工业建筑通用房间或场所照明标准值
应急照明	5.5.2 条文说明：国家标准《消防应急照明和疏散指示系统技术标准》(GB 51309) 和《建筑设计防火规范》(GB 50016) 规定了消防疏散照明和备用照明。火灾、地震等紧急状态下都需要启动疏散照明 备用照明：5.5.3 医院2类场所中的重症监护室、早产儿室、心血管造影检查室等应维持正常照明的照度；医院的急诊通道、化验室、药房、产房、血库、病理实验与检验室等需确保医疗工作正常进行的场所，不应低于一般照明照度值的50%；除另有规定外，其他场所的照度值不应低于该场所一般照明照度标准值的10%

续表

知识	具体内容

应急照明标准值	**安全**照明 5.5.4：医院 2 类场所中的手术室、抢救室等应维持正常照明的照度；体育场馆观众席和运动场地安全照明的平均水平照度不应低于 20lx；生物安全实验室、核物理实验室等特殊场所应符合相关标准的规定；除另有规定外，其他场所的照度值不应低于该场所一般照明照度标准值的 10%，且不应低于 15lx
	
	疏散照明（GB 55037 防火通规、GB 51309 应急照明规范、GB/T 50034 照规）：
	GB 55037 防火通规 地面最低水平照度：P57 10.1.10
	  1. 疏散楼梯间、疏散楼梯间的前室或合用前室、避难走道及其前室、避难层、避难间、消防专用通道≥10lx
	  2. 疏散走道、人员密集的场所≥3lx
	  3. 其他场所≥1lx
	GB 51309 应急照明 P7~8 表 3.2.5
	  1. 逃生辅助装置存放处等特殊区域；屋顶直升机停机坪≥10lx
	  2. 寄宿制幼儿园和小学的寝室、医院手术室及重症监护室等病人行动不便的病房等需要救援人员协助疏散的区域≥5lx
	  3. 室内步行街两侧的商铺；$S_{面积}$>100m² 的地下或半地下公共活动场所≥3lx
	GB/T 50034 照规 地面平均水平照度值 P53 5.5.5

三、步骤 3

照度值限值修正：GB/T 50034 照规

分级提高一级 4.1.2	1. 视觉要求高的精细作业场所，眼睛至识别对象的距离大于 500mm； 2. 连续长时间紧张的视觉作业，对视觉器官有不良影响； 3. 识别移动对象，要求识别时间短促而辨认困难； 4. 视觉作业对操作安全有重要影响； 5. 识别对象与背景辨认困难； 6. 作业精度要求高，且产生差错会造成很大损失； 7. 视觉能力显著低于正常能力； 8. 建筑等级和功能要求高
分级降低一级 4.1.3	1. 进行很短时间的作业； 2. 作用精度或速度无关紧要； 3. 建筑等级和功能要求较低
照度标准分级 4.1.1	0.5lx、1lx、2lx、3lx、5lx、10lx、15lx、20lx、30lx、50lx、75lx、100lx、150lx、200lx、300lx、500lx、750lx、1000lx、1500lx、2000lx、3000lx、5000lx

四、步骤 4

实际值与限值对比：1) 实际值≥查表规定值 GB/T 50034 照规 5.1.1
    2) 灯具>10 个，设计照度=(1~1.2)×照度标准值
       灯具≤10 个，可超出此偏差 GB/T 50034 照规 4.1.5

第十二章 防 雷

防雷知识点汇总 GB 50057 防雷 P1 GB 50343 电子防雷 P1

防雷 Note1　建筑物防雷等级分类 GB 50057 防雷 P9

防雷 Note2　年预计雷击次数 N GB 50057 防雷 P61 配四 P1257

防雷 Note3　接闪器布置、引下线、等电位连接环要求 GB 50057 防雷 P37

防雷 Note4　排放危险气体的管口保护范围，保护范围外物体的措施 GB 50057 防雷 P11

防雷 Note5　一类民用建筑 接闪杆、接闪线、接闪网 空中水平距 S_{a1}、空中垂直距 S_{a2}、地中距 S_{e1}、树与建筑净距、一类接地电阻限值 GB 50057 防雷 P13

防雷 Note6　滚球法——单根接闪杆 GB 50057 防雷 P67

防雷 Note7　滚球法——两根等高接闪杆间 GB 50057 防雷 P69

防雷 Note8　滚球法——接闪线 GB 50057 防雷 P73

防雷 Note9　一、二类防闪电感应措施，一、二、三类防侧击 GB 50057 防雷 P27

防雷 Note10　防闪电电涌侵入：架空线转电缆埋地的空中距、电缆埋地长度、有效埋地长度 GB 50057 防雷 P15

防雷 Note11　工频接地电阻 $R_\sim$、冲击接地电阻 R_i GB 50057 防雷 P63

防雷 Note12　一类建筑接地体要求，补加接地体 GB 50057 防雷 P17

防雷 Note13　二类建筑接地体要求，补加接地体 GB 50057 防雷 P23

防雷 Note14　三类建筑接地体要求，补加接地体 GB 50057 防雷 P29

防雷 Note15　二、三类 利用钢筋做引下线的 6 点要求 GB 50057 防雷　P21

防雷 Note16　K_c 分流系数 GB 50057 防雷 P79

防雷 Note17　二、三类防反击：金属物与引下线的间隔距离 S_{a3} GB 50057 防雷 P25

防雷 Note18　防闪电电涌侵入 SPD：接线形式、I_{imp} 冲击电流、I_{max} 最大放电电流、I_n 标称放电电流 GB 50057 防雷 P19

防雷 Note19　屋面用电设备线路 SPD 雷电流、压降 GB 50057 防雷 P152 4.5.4-3 及条文说明

防雷 Note20　SPD：U_c 运行、U_p 电压保护水平 $U_{p/f}$ 有效电压水平 GB 50057 防雷 P89

防雷 Note21　U_w 设备耐压 SPD 与耐压配合（是否加装 SPD）、SPD 级间配合、去耦元件电感值、SPD 后备保护熔断器选择 GB 50057 防雷 P56

防雷 Note22　电子信息系统振荡保护距离 L_{po}、感应保护距离 L_{pi}、SPD 距离校验 GB 50343 电子防雷 P25

防雷 Note23　　**防电磁脉冲**：最小平均距离 S_a、磁场强度 H_0、H_1、感应电压 U_{oc}、感应电流 I_{sc}、自感 L、LPZ_{n+1} 区各值 GB 50057 防雷 P49

防雷 Note24　　**SF** 屏蔽系数、屏蔽效能、电子设备最小屏蔽厚度 t_{min} GB 50057 防雷 P47

防雷 Note25　　电缆从户外进入户内的屏蔽层截面积 S_c GB 50057 防雷 P87

防雷 Note26　　年损坏风险 R_T、年雷击次数允许值 N_T、防雷装置效率 η GB 50057 防雷 P110

瞬态过电压（电位）GB 50057 防雷 P115 条文 4.2.1
雷电防护系统（LPS）导体温升 GB 50057 防雷 P141 条文 4.3.5
雷击点被熔化的金属体积 GB 50057 防雷 P157 条文 5.2.7
雷电流产生的电动力 配四 P1255
防雷等电位截面及 SPD 引线截面 GB 50057 防雷 P35 表 5.1.2（5.1.2）
建筑物何时装 SPD，瞬态过电压防护风险评估 16895.10 P8～P9
校验女儿墙至屋面距离（屋面不另敷接闪器）判据 GB 50057 防雷 P161 条文 5.2.12
建筑及入户设施年预计雷击次数 N，可接受最大年平均最大雷击次数 N_c GB 50343 电子防雷 P43～P45 附录 A
防雷装置拦截效率、效率或重要性定信息系统雷电防护等级 A、B、C、D GB 50343 电子防雷 P10
根据信息系统雷电防护等级 A、B、C、D 选 SPD 参数 GB 50343 电子防雷 P24 表 5.4.3-3
风险分量 R_x、雷击损害风险 R、风险容许量 R_t GB 50343 电子防雷 P11
过电压 Note5　　变配电所空中距 S_{al}、地中距 S_{el} GB 50064 过电压 P32
过电压 Note6　　折线法——避雷针 GB 50064 过电压 P19
过电压 Note7　　折线法——避雷线 GB 50064 过电压 P21

防雷 Note1　　**建筑物防雷等级分类** GB 50057 防雷 P9
 一、单栋建筑防雷分类
1. 一类防雷：建筑类型定 GB 50057 防雷 3.0.2-1～3.0.2-3
2. 二类防雷：3.0.3
    1) 建筑类型定 3.0.3-1～3.0.3-8
    2) 部、省级办公；重要或密集的公共建筑 $N_{年预计雷击次数}$ > 0.05　3.0.3-9
       人员密集的公共建筑物：集会、硬览、博览、体育、商业、影院、医院、学校等建筑物。配四 P1259
    3) 一般民用建筑（住宅、办公）；一般工业 $N_{年预计雷击次数}$ > 0.25　3.0.3-10
    4) ≤35kV 的工业民用建筑、市政 $H_高$ > 100　GB 55024 电智通规 7.1.1.2
    5) 大型旅馆：$N_{年预计雷击次数}$ > 0.05　GB 55025 宿舍旅馆 4.1.5

3. 三类防雷：3.0.4
   1) 省重点文物；省档案馆 3.0.4-1
   2) 部、省级办公；重要或密集的公共建筑 $0.01 \leq N_{年预计雷击次数} \leq 0.05$ 3.0.4-2
   3) 一般民用建筑（住宅、办公）；一般工业 $0.05 \leq N_{年预计雷击次数} \leq 0.25$ 3.0.4-3
   4) 孤立高耸建筑（烟囱、水塔）：$T_{d年平均雷暴日} \geq 15$，且 $H_{高度} \geq 15$ 3.0.4-4
   5) 孤立高耸建筑（烟囱、水塔）：$T_{d年平均雷暴日} \leq 15$，且 $H_{高度} \geq 20$ 3.0.4-4
   6) ≤35kV 的工业民用建筑、市政：$20 < H_{高度} \leq 100$ GB 55024 电智通规 7.1.1.1
   7) 民用建筑——住宅：$54 < H_{高度} \leq 100$ GB 51348 民规 11.2.4
   8) 民用建筑——公共建筑：$50 < H_{高度} \leq 100$ GB 51348 民规 11.2.4
   9) 可能发生地闪地区的旅馆：GB 55025 宿舍旅馆 4.1.5
4. 非三类使用第三类设计：配四 P1270 13.8.3.4（7）
   永久民用；一般工业 $N_{年预计雷击次数} \leq 0.05$ 少量代价，安全起见

二、整体为防雷或整体非防雷但 $S_{一、二类面积} > 0.5 \times S_{总}$ 时，分类及措施：GB 50057 4.5.1～4.5.2

　　总原则：高于整体建筑等级的防闪电感应和电涌（SPD）按各自等级

1. $S_{一类面积} \geq 0.3 \times S_{总}$：整体建筑按一类
2. $S_{一类面积} < 0.3 \times S_{总}$ & $S_{二类面积} \geq 0.3 \times S_{总}$：整体建筑按二类
3. $S_{一类面积} < 0.3 \times S_{总}$ & $S_{二类面积} < 0.3 \times S_{总}$ & $S_{一、二类面积} > 0.3 \times S_{总}$：整体建筑按二类
4. $S_{一、二类面积} < 0.3 \times S_{总}$ & 部分不可能直接雷击：整体建筑按三类
5. $S_{一、二类面积} < 0.3 \times S_{总}$ & 部分可能直接雷击：各建筑按各自类别

三、整体非防雷建筑物且 $S_{一、二类面积} \leq 0.5 \times S_{总}$ 时，分类及措施：GB 50057 防雷 4.5.2
1. 部分可能直接雷击：各建筑按各自类别
2. 部分不可能直接雷击：直击雷不防护；防感应和电涌（**SPD**）按各自等级

防雷 Note2　年预计雷击次数N GB 50057 防雷 P61 配四 P1257
保护范围如图 12-1 所示。

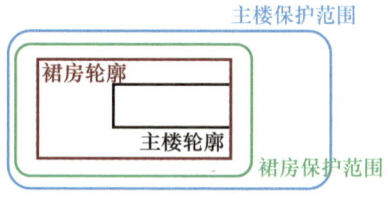

图 12-1　保护范围

第十二章 防雷

一、求 A_e 地面等效面积 GB 50057 防雷 附录 A 配四 P1257 表 13.8-1

1. 分别计算主楼 $D_{扩大宽度}$、裙房 $D_{扩大宽度}$：
   1) $H_{建筑高度}$＜100m 时：$D_{扩大宽度}=\sqrt{H_{建筑高度}（200-H_{建筑高度}）}$
   2) $H_{建筑高度}$≥100m 时：$D_{扩大宽度}=H_{建筑高度}$
2. 画图判断取范围最大的 $D_{扩大宽度}$、$L_{长}$、$W_{宽}$、$H_{高}$
3. 判断建筑高度定查表列：1) $H_{建筑高度}$＜100m 时：表①③⑤⑦⑨
   　　　　　　　　　　　　2) $H_{建筑高度}$≥100m 时：表②④⑥⑧⑩
4. 看图判断是否存在不在滚球保护范围内的建筑且距离小于 2D：定查表行
   1) 没有建筑：表①②
   2) 四周建筑都比它高：表⑨⑩
   3) 有比它高的建筑：表⑦⑧
   4) 四周建筑都等高或比它低：表⑤⑥
   5) 有等高或比它低的建筑：表③④
5. 根据表格公式得 A_e 地面等效面积 ≈0.0 几

例如，孤立建筑时：$A_e=[L×W+2D_{扩大宽度}×（L+W）+πD_{扩大宽度}^2]×10^{-6}$（A.0.3-2）

二、$N_{年预计雷击次数}$ GB 50057 防雷 P59

$$N_{年预计雷击次数}=k_{校正系数}×N_{g年平均密度}×A_{e地面等效面积}（A.0.1）$$

1. N_g 年平均密度 $=0.1×T_{d年平均雷暴日}$（A.0.2）
2. $k_{校正系数}$：
   1) 一般情况：$k_{校正系数}=1$。
   2) 位于河边、湖边、山坡下或山地中土壤电阻率较小处、地下水露头处、土山顶部、山谷风口等处的建筑物，以及特别潮湿的建筑物：$k_{校正系数}=1.5$。
   3) 金属屋面没有接地的砖木结构建筑物：$k_{校正系数}=1.7$。
   4) 位于山顶上或旷野的孤立建筑物：$k_{校正系数}=2$。

三、根据 $N_{年预计雷击次数}$ 定防雷等级

1. 二类防雷：3.0.3
   1) 部、省级办公；重要或密集的公共建筑 $N_{年预计雷击次数}$＞0.05 3.0.3-9

注：人员密集公共建筑物：集会、硬览、博览、体育、商业、影院、医院、学校 配四 P1259
   2) 一般民用建筑（住宅、办公）；一般工业 $N_{年预计雷击次数}$＞0.25 3.0.3-10
   3) 大型旅馆：$N_{年预计雷击次数}$＞0.05 GB 55025 宿舍旅馆 4.1.5
2. 三类防雷：3.0.4
   1) 部、省级办公；重要或密集的公共建筑 $0.01≤N_{年预计雷击次数}≤0.05$ 3.0.4-2

2) 一般民用建筑（住宅、办公）、一般工业 $0.05≤N_{年预计雷击次数}≤0.25$ 3.0.4-3
3. 非三类使用第三类设计：配四 P1270 13.8.3.4 (7)
   永久民用；一般工业 $N_{年预计雷击次数}≤0.05$ 少量代价，安全起见

防雷 Note3　接闪器布置、引下线、等电位连接环要求　GB 50057 防雷 P37

一、一、二、三类**滚球半径**，30m、45m、60m P39 表 5.2.12

二、$N_{预计雷击次数}≥0.05$ 的粮、棉等易燃物堆场：设独立接闪杆、线，滚球半径＝100m 4.5.5

三、接闪网尺寸：

　　一类（**优先**独立接闪网）：5m×5m 或 6m×4m，GB 50057 防雷 4.2.1-1

　　二类：**10m×10m 或 12m×8m，** GB 50057 防雷 4.3.1

　　三类：**20m×20m 或 24m×16m，** GB 50057 防雷 4.4.1

　　特殊二类定义：$H_{高度}≥250$ 或 $N_{雷击}>0.42$ 次/a 的二类建筑：GB 55024 电智通规 7.1.4

　　特殊二类做法：接闪网、引下线按一类要求。

四、周边垂直面敷设接闪带要求

　　一类：超 30m 区域，周边垂直面敷设接闪带，GB 50057 防雷 4.2.3

　　二类：超 45m 区域，周边垂直面敷设接闪带，GB 50057 防雷 4.3.1

　　三类：超 60m 区域，周边垂直面敷设接闪带，GB 50057 防雷 4.4.1

五、接闪带、线、杆、引下线材料尺寸

　　1. 接闪杆——热镀锌圆钢（非入地）、钢管：GB 50057 防雷 5.2.2

　　2. 接闪带——独立烟囱——热镀锌：GB 50057 防雷 5.2.4

　　3. 架空接闪线、接闪网：GB 50057 防雷 5.2.5

　　4. 其他接闪器、引下线：GB 50057 防雷 表 5.2.1

六、导体和引下线支架距离：GB 50057 防雷 表 5.2.6

七、金属屋面接闪器厚度（二、三类）GB 50057 防雷 5.2.7/8

八、专设引下线间距

1. 一类：≥2 根，沿周长的间距≤12m GB 50057 防雷 4.2.4-2

2. 二类：≥2 根，沿周长的间距≤18m，跨度较大时：平均间距≤18m GB 50057 防雷 4.3.3

3. 三类：≥2 根，沿周长的间距≤25m 跨度较大时：平均间距≤25m GB 50057 防雷 4.4.3

　　九、二类、三类：使用自然引下线、不专设引下线的要求及间距：GB 50057 防雷 5.3.8

要求：钢结构、钢筋混凝土建筑时，垂直支柱均起到引下线作用

间距：无须满足间距≤18 或 25m 要求。当防接触防跨步：自然引下线根数≥10 根

十、引下线敷设要求，GB 50057 防雷 5.3

十一、等电位连接环、均压环 垂直距离：

1. 一类：垂直距离≤12m GB 50057 防雷 4.2.4-4

2. GB 51348 民规：二、三类：

1) 当 45m＜楼高＜250m 时：每 3 层连成均压环 11.3.3/4

2) 当楼高≥250m 时：每层连成均压环

3. GB 55024 电智通规 7.1.2/3：二、三类：垂直距离≤20m

防雷 Note4　排放危险气体的管口保护范围，保护范围外物体的措施 GB 50057 防雷 P11

一、一、二、三类 爆炸气体蒸气粉尘 & 平时危险：一：4.2.1-2 二：4.3.2-1 三：4.4.2

1. 有管帽时：

1) 压差≥25kPa，管帽以上垂直 5m、半径 5m 的圆柱体空间；

2) 重于空气（密度＞0.75），压差＜5kPa，管帽以上垂直 1m、半径 2m 的圆柱体空间；

3) 重于空气（密度＞0.75），压差 5～25kPa；或轻于空气（密度＜0.75），压差≤25kPa，管帽以上垂直 2.5m、半径 5m 的圆柱体空间。

2. 无管帽时：

　　管口以上半径 5m 半球空间

二、一类 爆炸气体蒸气粉尘 & 平时不危险 & 事故才危险 4.2.1-3

1. 有管帽，保护到管帽；

2. 无管帽，保护到管口。

三、二、三类

爆炸气体蒸气粉尘 & 正常不危险 & 事故才危险 4.2.1-3 4.3.2-2

无无爆炸危险气体蒸气粉尘

1. 金属物体（管道、烟囱）：不装接闪器，金属与防雷装置相连。4.3.2.2-1

2. 孤立金属物体 & 保护范围外 & 高出屋面≤0.3m & 上层表面积≤1m² & 上层表面长度≤2m：不装接闪器，金属与防雷装置相连 4.5.7.1

3. 孤立金属物体 & 保护范围外 &（高出屋面＞0.3m 或 上层表面积＞1m² 或 上层表面长度＞2m）：装接闪器 4.5.7.1

4. 非导电 & 保护范围外 & 突出接闪器≤0.5m：不装接闪器 4.5.7-2

5. 非导电 & 保护范围外 & 突出接闪器＞0.5m：装接闪器 4.5.7-2

四、二、三类 保护范围外物体的保护措施

1. 孤立金属物体 & 保护范围外 & 高出屋面≤0.3m & 上层表面积≤1m² & 上层表面长度≤2m：不装接闪器，金属与防雷装置相连 4.5.7.1

2. 孤立金属物体 & 保护范围外 &（高出屋面＞0.3m 或 上层表面积＞1m² 或 上层表面长度＞2m）：装接闪器 4.5.7.1

3. 非导电 & 保护范围外 & 突出接闪器≤0.5m：不装接闪器 4.5.7-2

4. 非导电 & 保护范围外 & 突出接闪器＞0.5m：装接闪器 4.5.7-2

防雷 Note5　一类民用建筑 接闪杆、接闪线、接闪网 空中水平距 S_{a1}、空中垂直距 S_{a2}、地中距 S_{e1}、树与建筑净距、一类接地电阻限值 GB 50057 防雷 P13

校验要求：一类接闪杆：校验 S_{a1} S_{e1}

　　　　　一类接闪线、网：校验 S_{a1} S_{a2} S_{e1}

各参数示意图如图 12-2 所示。

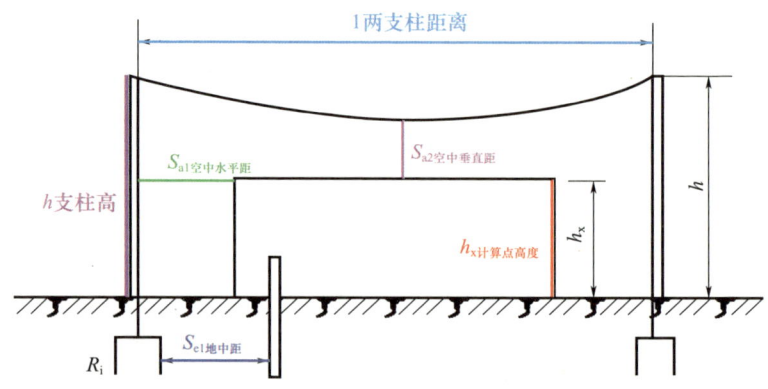

图 12-2　各参数示意图（1）

一、S_{a1} 杆、线网支柱 空气中水平距离：GB 50057 防雷 4.2.1-5

1. 当 $h_{x计算点高度}$ ＜5×$R_{i冲,支柱冲击接地电阻}$ 时：$R_{i冲击电阻限值本Note五}$（优先验证＜）

　　$S_{a1空中水平距}$≥0.4×$R_{i冲,支柱冲击接地电阻}$ ＋0.04×$h_{x校验点高度}$ ≥3m

2. 当 $h_{x计算点高度}$ ≥5×$R_{i冲,支柱冲击接地电阻}$ 时：$R_{i冲击电阻限值本Note五}$

　　$S_{a1空中水平距}$≥0.1×$R_{i冲,支柱冲击接地电阻}$ ＋0.1×$h_{x校验点高度}$ ≥3m

注：$R_{i冲击接地电阻}$ 详 防雷 Note GB 50057 防雷 P63

二、S_{e1} 杆、线网支柱 地中距离：GB 50057 防雷 4.2.1-5

　　$S_{e1地中距}$≥0.4×$R_{i冲,支柱冲击接地电阻}$ ≥3m

第十二章 防雷

三、S_{a2} 接闪线空气中垂直距离：GB 50057 防雷 4.2.1-6

$$S_{a2} = h_{\text{支柱高}} - h_{x\text{计算点高度}} - 弧垂（未知时忽略）$$

1. 当 $\left(h_{\text{支柱高}} + \dfrac{l_{\text{支柱距离}}}{2}\right) < 5R_{i\text{支柱冲击接地电阻}}$ 时：**（优先验证＜）** $R_{\text{冲击电阻限值}}$ 本 Note 五

   $S_{a2\text{空中垂直距}} \geqslant 0.2 \times R_{i\text{支柱冲击接地电阻}} + 0.03 \times \left(h_{\text{支柱高}} + \dfrac{l_{\text{支柱距离}}}{2}\right) \geqslant 3\text{m}$

2. 当 $\left(h_{\text{支柱高}} + \dfrac{l_{\text{支柱距离}}}{2}\right) \geqslant 5R_{i\text{支柱冲击接地电阻}}$ 时：$R_{\text{冲击电阻限值}}$ 本 Note 五

   $S_{a2\text{空中垂直距}} \geqslant 0.05 \times R_{i\text{支柱冲击接地电阻}} + 0.06 \times \left(h_{\text{支柱高}} + \dfrac{l_{\text{支柱距离}}}{2}\right) \geqslant 3\text{m}$

各参数示意图如图 12-3 所示。

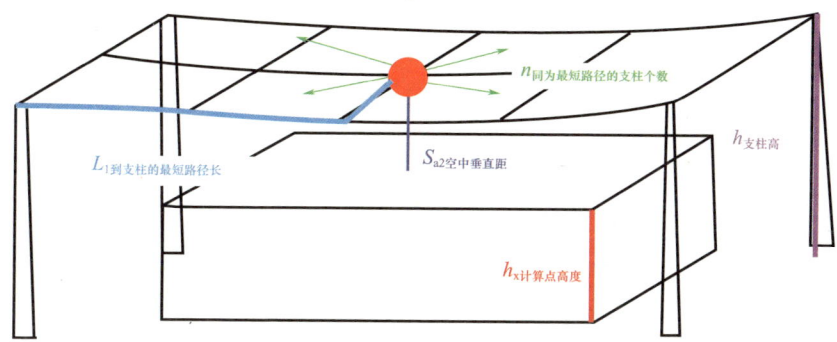

图 12-3 各参数示意图（2）

四、S_{a2} 接闪网空气中垂直距离：GB 50057 防雷 4.2.1-7

$$S_{a2} = h_{\text{支柱高}} - h_{x\text{计算点高度}} - 弧垂（未知时忽略）$$

1. 当 $\left(h_{\text{支柱高}} + L_{1\text{到支柱最短路径}}\right) < 5R_{i\text{支柱冲击接地电阻}}$ 时：**（优先验证＜）** $R_{\text{限值}}$ 本 Note 五

   $S_{a2\text{空中垂直距}} \geqslant \dfrac{0.4 \times R_{i\text{支柱冲击接地电阻}} + 0.06 \times h_{\text{支柱高}} + 0.06 \times L_{1\text{到支柱最短路径}}}{n_{\text{同为最短路径的支柱个数}}} \geqslant 3\text{m}$

2. 当 $\left(h_{\text{支柱高}} + L_{1\text{到支柱最短路径}}\right) \geqslant 5R_{i\text{支柱冲击接地电阻}}$ 时：$R_{\text{冲击电阻限值}}$ 本 Note 五

   $S_{a2\text{空中垂直距}} \geqslant \dfrac{0.1 \times R_{i\text{支柱冲击接地电阻}} + 0.12 \times h_{\text{支柱高}} + 0.12 \times L_{1\text{到支柱最短路径}}}{n_{\text{同为最短路径的支柱个数}}} \geqslant 3\text{m}$

五、树木与一类建筑物净距 ≥5m GB 50057 防雷 P20 4.2.5

六、一类建筑接闪杆线网每一引下线冲击接地电阻 R_i 50057 防雷 P13 4.2.1-8

1) 一般情况：$R_i \leqslant 10\Omega$。
2) 土壤电阻率 ≤3000Ωm 时：R_i 可放宽至 **30Ω**

防雷 Note6　**滚球法——单根接闪杆** GB 50057 防雷 P67

一、**单根接闪杆保护半径 r_x**：最终验证 $r_{实际} \leqslant r_{x保护半径}$　GB 50057 防雷 P67

1. 求 $h_{r滚球半径}$：$h_{一类}=30\mathrm{m}$；$h_{二类}=45\mathrm{m}$；$h_{三类}=60\mathrm{m}$；表 5.2.12

　　　　　　$h_{四类}=100\mathrm{m}$　4.5.5

2. $h_{接闪杆高度} \leqslant h_{r滚球半径}$ 时：D.0.1-1

$$r_{x保护半径} = \sqrt{h_{接闪杆高度}(2h_{r滚球半径}-h_{接闪杆高度})} - \sqrt{h_{x保护物高度}(2h_{r滚球半径}-h_{x保护物高度})}$$

3. $h_{接闪杆高度} > h_{r滚球半径}$ 时：D.0.1-2

$$r_{x保护半径} = h_{r滚球半径} - \sqrt{h_{x保护物高度}(2h_{r滚球半径}-h_{x保护物高度})}$$

4. **校验**：$r_{实际} = 0.5 \times \sqrt{矩形长^2 + 矩形宽^2} \leqslant r_{x保护半径}$

各参数示意图如图 12-4 所示。

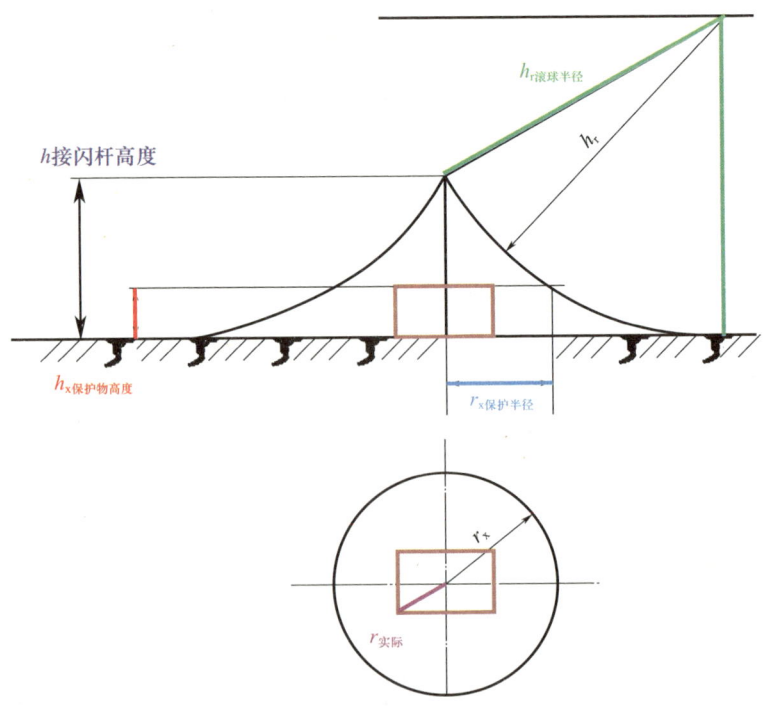

图 12-4　各参数示意图（3）

防雷 Note7　**滚球法——两根等高接闪杆间** GB 50057 防雷 P69

一、求 $h_{r滚球半径}$：$h_{r一类}=30\mathrm{m}$；$h_{r二类}=45\mathrm{m}$；$h_{r三类}=60\mathrm{m}$；表 5.2.12

$h_{r易燃物堆场}=100m$ 4.5.5

二、**两接闪杆**前提条件：$D_{两接闪杆距离}<2\times\sqrt{h_{r滚球半径}(2h_{r滚球半径}-h_{接闪杆高度})}$ D.0.2

三、**校验矩形、圆形建筑**：B_{x0}**中心最大保护宽度**：最终验证$B_{实际半个宽度}\leq B_{x0中心最大保护宽度}$

1. 求B_{x0}中心最大保护宽度 D.0.2

$$B_{x0}=\sqrt{h_{接闪杆高}(2h_{r滚球}-h_{接闪杆高})}-(0.5\times D_{接闪杆距离})^2-\sqrt{h_{实际高}(2h_{r滚球}-h_{实际高})}$$

2. 校验$B_{实际半个宽度}=0.5\times W_{建筑宽度}\leq B_{x0中心最大保护宽度}$

矩形、圆形建筑如图12-5所示。单点建筑如图12-6所示。

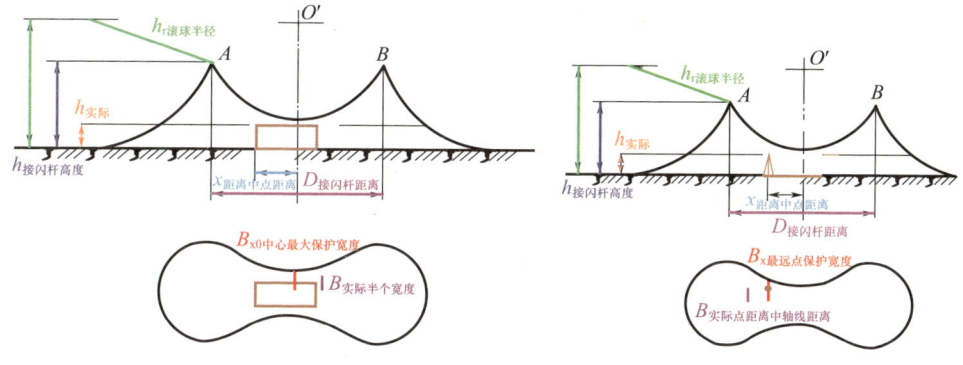

图 12-5 矩形、圆形建筑　　　　　　图 12-6 单点建筑

四、**校验单点建筑** B_x **最远点保护宽度**：$B_{实际建筑距离中轴线宽度}\leq B_{x最远点保护宽度}$ GB 50057 防雷 D.0.2

1. 求 $B_{x最远点保护宽度}$ D.0.2

$$B_{x最远点保护宽度}=\sqrt{h_{接闪杆高}(2h_{r滚球}-h_{接闪杆高})}-(0.5\times D_{接闪杆距离})^2$$
$$-\sqrt{h_{实际高}(2h_{r滚球}-h_{实际高})}-x^2_{建筑距离中点距离}$$

2. 校验$B_{实际建筑距离中轴线宽度}\leq B_{x最远点保护宽度}$

防雷 Note8　滚球法——接闪线 GB 50057 防雷 P73

一、求 $h_{r滚球半径}$：$h_{r一类}=30m$；$h_{r二类}=45m$；$h_{r三类}=60m$；表5.2.12

$h_{r易燃物堆场}=100m$ 4.5.5

二、**接闪线** b_{x0} **最大保护宽度**：$b_{实际半个宽度}\leq b_{x0最大保护宽度}$ D.0.5

1. 求 $h_{接闪线高}=$ 接闪杆高－弧垂（弧垂已知则计入，没提忽略）

2. 求计算高度 h_0 有效高度：

1）当 $h_{接闪线高}>2\times h_{r滚球半径}$ 时：**无保护**

2) 当 $h_{接闪线高} \leqslant h_{r滚球半径}$ 时：$h_{0有效高度} = h_{接闪线高}$

3) 当 $h_{r滚球半径} \leqslant h_{接闪线高} \leqslant 2 \times h_{r滚球半径}$ 时：$h_{0有效高度} = 2 \times h_{r滚球半径} - h_{接闪线高}$　　（D.0.5-1）

3. 求 b_x 最大保护宽度 （D.0.5-2）

$$b_{x最大保护宽度} = \sqrt{h_{0有效}(2h_{滚球} - h_{0有效})} - \sqrt{h_{x实际高}(2h_{滚球} - h_{x实际高})}$$

4. 校验 $b_{实际半个宽度} = 0.5 \times W_{建筑宽度} \leqslant b_{x最大保护宽度}$

各参数示意图如图12-7 所示。

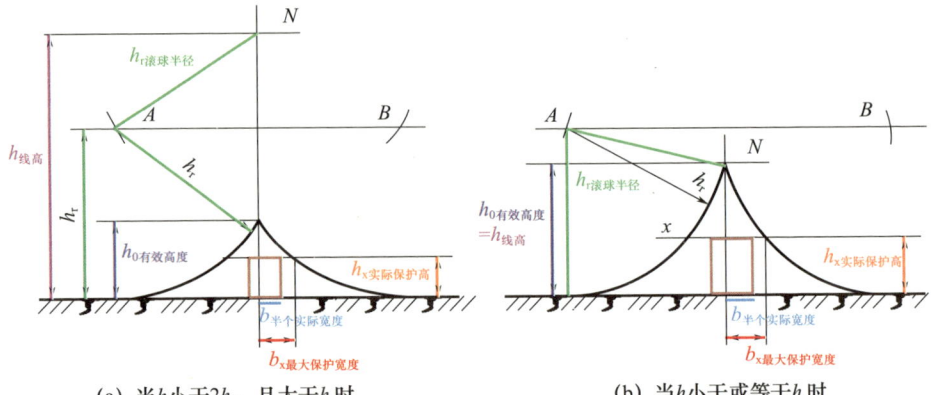

(a) 当 h 小于 $2h_r$，且大于 h_r时　　　　　　(b) 当 h 小于或等于 h_r时

图 12-7　各参数示意图（4）

防雷 Note9　一、二类**防闪电感应措施，一、二、三类防侧击** GB 50057 防雷 P27

一、一类防闪电感应措施 4.2.2

1. 金属接防感应接地装置；独立接闪杆线网时，屋面每 18～24m 引下线接地。

2. 长金属平行、交叉净距＜100m 时，每 30m 金属线跨接

3. 长金属连接处过渡电阻＞0.03Ω 时，金属线跨接

4. 接地装置共用；工频接地电阻≤10Ω；等电位与防感应接地连接≥2 处

二、二类（3.0.3-5～3.0.3-7 规定建筑物）防闪电感应措施 4.3.7

1. 金属接防感应接地装置

2. 长金属平行、交叉净距＜100m 时，每 30m 金属线跨接 2 区和 22 区爆炸危险的建筑物不做本条要求

3. 等电位与防感应接地连接≥2 处

三、一、二、三类防侧击（直击雷）措施 GB 50057 防雷

1. 一类措施：高度≥30m 处每 **6m 设水平接闪带连引下线**，4.2.4-7

2. 二类要求 4.3.9 三类要求 4.4.8

1) 60≤楼高≤75m 时：60m～楼高处 设防雷措施

2) 楼高＞75m 时：0.8×楼高～楼高处 设防雷措施

3. 二、三类措施：可利用<u>外部金属物</u>、<u>外部引下线</u>做接闪器：

　　二类：GB 50057 防雷 4.3.9-2-3

　　三类：GB 50057 防雷 4.4.8-2-3

外部金属物做接闪器的尺寸要求：GB 50057 防雷 P37 5.2.7-2

防雷 Note10　防闪电电涌侵入：架空线转电缆埋地的空中距、电缆埋地长度、有效埋地长度 GB 50057 防雷 P15

一、防闪电电涌侵入措施：4.2.3

　　优先：全程电缆埋地

　　有困难：先架空、入户前一段埋地

二、架空线转电缆埋地，架空线空中距要求（强弱电同）

　　架空线到建筑物空中水平距≥15m　4.2.3-2

三、架空线转电缆埋地埋地长度 $l_{埋地}$ （强弱电同）

1. 强电线路：$l_{埋地长度} \geq l_{e有效长度}$　4.2.3-3

2. 通信线路：$l_{埋地长度} \geq [15, l_{e有效长度}]_{max}$　4.2.3-6

四、接地体有效长度 $l_{e有效长度}$：GB 50057 防雷 C.0.2

　　当接地体有多分支不同方向时，$l_{e有效长度}$ 取<u>最长一支</u>，不同方向不相加

1. 穿过单一电阻率土壤：(C.0.2)

$$l_{e有效长度(m)} = 2\sqrt{\rho_{土壤电阻率(\Omega \cdot m)}}$$

2. 穿过两种电阻率土壤：5.4.6-1 及 P163 条文说明

各参数示意图如图 12-8 所示。

$$l_{e总有效长度(m)} = l_1 + (2\sqrt{\rho_{1土壤1电阻率}} - l_1)\sqrt{\frac{\rho_{2土壤2电阻率}}{\rho_{1土壤1电阻率}}}$$

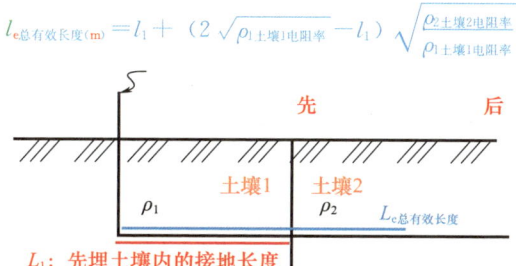

图 12-8　各参数示意图（5）

五、接地体材料、尺寸：GB 50057 防雷 P40 表 5.4.1

六、接地体埋深、间距、长度要求：GB 50057 防雷 P42

防雷 Note11　工频接地电阻 $R_\sim$、冲击接地电阻 R_i　GB 50057 防雷 P63

一、接地体有效长度 $l_{e有效长度}$：GB 50057 防雷 C.0.2

　　　当接地体有多分支不同方向时，$l_{e有效长度}$ 取**最长一支**，不同方向不相加

1. 穿过单一电阻率土壤：C.0.2

$$l_{e有效长度(m)} = 2\sqrt{\rho_{土壤电阻率(\Omega \cdot m)}}$$

2. 穿过两种电阻率土壤：5.4.6-1 及 P163 条文说明

$$L_{e总有效长度(m)} = l_1 + (2\sqrt{\rho_{土壤1电阻率}} - l_1)\sqrt{\frac{\rho_{土壤2电阻率}}{\rho_{土壤1电阻率}}}$$

各参数示意图如图 12-9 所示。

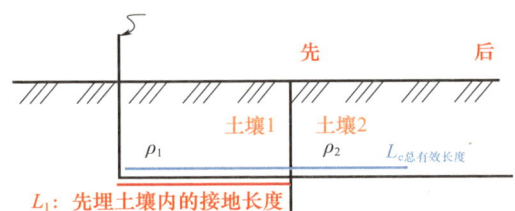

图 12-9　各参数示意图（6）

二、工频接地电阻 $R_\sim$

1. 估算法：GB 50065 接地 P49 A.0.4

2. 已知埋深、总长时优先精算法：GB 50065 接地 P48（A.0.2）

1）求 d 接地体直径：

（1）管状导体时：$d_{等效直径(m)} = d_{外径}$　GB 50065 接地 A.0.1-2

（2）扁钢导体时：$d_{等效直径(m)} = b_{长边}/2$　GB 50065 接地 A.0.1-2

2）求 $L_{总计算长度(m)}$：

（1）当最终**不**求冲击电阻 R_i 时：$L_{总计算长度} = L_{实际地下全长度}$

（2）当最终**求**冲击电阻 R_i 时：$L_{总计算长度} = \sum L_{支路有效长度}$

注：$L_{支路有效长度} = [L_{Z支路实际长度(半周长)}, L_{e有效长度}]_{min}$

例如口形：

$L_{e有效长度} < L_{Z支路实际长度(半周长)}$ 时：为 L 形 $L_{总计算长度} = 2L_{e有效长度}$

$L_{e有效长度} \geqslant L_{Z支路实际长度(半周长)}$ 时：为口形 $L_{总计算长度} = 2L_{半周长}$

3）求 A 形状系数：根据支路有效长度画图判断

例如口形：$L_{e有效长度} < L_{Z支路实际长度（半周长）}$ 时 电流没走完一圈，为 L 形

形状系数 A 取值见表 12-1。

表 12-1 形状系数 A 取值

水平接地极形状	一	L	人	○	十	口	✕	✦	✲	✺
形状系数 A	-0.6	-0.18	0	0.48	0.89	1	2.19	3.03	4.71	5.65

4）求 $R_{h\sim水平接地体工频电阻}$：

$$R_{h\sim水平接地体工频电阻} = \frac{\rho_{土壤电阻率(\Omega m)}}{2\pi L_{总计算长度(m)}} \left[\ln\left(\frac{L_{总计算长度(m)}^2}{h_{埋深(m)} \times d_{接地体直径(m)}}\right) + A_{形状系数}\right]$$

三、冲击接地电阻 R_i GB 50057 防雷 P63 C.0.1

1. 根据 $\rho_{土壤电阻率（\Omega \cdot m）}$ 查图 C.0.1 定曲线
2. 计算 $L_{Z最长支路实际长度max}/L_{e有效长度}$ 定**横坐标**

   口形时：$L_{最长支路实际长度max} = L_{半周长}$
3. 求得横坐标 **换算系数 A**
4. 求 R_i 冲击电阻：C.0.1

$$R_{i冲击电阻} = R_{\sim工频接地电阻}/A$$

四、接地体材料、尺寸：GB 50057 防雷 P40 表 5.4.1

五、接地体埋深、间距、长度要求：GB 50057 防雷 P42

防雷 Note12　一类建筑接地体要求，补加接地体 GB 50057 防雷 P17

一、一类环形接地体 补加接地体判断：GB 50057 防雷 4.2.4-5/6

1. 1) $R_{i冲击接地电阻} \leq 10\Omega$ 时：不补。

   2) $R_{i冲击接地电阻} > 10\Omega$ 时：进（2）判断。

2. 计算 R 等效半径：$R_{等效半径} = \sqrt{A_{环形接地体包围面积}/\pi}$

   1) $\rho_{土壤电阻率} \leq 500\Omega m$ 时：

   $R_{等效半径} \leq 5m$，不补；

   $R_{等效半径} < 5m$，需补。

   2) $500\Omega \cdot m < \rho_{土壤电阻率} \leq 3000\Omega \cdot m$ 时：

   当 $R_{等效半径} \geq (11 \times \rho_{土壤电阻率} - 3600)/380$，不补；

   当 $R_{等效半径} < (11 \times \rho_{土壤电阻率} - 3600)/380$，需补。

二、一类环形接地体 补加接地体每根长度 l

1. 补水平：每根**水平**接地体长度 $l_{r水平}$。

① 当 $\rho_{土壤电阻率} \leqslant 500\Omega \cdot m$ 时，$l_{r水平} = 5 - R_{等效半径}$ （4.2.4-1）

② $500\Omega \cdot m < \rho_{土壤电阻率} \leqslant 3000\Omega \cdot m$ 时：

$l_{r水平} = (11 \times \rho_{土壤电阻率} - 3600) / 380 - R_{等效半径}$ （4.2.4-4）

2. 补垂直：每根垂直接地体长度 $l_{v垂直}$：$l_{v垂直} = 0.5 l_{r水平}$ （4.2.4-2、4.2.4-5）

三、接地体材料、尺寸：GB 50057 防雷 P40 表 5.4.1

四、接地体埋深、间距、长度要求：GB 50057 防雷 P42

防雷 Note13　二类建筑接地体要求，补加接地体 GB 50057 防雷 P23

一、二类环形接地体 补加接地体判断：GB 50057 防雷 4.3.6

1. 1) $R_{i冲击接地} \leqslant 10\Omega$ 时，不补。

   2) $R_{i冲击接地} > 10\Omega$ 时，进 2 判断。

2. 计算 $R_{等效半径}$：$R_{等效半径} = \sqrt{A_{环形接地体包围面积}/\pi}$

   1) $\rho_{土壤电阻率} \leqslant 800\Omega \cdot m$ 时：

   $R_{等效半径} \geqslant 5m$，不补；

   $R_{等效半径} < 5m$，需补。

   2) $800\Omega \cdot m < \rho_{土壤电阻率} \leqslant 3000\Omega \cdot m$ 时：

   $R_{等效半径} \geqslant (\rho_{土壤电阻率} - 550)/50$，不补；

   $R_{等效半径} \geqslant (\rho_{土壤电阻率} - 550)/50$，需补。

二、二类环形接地体 补加接地体每根长度 l

1. 补水平：每根水平接地体长度 $l_{r水平}$：

① $\rho_{土壤电阻率} \leqslant 800\Omega m$ 时：$l_{r水平} = 5 - R_{等效半径}$ （4.2.4-1）

② $800\Omega m < \rho_{土壤电阻率} \leqslant 3000\Omega m$ 时：

$l_{r水平} = (\rho_{土壤电阻率} - 550)/50 - R_{等效半径}$ （4.3.6-2）

2. 补垂直：每根垂直接地体长度 $l_{v垂直}$：$l_{v垂直} = 0.5 l_{r水平}$ （4.2.4-2、4.3.6-3）

三、二类钢筋接地体 补加接地体判断：GB 50057 防雷 4.3.6

1. 1) $R_{i冲击接地} \leqslant 10\Omega$ 时：不补。

   2) $R_{i冲击接地} > 10\Omega$ 时：进 2 判断。

2. 1) 当 $\rho_{土壤电阻率} \leqslant 800\Omega \cdot m$ 时：

   $A_{接地体投影包围面积} \geqslant 75m^2$，不补；

   $A_{接地体投影包围面积} < 75m^2$，需补。

   2) $800\Omega \cdot m < \rho_{土壤电阻率} \leqslant 3000\Omega \cdot m$ 时：

   $A_{接地体投影包围面积} \geqslant \pi (\frac{\rho_{土壤电阻率} - 550}{50})^2$，不补；

   $A_{接地体投影包围面积} < \pi (\frac{\rho_{土壤电阻率} - 550}{50})^2$，需补。

四、单层工业建筑特例，当大多数柱距 6m 时：4.3.6-6

地面$-0.5m$以下部分：$S_{每根柱的所有钢筋表面积} \geq 0.82$，可不补。

$S_{钢筋表面积} = n_{个数} \times D_{直径} \times \pi \times L_{长度}$　GB 50057 防雷 P146 条文案例

$n_{根数} = 边长/钢筋间距$

五、二类钢筋接地体 补加接地体要求：

引下线距地面 0.5m 以下，每根引下线的所有**钢筋表面积总和（允许值）**。

$S_{每根引下线的所有钢筋表面积} \geq 4.24 K_c^2$ 分流系数　(4.3.5)

1. $S_{钢筋表面积} = n_{个数} \times D_{直径} \times \pi \times L_{长度}$　GB 50057 防雷 P146 条文案例

2. K_c 分流系数：GB 50057 防雷 P79 Note K_c 分流系数

按单位能量，定表面积。GB 50057 防雷 P145 条文说明 4.3.6-4

$$S_{每根引下线的所有钢筋表面积} \geq \frac{单位能量_{P81表F.0.1-1} \times K^2_{分流系数}}{单位面积的单位能量} = 1.32$$

六、无钢筋的混凝土基础，补人工接地体的尺寸要求：GB 50057 防雷 P22 表 4.3.5

七、接地体材料、尺寸：GB 50057 防雷 P40 表 5.4.1

八、接地体埋深、间距、长度要求：GB 50057 防雷 P42

防雷 Note14　**三类建筑接地体要求，补加接地体** GB 50057 防雷 P29

一、三类环形接地体 补加接地体判断：GB 50057 防雷 4.4.6-1

1. 1) 普通三类建筑：当 $R_{冲击接地} \leq 30\Omega$ 时，不补。

　2) 省部级办公、人员密集公共建筑：当 $R_{i冲击接地} \leq 10\Omega$ 时，不补。

　3) 非以上两种情况时：进 2 判断。

2. 计算 R 等效半径：$R_{等效半径} = \sqrt{A_{环形接地体包围面积}/\pi}$

当 $\rho_{土壤电阻率} \leq 3000\Omega m$，$R_{等效半径} \geq 5m$ 时，不补。

当 $\rho_{土壤电阻率} \leq 3000\Omega m$，$R_{等效半径} < 5m$ 时，需补。

二、三类环形接地体 补加接地体每根长度 l

1. 补水平：每根**水平**接地体长度 $l_{r水平}$：

$$l_{r水平} = 5 - R_{等效半径}　(4.2.4-1)$$

2. 补垂直：每根**垂直**接地体长度 $l_{v垂直}$：

$$l_{v垂直} = 0.5\, l_{r水平}　(4.2.4-2)$$

三、三类钢筋接地体补加接地体判断：GB 50057 防雷 4.4.6-2

1. $A_{接地体投影包围面积} \geq 75m^2$，不补；

2. $A_{接地体投影包围面积} < 75m^2$，需补。

四、单层工业建筑特例，当大多数柱距 6m 时 4.4.6-3

地面$-0.5m$以下部分：$S_{每根柱的所有钢筋表面积} \geq 0.37$，可不补。

$S_{钢筋表面积} = n_{个数} \times D_{直径} \times \pi \times L_{长度}$　GB 50057 防雷 P146 条文案例

$n_{根数} = 边长/钢筋间距$

五、三类钢筋接地体补加接地体要求

引下线距地面 0.5m 以下，每根引下线的所有**钢筋表面积总和**（允许值）。

$$S_{每根引下线的所有钢筋表面积} \geq 1.89 K_c^2 {}_{分流系数} \quad (4.4.5)$$

1. $S_{钢筋表面积} = n_{个数} \times D_{直径} \times \pi \times L_{长度}$ GB 50057 防雷 P146 条文案例
2. K_c 分流系数：GB 50057 防雷 P79 Note K_c 分流系数

   按单位能量，定表面积，GB 50057 防雷 P145 条文说明 4.3.6-4

$$S_{每根引下线的所有钢筋表面积} \geq \frac{单位能量_{P81表F.0.1-1} \times K_c^2{}_{分流系数}}{单位面积的单位能量_{=1.32}}$$

六、无钢筋的混凝土基础，补人工接地体的尺寸要求：GB 50057 防雷 P28 表 4.4.5

七、接地体材料、尺寸：GB 50057 防雷 P40 表 5.4.1

八、接地体埋深、间距、长度要求：GB 50057 防雷 P42

防雷 Note15　二、三类**利用钢筋做引下线的 6 点要求** GB 50057 防雷 P21

二、三类以下 1、2、3、6 要求相同

二类依据 GB 50057 防雷 4.3.5　三类依据 GB 50057 防雷 4.4.5、

1. 最好利用钢筋做引下线。

   注：混凝土电阻率公式 GB 50057 防雷 P138 (17)

2. 优先利用钢筋做接地体，无法利用时补人工。

3. 单根圆钢直径 $\geq 10mm$，多根截面总和 $\geq 25\pi$。

4. 校验：引下线距地面 0.5m 以下，每根引下线的所有**钢筋表面积总和**（允许值）：

   1) 二类：$S_{每根引下线的所有钢筋表面积} \geq 4.24 K_c^2{}_{分流系数}$ （4.3.5）
   2) 三类：$S_{每根引下线的所有钢筋表面积} \geq 1.89 K_c^2{}_{分流系数}$ （4.4.5）

   (1) $S_{钢筋表面积} = n_{个数} \times D_{直径} \times \pi \times L_{长度}$ GB 50057 防雷 P146 条文案例
   (2) K_c 分流系数：GB 50057 防雷 P79 Note K_c 分流系数

   按单位能量，定表面积，GB 50057 防雷 P145 条文说明 4.3.6-4

$$S_{每根引下线的所有钢筋表面积} \geq \frac{单位能量_{P81表F.0.1-1} \times K_c^2{}_{分流系数}}{单位面积的单位能量_{=1.32}}$$

5. 无钢筋的混凝土基础，补人工接地体的尺寸要求：

   1) 二类：GB 50057 防雷 P22 表 4.3.5
   2) 三类：GB 50057 防雷 P28 表 4.4.5

6. 构件内钢筋相连，电气通路。

防雷 Note16　K_c 分流系数　GB 50057 防雷 P79

一、**A 类排列**：①引下线没成环或 ②n 引下线根数 未知　近似法 GB 50057 防雷 P77 E.0.1

1. $|R_{1冲击接地} - R_{2冲击接地}| > [R_{1冲击接地}, R_{2冲击接地}]_{min}$（差别很大）时：$K_c = 1$ E.0.1
2. $|R_{1冲击接地} - R_{2冲击接地}| \leq [R_{1冲击接地}, R_{2冲击接地}]_{min}$（差别不大）时：

1) 仅单根引下线时：$K_c = 1$　E.0.1

2) 两根引下线：

(1) 单层且已知 $h_{引下线顶距地高度}$、$c_{引下线最短间距}$：

$$K_c = (h_{引下线高} + c_{引下线间距}) / (2h_{引下线高} + c_{引下线间距})　E.0.3$$

(2) 未知 $h_{引下线顶距地高度}$、$c_{引下线最短间距}$：$K_c = 0.66$　E.0.1

3) 引下线≥3 根 & 接闪器不成闭合环时：$K_c = 0.66$　E.0.1

4) 引下线≥3 根 & 接闪器成闭合环或闭合环时：（已知 n 根数优先详细法算）

$$K_c = 0.44　E.0.1$$

二、B 类排列：引下线成环 & $n_{引下线根数}$ 已知　公式详细法 GB 50057 防雷　P78　E.0.2

　　前提：引下线根数 $n ≥ 3$ & 接闪器成网 & 引下线多根互连成环 & 环形接地体或建筑物基础接地体（B 类排列）

1. 求单层建筑时或多层建筑的顶层 K_{c1}

1) 已知 $n_{引下线根数}$、$c_{引下线最短间距}$：E.0.2

$$K_{c1} = \frac{1}{2 \times n_{引下线根数}} + 0.1 + 0.2 \times \sqrt[3]{\frac{c_{引下线最短间距}}{h_{l\,顶楼环形接地体间距}}}$$

2) 未知 $n_{引下线根数}$、$c_{引下线最短间距}$：$K_{c近似} = 0.44$　E.0.1

3) 各引下线设独自接地体且其冲击接地电阻相近时：
公式法估算法取小 $K_c = [0.44, K_{c1公式}]_{min}$　E.0.3

2. 求各层 $K_c 2/3/4\cdots/m_{最底层}$（多层）$K_{c2} \sim m_{最底层}$

1) 已知 n 引下线根数时：E.0.2

(1) $N = 2$：$K_{c2} = \dfrac{1}{n_{引下线根数}} + 0.1$

(2) $N = 3$：$K_{c3} = \dfrac{1}{n_{引下线根数}} + 0.01$

(3) $N = m_{底层}$ 或者 $N ≥ 4$：$K_{c1} \sim m_{底层} = 1/n_{引下线根数}$

2) 未知 n 引下线根数，近似 $K_{c近似} = 0.44$　E.0.1

3) 各引下线设独自接地体且其冲击接地电阻相近时：
公式法估算法取小 $K_c = [0.44, K_{c1公式}]_{min}$　E.0.3

防雷 Note17　二、三类防反击：金属物与引下线的间隔距离 S_{a3}　GB 50057 防雷　P25

一、金属物与引下线的间隔距离 S_{a3}

1. 隔钢筋或隔屏蔽物：$S_{a3间隔距离无要求}$　GB 50057 防雷　4.3.8-2

2. 隔空气：S_{a3} 隔空气间隔距离：

1) 二类：$S_{a3隔空气间隔距离} ≥ 0.06 \times K_c \times L_{x计算点高度}$　GB 50057 防雷（4.3.8）

2) 三类：$S_{a3隔空气间隔距离} ≥ 0.04 \times K_c \times L_{x计算点高度}$　GB 50057 防雷　4.4.7-1

(1) K_c 分流系数：（只能估算法）GB 50057 防雷　P79　Note K_c 分流系数

(2) L_x 计算点高度：计算点沿引下线到最近等电位环连接点路径长，详见图 12-10
3. 隔土墙、砖墙：$S_{a3隔土墙、砖墙} = 2 \times S_{a3隔空气间隔距离}$ 4.3.8-3
二、S_{a3} 距离不够措施：4.3.8-3 4.4.7-1
金属物连引下线 & 线路通过 SPD 连引下线

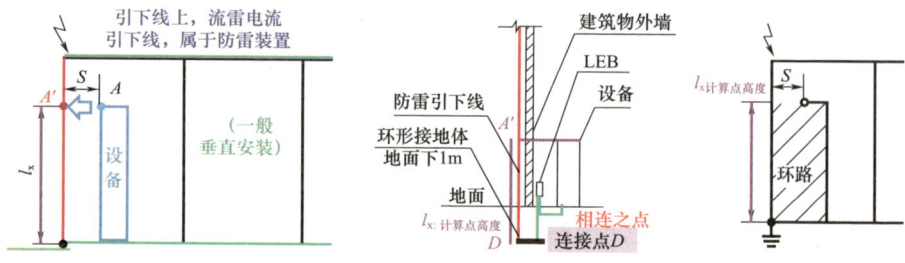

图 12-10 各参数示意图（7）

防雷 Note18 防闪电电涌侵入 SPD：接线形式、I_{imp} 冲击电流、I_{max} 最大放电电流、I_n 标称放电电流
GB 50057 防雷 P19
一、SPD 接线形式及电流换算：GB 50057 防雷 4.2.4-10 注
接线方式如图 12-11 所示。

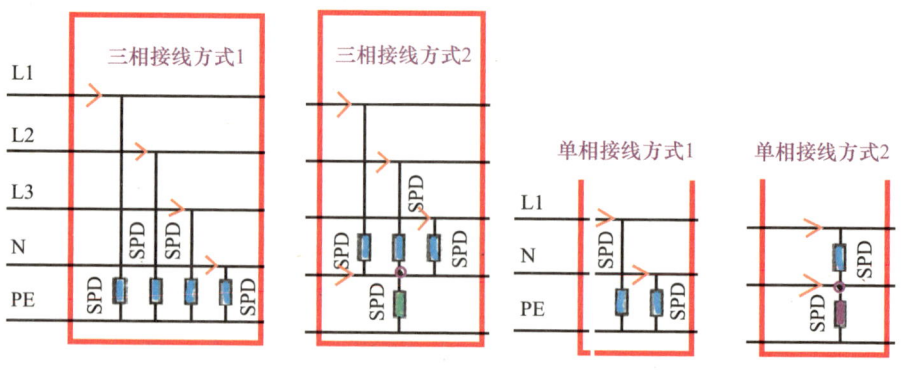

图 12-11 接线方式

$I_{接线方式1} = I_{接线方式2相地} = I_{基准}\ I_{imp}、I_{max}、I_n$

$I_{三相接线方式2零地} = 4 \times I_{基准}\ I_{imp}、I_{max}、I_n$

$I_{单相接线方式2零地} = 2 \times I_{基准}\ I_{imp}、I_{max}、I_n$

二、I_{max} 最大放电电流（8/20μs）（$I_{基准}$）：GB 50057 防雷 条文说明 P152 4.5.4-3

$I_{max最大放电电流} = \alpha_{波形换算系数(条文举例\alpha=20)} \times I_{imp}$

三、I_n标称放电电流（8/20μs）（$I_{基准}$）：

$$I_{n标称放电电流} = 0.5 I_{max最大放电电流} \quad GB\ 50057\ 防雷\ 条文\ P152\ 4.5.4\text{-}3$$

四、I_{imp}冲击电流（10/350μs）（$I_{基准}$）：精算法

1. 电源线路无屏蔽层时：GB 50057 防雷（4.2.4-6）

$$I_{imp} = \frac{0.5 \times I_{雷电流幅值}}{n_{引入金属管道数和线路总和} \times m_{当前线路导体芯数}}$$

2. 电源线路有屏蔽层、穿钢管时：GB 50057 防雷（4.2.4-7）

$$I_{imp冲击电流} = \frac{0.5 \times I_{雷电流幅值} \times R_{s屏蔽层、钢管每公里电阻(\Omega/km)}}{n_{引入金属管道数和线路总和} \times (m_{当前线路导体芯数} \times R_{s屏蔽层、钢管每公里电阻(\Omega/km)} + R_{c芯线每公里电阻(\Omega/km)})}$$

1）$I_{雷电流幅值}$：默认首次正极性 一类＝200；二类＝150；三类＝100 P81 附录 F

1）$n_{引入金属管道数和线路总和}$：＝$N_{非保护线路的金属管道数}$＋$N_{引入电缆根数}$

2）$m_{当前线路导体芯数}$：TT＝4；TN-S＝5；TN-C＝4；TN-C-S＝4

五、I_{limp}冲击电流、I_n标称放电电流、弱电 I 短路电流（$I_{基准}$）：估算法

1. 电气系统一类：$I_{雷电流幅值}$＝200kA

相关规定见表 12-2。

表 12-2　相关规定（1）

装位置	接闪器形式		试验	波形	U_p/kV	I_{imp}/kA	I_n/kA	规范条文
低压电源进线处	独立	全程电缆埋地	T2	8/20	≤2.5		≥5	4.2.3-1
		架空电缆连接处	T1	10/350	≤2.5	≥10		4.2.3-2
	非独立	总配电箱	T1	10/350	≤2.5	≥12.5		4.2.4-8
		分（层）配电箱	T2	8/20	≤2.5		≤2.5	6.4.5-2/3
末端配电箱		动力照明配电箱	T3	8/20	≤2.5		≥3	6.4.5-2/3
		弱电电源配电箱	T3	8/20	≤1.5		≥3	6.4.5-2/3
屋顶设备配电箱（彩灯）P152 Note			T2	8/20	≤2.5		30	4.5.4-7

2. 电气系统二类：$I_{雷电流幅值}$＝150kA

相关规定见表 12-3。

表 12-3　相关规定（2）

装位置	接闪器形式		试验	波形	U_p/kV	I_{imp}/kA	I_n/kA	规范条文
电源进线处	低压进线总配电箱		T1	10/350	≤2.5	≥12.5		4.3.8-4/6
	高压进线 Yyn0/Dyn11 变压器	有引出	T1	10/350	≤2.5	≥12.5		4.3.8-5
		无引出	T2	8/20	≤2.5		≥5	4.3.8-5
	分（层）配电箱		T2	8/20	≤2.5		≥5	6.4.5-2/3

续表

装位置	接闪器形式	试验	波形	U_p/kV	I_{imp}/kA	I_n/kA	规范条文
末端配电箱	动力照明配电箱	T3	8/20	≤2.5		≥3	6.4.5-2/3
	弱电电源配电箱	T3	8/20	≤1.5		≥3	6.4.5-2/3
屋顶设备配电箱（彩灯）P152 Note		T2	8/20	≤2.5		20	4.5.4-

3. 电气系统三类：$I_{雷电流幅值}=100$kA

相关规定见表12-4。

表12-4 相关规定（3）

装位置	接闪器形式		试验	波形	U_p/kV	I_{imp}/kA	I_n/kA	规范条文
电源进线处	低压进线 总配电箱		T1	10/350	≤2.5	≥12.5		4.3.8-4/6
	高压进线 Yyn0/Dyn11 变压器	有引出	T1	≤2.5	≤2.5	≥12.5		4.3.8-5
		无引出	T2	≤2.5	≤2.5		≥5	4.3.8-5
	分（层）配电箱		T2	8/20	≤2.5	≤2.5	≥5	6.4.5-2/3
末端配电箱	动力照明配电箱		T3	8/20	≤2.5		≥3	6.4.5-2/3
	弱电电源配电箱		T3	8/20	≤1.5		≥3	6.4.5-2/3
屋顶设备配电箱（彩灯）P152 Note			T2	8/20	≤2.5		15	4.5.4-3

4. 一、二、三类 埋地金属管道

相关规定见表12-5。

表12-5 相关规定（4）

类别	试验	波形	U_p/kV	I_{imp}/kA	规范
火灾危险介质埋地金属管道	T1	10/350	1.5≤U_p≤2.5	$I_{imp}=\dfrac{0.5\times I_{幅值}}{n_{金属管数+电缆数}}$ (4.2.4-6)	4.2.4-13 4.3.8-9 4.4.7-5
阴极保护埋地金属管道	T1	10/350	U_{pp}阴极保护电源最大端电压 ≤U_p≤U_w绝缘端冲击电压	$I_{幅值}=200、150、100$	4.2.4-14 4.3.8-9 4.4.7-5

5. 电子信息系统进户处

相关规定见表12-6。

表 12-6 相关规定（5）

等级	保护类型		试验	波形	短路电流	规范
一类	独立闪	通信线路	D1	10/350	≥2	4.2.3-6
	非独立	金属线	D1	10/350	(4.2.4-6/7) 精算 或 无法确定时≥2	4.2.4-11
		光缆	B2	5/300	≥0.1	4.2.4-12
二类		金属线	D1	10/350	(4.2.4-6/7) 精算 或 无法确定时≥1.5	4.3.8-7
		光缆	B2	5/300	≥0.075	4.3.8-8
三类		金属线	D1	10/350	(4.2.4-6/7) 精算 或 无法确定时≥1	4.4.7-3
		光缆	B2	5/300	0.05	4.4.7-4

防雷 Note19 屋面用电设备线路 SPD 雷电流、压降 GB 50057 防雷 P152 4.5.4-3 及条文说明

一、查 I_0 雷电流幅值：默认首次正极性 一类=200；二类=150；三类=100 P81 附录 F

二、求多层建筑的顶层 K_{c1} 分流系数

1. 已知 $n_{引下线根数}$、$c_{引下线最短间距}$：E.0.2

$$K_{c1} = \frac{1}{2 \times n_{引下线根数}} + 0.1 + 0.2 \times \sqrt[3]{\frac{c_{引下线最短间距}}{h_{顶楼环形接地体间距}}}$$

2. 未知 $n_{引下线根数}$、$c_{引下线最短间距}$：$K_{c近似} = 0.44$ E.0.1

3. 各引下线设独自接地体且其冲击接地电阻相近时：

   公式法估算法取小 $K_c = [0.44, K_{c1公式}]_{min}$ E.0.3

三、计算钢管上的分流 $I_{钢管} = K_{c1} \times I_{0雷电流幅值}$

四、计算经 SPD 的分流系数 K_{c2}

1. 已知 $n_{引下线根数}$时：E.0.2

$$N=2：K_{c2} = \frac{1}{n_{引下线根数}} + 0.1$$

2. 未知 n 引下线根数：$K_{c近似} = 0.44$ E.0.1

3. 各引下线设独自接地体且其冲击接地电阻相近时：

   公式法估算法取小 $K_c = [0.44, K_{c公式}]_{min}$ E.0.3

五、计算配电箱、SPD 装置上的分流 $I_{配电箱} = K_{c2} \times I_{钢管}$

六、算流经 SPD 一芯、每个模块上的分流：$I_{imp} = I_{配电箱} / m_{芯数}$

m 当前线路导体芯数：TT=4；TN-S=5；TN-C=4；TN-C-S=4

七、算 I_{max}（波形换算系数已知，如 20）：

$$I_{max} = \alpha_{波形换算系数(条文举例\alpha=20)} \times I_{imp}$$

八、算 I_n：

$$I_{n\text{标称放电电流}} = I_{\max\text{最大放电电流}}/2，\text{分配电箱}\text{电源侧}，\text{II 级试验}$$

九、算 $\Delta U_{\text{钢管上压降}}$：

$$\Delta U_{\text{钢管上压降}} = I_{\text{钢管}} \times R'_{\text{钢管单位长度的电阻}\Omega/m} \times L_{\text{钢管长度}}$$

$\phi 25$ 钢管：$R'_{\text{钢管单位长度的电阻}\Omega/m} = 0.0012 \Omega/m$

防雷 Note20　　SPD：U_c 运行、U_p 电压保护水平　$U_{p/f}$ 有效电压水平　GB 50057 防雷　P89

一、U_c 运行电压

1. 配电线路：GB 50057 防雷 P88 表 J.1.1
2. 通信线路：$U_{C\text{运行电压}} \geq 1.2 \times U_{\text{通信线路额定电压}}$
   具体通信线类型查表　配四 P1317 表 13.11-7
3. 交流 SPD 用于直流时：$U_{c\text{-DC直流}} = \sqrt{2} U_{c\text{-AC交流}}$　配四 P1314 13.11.2.3

二、U_p 电压保护水平　GB 50057 防雷

相关规定见表 12-7。

表 12-7　相关规定（6）

等级	安装位置	接闪器形式		U_p/kV	规范条文
一类	低压电源进线处	独立	全程电缆埋地	≤2.5	4.2.3-1
			架空电缆连接处	≤2.5	4.2.3-2
		非独立	总配电箱	≤2.5	4.2.4-8
二、三类	电源进线处		低压进线 总配电箱	≤2.5	≤2.5
			高压进线 Yyn0/Dyn11 变压器	≤2.5	≤2.5
一、二、三类	末端配电箱		分（层）配电箱	≤2.5	≤2.5
			动力照明配电箱	≤2.5	≤2.5
			弱电电源配电箱	≤1.5	6.4.5-2/3
			屋顶设备配电箱（彩灯）条说 P152	≤2.5	4.5.4-3
	火灾危险介质埋地金属管道			$1.5 \leq 2.5 U_p \leq 2.5$	4.2.4-13　4.3.8-9 4.4.7-5
	阴极保护埋地金属管道			$U_{p\text{阴极保护电源最大端电压}} \leq U_p$ $U_p \leq U_{w\text{绝缘端耐冲击电压}}$	4.2.4-14　4.3.8-9 4.4.7-5

三、ΔU SPD 两端引线的感应电压降：GB 50057 防雷 6.4.6

线路示意图如图 12-12 所示。

1. 仅感应电涌时：$\Delta U_{引线电压降}=0$

2. 已知陡度，精算法：$\Delta U_{引线电压降}=L_{总电感}\times 陡度_{(di/dt)}=$ 单位长度电感$\times$引线长$\times$陡度$_{(di/dt)}$

3. 未知陡度，估算法：

1) 入户处：$\Delta U_{引线电压降}=1kV/m\times$引线长度（m）

2) 非入户处：$\Delta U_{引线电压降}=0.2\times U_{p保护水平}$

引线长度限值：引线长度$\leqslant 0.5m$ GB 50343 电子防雷 5.4.3-8

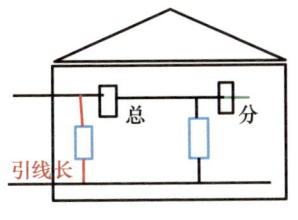

图 12-12 线路示意图

四、$U_{p/有效电压保护水平}$

1. 限压型：$U_{p/有效保护水平}=U_{p保护水平}+\Delta U_{引线电压降}$ GB 50057 防雷 (6.4.6-1)

2. 电压开关型：$U_{p/有效保护水平}=[U_{p保护水平}\cdot \Delta U_{引线电压降}]_{Max}$ GB 50057 防雷 (6.4.6-2)

防雷 Note21　U_w设备耐压 SPD 与耐压配合（是否加装 SPD）、SPD 级间配合、去耦元件电感值、SPD 后备保护熔断器选择 GB 50057 防雷 P56

一、U_w设备耐冲击电压额定值：GB 50057 防雷 P56 表 6.4.4

二、$U_{p/有效电压保护水平}$：GB 50057 防雷 P89 Note20 三～四 $U_{p/r}$

三、SPD 与耐压配合要求（是否加装 SPD 判据） GB 50057 防雷 P57 6.4.7

1. 线路无屏蔽 & SPD 到保护设备相线距离$\leqslant 5m$

   或线路有屏蔽 & 两端等电位 & SPD 到保护设备相线距离$\leqslant 10m$ 时：

   SPD 需满足 $U_{p/有效电压保护水平}\leqslant U_{w设备耐冲击电压额定值}$ 　(6.4.7-1)

2. 房间有屏蔽 & 线路有屏蔽

   或线路有屏蔽 & 两端等电位 & SPD 到保护设备相线距离$>10m$ 时：

   SPD 需满足 $U_{p/有效电压保护水平}\leqslant 0.5\times U_{w设备耐冲击电压额定值}$ 　(6.4.7-3)

3. 线路无屏蔽 & SPD 到保护设备相线距离$>10m$ 时：

   SPD 需满足 $U_{p/有效电压保护水平}\leqslant \dfrac{U_{w设备耐冲击电压额定值}-U_{oc环路感应过电压}}{2}$ 　(6.4.7-2)

   $U_{oc环路感应过电压}$详 GB 50057 防雷 P49 Note 环路感应电压电流

4. 电子信息设备：$U_{p/有效电压保护水平}\leqslant 0.5\times U_{w设备耐冲击电压额定值}$ GB 50343 电子防雷 5.4.3-10

四、不满足判据要求的措施——在设备处加装　配四 P1310

1. 当不能满足上述要求时，应在下级配电箱加装第二级 SPD；对电子设备可能还需要在设备处装设第三级 SPD，直至符合要求。

2. 由于工艺要求或其他原因，被保护设备的安装位置不会正好设在界面处而是设在其附近。在这种情况下，当线路能承受所发生的电涌电压时，电涌保护器可被安装在被保护

设备附近处，而线路的金属保护层或屏蔽层宜首先于界面处做一次等电位联结

  五、SPD 的级间配合（去耦元件电感值要求）配四 P1326

  六、SPD 后备保护熔断器选择 配四 P1332

  1. 对于 $10/350\mu s$ 波形：

$$熔断器弧前 I^2 t_{\text{熔}(A^2 \cdot s)} > 256.3 \times (I_{电涌电流(kA)})^2;$$

  2. 对于 $8/20\mu s$ 波形：

$$熔断器弧前 I^2 t_{\text{熔}(A^2 \cdot s)} > 14.01 \times (I_{电涌电流(kA)})^2;$$

防雷 Note22 电子信息系统振荡保护距离 L_{po}、感应保护距离 L_{pi}、SPD 距离校验 GB 50343 电子防雷 P25

  一、$U_{w设备耐冲击电压额定值}$：GB 50057 防雷 P56 表 6.4.4

  二、$U_{p/f有效电压保护水平}$：GB 50057 防雷 P89 Note20 三～四 $U_{p/f}$

  三、**电子信息系统** $U_{p/f有效电压保护水平}$、$U_{w设备耐冲击电压额定值}$ **配合要求**：GB 50343 电子防雷 5.4.3-8

    SPD 两端引线 $\leq 0.5m$ 且 $U_{p/f有效电压保护水平} < U_{w设备耐冲击电压额定值}$

  四、计算振荡保护距离 L_{po} 判断是否加装 SPD：GB 50343 电子防雷 5.4.3-9

  1. 计算 L_{po} 振荡保护距离：GB 50343 电子防雷 5.4.3-9

$$L_{po振荡保护距离(km)} = (U_{w设备耐压} - U_{p/f有效电压保护水平})/k_{振荡系数(kV/km)} \quad (5.4.3-3)$$

$k_{振荡系数} = 25kV/km$ （5.4.3-4）

  2. 验证 L_{po} 前提条件：线路无屏蔽 & 线路长 $>10m$ & $U_{p/f有效} > U_{w耐压}/2$

  3. 验证是否加装 SPD：GB 50343 电子防雷 5.4.3-9

    SPD 到保护设备的相线距离 $> L_{po振荡保护距离}$ 时：加装 SPD

  五、计算感应保护距离 L_{pi} 判断是否加装 SPD：GB 50343 电子防雷 5.4.3-9

  1. 计算 L_{pi} 感应保护距离：GB 50343 电子防雷 5.4.3-9

$$L_{po振荡保护距离(km)} = (U_{w设备耐压} - U_{p/f有效电压保护水平})/h_{感应系数(kV/km)} \quad (5.4.3-5)$$

  1) $h_{感应系数(kV/km)} = 30000 \times K_{s1} \times K_{s2} \times K_{s3}$

  2) K_{s1}、K_{s2} 格栅屏蔽因子：GB 50343 电子防雷 P66 表 B.5.14-5、表 B.5.14-6

  3) K_{s3} 布线因子：GB 50343 电子防雷 P65 表 B.5.14-2

  2. 验证 L_{pi} 前提条件：处于多、强雷区 & 线路无屏蔽 5.4.3-9

  1) 多雷区：年平均雷暴日大于 40d，不超过 90d 的地区；

  2) 强雷区：年平均雷暴日超过 90d 的地区。GB 50343 电子防雷 3.1.3

  3. 验证是否加装 SPD：GB 50343 电子防雷 5.4.3-9

    SPD 到保护设备的相线距离 $> L_{pi感应保护距离}$ 时：加装 SPD

防雷 Note23　防电磁脉冲：最小平均距离 S_a、磁场强度 H_0、H_1、感应电压 U_∞、感应电流 I_∞、自电感 L、LPZ_{n+1} 区各值　GB 50057 防雷 P49

一、最小平均距离 S_a、判断雷电是否直击建筑：50057 防雷 P49

1. 根据防雷建筑类别，查表 6.3.2-2，得 $i_{0雷电流幅值}$
2. 求 R 最大雷电流滚球半径
   1) 优先查表法：表 6.3.2-2
   2) 公式法：$R_{滚球}=10\times i_{0雷电流幅值}^{0.65}$　(6.3.2-5)

各参数示意图如图 12-13 所示。

3. 求 $S_{a最小平均距离}$（m）

各参数示意图如图 12-14 所示。

1) $H_{建筑高度}<R_{滚球}$ 时：$S_a=\sqrt{H_{建筑高}(2R_{滚球}-H_{建筑高})}+L_{建筑长}/2$　(6.3.2-6)
2) $H_{建筑高度}\geqslant R_{滚球}$ 时：$S_a=R_{滚球}+L_{建筑长}/2$　(6.3.2-7)

4. 判断雷电击于建筑外还是建筑上

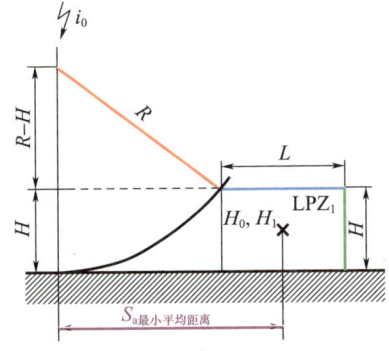

图 12-13　各参数示意图（8）

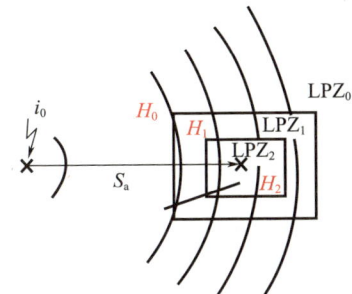

图 12-14　各参数示意图（9）

1) 当 $S_{实际距离}>S_{a最小平均距离}$，击于建筑外；
2) 当 $S_{实际距离}\geqslant S_{a最小平均距离}$，击于建筑上。

二、H_0 无屏蔽时无衰减磁场强度（LPZ_0 区）(6.3.2-1)

$$H_{0无屏蔽磁场}(A/m)=1000\times i_{0雷电流幅值(kA)}/(2\pi S_{a最小平均距离})$$

三、求 SF 格栅型大空间屏蔽系数：P47 表 6.3.2-1

1. 用 $\omega_{网格宽}$（m），$r_{屏蔽导体半径}$（m）代入表格求得 $SF_{屏蔽系数修正前}$
2. 当 $\omega_{网格宽}\leqslant 5m$ 且等电位联结网络：$SF_{修正后}=6+SF_{修正前}$
3. 当 $SF_{修正前}<0$：$SF_{修正后}=0$

四、校验 距屏蔽层安全距离 $d_{s/1击于建筑外}$ 及 $d_{s/2击于建筑上}$

1. 雷电击于建筑外时，求 $d_{s/1击于外安全距离}$：

1) 当 $SF_{屏蔽系数} \geq 10$ 时：

$$d_{s/1击于外安全距离} = w_{网格宽} \times 0.1 \times SF_{屏蔽系数} \quad (6.3.2-3)$$

2) 当 $SF_{屏蔽系数} < 10$ 时：

$$d_{s/1击于外安全距离} = w_{网格宽} \quad (6.3.2-4)$$

各参数示意图如图 12-15 所示。

2. 雷电击于建筑上时，求 $d_{s/2击于建筑上安全距离}$：

1) 当 $SF_{屏蔽系数} \geq 10$ 时：

$$d_{s/2击于上安全距离} = 0.1 \times w_{网格宽} \times SF_{屏蔽系数} \quad (6.3.2-9)$$

2) 当 $SF_{屏蔽系数} < 10$ 时：

$$d_{s/2击于上安全距离} = w_{网格宽} \quad (6.3.2-10)$$

3. 校验：当 $d_{实际距屏蔽层距离} < d_{s安全距离}$ 时：SF 处屏蔽无效

五、击于建筑上 LPZ_1 内安全空间内磁场强度 $H_{1击于上}$：GB 50057 防雷 (6.3.2-8)

计算前提：需满足 本 Note 四、安全距离校验

$$H_{1击于上} = \frac{k_{H形状系数(=0.01)} \times i_{幅值(kA)} \times w_{网格宽(m)}}{d_{w水平最短(m)} \times \sqrt{d_{r垂直最短(m)}}}$$

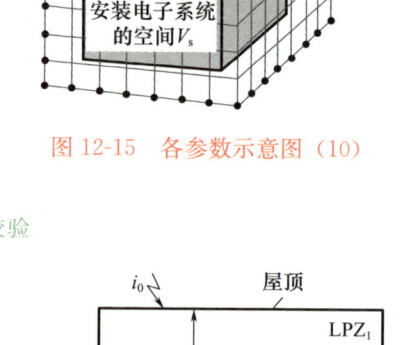

图 12-15 各参数示意图（10）

各参数示意图如图 12-16 所示。

六、击于建筑上 LPZ_1 内感应电压 $U_{OC击于上}$：GB 50057 防雷 P84（G.0.2-1）

计算前提：需满足 本 Note 四、安全距离校验

$$U_{oc击于上} = \mu_0 \times b \times \ln(1 + l/d_{1-w}) \times$$

$k_{H形状系数(=0.01)} \times (w_{网格宽(m)}/\sqrt{d_{1-r}}) \times i_{幅值}/T_{1波头}$

图 12-16 各参数示意图（11）

1. $T_{1雷电流波头时间(s)}$：1) 当首次正极性时，$T_1 = 10^{-5}$ GB 50057 防雷 表 F.0.1-1

    2) 其他情况时，$T_1 = $ 查表值 $\times 10^{-6}$ P81 表 F.0.1-1

2. μ_0 真空磁导系数 $= 4\pi \times 10^{-7}$

3. d_{1-w} 环路到墙距离： $d_{1-w} \geq d_{s/2击于上安全距离}$

各参数示意图如图 12-17 所示。

七、击于建筑上 LPZ_1 内环路自感 $L_{自感}$ P84（G.0.1-3）

八、击于建筑上 LPZ_1 内感应电流 $i_{sc击于上}$：P84（G.0.2-2）

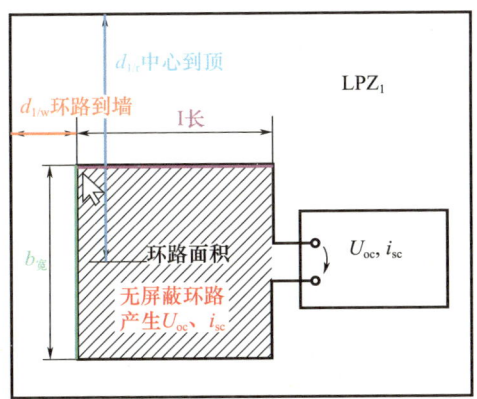

图 12-17 各参数示意图（12）

$$i_{sc击于上}=U_{oc击于上}\times T_{1波头}/L_{自电感}$$

九、击于建筑外 LPZ_1 内安全空间内磁场强度 $H_{1击于外}$：GB 50057 防雷（6.3.2-2）

计算前提：需满足 本 Note 四、安全距离校验

$$H_{1击于外(A/m)}=H_{0无屏蔽磁场(A/m)}/10\times 0.05\times SF_{屏蔽系数}$$

十、击于建筑外 LPZ_1 内 感应电压 $U_{OC击于外}$：GB 50057 防雷 P83（G.0.-1-1）

计算前提：需满足 本 Note 四、安全距离校验

$$U_{oc击于外}=\mu_{真空磁导系数}\times b_{环路宽(m)}\times l_{环路长(m)}\times H_{击于外(A/m)}/T_{1波头时间}$$

参数详见 本 Note 六

十一、击于建筑外 LPZ_1 内 环路自电感 $L_{自电感}$：GB 50057 防雷 P84（G.0.1-3）

十二、击于建筑外 LPZ_1 内 感应电流 $i_{sc击于外}$：GB 50057 防雷 P84（G.0.1-2）

$$i_{sc击于外}=U_{oc击于外}\times T_{1波头}/L_{自电感}$$

十三、LPZ_{n+1} 区磁场强度 H_{n+1}、感应电流 U_{ocn+1}、感应电压 i_{scn+1}

$$H_{n+1}=H_n/10\times 0.05\times SF_{n+1处屏蔽网屏蔽系数}$$ GB 50057 防雷（6.3.2-11）

$$U_{ocn+1}=\mu_{真空磁导系数}\times b_{环路宽}\times l_{环路长(m)}\times H_{n+1}/T_{1波头时间}$$ 配四 P1295 表 13.10-7

$$i_{scn+1}=U_{ocn+1}\times T_{1波头}/L_{自电感}$$ 配四 P1295 表 13.10-7

注：参数详本 Note 六、七

防雷 Note24　**$SF_{屏蔽系数}$、屏蔽效能、电子设备最小屏蔽厚度 t_{min}** GB 50057 防雷 P47

一、SF 屏蔽系数、屏蔽效能、屏蔽衰减率 配四 P1299（13.10-8）

$$SF_{屏蔽系数}=20\lg\frac{E_{0屏蔽前电场强度}}{E_{1屏蔽后电场强度}}=20\lg\frac{H_{0屏蔽后磁场强度}}{H_{1屏蔽后磁场强度}}$$

215

二、求SF$_{格栅型大空间屏蔽系数}$：P47 表6.3.2-2

1. 用$\omega_{网格宽}$（m），$r_{屏蔽导体半径}$（m）代入表格求得SF$_{屏蔽系数修正前}$
2. 当$\omega_{网格宽}$≤5m且等电位联结网络：SF$_{修正后}$＝6＋SF$_{修正前}$
3. 当SF$_{修正前}$＜0 时：SF$_{修正后}$＝0

各参数示意图如图12-18所示。

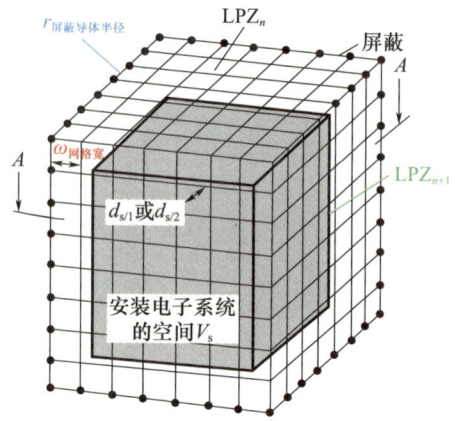

图12-18 各参数示意图（13）

三、金属板式屏蔽体的屏蔽效能SF

1. 雷电击于建筑外时：SF$_{板式击于外}$：配四 P1300（13.10-9）
2. 雷电击于建筑上时：SF$_{板式击于上}$：配四 P1302（13.10-10）

四、电子设备最小屏蔽厚度 t_{min}：配四 P1303 式（13.10-11）

防雷Note25 电缆从户外进入户内的屏蔽层截面积 S_c GB 50057 防雷 P87

一、入户屏蔽层截面积 S_c，GB 50057 防雷 附录 H.0.1

1. 算 I_f 流入屏蔽层雷电流＝I_{imp} 优先公式法：
1) 公式法：电源线路有屏蔽层、穿钢管时，GB 50057 防雷（4.2.4-7）

$$I_{imp\,冲击电流} = \frac{0.5 \times I_{雷电流幅值} \times R_{屏蔽层、钢管每公里电阻(\Omega/km)}}{n_{引入金属管道数和线路总和}(m_{当前线路导体芯数} \times R_{屏蔽层、钢管每公里电阻(\Omega/km)} + R_{c芯线每千米电阻(\Omega/km)})}$$

（1）$I_{雷电流幅值}$：默认首次正极性 一类＝200；二类＝150；三类＝100 P81 附录F
（2）$n_{引入金属管道数和线路总和}$： ＝$N_{非保护线路的金属管道数}$＋$N_{引入电缆根数}$
（3）$m_{当前线路导体芯数}$： TT＝4；TN-S＝5；TN-C＝4；TN-C-S＝4
2) 查表法：防雷Note7 $I_{imp\,冲击电流}$ GB 50057 防雷 P19

2. 查 L_c 线路长度（m），GB 50057 防雷 表 H.0.1-1
1) 情况 A：直埋：$L_c = [实际长度，8\sqrt{\rho}]_{min}$
2) 情况 B：穿管、架空、电缆沟：L_c = 建筑物至屏蔽层最近接地点距离

情况示意图如图 12-19 所示。

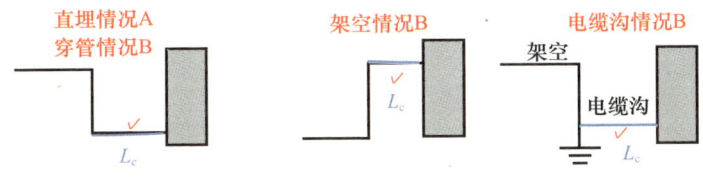

图 12-19　情况示意图

3. ρ_c 屏蔽层电阻率（Ω·m）：20℃时

　　$\rho_{c铁} = 138 \times 10^{-9}$ Ω·m

　　$\rho_{c铜} = 17.24 \times 10^{-9}$ Ω·m

　　$\rho_{c铝} = 28.264 \times 10^{-9}$ Ω·m

4. U_w 耐冲击电压额定值
1) 入户后接设备 $U_w = U_{w设备耐压}$，GB 50057 防雷 P86 表 H.0.1-2、P56 表 6.4.4
2) 入户后接线路 $U_w = U_{w线路耐压}$，GB 50057 防雷 P87 表 H.0.1-3
3) 入户后线路、设备都接 $U_w = [U_{w设备耐压}，U_{w线路耐压}]_{min}$
5. 屏蔽层截面积 S_c：GB 50057 防雷（H.0.1）

$$S_{c屏蔽层截面积} \geqslant \frac{I_{流入屏蔽层雷电流(kA)} \times \rho_{c屏蔽层电阻率(\Omega \cdot m)} \times L_{c线路长度(m)}}{U_{w耐冲击电压额定值(kV)}} \times 10^6$$

二、校验入户导线允许温升的最小截面积 S_c，GB 50057 防雷 附录 H.0.2

1. 屏蔽线路：$S_{c屏蔽层截面积} \geqslant I_{imp}/8$ （H.0.2-1）
2. 无屏蔽线路：$S_{每芯导体截面积} \geqslant I_{imp}/(8 \times m)$ （H.0.2-2）

　　m 当前线路导体芯数：TT=4；TN-S=5；TN-C=4；TN-C-S=4

防雷 Note26　年损坏风险 R_T、年雷击次数允许值 N_T、防雷装置效率 η　GB 50057 防雷 P110

一、R_T 年损坏风险 及要求：$R_{实际} \leqslant R_{T允许}$　GB 50057 防雷 P110 条说 3.0.3-9

　　$R_{年损坏风险实际值} = N_{年预计雷击次数} P_r W_r (1 - \eta_{防雷装置效率}) \leqslant R_{T可接受最大损失风险}$

二、R_T 可接受最大损失风险

　　$R_{T可接受最大损失风险} = N_{T年雷击次数允许值} \times P_r W_r$

　　默认时：$RT_{可接受最大损失风险} = 10^{-5}$

三、$P_r W_r$ 取值

　　一般建筑物：正常危险　$P_r W_r = 0.2 \times 10^{-3}$

公共建筑物：重大危险（引起惊慌、重大损失）$P_rW_r=1\times10^{-3}$

四、$\eta_{防雷装置效率}$、$E_{i允许}$、$E_{s允许}$ GB 50057 防雷 P110 条说 表1

1. $\eta_{防雷装置效率}$ 实际值：$\eta_{防雷装置效率}\geqslant 1-N_{T年雷击次数允许值}/N_{年预计雷击次数}$
2. $\eta_{防雷装置效率}$ 允许值：表 12-8

表 12-8　$\eta_{防雷装置效率}$ 允许值

防雷装置类别	E_i	E_s	$\eta_{防雷装置效率}=E_i\times E_s$	规范依据
一类	0.91	0.99	0.9009	无
二类	0.9	0.98	0.882	无
三类	0.84	0.97	0.81	条文 P111

过电压知识点汇总 GB/T 50064 过电压 P1

过电压 Note1　工频应力电压、工频故障电压（实际值）GB/T 16895.10 P4

过电压 Note2　变压器保护接地 R_E、中性点接地 R_B 共用条件 GB/T 50065 接地 P37

过电压 Note3　系统中性点接地方式 GB/T 50064 过电压 P5

过电压 Note4　各类基准电压、过电压值 GB/T 50064 过电压 P7

过电压 Note5　变配电所空中距 S_{a1}、地中距 S_{e1} GB/T 50064 过电压 P32

过电压 Note6　折线法——避雷针 GB/T 50064 过电压 P19

过电压 Note7　折线法——避雷线 GB/T 50064 过电压 P21

过电压 Note8　MOA 布置 GB/T 50064 过电压 P35

过电压 Note9　设备绝缘雷电耐压值与 MOA 雷电残压配合 GB/T 50064 过电压 P55

过电压 Note10　MOA 持续运行电压、额定电压 GB/T 50064 过电压 P15

过电压 Note11　高压设备额定雷电冲击耐受电压、额定工频耐受电压及修正 GB/T 50064 过电压 P57 配四 P1225

过电压 Note12　最小空气间隙及海拔修正 GB/T 50064 过电压 P53

建筑物何时装 SPD，瞬态过电压防护风险评估 GB/T 16895.10 P8、P9

有地线的反击耐雷水平、线路杆塔工频接地电阻允许值 GB/T 50064 过电压 P23 表 5.3.1-1、表 5.3.1-2

过电压 Note1　工频应力电压、工频故障电压（实际值）GB/T 16895.10 P4

一、高压侧故障 U_1、U_2 工频应力电压、U_f 工频故障电压实际值 GB/T 16895.10 表 44.A1 图 44.A1

线路图如图 12-20 所示。相关规定见表 12-9。

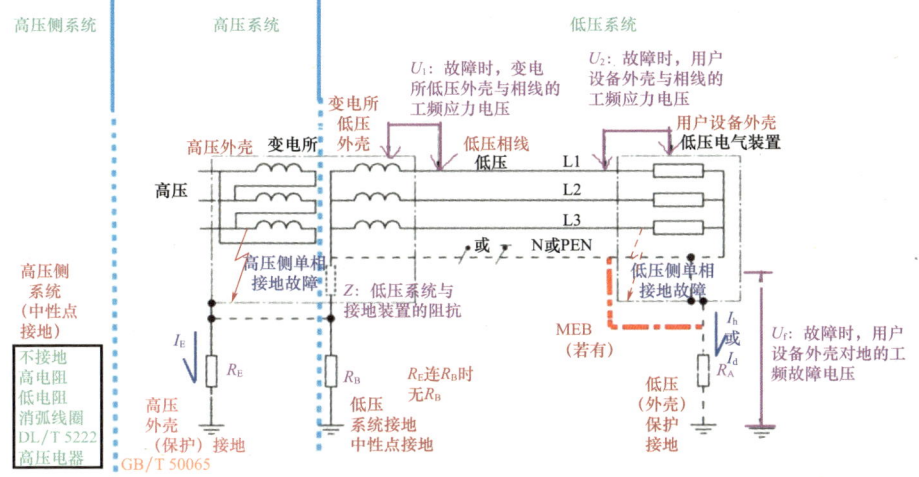

图 12-20　线路图

表 12-9　相关规定

系统接地类型	对地连接类型	U_1 变电所设备外壳与低压相线工频应力电压	U_2 用户设备外壳与低压相线工频应力电压	U_f 用户设备外壳对地工频故障电压（人）	室内等电位且忽略PE阻抗时的U_f
TT 2类	R_E 与 R_B 连接	U_0×	$R_E I_E + U_0$	0×	0×
	R_E 与 R_B 分隔	$R_E I_E + U_0$	U_0×	0×	0×
TN 2类	R_E 与 R_B 连接	U_0×	U_0×	$R_E I_E$（非多点接地）	0
	PEN 多点接地时，U_0实际值$=0.5 \times I_E \times R_E$（流过$R_E$的，仍为$I_E$）442.2.1 第2段				
	R_E 与 R_B 分隔	$R_E I_E + U_0$	U_0×	0×	0×
IT 7大类 14小类	R_E 与 Z 连接（高阻）R_E 与 R_A 分隔	只有高压侧单相接地传递来的 $R_E I_E$			
		U_0×	$R_E I_E + U_0$	0×	0×
		高压侧单相接地+低压侧第一次 I_d 小，不切电源			
		$U_0\sqrt{3}$	$R_E I_E + U_0\sqrt{3}$	$R_A I_h$	0
	R_E 与 Z 连接 R_E 与 R_A 互连	只有高压侧单相接地传递来的 $R_E I_E$			
		U_0×	U_0×	$R_E I_E$	0×
		高压侧单相接地+低压侧第一次 I_d 小，不切电源			
		$U_0\sqrt{3}$	$U_0\sqrt{3}$	$R_E I_E$	0×

续表

系统接地类型	对地连接类型	U_1 变电所设备外壳与低压相线工频应力电压	U_2 用户设备外壳与低压相线工频应力电压	U_f 用户设备外壳对地工频故障电压（人）	室内等电位且忽略 PE 阻抗时的 U_f
IT 7大类 14小类	R_E 与 Z 分隔（高阻）R_E 与 R_A 分隔	只有高压侧单相接地传递来的 $R_E I_E$			
		$R_E I_E + U_0$	$U_0 \times$	$0 \times$	$0 \times$
		高压侧单相接地+低压侧第一次 I_d 小，不切电源			
		$R_E I_E + U_0\sqrt{3}$	$U_0\sqrt{3}$	$R_A I_d$	
	R_E 与 Z 分隔 R_E 与 R_A 连接	只有高压侧单相接地传递来的 $R_E I_E$			
		$R_E I_E + U_0$	$R_E I_E + U_0$	$R_E I_E$	0
		高压侧单相接地+低压侧第一次 I_d 小，不切电源			
		$R_E I_E + U_0\sqrt{3}$	$R_E I_E + U_0\sqrt{3}$	$R_E I_E$	0
IT 7大类 14小类	R_E 与 Z 分隔 Z 与 R_A 连接	只有高压侧单相接地传递来的 $R_E I_E$			
		$R_E I_E + U_0$	$U_0 \times$	$0 \times$	$0 \times$
		高压侧单相接地+低压侧第一次 I_d 小，不切电源			
		$R_E I_E + U_0\sqrt{3}$	$U_0\sqrt{3}$	$0 \times$	$0 \times$
	无 Z（无 N）R_E 与 R_A 连接	只有高压侧单相接地传递来的 $R_E I_E$			
		$R_E I_E + U_0$	$R_E I_E + U_0$	$R_E I_E$	0
		高压侧单相接地+低压侧第一次 I_d 小，不切电源			
		$R_E I_E + U_0\sqrt{3}$	$R_E I_E + U_0\sqrt{3}$	$R_E I_E$	$0 \times$
	无 Z（无 N）R_E 与 R_A 分隔	只有高压侧单相接地传递来的 $R_E I_E$			
		$R_E I_E + U_0$	$U_0 \times$	$0 \times$	$0 \times$
		高压侧单相接地+低压侧第一次 I_d 小，不切电源			
		$R_E I_E + U_0\sqrt{3}$	$U_0\sqrt{3}$	$R_A I_d$	0

注：1. I_E 即高压侧接地故障电流；I_d 即低压侧故障电流；U_0 即相电压。
  2. I_h 即高低压侧都故障流过低压侧接地装置电流，$I_h = I_d + I_E$
  3. $0 \times$、$U_0 \times$：无须考虑为本来的值

二、低压侧故障工频应力电压 U 实际值：GB/T 16895.10

1. TN 和 TT 系统，N 线断（断零）时：$U_{工频应力电压} = \sqrt{3} U_0$ 442.3

2. IT 系统，单相接地短路时：$U_{工频应力电压} = \sqrt{3} U_0$ 442.4

3. 某一相，相与零短路时：$U_{其他相零间电压} = 1.45 U_0$ 442.5

三、高压侧故障时的 U_f 允许值：GB/T 16895.10 图 44.A2

四、低压设备外壳与相线工频应力电压 U_2 允许值：GB/T 16895.10 表 44.A2

过电压 Note2　变压器保护接地 R_E、中性点接地 R_B 共用条件 GB/T 50065 接地　P37

一、高压侧系统为小电流接地系统（不接地、高电阻、谐振）时

R_E 变压器保护接地、R_B 中性点接地共用条件：（同时满足）GB/T 50065 接地 7.2.5　6.1.1

1. 低压侧为 1kV

2. 低压侧做 MEB

3. $R_{E接地电阻} \leqslant 50/I_{E最大故障电流(A)}$ & $R_{E接地电阻} \leqslant 4$

1) $I_{E最大单相接地故障电流}$：(**1**) 不接地、高电阻接地时，$I_E = I_{cE电容电流}$

　　　　　　　　　　　(**2**) 谐振接地时，$I_E = | I_{L谐振电流} - I_{cE电容电流} |$

2) $I_{cE电容电流}$：(**1**) 已知每相对地分布电容 C_E，配四　P302

　　　　　　　(**2**) 已知线路长度 l，配四　P57　＋变电所设备附加

二、高压侧系统为低电阻接地系统时 GB/T 50065 接地　7.2.6　6.1.2　4.2.1

R_E 变压器保护接地、R_B 中性点接地共用条件：（同时满足）

1. 低压侧为 1kV

2. 低压侧做 MEB

3. 低压侧采用 TN 系统

4. $R_{E接地电阻} \leqslant 2000/I_{G最大接地故障不对称电流(A)}$ & $R_E \leqslant 4$

$I_{G最大接地故障不对称电流}$：GB/T 50065 接地　P51　B.0.1-3

过电压 Note3　**系统中性点接地方式** GB/T 50064 过电压　P5

一、110kV 及以上：直接接地。部分变压器中性点可不接地 GB/T 50064 过电压 3.1.1

二、66kV 及以下：GB/T 50064 过电压

1. 计算电容电流 I_c：1) 已知每相对地分布电容 C_E，配四　P302、

　　　　　　　　　　2) 已知线路长度 l，配四　P57　＋变电所设备附加

2. 不直接连发电机的架空线、电缆线路：1) $I_c \leqslant 10A$ 时，采用不接地；

　　　　　　　　　　　　　　　　　　2) $I_c > 10A$ 时，采用谐振　3.1.3-1/2

3. 连接发电机线路：查表得 $I_{c允许值}$ P5 表 3.1.3

　　　　　　　　1) $I_c \leqslant I_c$ 允许值时：不接地。

　　　　　　　　2) $I_c > I_c$ 允许值时：谐振接地　3.1.3-3

4. 电缆线路，I_c 大（>30A），合成后 $I_G > 100A$：采用低电阻。3.1.4

5. 6/10kV 及发电厂用电，$I_c \leqslant 7A$，合成 $I_G \leqslant 10A$：采用高电阻。3.1.5

系统中性点接地要求如图 12-21。

		有效	非有效 电网中性点各种接地方式的比较			≠110/220 低阻抗	
比较项目		直接接地	不接地	揩振接地	低电阻接地	高电阻接地
接地故障电流		高,有时大于三相短路电流	接地故障电容电流,低	被中和抵销,最低	一般控制在100~1000A	大于接地故障电容电流
接地故障继电保护		大电流 采用接地保护继电器,容易迅速消除故障	小电流 采用接地继电器有困难,可采用微机信号装置	自动消弧,但当出现永久性故障时,接入并降低电阻进行选择性切断或采用微机信号装置	大电流 采用接地保护继电器,容易迅速消除故障	小电流 可能用小功率继电器进行选择性跳闸
单相接地故障时电网的稳定性		最低,但由于快速跳闸,可以提高	高	最高	最低,但由于快速跳闸,可以提高	高

110kV及以上部分变压器不接地,局部不接地

66kV以下可非有效接地

图 12-21 系统中性点接地要求

过电压 Note4　各类基准电压、过电压值 GB/T 50064 过电压 P7

一、U_m 设备最高电压：配四 表 13.1-1 详见表 12-10

表 12-10 设备最高电压相关要求

系统标称电压 U_n/kV	3	6	10	15	20	35	66	110
设备最高电压 U_m/kV	3.6	7.2	12	18	24	40.5	72.5	126

二、各类基准电压、过电压值：GB/T 50064 过电压 详见表 12-11

表 12-11 过电压相关要求

类别	基准电压	过电压类型	过电压值	出处
工频过电压	1.0 p.u. $=\dfrac{U_m}{\sqrt{3}}$	不接地系统不应大于	$1.1\sqrt{3}$ p.u. $= 1.1U_m$	GB/T 50064 P8 4.1.1-1
		中性点谐振接地、低电阻接地和高电阻接地系统不应大于	$\sqrt{3}$ p.u. $= U_m$	GB/T 50064 P8 4.1.1-2
		110kV 和 220kV 系统,不应大于	$1.3U_m/\sqrt{3} = 0.7506U_m$	GB/T 50064 P8 4.1.1-3
		变电站内中性点不接地 35kV 和 66kV 并联电容器补偿装置系统不应超过	$\sqrt{3}\times U_m/\sqrt{3} = U_m$	GB/T 50064 P8 4.1.1-4

续表

类别	基准电压	过电压类型	过电压值	出处
操作过电压	$1.0 \text{p.u.} = \dfrac{\sqrt{2}U_m}{\sqrt{3}}$	35kV 及以下低电阻接地系统相对地最大操作过电压	$3 \times \sqrt{2}U_m/\sqrt{3}$ $= 2.4495U_m$	GB/T 50064 P45 表 6.1.3
		66kV 及以下谐振、不接地、高电阻接地系统相对地最大操作过电压	$4 \times \sqrt{2}U_m/\sqrt{3}$ $= 3.266U_m$	
		110kV 系统相对地最大操作过电压	$3 \times \sqrt{2}U_m/\sqrt{3}$ $= 2.4495U_m$	
		35kV 及以下低电阻接地系统相间最大操作过电压	$(1.3 \sim 1.4) \times 3$ $\times \sqrt{2}U_m/\sqrt{3}$ $= 3.18435 \sim$ $3.4293U_m$	GB/T 50064 P45 6.1.3-2 表 6.1.3
		66kV 及以下谐振、不接地、高电阻接地系统相间最大操作过电压	$(1.3 \sim 1.4) \times 4$ $\times \sqrt{2}U_m/\sqrt{3}$ $= 4.2458 \sim$ $4.5724U_m$	
		110kV 系统相间最大操作过电压	$(1.3 \sim 1.4) \times 3$ $\times \sqrt{2}U_m/\sqrt{3}$ $= 3.18435 \sim$ $3.4293U_m$	
		线路合闸和重合闸过电压一般不超过	$3.0\text{p.u.} = 2.4495 \times U_m$	GB/T 50064 P104 4.2.1-6 条说
		110kV 和 220kV 开断空载架空线路宜采用重击穿概率极低的断路器，开断电缆线路应采用重击穿概率极低的断路器，过电压不宜大于	$3.0\text{p.u.} = 2.4495 \times U_m$	GB/T 50064 P13 4.2.6-1
		66kV 及以下不接地系统谐振接地系统，开断空载线路应采用重击穿概率极低的断路器，过电压一般不超过	$3.5\text{p.u.} = 2.8577 \times U_m$	GB/T 50064 P105 4.2.6-2 条说
		6～35kV 低电阻接地系统，开断空载线路就采用重击穿概率极低的断路器	$3.5\text{p.u.} = 2.8577 \times U_m$	GB/T 50064 P105 4.2.6 条说

续表

类别	基准电压	过电压类型	过电压值	出处
操作过电压	$1.0 \text{p.u.} = \frac{\sqrt{2}U_m}{\sqrt{3}}$	6～66kV 系统，开断并联电容器补偿装置应采用重击穿概率极低的断路器，电容器组相对地过电压可能超过	$4.0\text{p.u.} = 3.266 \times U_m$ 当开断前发生两相重击穿，极间过电压可能超过 $2.5\sqrt{3}U_{n.c}$电容器组额定电压	GB/T 50064 P105 4.2.7 条说
		采用少油断路器开断空载电动机时，过电压不超过	$2.5\text{p.u.} = 2.0412 \times U_m$	GB/T 50064 P106 4.2.9 条说
		开断启动过程中的电动机，截流过电压和三相同时开断过电压可能超过	$4.0\text{p.u.} = 3.266 \times U_m$	GB/T 50064 P106 4.2.9 条说
		高频重复重击穿过电压可能超过	$5.0\text{p.u.} = 4.0825 \times U_m$	GB/T 50064 P106 4.2.9 条说
		高压感应电动机合闸的操作过电压一般不超过	$2.0\text{p.u.} = 1.633 \times U_m$	GB/T 50064 P106 4.2.9 条说
		66kV 及以下不接地系统发生单相间歇性电弧接地故障时，可产生过电压一般不超过	$3.5\text{p.u.} = 2.8577 \times U_m$	GB/T 50064 P106 4.2.10 条说
谐振	同上	变压器铁磁谐振过电压	$2.0 \sim 3.0\text{p.u.} = 1.633 \sim 2.4495 \times U_m$	GB/T 50064 P103 4.1.10 条说

过电压 Note5　变配电所空中距 S_{al}、地中距 S_{el}　GB/T 50064 过电压　P32

各参数示意图如图 12-22 所示。

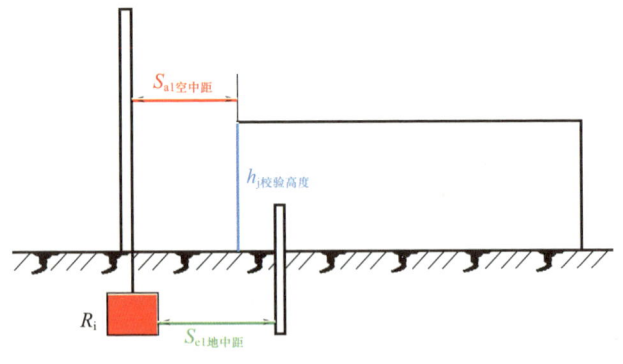

图 12-22　各参数示意图（14）

第十二章 防雷

一、$S_{a1空中距}$：GB/T 50064 过电压 P32（5.4.11-1）5.4.11-5

$S_{a1空中距} \geqslant 0.2R_{避雷针冲击接地电阻} + 0.1h_{校验高度} \geqslant 5m$

二、$S_{e1地中距}$：GB/T 50064 过电压 P32（5.4.11-2）5.4.11-5

$S_{e1地中距} \geqslant 0.3R_{避雷针冲击接地电阻} \geqslant 3m$

注：$R_{冲击接地电阻}$ 详防雷 Note P63

各参数示意图如图 12-23 所示。

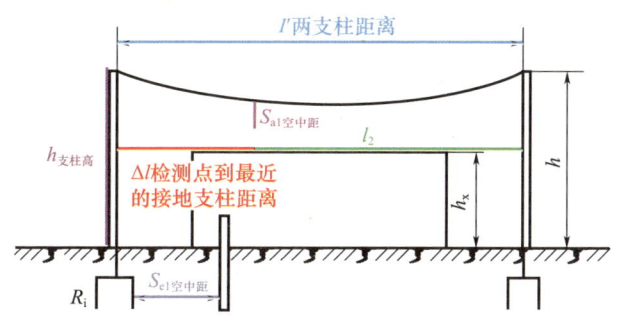

图 12-23　各参数示意图（15）

三、S_{a1} 避雷线空气中距离

1. 一端绝缘、另一端接地的避雷线：GB/T 50064 过电压 P32（5.4.11-3）5.4.11-5

$S_{a1空中距} \geqslant 0.2R_{支柱冲击接地电阻} + 0.1(h_{支柱高} + \Delta h_{测量点到最近支柱距离}) \geqslant 5m$

2. 两端接地的避雷线：GB/T 50064 过电压 P33（5.4.11-4、5.4.11-5）

$S_{a1空中距} \geqslant \beta'_{分流系数} \times [0.2R_{支柱冲击接地电阻} + 0.1(h_{支柱高} + \Delta h_{测量点到最近支柱距离})] \geqslant 5m$

$\beta'_{分流系数} = \dfrac{l'_{两支柱距离} - \Delta h_{测量点到最近支柱距离} + h_{支柱高}}{l'_{两支柱距离} + 2 \times h_{支柱高}}$

四、S_{e1} 避雷线地中距离

1. 一端绝缘、另一端接地的避雷线：GB/T 50064 过电压 P32（5.4.11-2）5.4.11-5

$S_{e1地中距} \geqslant 0.3R_{支柱冲击接地电阻} \geqslant 3m$

2. 两端接地的避雷线：GB/T 50064 过电压 P33（5.4.11-5、5.4.11-6）5.4.11-5

$S_{e1地中距} \geqslant 0.3 \times \beta'_{分流系数} \times R_{支柱冲击接地电阻} \geqslant 3m$

$\beta'_{分流系数} = \dfrac{l'_{两支柱距离} - \Delta h_{测量点到最近支柱距离} + h_{支柱高}}{l'_{两支柱距离} + 2 \times h_{支柱高}}$

过电压 Note6　**折线法——避雷针** GB/T 50064 过电压 P19

一、单根避雷针保护半径 r_x：验证 $r_{实际} \leqslant r_{x保护半径}$ GB/T 50064 过电压 P17

1. $h_{x保护物高度} \geqslant 0.5 \times h_{避雷针高}$ 时：（上半部分）（5.2.1-2）

$$r_{x保护半径} = (h_{避雷针高} - h_{x保护物高度}) \cdot P_{高度影响系数} = h_{a有效高度} P_{高度影响系数}$$

2. $h_{x保护物高度} < 0.5 \times h_{避雷针高}$ 时：(下半部分)（5.2.1-3）

$$r_{x保护半径} = (1.5 \times h_{避雷针高} - 2 \times h_{x保护物高度}) P_{高度影响系数}$$

1) $h_{避雷针高} \leq 30\text{m}$：$P_{高度影响系数} = 1$。

2) $30\text{m} < h_{避雷针高} \leq 120\text{m}$：$P_{高度影响系数} = \dfrac{5.5}{\sqrt{h_{避雷针高}}}$。

3) $h_{避雷针高} > 120\text{m}$：$P_{高度影响系数} = 0.5$。

3. 校验：$r_x \geq r_{实际} = 0.5 \times \sqrt{矩形长^2 + 矩形宽^2}$

各参数示意图如图 12-24 所示。

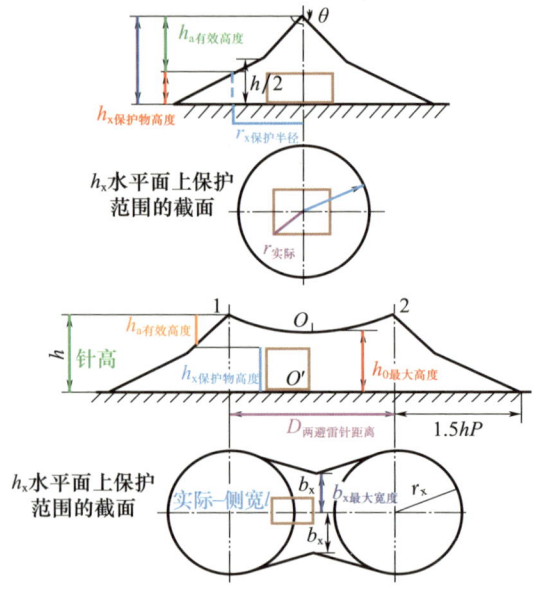

图 12-24　各参数示意图（16）

二、两根等高避雷针间最大保护范围高度 h_0、最大保护范围宽度 b_x

1. 两避雷针前提条件：$D_{两避雷针距离}/h_{避雷针高度} \leq 5$　GB/T 50064 过电压 5.2.2-4

2. 求 $h_{0最大高度}$：配四

1) 非山地和坡地：$h_0 = h_{避雷针高} - D_{两避雷针距离}/(7 \times P_{高度影响系数})$（13.5-4）

2) 山地和坡地：$h_0 = h_{避雷针高} - D_{两避雷针距离}/(5 \times P_{高度影响系数})$（13.5-5）

3. 计算 $h_{a有效高度} = h_{避雷针高} - h_{x保护物高度}$

4. 计算 $D_{两避雷针距离}/(h_{a有效高度} \times P_{高度影响系数})$：GB/T 50064 过电压 P18

1) $D_{两避雷针距离}/(h_{a有效高度} \times P_{高度影响系数})=0 \sim 5$ 查图 5.2.2-2（a）；
2) $D_{两避雷针距离}/(h_{a有效高度} \times P_{高度影响系数})=5 \sim 7$ 查图 5.2.2-2（b）

5. 计算 $h_{x保护物高度}/h_{避雷针高度}$ **定曲线，计算** $h_{a有效高度}/h_{避雷针高度}$ **定横坐标**

6. $b_{x最大保护范围宽度}$＝纵坐标$\times h_{a有效高度}\times P_{高度影响系数}$ 且 $\leq r_{x保护半径}$ 本 Note 一

7. 山地和坡地时： $b_{x最大宽度}$＝$0.75\times b_{x最大宽度}$ 配四 P1227

8. 验证 $h_{0最大高度}$、$b_{x最大宽度}$：$h_{0最大高度}\geq h_{x保护高度}$

$b_{x最大宽度}\geq b_{被保护物一侧实际宽度}$

过电压 Note7　**折线法——避雷线** GB/T 50064 过电压 P21

一、**单根避雷线保护半径** r_x：验证$r_{实际}\leq r_{x保护半径}$ GB/T 50064 过电压 P20

1. 求 $h_{避雷线高}$＝支柱高－弧垂

2. $h_{x保护物高度}\geq 0.5\times h_{避雷线高度}$ 时：（上半部分）（5.2.4-1）

$$r_{x保护半径}=0.47\times(h_{避雷线高度}-h_{x保护物高度})\cdot P_{高度影响系数}$$

3. $h_{x保护物高度}<0.5\times h_{避雷针高度}$ 时：（下半部分）（5.2.4-2）

$$r_{x保护半径}=(h_{避雷线高度}-1.53\times h_{x保护物高度})\cdot P_{高度影响系数}$$

$P_{高度影响系数}$：1) $h_{避雷线高度}\leq 30m$，$P_{高度影响系数}=1$。

2) $30m<h_{避雷线高度}\leq 120m$，$P_{高度影响系数}=\dfrac{5.5}{\sqrt{h_{避雷线高度}}}$。

3) $h_{避雷线高度}>120m$，$P_{高度影响系数}=0.5$。

单根避雷线的保护范围如图 12-25 所示。

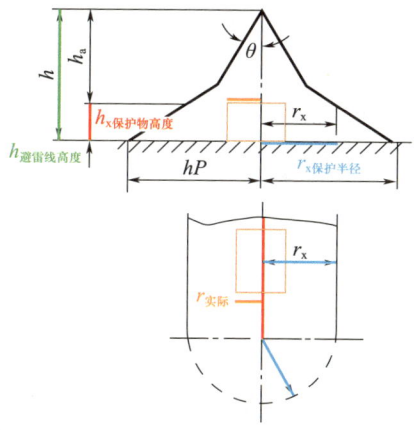

图 12-25　单根避雷线的保护范围

注：当 h 不大于 30m 时，θ 为 25°。

过电压 Note8　**MOA 布置**　GB/T 50064 过电压　P35

一、主变高压侧≥35kV MOA 布置：GB/T 50064 过电压 5.4.13

总原则：母线 MOA1 必装，线路 MOA2 选装，主变 MOA4 超距离时装

1. 未全线设地线的 35～110kV 架空进线段：5.4.13-1～5.4.13-2

1）应架设 1～2km 地线；母线 MOA1（必装）；图 5.4.13-1

2）当线路热备用时：线路 MOA2 应（选装情况一）。

2. 全线接地 66～220kV 且线路热备用：线路 MOA2 宜（选装情况一）5.4.13-3

3. 单进线、没热备用，但雷击风险高：5.4.13-4

1）防重复雷击、多雷区、已出现此类事故的敞开电站 66～220kV 侧，线路断路器的线路侧，宜线路 MOA2（选装情况二）。

2）其他设备至线路 MOA2 距离≤允许值＝1.35×变压器允许值查表 5.4.13-1 时：
　　母线可不装 MOA1 特例二 5.4.13-6

4. ≥35kV & 电缆进线：5.4.13-5

1）电缆与架空线连接处：线路 MOA2 应装；图 5.4.13-2

2）电缆末端：三芯电缆外皮接地，单芯电缆经 CP 接地

3）连电缆处的架空线：应架设 1km 地线

4）电缆＞50m & 雷季经常断路运行时：电缆末端 MOA3 应装

5）① 电缆≤50m 或 ② 电缆＞50m & 校验符合。
　　母线 MOA1/线路 MOA2 二选一　母线可不装 MOA1 特例一

5. ≥35kV & 架空进线：5.4.13-6

1）母线 MOA1（应装）

2）变压器至最近 MOA 距离大于变压器允许值时：
　　变压器进线处 MOA4 可装。35～110kV 变压器允许值查 P36 表 5.4.13-1

3）其他设备至最近 MOA 距离大于允许值时：
　　设备处 MOA4 可装。其他设备允许值＝1.35×变压器允许值查表 5.4.13-1

6. 是否装 变压器中性点 MOA5　5.4.13-8

1）110kv 直接接地系统中，变压器不接地 & 变压器中性点分级绝缘 & 无间隙时：变压器中性点 MOA5 应装。

2）单进线 & 单台变压器 & 中性点全绝缘时：变压器中性点 MOA5 应装。

3）66kV 以下时，不接地、谐振接地和高电阻接地：可不装。

4）多雷区单进线 & 中性点引出时：变压器中性点 MOA5 宜装。

7. 三绕组变压器的连架空线的 开路侧（不带负荷）或 平衡绕组侧 5.4.13-11
　　当前一侧的三相上各装一支 MOA，不是三侧！

二、主变低压侧 6/10kV MOA 布置：GB/T 50064 过电压 5.4.13-12

1. 架空线非全在厂区内：母线 MOA1 必装、线路 MOA2 必装
2. 架空线厂区内全受屏蔽：母线 MOA1 必装，线路 MOA2 可不装
3. 变压器至最近 MOA 距离大于变压器允许值时：
   变压器进线处 MOA4 应装。**6/10kV 变压器允许值** 查 P38 表 5.4.13-2
4. 架空线均有电缆段：变压器进线处 MOA4 可不装
5. 架空线有电缆段：电缆头处 线路 MOA2 必装，外皮接地
6. 站内无变压器：每路进线装线路 MOA2，无母线 MOA1、变压器 MOA

三、≥66kV GIS 变电站 MOA 布置 GB/T 50064 过电压 5.4.14

1. 无电缆段（架空）：GIS 管道与架空线连接处，应 MOA1。管道外壳接地
2. 电缆：电缆段与架空线连接处，应 MOA1。
   三芯末端：金属外皮与 GIS 外壳连接接地。单芯：金属外皮经 CP 接地
3. 变压器、设备至最近电缆末端 MOA1 距离小于 GIS 允许值时：
   可不设变压器、设备 MOA2。GIS 允许值：66kV 为 50m；110kV 为 130m
4. 架空线地线应≥2km

四、配电变压器（低压侧为 0.4kV）MOA 布置

1. 配电变压器高压侧：靠近处应装 MOA。GB/T 50064 过电压 5.5.1
2. 配电变低压侧：靠近处应装低压 MOA，GB/T 50064 过电压 5.5.2 或 SPD 配四 13.3.3
3. （架空线路）柱上断路器、负荷开关、隔离开关：
   带电侧，应 MOA，外壳连接地线，接地电阻≤10Ω GB/T 50064 过电压 5.5.3
4. 架空线上的电容器：
   靠近处宜 MOA，外壳连接地线，接地电阻≤10Ω GB/T 50064 过电压 5.5.4
5. 架空线用绝缘导线：防断线措施。GB/T 50064 过电压 5.5.5

过电压 Note9　设备绝缘雷电耐压值与 MOA 雷电残压配合 GB/T 50064 过电压 P55

一、内绝缘配合：设备内绝缘雷电耐压值与 MOA 雷电残压配合

1. 全波雷电耐压值：50064 过电压 P55 6.4.4-1

$$U_{\text{内绝缘全波雷电耐压值}} \geq K_{16\text{配合系数}} \times ULP-MOA_{\text{雷电残压}}$$

1) K_{16} 配合系数：（1）MOA 靠近设备时，K_{16} 配合系数 $=1.25$
   （2）MOA 远离设备时，K_{16} 配合系数 $=1.4$

2) $U_{\text{额定雷电耐压值}}$：本 Note 三～五

2. 截波雷电耐压值：GB/T 50064 过电压 P55 6.4.4-1

$$U_{内绝缘截波雷电耐压值} = 1.1 \times U_{内绝缘全波雷电耐压值}$$

二、外绝缘配合：设备外绝缘雷电耐压值与 MOA 雷电残压配合

$$U_{外绝缘雷电耐压值} \geqslant K_{17配合系数(k=1.4)} \times ULP - MOA_{雷电残压}\ \ \text{GB/T 50064 过电压 P55 6.4.4-2}$$

三、高压设备：额定雷电冲击耐受电压

1. **开关、变压器**——雷电耐压、工频：GB/T 50064 过电压 P56 表 6.4.6-1

   同 配四 P1225 表 13.4-5

2. **其他设备**——雷电耐压、截断雷电耐压：配四 P1225、P1226 表 13.4-6

四、外绝缘额定**耐受电压（本 Note 三查表值）**海拔修正 DL/T 5222 导规 4.0.10

$$U_{修正后} = U_{外绝缘额定电压修正前} \times e^{q_{修正指数}(H_{海拔}-1000)/8150}$$

$q_{修正指数}$：**1.** 雷电过电压、短时工频电压：$q=1$

　　　　　2. 操作冲击电压：$Q_{修正系数}$ 查 P131 条文说明 4.0.1 图 1

五、外绝缘额定**耐受电压（本 Note 三查表值）**温度修正：DL/T 5222 导规 4.0.11

1. 求 $T_{环境温度}$：1）电缆查 GB 50217 缆规 表 3.6.5

　　　　　　　　2）导体查 DL/T 5222 导规 表 4.0.3

2. 当 $T_{环境温度} \leqslant 40℃$：不修正

3. $T_{环境温度} > 40℃$：DL/T 5222 导规 4.0.11

$$U_{修正后} = U_{外绝缘额定电压修正海拔后} \times [1 + 0.0033(T_{环境温度} - 40)]$$

过电压 Note10　MOA 持续运行电压、额定电压 GB/T 50064 过电压 P15

一、设备保护用 MOA 额定电压：（已知 U_T 系统暂时过电压）

1. **有效接地和低电阻接地系统，故障清除时间 $\leqslant 10s$ 时：**

$$U_{RMOA额定电压} \geqslant U_{T系统暂时过电压}\ \ \text{GB/T 50064 过电压 (4.4.2-1)}$$

2. **非有效接地系统，故障清除时间 $>10s$ 时：**

$$U_{RMOA额定电压} \geqslant 1.25 \times U_{T系统暂时过电压}\ \ \text{GB/T 50064 过电压 (4.4.2-2)}$$

$U_{T系统暂时过电压}$：优先已知；推荐值见配四 P1234 表 13.5-4

二、设备保护用相对地 MOA 持续运行电压电压：GB/T 50064 过电压 (4.4.2-2)

$$U_{C\_MOA相对地持续运行电压} \geqslant U_{m最大电压}$$

三、系统 MOA 持续运行电压、额定电压：（查表法）

1. **验证前提条件：**GB/T 50064 P8 4.1.1

　1）**不接地系统**：工频过电压 $\leqslant 1.1\sqrt{3}\ \text{p.u.} = 1.1 U_m$

　2）**中性点谐振、低电阻**和**高电阻接地系统**：工频过电压 $\leqslant \sqrt{3}\ \text{p.u.} = 1.1 U_m$

　3）**110kV 系统**：工频过电压 $\leqslant 1.3 U_m/\sqrt{3} = 0.7506 U_m$

2. 满足前提条件时：查 GB/T 50064 过电压 P15 表 4.4.3
3. 不满足前提条件时：查配四 P1233 表 13.5-2
四、发电机和旋转电机 MOA 持续运行电压、额定电压 GB/T 50064 过电压 P15 4.4.4
电压相关规定见表 12-12。

表 12-12　电压相关规定

故障清除时间	≤10s，大电流接地	>10s，小电流接地
旋转电机相对地 MOA 额定电压 $U_{r相地额定}$	$U_{r相地额定} \geq 1.05 U_{rM}$	$U_{r相地额定} \geq 1.3 U_{rM}$
旋转电机相对地 MOA 持续运行电压 $U_{c相地运行}$	$U_{c相地运行} \geq 0.8 \times U_{r相地额定}$ $U_{c相地运行} \geq 0.84 \times U_{rM}$	$U_{c相地运行} \geq 0.8 \times U_{r相地额定}$ $U_{c相地运行} \geq 1.04 \times U_{rM}$
旋转电机中性点 MOA 额定电压 $U_{r中性点额定}$	$U_{r中性点额定} \geq U_{r相地额定}/\sqrt{3}$ $U_{r中性点额定} \geq 0.606 \times U_{rM}$	$U_{r中性点额定} \geq U_{r相地额定}/\sqrt{3}$ $U_{r中性点额定} \geq 0.751 \times U_{rM}$

五、U_m 设备最高电压：配四　表 13.1-1　详见表 12-10

过电压 Note11　高压设备额定**雷电冲击耐受电压、额定工频耐受电压及修正**　GB/T 50064 过电压　P57　配四　P1225

一、高压设备：额定雷电冲击耐受电压、额定工频耐受电压：
1. 开关、变压器——雷电耐压、工频：GB/T 50064 过电压 P56 表 6.4.6-1
　　　　　　　　同 配四 P1225 表 13.4-5
2. 其他设备——雷电耐压、截断雷电耐压：配四 P1225、P1226 表 13.4-6
3. 其他设备——工频：配四 P1226 表 13.4-7
二、当 H 海拔＞1000m 时：
外绝缘额定耐受电压（本 Note 一查表值）海拔修正 5222 导规 4.0.10
$$U_{修正后} = U_{外绝缘额定电压修正前} \times e^{q_{修正系数}(H_{海拔}-1000)/8150}$$
$q_{修正指数}$：1. 雷电过电压、短时工频电压，$q_{修正系数}=1$
　　　　　2. 操作冲击电压：$q_{修正系数}$查 P131 条文说明 4.0.1 图 1
三、当 $T_{环境温度}$＞40℃时：
外绝缘额定耐受电压（本 Note 一查表值）温度修正：DL/T 5222 导规 4.0.11
1. 求 $T_{环境温度}$：1）电缆查 GB 50217 缆规　表 3.6.5
　　　　　　　　2）导体查 DL/T 5222 导规　表 4.0.3
2. 求修正后的值：$U_{修正后} = U_{外绝缘额定电压修正海拔修正后} \times [1+0.0033(T_{环境温度}-40)]$

四、当 $H_{海拔}$ ＜2000m 时

外绝缘放电试验电压（本 Note 一查表值）海拔修正：GB/T 50064 过电压 附录 A

$$U_{修正后} = U_{外绝缘额定电压修正海拔修正前} \times e^{m_{修正指数}(H_{海拔}/8150)}$$

$q_{修正指数}$：1. 雷电过电压、短时工频电压，$m_{修正指数} = 1$

2. 操作冲击电压：$m_{修正指数}$ 查附录 A 图 A.0.3

过电压 Note12　最小空气间隙及海拔修正　GB/T 50064 过电压 P53

一、架空输电线路的最小空气间隙：线路 Note20 GB 50061 线路 P13

$$L_{非1000m海拔} = L_{1000m海拔查表值} \times [1 + (H_{海拔} - 1000)/10000]$$

二、变电站最小空气间隙：GB/T 50064 过电压 P53 表 6.3.4-1

$$L_{非1000m海拔} = L_{1000m海拔查表值} \times [1 + (H_{海拔} - 1000)/10000]$$

三、高压配电装置最小空气间隙：GB/T 50064 过电压 P53 表 6.3.4-2

$$L_{非1000m海拔} = L_{1000m海拔查表值} \times [1 + (H_{海拔} - 1000)/10000]$$

第十三章 直 流

直流知识点汇总 DL/T 5044 直流 P1

直流 Note1　电流换算 DL/T 5044 直流 P53

直流 Note2　负荷统计 DL/T 5044 直流 P15

直流 Note3　蓄电池容量 DL/T 5044 直流 P57

直流 Note4　蓄电池个数；单体蓄电池、母线浮充电、均衡充电压、事故末终止电压 DL/T 5044 直流 P51

直流 Note5　计算电缆截面 DL/T 5044 直流 P71

直流 Note6　充电装置、高频开关电源模块数 DL/T 5044 直流 P67

直流 Note7　断路器、熔断器、隔离开关 DL/T 5044 直流 P41

蓄电池组数 DL/T 5044 直流 P7 3.3.3
短路电流 DL/T 5044 直流 P73 G.1.1
试验放电装置额定电流 DL/T 5044 直流 P25 6.4.1
降压装置硅元件额定电流 DL/T 5044 直流 P111 条文 6.8.2
DC/DC 总输出电流 DL/T 5044 直流 P29 6.11.2-1
主母线铜导体截面 DL/T 5044 直流 P72 表 F.1

直流 Note1　电流换算 DL/T 5044 直流 P53

一、10h 放电率电流

$$I_{10[10h放电率电流(A)]} = 0.1 \times C_{10[10h放电容量(A \cdot h)]}$$

二、1h 放电率电流

$$I_{1[1h放电率电流(A)]} = 5.5 \times I_{10[10h放电率电流(A)]} = 0.55 \times C_{10[10h放电容量(A \cdot h)]}$$

三、$t$min 放电率电流（C.2.2）

$$I_{t[放电末终止电压的放电电流(A)]} = K_{ctmin放电换算系数} \times C_{10[10h放电容量(A \cdot h)]}$$

$K_{ctmin放电换算系数}$根据电池类型、放电终止电压、放电时间查表：

1. GF 型　2000A·H 单体 2V 固定排气铅酸电池 P57 表 C.3-1

2. GFD 型 3000AH 单体 2V 固定排气铅酸电池 P58 表 C.3-2

3. 阀控式（贫液）单体 2V 铅酸电池 P59 表 C.3-3

4. 阀控式（贫液）2V 组合为 6V、12V 铅酸电池 P60 表 C.3-4

5. 阀控式（胶体）单体 2V 铅酸电池 P61 表 C.3-4

直流 Note2　负荷统计 DL/T 5044 直流 P15

一、电压原则：蓄电池组有 220V、110V 时，220V 为动力负荷，110V 为控制负荷

二、两组蓄电池负荷统计原则：DL/T 5044 直流 4.2.1

1. 2 组控制专用蓄电池时：$I_{每组蓄电池} = I_{全部控制负荷}$

2. 2 组动力控制合用蓄电池时：

$I_{每组蓄电池} = I_{全部控制负荷} + 0.5 \times I_{非应急照明的动力负荷} + 0.6 \times I_{应急照明}$ （需考虑 $K_{负荷系数}$）

三、经常负荷电流：$I_{jc经常}$　表 4.2.5、表 4.2.6　给出同时系数需考虑

$I_{jc经常} = 0.6 \times I_{控制} + 0.6 \times I_{保护} + 0.8 \times I_{监控、信号} + 0.6 \times I_{热工控制}$
$+ I_{长明灯} + 0.8 \times I_{DC/DC} + I_{需持续运行电动机} + I_{逆变器}$

四、事故初期负荷电流：$I_{cho初期}$　表 4.2.5、表 4.2.6　给出同时系数需考虑

$I_{cho初期} = 0.6 \times I_{控制} + 0.6 \times I_{保护} + 0.8 \times I_{监控、信号} + 0.6 \times I_{热工控制} + 0.6 \times I_{断路器跳闸} + I_{断路器自投}$
$+ K_{启动倍数} = 2 \times I_{密封油泵} + K_{启动倍数=2} \times I_{润滑油泵} + K_{发电=0.5,变电=0.6} \times I_{UPS}$
$+ I_{长明灯} + I_{应急照明} + 0.8 \times I_{DC/DC} + I_{热工动力} + K_{启动倍数=2} \times I_{事故中需运行电动机}$

五、事故持续负荷电流：$I_{事故持续}$　表 4.2.5、表 4.2.6　给出同时系数需考虑

$I_{事故持续} = 0.6 \times I_{控制} + 0.6 \times I_{保护} + 0.8 \times I_{监控、信号} + 0.6 \times I_{热工控制}$
$+ I_{断路器合闸（最大一台）} + 0.8 \times I_{密封油泵} + 0.9 \times I_{润滑油泵} + K_{发电=0.5,变电=0.6} \times I_{UPS}$
$+ I_{长明灯} + I_{应急照明} + II_{事故中需运行电动机} + I_{热工动力}$

直流 Note3　蓄电池容量 DL/T 5044 直流 P57

一、容量换算系数 $K_{c几min}$

1. 公式法：$K_{c(h)} = \dfrac{I_{c（放电电压终止的放电电流(A)}}{C_{10（10h放电容量(A·H)}}$　（C.2.2）

2. 查表法：根据电池类型、放电终止电压，确定容量换算系数表的某行：

1) GF 型 2000AH 单体 2V 固定排气铅酸电池 P57 表 C.3-1

2) GFD 型 3000AH 单体 2V 固定排气铅酸电池 P58 表 C.3-2

3) 阀控式（贫液）单体 2V 铅酸电池 P59 表 C.3-3

4) 阀控式（贫液）2V 组合为 6V、12V 铅酸电池 P60 表 C.3-4

5) 阀控式（胶体）单体 2V 铅酸电池 P61 表 C.3-4

二、阶梯法 DL/T 5044 直流 C.2.3-2

1. 计算 $I_{1\sim n(第1\sim n阶段放电电流)}$，绘制放电折线图

放电拆线图如图 13-1 所示。

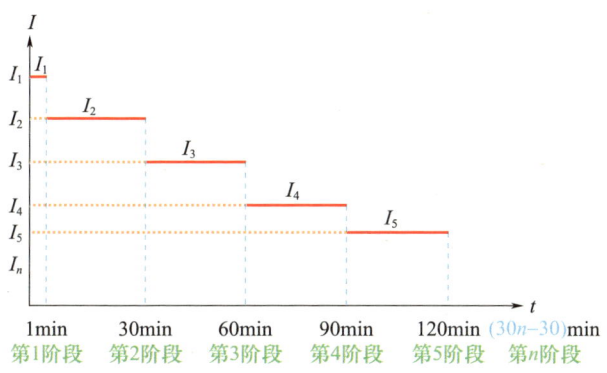

图 13-1 放电拆线图（1）

2. 记录折线图中折线下降处的阶段：如第 1、3、5 阶段

3. 仅计算折线下降处阶段的 $C_{c第n阶段容量}$：（列出以下代表公式）

A. 第 1 阶段：$C_{c第1阶段容量} = K_{k可靠系数=1.4} \dfrac{I_1}{K_{1min}}$

B. 第 2 阶段：$C_{c第2阶段容量} = K_{k可靠系数=1.4} \left(\dfrac{I_1}{K_{30min}} + \dfrac{I_2 - I_1}{K_{29min}} \right)$

C. 第 3 阶段：$C_{c第3阶段容量} = K_{k可靠系数=1.4} \left(\dfrac{I_1}{K_{60min}} + \dfrac{I_2 - I_1}{K_{59min}} + \dfrac{I_3 - I_2}{K_{30min}} \right)$

D. 第 4 阶段：$C_{c第4阶段容量} = K_{k可靠系数=1.4} \left(\dfrac{I_1}{K_{90min}} + \dfrac{I_2 - I_1}{K_{89min}} + \dfrac{I_3 - I_2}{K_{60min}} + \dfrac{I_4 - I_3}{K_{30min}} \right)$

E. 第 5 阶段：$C_{c第5阶段容量} = K_{k可靠系数=1.4} \left(\dfrac{I_1}{K_{120min}} + \dfrac{I_2 - I_1}{K_{119min}} + \dfrac{I_3 - I_2}{K_{90min}} + \dfrac{I_4 - I_3}{K_{60min}} + \dfrac{I_5 - I_4}{K_{30min}} \right)$

F. 第 n 阶段：$C_{c第n阶段容量} = K_{k可靠系数} \left(\dfrac{I_1}{K_{30n-30min}} + \dfrac{I_2 - I_1}{K_{30n-29min}} + \cdots + \dfrac{I_{n-1} - I_{n-2}}{K_{60min}} + \dfrac{I_n - I_{n-1}}{K_{30min}} \right)$

4. 计算随机负荷容量 C_r：$C_{r随机负荷容量} = \dfrac{I_{r随机负荷电流}}{K_{5s}}$

5. 计算 C_{10} 计算容量：$C_{10计算容量} = [C_{c第一阶段} + C_{r随机容量} + (C_{c第2\sim n阶段})_{max}]_{max}$

三、简化法 DL/T 5044 直流 C.2.3-1

1. 计算 $I_{cho放电初期阶段}$、$I_{1\sim n(第1\sim n阶段放电电流)}$，绘制放电折线图

2. 记录折线图中折线下降处的阶段：如放电初期阶段、第一阶段、第三阶段

3. 仅计算折线下降处阶段的 $C_{cho放电初期}$、$C_{c第n阶段容量}$：（列出以下代表公式）

放电初期阶段：$C_{cho放电初期阶段容量} = K_{k可靠系数=1.4} \dfrac{I_{cho}}{K_{1min}}$

放电拆线图如图 13-2 所示。

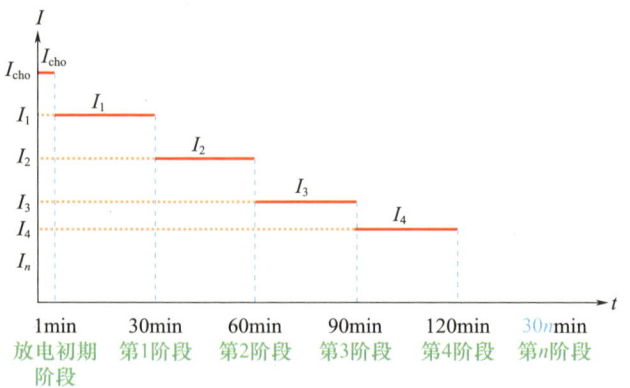

图 13-2　放电拆线图（2）

第 1 阶段：$C_{c第1阶段容量} = K_{k可靠系数=1.4} \dfrac{I_1}{K_{30min}}$

第 2 阶段：$C_{c第2阶段容量} = K_{k可靠系数=1.4} \left(\dfrac{I_1}{K_{60min}} + \dfrac{I_2 - I_1}{K_{30min}} \right)$

第 3 阶段：$C_{c第3阶段容量} = K_{k可靠系数=1.4} \left(\dfrac{I_1}{K_{90min}} + \dfrac{I_2 - I_1}{K_{60min}} + \dfrac{I_3 - I_2}{K_{30min}} \right)$

第 4 阶段：$C_{c第4阶段容量} = K_{k可靠系数=1.4} \left(\dfrac{I_1}{K_{120min}} + \dfrac{I_2 - I_1}{K_{90min}} + \dfrac{I_3 - I_2}{K_{60min}} + \dfrac{I_4 - I_3}{K_{30min}} \right)$

第 n 阶段：$C_{c第n阶段容量} = K_{k可靠系数} \left(\dfrac{I_1}{K_{30nmin}} + \dfrac{I_2 - I_1}{K_{30(n-1)min}} + \cdots + \dfrac{I_{n-1} - I_{n-2}}{K_{60min}} + \dfrac{I_n - I_{n-1}}{K_{30min}} \right)$

4. 计算随机负荷容量 C_r：$C_{r随机负荷容量} = \dfrac{I_{r随机负荷电流}}{K_{5s}}$

5. 计算 $C_{10计算容量}$：$C_{10计算容量} = [C_{cho放电初期阶段}, C_{r随机容量} + (C_{c第1 \sim n阶段})_{max}]_{max}$

直流 Note4　蓄电池个数；单体蓄电池、母线浮充电、均衡充电压、事故末终止电压 DL/T 5044 直流 P51

一、单体蓄电池浮充电电压 $U_{电池浮充}$：DL/T 5044 直流 P19 6.1.2

1. 固定型排气式铅酸蓄电池：$U_{电池浮充} = 2.15 \sim 2.17 \mathrm{V}$

2. 阀控式密封铅酸蓄电池：$U_{电池浮充} = 2.23 \sim 2.27 \mathrm{V}$

二、单体蓄电池个数 n：DL/T 5044 直流（C.1.1）$n_{蓄电池个数} = \dfrac{1.05 \times U_{n标称系统}}{U_{电池浮充电电压}}$

三、单体蓄电池均衡充电电压 U_{jh} C.1.2

1. 专供控制负荷：$U_{jh电池均衡充电压} = \dfrac{1.1 \times U_{n标称系统}}{n_{蓄电池个数}}$

2. 专供动力负荷：$U_{jh电池均衡充电压} = \dfrac{1.125 \times U_{n标称系统}}{n_{蓄电池个数}}$

3. 动力控制共用：$U_{jh电池均衡充电压} = \dfrac{1.1 \times U_{n标称系统}}{n_{蓄电池个数}}$

四、单体蓄电池终止电压 U_m（C.1.3）：$U_{m电池终止电压} = \dfrac{0.875 \times U_{n标称系统}}{n_{蓄电池个数}}$

五、正常运行（浮充电）母线电压：$U_{母线浮充}$

1. 允许值：$U_{母线浮充允许值} = 1.05 \times U_{n标称系统}$　3.2.2
2. 实际值：$U_{母线浮充实际值} = n_{蓄电池个数} \times U_{电池浮充电压}$　（C.1.1）

六、均衡充电 母线电压：$U_{母线均衡充}$

1. 允许值：3.2.3
   1) 专供控制负荷：$U_{母线均衡充允许值} = 1.1 \times U_{n标称系统}$
   2) 专供动力负荷：$U_{母线均衡充允许值} = 1.125 \times U_{n标称系统}$
   3) 动力控制共用：$U_{母线均衡充允许值} = 1.1 \times U_{n标称系统}$
2. 实际值：$U_{母线均衡充允许值} = n_{蓄电池个数} \times U_{jh电池均衡充电压}$　C.1.2

七、事故放电末期蓄电池组出口端电压：$U_{蓄电池端放电终止}$

1. 允许值：$U_{蓄电池端放电终止允许值} = 0.875 \times U_{n标称系统}$　3.2.4
2. 实际值：$U_{蓄电池端放电终止实际值} = n_{蓄电池个数} \times U_{n电池终止电压}$　（C.1.3）

直流 Note5　计算电缆截面 DL/T 5044 直流 P71

一、计算 I_{cal} 事故或经常负荷工作电流、I_{ca2} 事故初期电流

1. 根据回路位置，查 P69 表 E.2.1 得 I_{cal}、I_{ca2} 公式
2. 注意计算回路需乘 $K_{负荷系数}$　P15 表 4.2.6

二、允许载流量选截面：(E.1.1-1)

$I_{z载流量} \geq I_{cal}$ 事故或经常负荷工作电流

三、电压降选截面：(E.1.1-2)

1. 根据回路位置，查 P71 表 E.2.2 得 $\Delta U_{p\%允许压降范围} = 0.0几 \sim 0.0几$
2. 计算 $S_{截面}$　(E.1.1-2)

$$S_{截面(mm^2)} = \dfrac{2 \times \rho_{电阻率(0.0几)} \times L_{电缆单程长度(m)} \times [I_{cal工作电流(A)} \cdot I_{ca2事故初期电流(A)}]_{max}}{\Delta U_{p\%允许压降范围0.0几} \times U_{n系统电压(V)}}$$

$\rho_{电阻率(0.0几)}$：$\rho_{铜} = 0.0184$；$\rho_{铝} 0.031$

四、与**断路器配合**选截面：E.1.1 条文
$$I_{z载流量} = I_{set1过负荷保护} = I_{ca1事故或经常负荷工作电流}$$

五、**经济电流**选截面
$$S_{截面} = I_{max最大负荷电流} / j_{经济电流密度}, \quad S_{截面} \text{取最接近 } 50217 \text{ 缆规 B.0.1}$$

六、**热稳定**选截面：E.1.1 条文
$$S_{截面(mm^2)} \geq I_{d短路电流(A)} \frac{\sqrt{t_{短路持续时间(s)}}}{K_{导体温度系数}}$$

K 导体温度系数：1. PVC 聚氯乙烯，铜导体$\leq 300 mm^2$ 时，$K = 115$；

　　　　　　　　2. XLPE 交联聚乙烯时，$K = 143$

七、**蓄电池组引出线电缆多芯并接**：6.3.2
$$I_{n芯载流量}\text{每芯截面}=S/n = I_{单芯载流量每芯截面}=S \geq I_{计算电流}$$

直流 Note6　**充电装置、高频开关电源模块数** DL/T 5044 直流 P67

一、充电装置套数 N

1. **一套蓄电池时**：DL/T 5044 直流 3.4.2

　　1) 相控式充电装置：$N=2$

　　2) 高频开关电源模块：$N=1$ 或 2

2. **二套蓄电池时**：DL/T 5044 直流 3.4.3

　　1) 相控式充电装置：$N=3$

　　2) 高频开关电源模块：$N=2$ 或 3

二、充电装置**额定电流** I_r：(D.1.1-5)
$$I_{r额定} = (1 \sim 1.25) \times I_{10} + I_{jc经常负荷电流} \approx n_{1基本模块数} \times I_{me单模块额定电流}$$

$I_{10(10h放电率电流)}$：$I_{10} = 0.1 \times C_{10(10h放电容量)(A \times H)}$

三、充电装置**充电电流** $I_{r1,2,3}$

1. **浮充电时**：$I_{r1浮充电} = 0.01 \times I_{10} + I_{jc经常负荷电流}$　(D.1.1-1)

2. **脱开母线充电时**：$I_{r2脱开母线充电} = (1 \sim 1.25) \times I_{10}$　(D.1.1-3)

3. **均衡充电时**：$I_{r3浮充电} = (1 \sim 1.25) \times I_{10} + I_{jc经常负荷电流}$　(D.1.1-5)

四、充电装置**输出电压** U_r：$U_{r输出电压} = n_{蓄电池数} \times U_{cm充电末期蓄电池电压}$　(D.1.2)

$U_{cm充电末期蓄电池电压}$：(非终止电压)U_{cm}固定排气铅酸=2.7V，U_{cm}阀控铅酸=2.4V

$$n_{蓄电池数}：n_{蓄电池个数} = \frac{1.05 \times U_{b标称系统}}{U_{电池浮充电电压}} \quad (C.1.1)$$

五、充电装置**交流电源数**：6.2.1

1. **一组蓄电池配一套开关电源**时：2 路交流电源

2. 一组蓄电池配两套开关电源或两组蓄电池配三套开关电源时：1路交流电源

六、高频开关电源模块数 $n_总$、基本模块数 n_1、备用模块数 n_2

1. 一组蓄电池配一套开关电源时：

$$n_{总(开关电源模块数)} = n_{1基本模块数} + n_{2备用模块数} 且 = 3～8 \quad (D.2.1-1) \quad 6.2.3.3$$

$$n_{1基本模块数} = I_{r充电装置额定本Note三} / I_{me单模块额定电流} \quad 可临近，优先取大 \quad (D.2.1-2)$$

$$n_{2备用模块数} \begin{cases} n_{1基本模块} \quad 6时；n_{2备用模块} = 1 \\ n_{1基本模块} \quad 7时；n_{2备用模块} = 2 \end{cases} \quad (D.2.1-3、D.2.1-4)$$

2. 一组蓄电池配两套开关电源或两组蓄电池配三套开关电源时：

$$n_{总(开关电源模块数)} = n_{1基本模块数} + n_{2备用模块数} 且 = 3～8 \quad (D.2.1-1) \quad 6.2.3.3$$

$$n_{1基本模块数} = I_{r充电装置额定本Note三} / I_{me单模块额定电流} \quad 可临近，优先取大 \quad (D.2.1-5)$$

$$n_{2备用模块} 宜 = 0 \quad 6.2.3.2$$

直流 Note7　断路器、熔断器、隔离开关　DL/T 5044 直流 P41

一、断路器、熔断器、隔离开关**额定电压**：

$$U_{n额定} \geq U_{m回路最高工作电压} \quad 6.5.2-1 \quad 6.6.3-1 \quad 6.7.1$$

二、断路器**额定短路分断电流 I_{cs}、短时耐受电流 I_{cw}**：$I_{cw短时耐受电流} \geq I_{cs额定短路分断电流} \geq I_{k最大短路}$

三、断路器**额定电流 I_n**：$I_{z电缆载流量} \geq I_{n断路器额定} \geq I_{c最大工作电流}$　条文E.1.1

已知**压降范围，断路器型号**：查**选择性配合表** P40～P44

1. **充电装置输出**回路：$I_Z \geq I_n \geq K_{k可靠系数 = 1.2} I_{r充电装置额定输出电流}$ （A.3.1）

　　注：$I_{r额定} = (1～1.25) \times I_{10} + I_{k经常负荷电流} \approx n_{1基本模块数} \times I_{me单模块额定电流}$ 直流 Note3 P67

2. **直流电动机**回路：$I_Z \geq I_n \geq I_{nrd电动机额定} = P_{电动机额定} / (U_{N系统额定} \times \eta_{效率})$ （A.3.2）

3. **交流断路器合闸线圈**回路：$I_Z \geq I_n \geq K_{c2配合系数 = 0.3} I_{cl合闸线圈工作电流}$ （A.3.3）

　　且 $t_{过负荷脱扣时间} > t_{交流高压断路器合闸时间}$ 6.5.2

4. **控制保护监控**回路：（A.3.4）

　　$I_Z \geq I_n \geq K_{c同时系数 = 0.8} \times (0.6 \times I_{cc控制电流} + 0.6 \times I_{cp保护电流} + 0.8 \times I_{cs信号、监控电流})$

1) 集中辐射供电：I_n 主直流柜馈电回路 $\leq 63A$　A.3.4-3

　　　　　　　　I_n 终端断路器 $\leq 10A$ B型脱扣器　A.3.4-3

2) 分层辐射供电：I_n 主直流柜馈电回路　短延时塑壳　5.1.3-5

　　　　　　　　I_n 分直流柜馈电断路器　二段式微断　A.3.4-3

　　　　　　　　I_n 终端断路器 $\leq 6A$ B型脱扣器　A.3.4-3

5. **蓄电池组出口**回路：二者同时满足

　　$I_Z \geq I_n \geq I_{11h放电率电流} = 5.5 \times I_{10(10h放电率电流)} = 0.55 \times C_{10(10h放电容量)(AH)}$ （A.3.6-1）

　　$I_Z \geq I_n > K_{cl配合系数 = 2，必要时 = 3} \times I_{n.max母线馈线最大断路器的额定电流}$ （A.3.6-2）

6. **应急联络**回路：

$$I_Z \geqslant I_n \geqslant 0.5 \times I_{\text{(1h负荷表上放电电流)}} \quad 6.3.8$$

$$I_n \leqslant 0.5 \times I_{\text{n蓄电池组出口回路熔断器、断路器额定}} \quad 6.5.2.4$$

四、**断路器过负荷保护**：$I_{a1\text{过负荷约定动作时间}} = K_{\text{约定系数=1.3或1.45}} \times I_{\text{n断路器额定}} \leqslant I_{\text{过负荷电流}}$ （A.4.1-1）

五、**断路器瞬时保护**：$I_{a3\text{瞬时脱扣值}} = (k_{3\text{瞬动脱扣最小值}} \sim k_{3\text{瞬动脱扣最大值}}) \times I_{\text{n断路器额定}}$ 条文 A.5

标准脱扣范围：$I_{a3\text{B型微断瞬时脱扣值}} = (4\sim7) \ I_{\text{n断路器额定}}$ P117

$$I_{a3\text{C型微断瞬时脱扣值}} = (7\sim15) \ I_{\text{n断路器额定}}$$

$$I_{a3\text{塑壳瞬时脱扣值}} = (8\sim12) \ I_{\text{n断路器额定}}$$

1. 当**无短延时保护** I_{a2} 时：DL/T 5044 **直流** 条文 A.5

    1）校验**灵敏度** （A.4.2-5）

   $$k_{3\text{瞬动脱扣最大值}} \times I_{\text{n断路器额定}} \leqslant I_{\text{d本断路器安装处短路电流}} / k_{\text{灵敏系数=1.05推荐1.2}}$$

   $$k_{3\text{瞬动脱扣最大值}} \times I_{\text{n断路器额定}} \leqslant I_{\text{d本断路器保护范围内最小短路电流}}$$

   2）与**下级断路器配合**

   （1）无限流功能：$k_{3\text{瞬动脱扣最小值}} \times I_{\text{n断路器额定}} \geqslant I_{\text{d下级断路器安装处短路电流}}$ （A.4.2-2）

   （2）有限流功能：（A.4.2-3）

   $$k_{3\text{瞬动脱扣最小值}} \times I_{\text{n断路器额定}} \geqslant I_{\text{d下级断路器安装处短路电流}} / k_{\text{限流系数=0.6}\sim0.8}$$

   3）**无法同时满足时措施**：

   （1）**优先保证**下级断路器配合（1.2），**放弃灵敏度**（1.1）；

      同时**增加短延时保护** I_{a2} **保障灵敏度**。

      （特例）**蓄电池出口处**可**取消瞬时脱扣**

   （2）**减少瞬时脱扣范围**：**使用高精度断路器**。

2. 当**有短延时保护** I_{a2} 时：与短延时保护 I_{a2} 配合

   $$0.8 \times k_{3\text{瞬动脱扣最小值}} \times I_{\text{n断路器额定}} > 1.5 \times k_{2\text{短延时脱扣最大值}} \times I_{\text{n断路器额定}} \quad \text{A.3.4-3}$$

六、**断路器短延时保护**：$I_{a2\text{短延时脱扣值}} = (k_{2\text{瞬时脱扣最小}} \sim k_{2\text{瞬时脱扣最大}}) \times I_{\text{n断路器额定}}$ 条文 A.5

1. 校验**灵敏度**

   $$k_{2\text{短延时脱扣最大值}} \times I_{\text{n断路器额定}} \leqslant I_{\text{d本断路器保护范围内最小短路电流}}$$

2. 与**下级断路器配合**

   1）下级断路器有短延时：

   $$k_{2\text{短延时脱扣最小值}} \times I_{\text{n断路器额定}} \geqslant k_{2\text{下级短延时脱扣最大值}} \times I_{\text{n下级断路器额定}}$$

   且 $t_{\text{上级短延时脱扣时间}} > t_{\text{下级断路器短延时分闸时间}}$

   2）下级断路器无短延时：

   $$k_{2\text{短延时脱扣最小值}} \times I_{\text{n断路器额定}} \geqslant k_{3\text{下级瞬动脱扣最大值}} \times I_{\text{n下级断路器额定}}$$

   且 $t_{\text{上级短延时脱扣时间}} > t_{\text{下级断路器分闸时间}}$

七、断路器和熔断器保护配合

1. 上级熔断器，下级断路器：**不允许** DL/T 5044 直流 5.1.2-3
2. 上级断路器，下级熔断器：$I_{N上级断路器额定} \geq 2 \times I_{N下级断路器额定}$ 5.1.3-1

八、熔断器**额定电流 I_n**：$I_{Z电缆载流量} \geq I_{n熔断器额定} \geq I_{c最大工作电流}$ 条文 E.1.1

1. 交流断路器合闸线圈回路：$I_Z \geq I_n \geq K_{c2配合系数=0.2\sim0.3} \times I_{c1合闸线圈工作电流}$ 6.6.3-2

   且 $t_{熔断时间} > t_{交流高压断路器合闸时间}$ DL/T 5044 直流 6.6.3-2

2. 蓄电池组出口回路：二者同时满足

$$I_Z \geq I_n \geq I_{11h放电率电流} = 5.5 \times I_{10(10h放电率电流)} = 0.55 \times C_{10(10h放电容量)(AH)} \quad (A.3.6\text{-}1)$$

$$I_Z \geq I_n \geq K_{c1配合系数=2，必要时=3} \times I_{n\,max母线馈线最大断路器的额定电流} \quad (A.3.6\text{-}2)$$

九、隔离开关**额定电流 I_n**：$I_{n隔离开关额定} \geq I_{c最大工作电流}$ 条文 E.1.1

1. 交流断路器合闸线圈回路：$I_n \geq K_{c2配合系数=0.2\sim0.3} \times I_{c1合闸线圈工作电流}$ 6.7.2-2
2. 蓄电池组出口回路：

$$I_n \geq I_{1(1h放电率电流)} = 5.5 \times I_{10(10h放电率电流)} = 0.55 \times C_{10\,10h放电容量(AH)} \quad 6.7.2\text{-}1$$

3. 直流母线分断开关：$I_n \geq 0.6 \times I_{负荷较大母线的负荷(不含冲击负荷，不含随机负荷)}$ 6.7.2-3

第十四章 传 动

传动知识点汇总《钢铁企业电力设计手册》(下册) P0

传动 Note1　电动机参数高频公式《钢铁企业电力设计手册》(下册) P1
传动 Note2　S6 工作制电动机参数、选择校验《钢铁企业电力设计手册》(下册) P49
传动 Note3　S1 工作制电动机参数、选择校验《钢铁企业电力设计手册》(下册) P51
传动 Note4　电阻降压启动《钢铁企业电力设计手册》(下册)　P105
传动 Note5　能耗制动《钢铁企业电力设计手册》(下册) P115
传动 Note6　机械转矩换算到电动机轴《钢铁企业电力设计手册》(下册) P19
传动 Note7　交流调速——三相零式交交变频《钢铁企业电力设计手册》(下册) P305
传动 Note8　交流调速——三相桥式交交变频《钢铁企业电力设计手册》(下册) P335
传动 Note9　交流调速——交直交变频《钢铁企业电力设计手册》(下册) P324
传动 Note10　直流调速——整流变压器容量《钢铁企业电力设计手册》(下册) P403
传动 Note11　直流调速——平波和均衡电抗器《钢铁企业电力设计手册》(下册) P407
传动 Note12　偶尔启动用——频敏变阻器《钢铁企业电力设计手册》(下册) P119
传动 Note13　断续周期工作制——频敏变阻器《钢铁企业电力设计手册》(下册) P125
传动 Note14　PLC 接线数与点位数《钢铁企业电力设计手册》(下册) P509
传动 Note15　PLC 编程《钢铁企业电力设计手册》(下册) P513

电动机平均启动转矩 Msav《钢铁企业电力设计手册》(下册) P20 (23-51～23-55)
电动机可用功率(温度修正)《钢铁企业电力设计手册》(下册) P57 (23-175)
星三角降压启动《钢铁企业电力设计手册》(下册) P99
延边三角形降压启动《钢铁企业电力设计手册》(下册) P102
自耦变压器降压启动《钢铁企业电力设计手册》(下册) P106
电动机允许启动端子电压相对值《钢铁企业电力设计手册》(下册) P104
高压大型异步电机电网降低稳定运行条件《钢铁企业电力设计手册》(下册) P260
判断电抗器启动可能性《钢铁企业电力设计手册》(下册) P233 (24-48、24-49)
斩波器电路等效电阻《钢铁企业电力设计手册》(下册) P275
异步电动机调压调速功率损耗《钢铁企业电力设计手册》(下册) P283

第十四章 传动

逆变器主参数计算《钢铁企业电力设计手册》(下册) P316
控制角和换相角《钢铁企业电力设计手册》(下册) P378
直流调速——交流侧进线电抗器电感值《钢铁企业电力设计手册》(下册) P409
晶闸管并联回路数《钢铁企业电力设计手册》(下册) P411
直流电动机制动电阻计算《钢铁企业电力设计手册》(下册) P428
PLC 系统响应时间《钢铁企业电力设计手册》(下册) P515

传动 Note1　电动机参数高频公式《钢铁企业电力设计手册》(下册) P1
电动机参数高频公式见表 14-1～表 14-3。

表 14-1　电动机参数高频公式（1）

计算类别	公式表 23-1
S_N 三相电机额定容量	$S_{N定子容量} = \sqrt{3} \times U_N I_N = P_{N转子功率} / (\eta_N \cos\varphi_N)$
P_N 三相电机额定功率	$P_{N转子功率} = \sqrt{3} \times U_N I_N \eta_N \cos\varphi_N$
s_N 交流电机额定转差率 交流异步机 ≈ 0.03～0.05	$s_{N额定转差率} = \dfrac{n_{0定子同步(磁场)转速} - n_{N转子额定转速}}{n_{0定子同步(磁场)转速}}$
s_m 最大、临界转差率 交流异步机	$s_{m最大转差率} = s_{N额定转差率} (\lambda_{M过载倍数} + \sqrt{\lambda^2_{M过载倍数} - 1})$
FC 负载持续率	$FC_{负载持续率} = \dfrac{P_{L实际负载}}{P_{N额定负载功率}} = \dfrac{M_{L实际负载转矩}}{M_{N额定负载转矩}}$
n_0 定子同步(磁场)转速	$n_{0定子同步(磁场)转速}(r/min) = \dfrac{60 \times f_{定子频率，默认=50Hz}}{P_{定子极对数=2\times级数}}$

表 14-2　电动机参数高频公式（2）

极对数	$P=1$	$P=2$	$P=3$	$P=4$	$P=5$	$P=6$	$P=7$	$P=8$
n_0 定子转速 / (r/min)	3000	1500	1000	750	600	500	429	375

表 14-3　电动机参数高频公式（3）

n_N 转子额定转速(r/min) 题目未知时	同步电机：$n_{N转子额定转速}(r/min) \approx n_{0定子} = \dfrac{60 \times f_{定子频率，默认=50Hz}}{P_{定子极对数=2\times级数}}$
	异步电机：$n_{N转子额定转速} = \dfrac{60 \times f_{定子频率}}{P_{定子极对数=2\times级数}} \times (1 - s_{N额定转差率})$
M_N 额定转矩	$M_{N额定转矩}(N/m) = 9550 \dfrac{P_{N额定功率}(kW)}{n_{N转子额定转速}(r/min)}$
M 转矩 与 P 功率 转换	$M_{(额定,平均,最大,任意)转矩} = 9550 \dfrac{P_{(额定,平均,最大,任意)功率}}{n_{N转子额定转速}}$

传动 Note2　S6 工作制电动机参数、选择校验《钢铁企业电力设计手册》(下册) P49

一、求额定功率 P_N、M_{av} 静阻转矩、M_N 额定转矩

1. 根据负荷转矩表，计算 $M_{Mrms等效转矩}$、$T_{c负荷总持续时间}$

$$M_{Mrms等效转矩(N/m)} = \sqrt{\frac{\sum(M^2_{负荷转矩(N/m)} t_{负荷时间(s)})}{T_{c负荷总持续时间(s)}}} \quad (23\text{-}139)$$

$$T_{c负荷总持续时间} = t_1 + t_2 + \cdots + t_n$$

2. 计算 $P_{rms等效功率}$：

$$P_{rms等效功率(kW)} = \frac{M_{rms等效转矩(N/m)} \times n_{N转子额定转速(r/min)}}{9550}$$

3. P_N 额定功率：23-143

$$P_{N额定功率(kW)} = \frac{P_{rms}}{K_{P容量后备系数(M_x未知时才用)}} = \frac{M_{N额定转矩(N/m)} \times n_{N转子额定转速(r/min)}}{9550}$$

K_p 容量后备系数：常规，$K_p = 0.8 \sim 0.9$；以过载转矩选择的同步电动机时，$K_p = 1$

4. M_{av} 平均静阻转矩

$$M_{av平均静阻转矩(N/m)} = \frac{\sum(M_{l负荷转矩(N/m)} \times t_{负荷时间(s)})}{T_{c负荷总持续时间(s)}}$$

5. K_x 负荷的形状系数

$$K_{x负荷的形状系数} = \frac{M_{rms等效}}{M_{av平均}} = \frac{P_{rms等效}}{P_{av平均}}$$

6. 额定转矩 M_N：P52 (24-143)

$$M_{N额定转矩(N/m)} = \frac{M_{rms}}{K_{P容量后备系数(M_x未知时才用)}} = \frac{9550 \times P_{N额定功率(kW)}}{n_{N转子额定转速(r/min)}}$$

K_p 容量后备系数：常规，$K_p = 0.8 \sim 0.9$；以过载转矩选择的同步电动机时，$K_p = 1$

二、不带飞轮的异步电动机或同步电动机过载能力校验：P52 (23-144)

计算值：$M_{Max电机能提供的实际最大转矩} = 0.9 \times k_{U电压降低系数} \lambda_{过载(启动)倍数} M_{N额定转矩}$

k_U 电压降低系数：$k_{U同步电动机} = 0.85$；$k_{U异步电动机} = 0.7225$

校验 $M_{Max电机能提供的实际最大转矩} \geqslant M_{lmax最大负荷转矩(查表)}$

三、求飞轮的飞轮矩 $GD^2_{飞轮}$ 及校验 P59 23.6.3

1. 求 $\Delta A_{尖峰电流释放能量(kJ)}$：

方法一，已知最大负荷转矩时：

$$\Delta A_{尖峰电流释放能量(kJ)} = P_{max最大负荷功率(kW)} \times t_{max最大负荷持续时间(s)}$$

$$= \frac{M_{最大负荷转矩(N/m)} \times n_{N转子额定转速(r/min)} \times t_{max最大负荷持续时间(s)}}{9550}$$

方法二，未知最大负荷转矩，已知轧机类型时：

根据轧机类型查表 23-41 得 $\Delta A/P_N$（kJ/kW）

$$\Delta A_{\text{尖峰电流释放能量(kJ)}} = \Delta A / P_{\text{N}} \; (\text{kJ/kW}) \times P_{\text{N额定功率(kW)}}$$

2. 传动系统的总飞轮矩 $GD^2_{\Sigma总飞轮矩}$

$$GD^2_{\Sigma总飞轮矩(\text{kN/m}^2)} = \frac{7200 \times \Delta A_{\text{尖峰电流释放能量(kJ)}}}{n^2_{0同步转速(\text{m/s})}(2-S_{m最大转差率})S_{m最大转差率}}$$

$S_{m最大转差率}$：一般 $= 0.12 \sim 0.15$

3. 飞轮的飞轮矩 $GD^2_{t飞轮}(\text{kN/m}^2)$：

$$GD^2_{t飞轮(\text{kN/m}^2)} = GD^2_{\Sigma系统总} - GD^2_{m机械} - GD^2_{M电动机}$$

4. 计算 $T_{电气机械时间常数}$（s）：P49（23-129）

5. 计算加飞轮后电动机最大转矩 M'_m，等效转矩 M'_{rms}：P49（23-128～23-132）

6. 校验热稳定（$FC_{负荷率}$）：P49

$$FC_{负荷率} = \frac{M'_{rms加飞轮后等效转矩}}{M_{N额定转矩}} = 0.8 \sim 0.9$$

7. 校验过载能力：P49（23-133）

$$M'_{m加飞轮后最大转矩} \leqslant 0.9 \times \lambda_{过载(启动)倍数} M_{N额定转矩}$$

传动 Note3　S1 工作制电动机参数、选择校验《钢铁企业电力设计手册》（下册）P51

一、额定功率 P_N：（23-134）

$$P_{N电机额定功率(\text{kW})} \times \eta_{额定效率} = P_{L额定机械功率(\text{kW})} = \frac{M_{L额定转矩(\text{N/m})} \times n_{N转子额定转速(\text{r/min})}}{9550}$$

二、负载率

$$FC_{负载持续率} = \frac{P_{L实际负载功率}}{P_{N额定功率功率}} = \frac{M_{L实际负载转矩}}{M_{N额定负载转矩}}$$

三、计算负荷需要的最小启动转矩 $M_{lmin负荷需要最小启动转矩}$

校验所需的电动机最小启动转矩 $M_{Mmin最小启动转矩}$：23-136

$$计算值：M_{lmin负荷需要最小启动转矩} = \frac{M_{lmax启动最大负荷转矩} K_{加速系数=1.15\sim1.25}}{K^2_{u电压波动系数}}$$

$k_{u电压波动系数}$：$k_{u全压启动时} = 0.85$，**注意公式有平方**

校验 $M_{lmin负荷需要最小启动转矩} \leqslant M_{Mmin电动机最小启动转矩}$

$$= T_{最小启动转矩倍数} \times M_{M电动机额定转矩}$$

$$= T_{最小启动转矩倍数} \times \frac{9550 \times P_{N额定功率(\text{kW})}}{n_{N转子额定转速(\text{r/min})}}$$

四、校验允许传动最大飞轮矩 GD^2_{xm}：23-137

$$GD^2_{xm允许最大传动} = GD^2_{U系统允许}\left(1 - \frac{M_{lmax启动最大负荷转矩}}{M_{sav启动平均转矩}K^2_{u电压波动系数}}\right) - GD^2_{N转子飞轮矩}$$

需校验：$GD^2_{xm允许最大传动飞轮矩} \geqslant GD^2_{mcc实际最大飞轮矩}$

245

1. $M_{\text{sav}启动平均转矩}$ 《钢铁企业电力设计手册》（下册）P20 公式（23-51～23-55）
2. $k_{u电压波动系数}$：$k_{u全压启动时} = 0.85$，注意公式有平方

传动 Note4 电阻降压启动《钢铁企业电力设计手册》（下册）P105

一、定子回路接入对称电阻：24-5～24-9

1. 计算允许起动电压相对值 $u_{\text{stM}允许起动电压相对值}$：24-5

$$u_{\text{stM}允许起动电压相对值} = \frac{U_{qd允许启动电压}}{U_{e额定线电压}} \sqrt{\frac{1.1 M_{j静阻转矩}}{M_{qd启动转矩}}}$$

2. 电动机起动阻抗 Z_{qd}：24-6～24-9

$$Z_{qd启动阻抗(\Omega)} = \frac{U_{N电网标称电压(V)}}{\sqrt{3} \times I_{qd启动电流(A)}}$$

$$X_{qd启动电抗(\Omega)} = Z_{qd}\sin\varphi_{qd} = 0.97 \times Z_{qd}$$

$$R_{qd启动电阻(\Omega)} = Z_{qd}\cos\varphi_{qd} = 0.25 \times Z_{qd}$$

3. 每相允许的全部外电阻 R_w：24-7

$$R_{W全部外部电阻(\Omega)} = \sqrt{\left(\frac{Z_{qd启动阻抗}}{u_{\text{stM}允许起动电压相对值}}\right)^2 - X_{qd启动电抗}^2} - R_{qd启动电阻}$$

4. 允许的外加降压电阻 $R_{降压}$

$$R_{降压(\Omega)} = R_{W全部外部电阻} - R_{单相线路阻抗}$$

二、定子回路接入单相电阻启动：24-10～24-12

1. 计算允许起动转矩与额定转矩启动之比 μ_q：24-5

$$\mu_{q允许起动转矩与额定转矩启动之比} = M'_{qd允许启动转矩} / M_{qd额定启动转矩}$$

2. 电动机起动阻抗 Z_{qd}：24-6

$$Z_{qd启动阻抗(\Omega)} = \frac{U_{N电网标称电压(V)}}{\sqrt{3} \times I_{qd启动电流(A)}}$$

3. 外加电阻 R_w：24-11

$$K_{过程系数} = \frac{1-2\mu_q}{2\mu_q}\cos\varphi_{qd=0.25} = \frac{1-2\mu_q}{8\mu_q}$$

$$R_{W外部电阻(\Omega)} = 1.5 \times Z_{qd启动阻抗} \left[K_{过程系数} + \sqrt{(K_{过程系数})^2 + \frac{1-\mu_q}{\mu_q}} \right]$$

4. 流过电阻的电流 $I'_{qd流过电阻电流}$：24-12

$$I'_{qd流过电阻电流} = I_{qd启动电流}\sqrt{4\left(\frac{R_{W外加电阻}}{Z_{qd启动阻抗}}\right)^2 + 12\frac{R_{W外加电阻}}{Z_{qd启动阻抗}}\cos\varphi_{qd=0.25} + 9}$$

传动 Note5　能耗制动　《钢铁企业电力设计手册》（下册）P115

一、制动电流 I_{ZD}

$$I_{ZD制动} = 3 \times I_{KZ空载电流}$$

注：$I_{KZ空载电流}$一般已知，若未知可按 $I_{KZ空载电流} = (0.05 \sim 0.1) \times I_{N额定}$

二、制动回路全电阻 $R_{ZD制动}$

$$R_{制动} = U_{ZD制动电压} / I_{ZD制动电流}$$

$U_{ZD制动电压}$：直流电压一般是 48~220V

三、外加电阻 $R_{ad外加}$　《钢铁企业电力设计手册》（下册）P115

$$R_{ad外加} = R_{制动} - [2R_{定子电阻（一相）} + R_{制动回路导线电阻}]$$

1. $R_{l制动回路导线电阻(\Omega)}$：$R_{l制动回路导线电阻} = \dfrac{\rho_{电阻率(0.0几\Omega \cdot mm^2/m)} \times 2 \times l_{制动回路导线单程(m)}}{S_{导线截面(mm^2)}}$

2. $\rho_{电阻率(0.0几\Omega \times mm^2/m)}$：$\rho_{铝} = 0.031 \Omega \times mm^2/m$

四、制动电阻接电持续率 FC_r

$$FC_{r制动电阻接电持续率\%} = \dfrac{N_{最大接电次数(次/h)} \times t_{制动持续时间(s)}}{3600}$$

传动 Note6　机械转矩换算到电动机轴　《钢铁企业电力设计手册》（下册）P19

一、换算到电动机轴静阻转矩、负载转矩 （23-16）

$$M_{换算到电动机轴上的静阻转矩} = \dfrac{M'_{原机械静阻转矩}}{\eta_{效率} \times i_{传动比}}$$

$$M_{L换算到电动机轴上的负载转矩} = \dfrac{M'_{L原机械负载转矩}}{\eta_{效率} \times i_{传动比}}$$

$i_{传动比}$：$i = \dfrac{n_{电机转速}}{n_{机械转速}} = \dfrac{\omega_{电机角速度}}{\omega_{机械角速度}} = \dfrac{1/电动机齿轮数}{1/机械齿轮数}$

一般为减速机，$i_{传动比} > 1$．

二、换算到电动机轴上的总飞轮矩 GD^2：23-40

$$GD^2_{换算到电动机轴上的总飞轮矩} = GD^2_{M电动机} + \dfrac{GD^2_{1飞轮矩}}{i^2_{1传动比}} + \dfrac{GD^2_{2飞轮矩}}{i^2_{2传动比}} + \cdots + \dfrac{GD^2_{m飞轮矩}}{i^2_{m传动比}}$$

机械传动效率（平均值）见表 14-4。

表 14-4　机械传动效率（平均值）

传动装置	效率 η
齿轮传动（圆锥形、圆柱形、伞形）一般数据	0.96~0.98
圆柱形齿轮传动	
（1）磨制过的正齿轮	0.99
（2）车削加工的正齿轮	0.98
（3）未加工的正齿轮	0.96
（4）人字齿轮	0.985

续表

传动装置	效率 η
伞齿轮减速机	0.97~0.98
链条传动	0.98
摩擦传动	0.70~0.80
蜗轮传动（μ=0.1）	
（1）螺纹角为 4°~6°	0.41
（2）螺纹角为 8°~10°	0.55
（3）螺纹角为 15°~20°	0.66
钢索传动	0.90
皮带传动	0.94~0.98
三角皮带传动	0.90
绳索及链条卷筒	0.96
绳索及链条滑车 ⎫包括支座的摩擦损耗	0.94~0.98
复式滑车 ⎭	0.92~0.98
支座轴颈	
（1）滚动轴承	0.99
（2）滑动轴承	0.97
（3）滑动轴承，但润滑不良	0.94
（4）带油环润滑	0.98

传动 Note7 交流调速——三相零式**交交变频**《钢铁企业电力设计手册》（下册）P305

一、$f_{max最大输出频率}$：（25-85）

$$f_{max最大输出频率} \approx \frac{p_{脉波数} \times f_{0电网频率}}{15}$$

$p_{脉波数}$：$p_{三相零式}=3$；$p_{三相桥式}=6$；$p_{双三桥式}=12$

二、**整流变压器**二次侧线电压 U_{2T}

1. $s_{m最大转差率}$：$s_{m最大转差率}=s_{N额定转差率}(\lambda_{M过载倍数}+\sqrt{\lambda^2_{M过载倍数}-1})$

2. 电机转子额定电压幅值 $U_{2p}=\sqrt{2}U_{电机转子额定电压}$

3. 电阻百分数 $r=0.04\sim 0.07$

4. 电动机允许过载系数 $\frac{I_{Mmax}}{I_{MN}}$：默认=2

5. n 电流通过晶闸管元件数：$n_{三相桥}=2$；$n_{三相零}=1$

6. $U_{dt晶闸管正向瞬态压降}=1.5V$

7. $\gamma_{电压波动系数}=0.95$

8. $\cos\alpha_{min最小移相角}$：默认 $\alpha_{min}=30°$，$\cos\alpha_{min}=0.866$

9. $e_{短路电压百分比}=0.03\sim 0.1$

10. 变压器允许过载系数 $\dfrac{I_{Tmax}}{I_{TN}}$ 默认 $=2$

11. 二次侧线电压 U_{2T}：(25-49)

$$U_{2T} = \dfrac{s_{n\text{最大转差率}} U_{2l\text{转子电压幅值}} \left[1 + r_{\text{电阻百分数}}\left(\dfrac{I_{Mmax}}{I_{MN}}-1\right) + n_{\text{流过元件数}} \times U_{df}\right]}{K_{uv\text{计算系数}=1.35} \gamma_{\text{电压波动系数}} \cos\alpha_{min=30°} - C_{\text{斜率系数}} e_{\text{短路电压百分比}} \dfrac{I_{Tmax}}{I_{TN}}}$$

三、整流变压器二次侧电流 I_{2T} P307

当输出矩形波（采取交流偏置）时：$I_{2T\text{有效值}} = I_{\sim\text{变频器输出有效值}} = \dfrac{\pi}{3} I_{2\text{电机转子侧额定电流}}$

四、整流变压器容量 STR P307~308

$$STR_{\text{整流变压器容量}} = 3U_{\text{整流变压器二次侧线电压}} \times I_{2T\text{变压器二次侧有效值}}$$

五、变频器输出电流幅值：$I_{\sim p\text{变频器输出幅值}} = \sqrt{\dfrac{3}{2}} I_{\sim\text{变频器输出有效值}}$

六、晶闸管反向电压值 $U_{RRM} = 1.1 \times 3 \times \sqrt{2} I_{2\text{电机转子侧额定电流}}$

七、晶闸管平均电流 $I_{Fav} = 2 \times 0.367 \times I_{\sim\text{变频器输出幅值}}$

传动 Note8　交流调速——三相桥式交交变频《钢铁企业电力设计手册》(下册) P335

一、最大输出频率 f_{max}：(25-85)

$$f_{max\text{最大输出频率}} \approx \dfrac{p_{\text{脉波数}}}{15} f_{0\text{电网频率}}$$

p 脉波数：$p_{\text{三相零式}}=3$；$p_{\text{三相桥式}}=6$；$p_{\text{双三桥式}}=12$

二、最小移相角 $\alpha_{min}=0$，变频器输出最大可能交流线电压有效值 U_{0max}：(25-87)

1. 采取交流偏置，输出矩形波：$U_{0max} = \dfrac{1.15 \times 1.35 \times \sqrt{3}}{\sqrt{2}} U_{20} \approx 1.9 U_{20\text{整流变二次侧线电压有效值}}$

2. 不交流偏置，输出正弦波：$U_{0max} = \dfrac{1 \times 1.35 \times \sqrt{3}}{\sqrt{2}} U_{20} \approx 1.653 \times U_{20\text{整流变二次侧线电压有效值}}$

三、整流变压器容量估算值 P_s：$P_s = 4.26 I_{MN\text{电动机额定}} U_{20\text{整流变二次侧线电压有效值}}$

四、电动机侧理想输出功率 P_{AV}：$P_{AV} = 3 \times 1.35 \times U_{20\text{整流变二次侧线电压有效值}} I_{MN\text{电动机额定}}$

五、电网侧线路阻抗压降系数 K_n：(25-89)

1. 电动机过载系数：$\lambda_{M\text{过载倍数}} = I_{MNmax\text{电动机最大}} / I_{MN\text{电动机额定}}$

2. K_n 电网侧线路阻抗压降系数

$$K_n = 1 - 2\lambda_{M\text{过载倍数}} - 0.5 \times \left(V_{RT\text{整流桥短路百分比}} + \dfrac{P_{\text{整流变容量}}}{S_{K\text{短路容量}}}\right) - \dfrac{2\lambda_{M\text{过载倍数}} P_{Vcu\text{变压器铜损}}}{P_{AV\text{理想输出}}}$$

六、电动机侧线路压降 ΔU_L：(25-92)

$$\Delta U_{L(V)} = \frac{2L_{导线长度(m)} I_{Mmax(A)}}{\gamma_{电导率=58} S_{截面(mm^2)}}$$

七、电动机侧线路及晶闸管压降系数 K_v：（25-91）

$$K_{V线路及晶闸管压降系数} = 1 - \frac{\Delta U_{L电动机侧线路压降} - U_{VT两个晶闸管压降=3V}}{U_{20整流变二次侧线电压有效值}}$$

八、电动机线电压有效值 U_M：（25-88）

1. $K_{g移位角系数} = \cos\alpha_{min最小移相角}$：**默认** $\alpha_{min} = 5°\sim10°$，$\cos\alpha_{min} = 0.996\sim0.985$
2. $K_{p电网压降系数}$：如果调节系统**弱磁点采取不稳定电源设定时**，$K_{p电网压降系数} = 1$
3. $U_{M电动机线电压有效值} = K_{n电网侧线路阻抗压降系数} \times K_{V线路及晶闸管压降系数} \times K_{g移位角系数}$
$\times K_{r调节裕度系数=0.95} \times K_{p电网压降系数} \times U_{Omax变频器最大输出线电压}$

九、已知 U_M 电动机线电压有效值，未知 U_{20} 时，估算法求 U_{20} 整流变二次侧线电压有效值：（25-93～25-94）

1. 估算 $U_{20估算}$：$U_{20估算} = 1.25 \times 0.526 U_{M电动机线电压有效值}$
2. 计算本 Note 三～七
3. 验算 $U_{20验算} = 0.526 U_M / (K_n K_V K_g K_r K_p)$
4. $U_{20估算} \approx U_{20验算}$ 时，估算成立；否则修改 U_{20} 估算，重新计算

十、晶闸管电压裕量校验，晶闸管电压安全系数 f_v：（25-95）

$$f_{V晶闸管电压安全系数} = \frac{U_{dr晶闸管转折电压（击穿电压）}}{2U_{20整流变二次侧线电压有效值}} > 2$$

十一、晶闸管并联支路数＝并联变流柜数 N：（25-96）

$$N_{晶闸管并联支路数，并联变流柜数} = \frac{2I_{Mmax电动机最大电流}}{I_{EN变流相）额定电流} K_{均流系数 0.9}}$$

$$N_{晶闸管并联支路数，并联变流柜数} \text{ 向上取整数}$$

传动 Note9 交流调速——交直交变频《钢铁企业电力设计手册》（下册） P324

一、直流侧电压 U_d：（25-65）

$$U_{d直流侧电压} = 1.35 \times U_{M电动机线电压} \cos\varphi_{电动机额定功率因数} + 2U_{dr晶闸管压降=1.5}$$

二、直流侧电流 I_d、逆变器输出基波有效值 I_L、矩形波电流有效值 $I_\sim$：（25-66）

$$I_{d直流侧电流} = \frac{\pi}{6} I_{L逆变器输出基波有效值（电动机额定电流）} = \sqrt{\frac{3}{2}} I_{\sim矩形波电流有效值}$$

三、直流侧最大电流 I_{dMax}：（25-67）

$$I_{dMax直流侧最大电流} = K_{过载倍数 1.5\sim2} \times I_{d直流侧电流}$$

四、换向电容 C：（25-68）

$$C_{换向电容} = \frac{t_0^2_{晶闸管计算用反压时间=200\sim500\mu s}}{3L_{星形接线电动机的每相漏感(\mu H)}}$$

五、电容器峰值电压 U_{cm}：(25-69)

$$U_{cm电容} = I_{dMax直流侧最大电流} \sqrt{\frac{4L_{星形接线电动机的每相漏感(\mu H)}}{3C_{换向电容}}} + 2U_{M电动机线电压} \sin\varphi_{功率角正弦值}$$

六、逆变侧晶闸管所承受的正、反最大电压 $U_{VT晶闸管承受最大电压}$：(25-70)

$$U_{VT晶闸管} = I_{dMax直流侧最大电流(优先I_{hmax}, 无答案用I_d)} \sqrt{\frac{4L_{星形接线电动机的每相漏感(\mu H)}}{3C_{换向电容}}} + 2U_{M电动机线电压} \sin\varphi$$

七、晶闸管、隔离二极管电流有效值 I_{VT} (25-71)

$$I_{VT晶闸管电流有效值、隔离二极管} = \frac{I_{d直流侧电流}}{\sqrt{3}}$$

八、隔离二极管承受最大电压 $U_{VD隔离二极管承受最大电压}$：(25-72)

$$U_{VT隔离二极管} = I_{dMax直流侧最大电流(优先I_{hmax}, 无答案用I_d)} \sqrt{\frac{4L_{星形接线电动机的每相漏感(\mu H)}}{3C_{换向电容}}} + 2\sqrt{2}U_{M电机线电压} \sin\varphi$$

九、平波电抗器电感 L_D：(25-73)

$$L_{D平波电抗器电感} = (10 \sim 20) L_{星形接线电动机的每相漏感(\mu H)}$$

传动 Note10　直流调速——整流变压器容量《钢铁企业电力设计手册》(下册) P403

一、直流电动机额定电流 I_{MN}：

$$I_{MN直流电机额定电流} = \frac{P_{N转子功率}}{\eta_N \times U_N}$$

二、均衡电流、环流 I_{jh}

可逆系统、正反转：$I_{jh均衡电流} = (0.05 \sim 0.1) \times I_{MN直流电机额定电流}$

不可逆系统、单向转：$I_{jh均衡电流} = 0$

三、整流器最大输出电流 I_{bMax}

$$I_{bMax整流器最大输出电流} = \lambda_{M电动机过载倍数=1.5\sim3.5} I_{MN电动机额定} + I_{jh均衡电流}$$

四、整流器额定输出电流 I_{bN}

$$I_{bN整流器额定输出电流} = I_{MN电动机额定} + I_{jh均衡电流}$$

五、直流侧电压 U_d：(26-40)

$$U_d = A_{整流系数} \beta_{电网波动=0.95} U_{2变压器二次侧相电压} \left(\cos\alpha - C_{斜率系数} u_{d(\%)变压器短路百分数} \frac{I_{bMax整流器最大}}{I_{bN整流器额定}} \right)$$

$A_{整流系数} C_{斜率系数}$：查 P402 表 26-18

1) 当整流器为**不可控整流器**时 $\cos\alpha = 1$；26-42

$$U_d = A_{整流系数} \beta_{电网波动=0.95} U_{2变压器二次侧相电压} \left(1 - C_{斜率系数} u_{d(\%)变压器短路百分数} \frac{I_{bMax整流器最大}}{I_{bN整流器额定}} \right)$$

2) **电压调节系统时**：$U_{d直流侧电压} = U_{MN电动机额定电压}$

3) **转速调节系统时**：26-44

$$U_{d直流侧电压} = U_{MN电动机额定电压}\left[1 + r\left(\frac{I_{Mmax电动机过载电流}}{I_{MN电动机额定}} - 1\right)\right]$$

$$r = \frac{I_{MN电动机额定} \times r_{M电动机电枢电阻}}{U_{MN电动机额定电压}} = 0.04 \sim 0.08$$

六、变压器二次侧相电压 U_2：26-45

$$U_{2变压器二次侧相电压} = \frac{U_{d直流侧电压}}{A_{整流}\beta_{电网波动} = 0.95\left(\cos\alpha - C_{斜率系数}u_{d(\%)变压器短路百分数}\frac{I_{bMax整流器最大}}{I_{bN整流器额定}}\right)}$$

1. U_d 直流侧电压：查 本 Note 五中 2) 或 3)
2. $A_{整流系数} C_{斜率系数}$：查 P402 表 26-18
3. α 移相角：$\alpha_{可逆系统} = 25° \sim 30°$，$\alpha_{不可逆系统} = 10° \sim 15°$

当用三相桥式整流并以转速反馈为主反馈的调速系统（变压器二次接线为星形）：

1. 不可逆系统：$U_2 = (0.95 \sim 1.0) U_{MN电动机额定电压} / \sqrt{3}$ P402
2. 可逆系统：$U_2 = (1.0 \sim 1.1) U_{MN电动机额定电压} / \sqrt{3}$ P402

七、整流变压器二次相电流 $I_{2整流变压器二次相电流}$：26-47

$$I_{2整流变压器二次相电流} = K_{2查P402表26-18} \times I_{bN整流器额定输出电流}$$

八、整流变压器二次视在功率 S_{b2}

$$S_{b2二次视在功率} = 3 \times U_{2变压器二次侧相电压} \times I_{2整流变压器二次相电流}$$

九、整流变压器一次视在功率 S_{b1}

$$S_{b1一次视在功率} = S_{b2二次视在功率} \times S_{b1} / S_{b2} \text{查 P402 表26-18}$$

十、整流变压器额定视在功率 S_b：26-49

$$S_b = \frac{S_{b1} + S_{b2}}{2}$$

十一、整流变压器一次相电流 $I_{1整流变压器一次相电流}$

$$I_{1整流变压器一次相电流} = \frac{S_{b1一次视在功率}}{3 \times U_{1变压器一次侧相电压}}$$

传动 Note11 直流调速——平波和均衡电抗器《钢铁企业电力设计手册》(下册) P407

一、电动机电枢回路电感 L_M：（26-50）

$$L_{M电动机电枢回路电感(mH)} = \frac{19.1 \times K_d U_{MN电动机额定电压(V)} \times 10^3}{2 \times P_{定子极对数} n_{N电动机额定转速(r/min)} I_{MN电动机额定(A)}}$$

K_d：$K_{d无补偿电机} = 0.4$；$K_{d有补偿电机} = 0.1$

二、整流变压器每相电感 L_b：26-51

$$L_{b整流变压器每相电感(mH)} = \frac{K_{b查P407表26-19} u_{d(\%)变压器短路百分数} U_{2整流变二次相电压}}{I_{bN整流变额定(A)}}$$

1. $I_{bN整流器额定输出电流} = I_{MN电动机额定} + I_{jh均衡电流}$

2. $I_{jh均衡电流}$：

可逆系统、正反转：$I_{jh均衡电流} = (0.05 \sim 0.1) \times I_{MN直流电机额定电流}$

不可逆系统、单向转：$I_{jh均衡电流} = 0$

三、平波和均衡电抗器的电感值 L_{dk}：$L_{dk} = [L_{dk1} \sim L_{dk3}]$ 折中取大

1. 整流变压器**每相计算电感值** $L'_{b计算}$

1) 双反星形带平衡电抗器的电路：$L'_{b整流变计算电感值} = 0.5 \times L_{b整流变压器每相电感}$(mH)

2) 三相桥式电路：$L'_{b整流变计算电感值} = 2 \times L_{b整流变压器每相电感}$(mH)

3) 其他：$L'_{b整流变计算电感值} = L_{b整流变压器每相电感}$(mH)

2. $U'_{2整流变二次相电压计算值}$

1) 当曲折接法时：$U'_{2整流变二次相电压计算} = \sqrt{3} U_{2整流变二次相电压}$

2) 其他：$U'_{2整流变二次相电压计算} = U_{2整流变二次相电压}$

3. 按**限制电流脉动率**选择**电抗器电感** L_{dk1}：26-55

$$L_{dk1} = K'_{md查P407表26-19} \cdot \frac{U'_{2整流变二次计算}}{V_{d脉动率} \cdot I_{bN整流器额定输出电流}} - (L_{M电动机电感} + L'_{b整流变计算电感值})$$

1) $I_{bN整流器额定输出电流} = I_{MN电动机额定} + I_{jh均衡电流}$（例题未加均衡电流）

2) $I_{jh均衡电流}$：

可逆系统、正反转：$I_{jh均衡电流} = (0.05 \sim 0.1) \times I_{MN直流电机额定电流}$

不可逆系统、单向转：$I_{jh均衡电流} = 0$

3) $V_{d脉动率}$：$V_{d脉动率} = \frac{\Delta I_{d脉动电流值}}{I_{bN整流器额定输出电流}} = 0.05 \sim 0.1$

4. 按**持续电流**选电抗器 L_{dk2}：26-59

$$L_{dk2} = K'_{is查P407表26-19} \cdot \frac{U'_{2整流变二次计算}}{I_{is最小工作电流}} - (L_{M电动机电感} + L'_{b整流变计算电感值})$$

5. 按**均衡电流**选电抗器 L_{dk3}：26-63

$$L_{dk3} = K'_{jh查P407表26-19} \cdot \frac{U'_{2整流变二次计算}}{I_{jh均衡电流}} - L'_{b整流变计算电感值}$$

传动 Note12　偶尔启动用——频敏变阻器《钢铁企业电力设计手册》(下册) P119

一、确定启动**负载类别**

方法 1（查表）：根据 静阻转矩　启动转矩　设备举例　查 P119 表 24-18 得**负载类别**
　　　　　　　　　　额定转矩　额定转矩

方法 2（查图）：根据曲线查 P119 表 24-1 得**负载类别**

二、初判断**频敏变阻器参数**：P120　表 24-19

根据电动机额定功率、额定电流、负载类别，查 P120 表 24-19 得凑答案参数
参数举例：BP1-铁芯号 铁芯片数/绕组最大匝数 导线截面 mm²

三、铁芯号：P122

1. 轻载、重载、小功率、铁芯片数≤12 时：选 2 号
2. 轻载、重载、大功率、铁芯片数＞12 时：选 3 号
3. 重轻载：选 7 号

四、铁芯片数 $\Sigma N_{铁芯片数}$：(24-16)

$$\Sigma N_{铁芯总片数} = K_N 查P122表24-20\ P_{N电动机额定功率}(kW)$$

$\Sigma N_{铁芯片数}$ 根据表 24-23（详见表 14-5）就近取整（参考凑答案参数）

表 14-5 相关参数

铁芯分档	2 号铁芯	N（片）	4，5，6，8，10，12
	3 号铁芯	N（片）	5，6，8，10，12，16
	7 号铁芯	N（片）	2，3，4
绕组分档	2 号铁芯	W（匝）	16，20，25，32，40，50，63，80，100，125，160
		S（mm²）	32，25，20，16，12，10，8，6，5，4，3
	3 号铁芯	W（匝）	16，20，25，32，40，50，63
		S（mm²）	50，40，32，20，16，12
	7 号铁芯	W（匝）	16，18，20，22，25，28，32，36，40，45，50
		S（mm²）	50，50，40，40，32，32，25，25，20，20，16
		W（匝）	56，63，71，80，90，100，112
		S（mm²）	16，12，12，10，10，8，8

复核片数： 1）当 $\Sigma N_{2号铁芯片数}$＞12 时，用 3 号重算
2）当 $\Sigma N_{3号铁芯片数}$＞16 时，凑 $b_{并联数}$、$c_{串联数}$

满足 $\Sigma N_{铁芯总片数} = b_{并联数} \times c_{串联数} \times N_{铁芯片数}$；$N_{铁芯片数} \leq 16$

五、绕组匝数 W：24-17

$$W_{绕组匝数} = K_w 查P122表24-21\ \frac{P_{N电动机额定功率(kW)}}{C_{串联数} N_{铁芯片数} I_{\alpha 转子额定电流}(A)}$$

$W_{绕组匝数}$ 根据表 24-23 就近取整（参考凑答案参数）

系数 K_w 查 P122 表 24-21（详见表 14-6）取值

表 14-6 系数 K_w 选用表

铁芯号	轻载	重轻载	重载
		K_w	
2 号铁芯		1057	877.1
3 号铁芯	434.4	528.6	
7 号铁芯		356.6	

六、导线截面 $S_{导线}$：24-18

$$S_{导线截面(mm^2)} = \frac{I_{额转子额定电流(A)}}{b_{片联数} \times j_{e电流密度}}$$

$S_{导线截面}$ 根据表 24-23 就近取整（**参考凑答案参数**）

电流密度 j_e 查 P122 表 24-22（详见表 14-7）取值。

表 14-7 电流密度 j_e 选用表

电流密度 $j_e/(A/mm^2)$	轻载	重轻载	重载
	20	12	10

传动 Note13　断续周期工作制——频敏变阻器《钢铁企业电力设计手册》（下册）P125

一、计算每小时折算启动次数 $Z_{折算启动次数}$：查 P124 表 24-24

$$Z_{折算启动次数} = Z_{启动次数} + 3 \times Z_{反接制动次数} + Z_{能耗制动次数}$$

二、查表确定生产机械分类：查 P124 表 24-24

根据 $t_q Z_{折算启动时间}$、操作频繁程度、工作特点、举例 查 P124 表 24-24 得生产机械分类

三、每小时折算启动时间 $t_q Z_{折算启动时间}$：

1. 精确算：$t_q Z_{折算启动时间(s \times 次/h)} = Z_{折算启动次数(次/h)} \times t_{q启动时间(s)}$

2. 查表法：根据生产机械分类查 P124 表 24-24 得 $t_q Z_{折算启动时间}$

四、铁芯号：

1. 计算 $P_e t_q Z = P_{e电动机额定功率(kw)} t_q Z_{折算启动时间(s \times 次/h)}$

2. 选铁芯号：

1) $P_e t_q Z < 3700$：选 0 号**铁芯（优先）**，$N_{铁芯片数} > 12$ 时选 6 号**铁芯**

2) $P_e t_q Z = 2000 \sim 8000$：选 5 号**铁芯**，$N_{铁芯片数} > 12$ 时选 6 号**铁芯**

3) $P_e t_q Z \geqslant 8000$：选 4 号**铁芯**，$N_{铁芯片数} > 16$ 时，$b_{并联数} \times c_{串联数} = 2$ 或 4

五、铁芯片数 $\Sigma N_{铁芯片数}$：（24-20）

1. 计算电动机系数 C_z：

$$C_{电动机系数} = \frac{3U_{n转子额定电压(V)}I_{n转子额定电流(A)}}{10^3 \times P_{e电动机额定功率(kW)}}$$

2. 计算铁芯总片数 $\Sigma N_{铁芯总片数}$：

$$\Sigma N_{铁芯总片数} = K_N C_{z电动机系数} P_{e电动机额定功率(kW)}$$

K_N 查 P124 表 24-27（详见表 14-8）取值

$\Sigma N_{铁芯总片数}$ 根据表 24-30（详见表 14-9）就近取整

表 14-8 系数 K_N 值选用表

t_qZ（上限值）/（s/h）	第一类 400	第二类 630	第三类 1000	第四类 1600
K_N 0号铁芯			2.65	4.23
6号铁芯		2.4	3.0	4.8
5号铁芯	0.53	0.83	1.32	2.12
4号铁芯	0.23	0.36	0.57	0.92

表 14-9 继续周期工作制用频敏变阻器 N，W，S 参数分档表

N（片）	0号铁芯	6, 8, 10, 12
	6号铁芯	4, 8, 12, 16, 20, 24, 28
	5号铁芯	4, 6, 8, 10, 12
	4号铁芯	6, 8, 10, 12, 16

3. 复核片数 $N_{铁芯片数}$：

1）当选 0、5 号铁芯且 $\Sigma N_{铁芯片数} > 12$ 时：选 6 号铁芯 复算本 Note 四
2）当选 4 号铁芯且 $\Sigma N_{铁芯片数} > 16$ 时：凑 $n_{频敏变阻器台数} = b_{并联数} \times c_{串联数} = 2$ 或 4
   满足 $\Sigma N_{铁芯总片数} = b_{并联数} \times c_{串联数} \times N_{铁芯片数}$ 且 $N_{铁芯片数} \leq 16$

4. 计算频敏变阻器台数 $n_{频敏变阻器台数}$： $n_{频敏变阻器台数} = C_{串联数} \times b_{并联数}$

六、绕组匝数 W（24-21）

$$W_{绕组匝数} = K_W \frac{U_{n转子额定电压(V)}}{c_{串联数}} \sqrt{\frac{n_{频敏变阻器台数}}{C_{电动机系数}P_{e电动机额定(kW)}N_{单台铁芯片数}}}$$

K_W 查 P128 表 24-28（详见表 14-10）取值

$W_{绕组匝数}$ 根据表 24-30 就近取整

表 14-10 系数 K_w 值选用表

铁芯号	0号	6号	5号	4号
K_w	2.79	2.58	2.99	2.62
W（匝）	125，112，100，90，80，71，63，56，50，45，40，36，32，28，25，22，20			

七、导线截面 $S_{导线}$：(24-22)

$$S_{导线截面(mm^2)} = \frac{I_{ze转子额定电流(A)}}{b_{并联数} \times j_e}$$

铜导线 j_e 查 P128 表 24-29（详见表 14-11）取值

$S_{导线截面}$ 根据表 14-11 就近取整

表 24-29　铜导线 j_e 值选用表

$t_qZ/$（s/h）	第一类 400	第二类 630	第三类 1000	第四类 1600
$j_e/$（A/mm²）	3.6	3.2	2.8	2.2
S/mm²	4，5，6，8，10，12，16，20，25，32，40，50			

传动 Note14　PLC 接线数与点位数《钢铁企业电力设计手册》(下册) P509

示意图如图 14-1～图 14-4 所示。

一、DI 数字输入

去掉公共端子（基准电源端子、公共电源、地端子）后：

N_{DI} 个输入点位＝剩下的接线端子数

二、DO 数字输出

去掉公共端子（基准电源端子、公共电源、地端子）后：

N_{DO} 个输入点位＝剩下的接线端子数

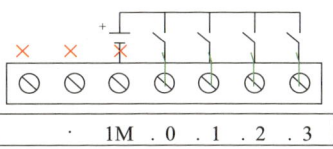

图 14-1　示意图（1）

三、AI 交流输入

去掉所有公共端子（备用同名端子、基准电源端子、公共地端子）后：

1. 如有公共地端子：N_{AI} 个输入点位＝剩下的接线端子数
2. 如各输入地端子独立：N_{AI} 个输入点位＝0.5×剩下的接线端子数

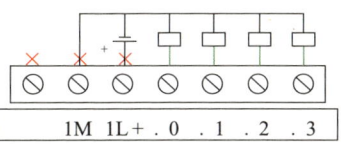

图 14-1　示意图（2）

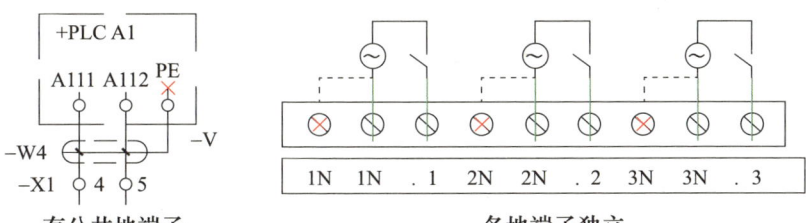

图 14-3　示意图（3）

四、AO 交流输出

去掉所有公共端子（备用同名端子、基准电源端子、公共地端子）**后**

1. 如有公共地端子时：N_{AO} 个输入点位＝剩下的接线端子数
2. 如各输出地端子独立时：N_{AO} 个输入点位＝0.5×剩下的接线端子数

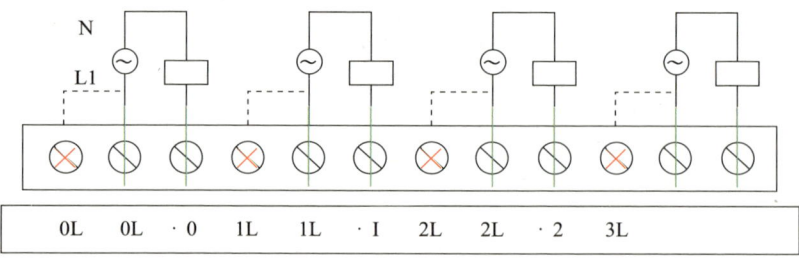

图 14-4　示意图（4）

五、单个设备占用点位：P508

一个按钮占用一个输入点；一个光电开关需占用一个输入点；一个信号灯占用一个输出点；而对选择开关来说，一般有几个位量就占用几个输入点；对各种位置开关，一般占一个或两个输入点。

六、开关量输入点位估算：P508（27-1）

$$DI_{设计输入点数}=K_{备用系数=1.1\sim1.2}\sum_{i=1}^{N_{总输入}}(a_{1i系统点数}+a_{2i检测点数})+a_{3其他点数}$$

1. $a_{1i系统点数}$：

1）单速可逆系统：$a_{1i系统点数}=3×$操作点数

2）单速不可逆系统：$a_{1i系统点数}=2×$操作点数

3）n 速（有级）可逆系统：$a_{1i系统点数}=3×$操作点数$+n$ 速度挡数

4）n 速（有级）不可逆系统：$a_{1i系统点数}=2×$操作点数$+n$ 速度挡数

2. $a_{2i检测点数}$：如接触器辅助点数 XC、热继电器 RJ、自动开关辅助接点 ZK、限位开关 XW、选择开关 XK 以及故障信号、联动信号等

3. $a_{3其他点数}$：如系统自动/半自动/手动选择开关（几类＝几个点位）。系统集中/机旁选择开关、生产线上的检测元件，以及与其他控制设备的硬件联锁信号等

七、开关量输出点位估算：P509（27-2）

$$DO_{设计输出点数}=K_{备用系数=1.1\sim1.2}\sum_{i=1}^{N_{总输出}}(b_{1i系统点数}+b_{2i检测点数})+b_{3其他点数}$$

1. $b_{1i系统点数}$：

1）单速可逆系统：$b_{1i系统点数}=2$

2) 单速不可逆系统：$b_{1系统点数}=1$

3) n 速（有级）系统：$b_{1系统点数}=n_{速度挡数}$

2. $b_{2检测点数}$：单个系统显示设备及联锁所需点数

3. $b_{3其他点数}$：如整个系统显示点数、报警音响设备所需点数，以及与其他控制设备的硬件联锁信号等

八、存储容量估算 M P509（27-3）

$$M_{总(B)}=M_{通信接口内存}+K_{1备用系数=1.25\sim 1.4}K_{2熟悉程度=0.85\sim 1.15}$$
$$\times [（DI_{点位}+DO_{点位}）C_{1数字占有率=10}+AI_{回路数}\times C_{2AI占有率=100\sim 120}$$
$$+AO_{回路数}\times C_{3AO占有率=200\sim 250}]\quad 单位换算：1KB=1024B$$

传动 Note15　PLC 编程《钢铁企业电力设计手册》（下册）P513

一、总原则

初始假定所有输入触点均是常开。

最后将常闭的元件的梯级图内构件颠倒。

直接动作包括启动、自锁、反转、限位，此类为立即动作的触点或按钮。

直接停止包括停止、限位、过热、过载、正反转逻辑保护触点等立即实现停止的触点

二、定时器

定时器示意图如图 14-5 所示。

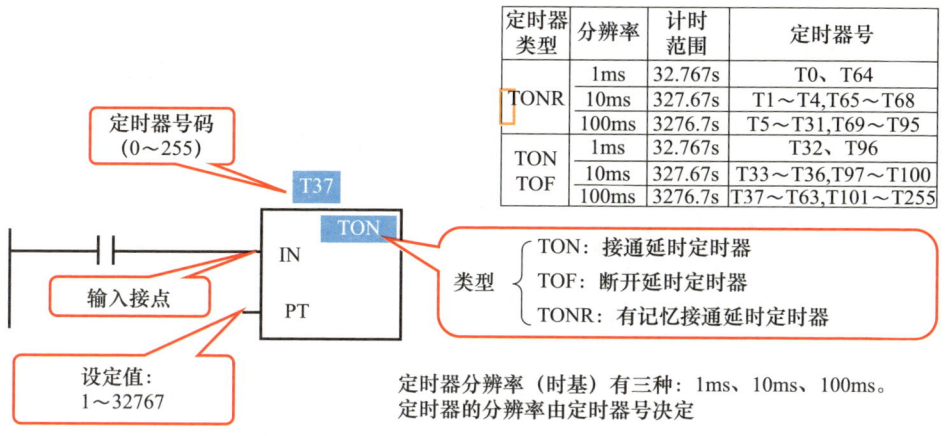

图 14-5　定时器示意图

三、计数器

1. 增计数器

增计数器示意图如图 14-6 所示。

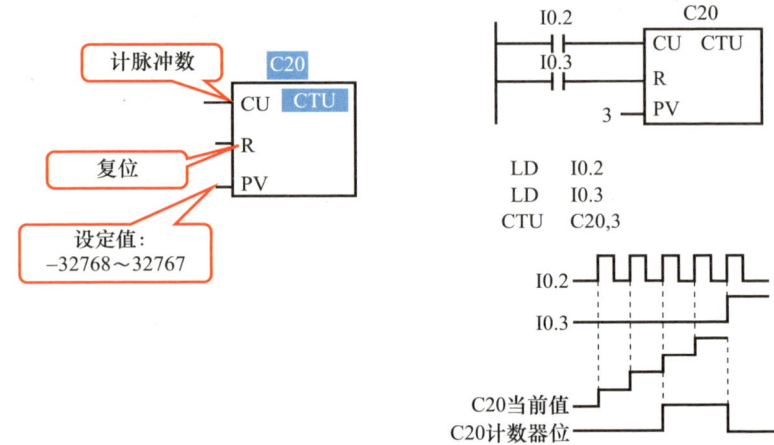

图 14-6 增计数器示意图

2. 增/减计数器

增/减计数器如图 14-7 所示。

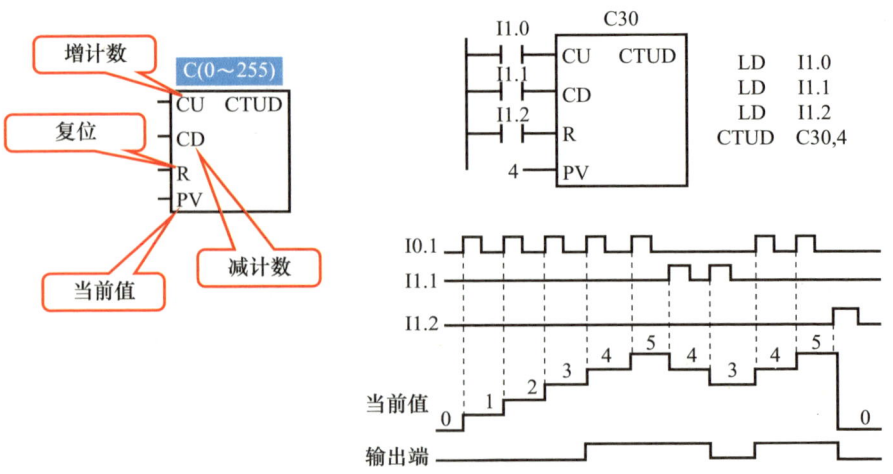

图 14-7 增/减计数器示意图

3. 减计数器

减计数示意图如图 14-8 所示。

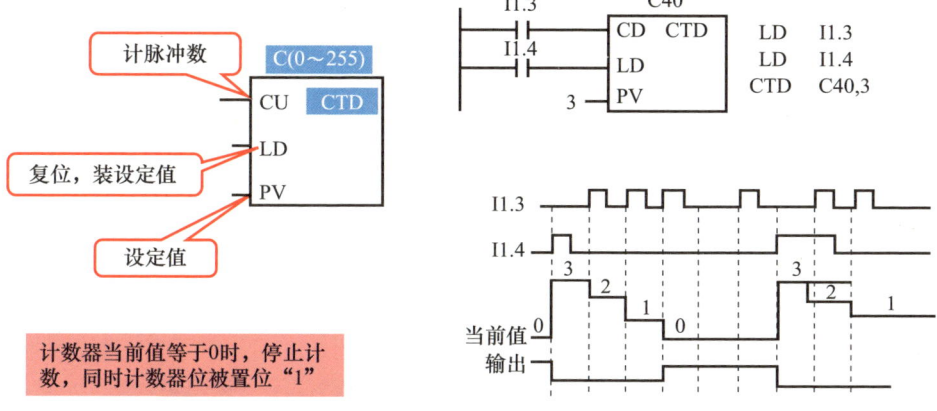

图 14-8 减计数示意图

四、经典案例

案例：小车自动往返控制

要求：当左行或右行按钮接通时，小车在限位开关 I0.1 和 I0.0 之间自动往返运动，当按停止按钮 I0.2 时立即停止。

示例图如图 14-9～图 14-12 所示。

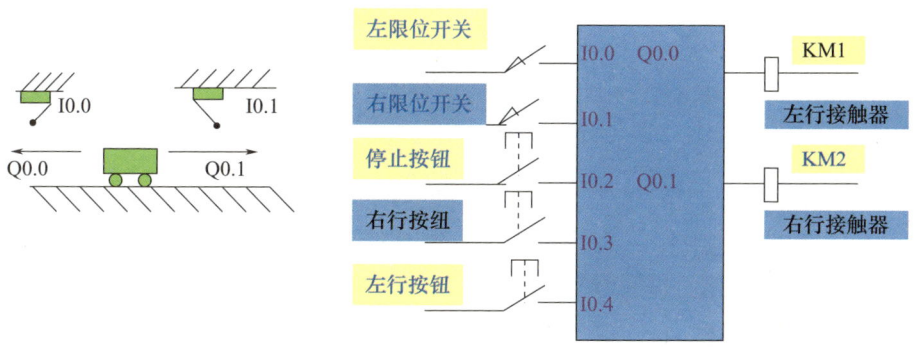

图 14-9 示例图（1）

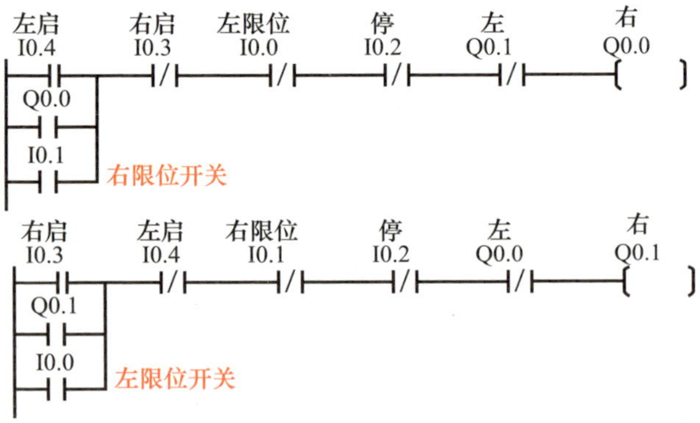

左启
I0.4
右启
I0.3
左限位
I0.0
停
I0.2
左
Q0.1
右
Q0.0
Q0.0
I0.1
右限位开关
右启
I0.3
左启
I0.4
右限位
I0.1
停
I0.2
左
Q0.0
右
Q0.1
Q0.1
I0.0
左限位开关

图 14-10　示例图（2）

L1
L2
L3
QF
KM1
V1
U1
M
3～
W1
KM2
W2
V2
3s
U2
KM3
FR
FR
FR
KM1
KM2
KM3
1L
Q0.0
Q0.1
Q0.2
Q0.3
1M
I0.0
I0.1
I0.2
I0.3
SB1
SB2
停止
启动

图 14-11　示例图（3）

Network 1
停止
KM1
I0.1
I0.0
Q0.0
I0.0
Network 2
T40
Q0.0
EN TON
+30
PT
Network 3
KM3
Q0.0
Q0.1
T40
Q0.2
Network 4
T40
Q0.2
Q0.1
KM2
1.KM3和KM1吸合，定时3s
2.定时时间到，KM2和KM1吸合
3.KM2和KM3互相闭锁

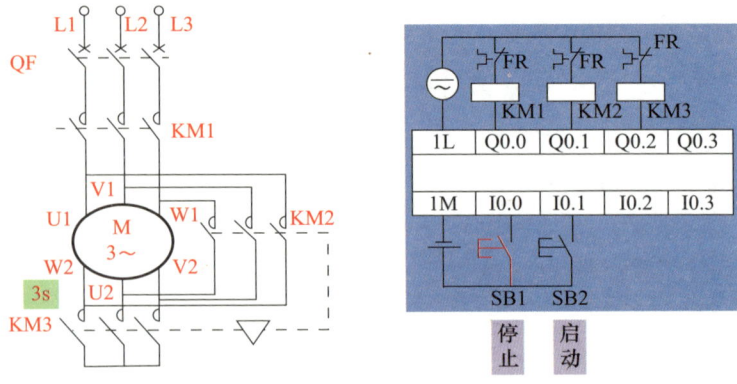

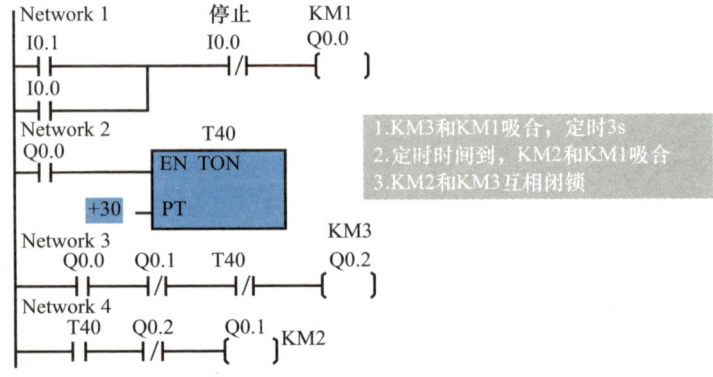

图 14-12　示例图（4）

第十五章 接　地

接地知识点汇总 GB/T 50065 接地 P1

接地 Note1　入地电流对称 I_g、入地不对称电流 I_G、地电位升高 V　GB/T 50065 接地 P55
接地 Note2　接触电位差允许值 U_t、实际值 U_m、校验　GB/T 50065 接地 P57
接地 Note3　跨步电位差允许值 U_s、实际值 U_s、校验　GB/T 50065 接地 P61
接地 Note4　接地电阻允许值　GB/T 50065 接地 P27
接地 Note5　水平、垂直接地极工频接地电阻实际值 $R_\sim$　GB/T 50065 接地 P47
接地 Note6　接地网工频接地电阻实际值 $R_\sim$、综合土壤电阻率 ρ　GB/T 50065 接地 P49
接地 Note7　杆塔接地装置工频接地电阻实际值 $R_\sim$　GB/T 50065 接地 P67
接地 Note8　季节系数修正土壤电阻率和实际检测接地电阻　GB/T 50065 接地 P23
接地 Note9　冲击电阻　GB/T 50065 接地 P69
接地 Note10　人工接地极选截面　GB/T 50065 接地 P65

70、90kg 人体可承受的最大交流电流有效值　GB/T 50065 接地 P101　条文 4.2.2
温纳四级法测量电阻率　GB/T 50065 接地 P89　条文 4.1.1
有无降阻剂接地极有效长度　GB/T 50065 接地 P133　条文 附录 F
单个基础工频接地电阻实际值　配四 P1415　表 14.6-3
建筑物基础工频接地电阻实际值　配四 P1417　表 14.6-4
直埋铠装电缆金属外皮接地电阻　配四 P1417　表 14.6-5
直埋金属水管接地电阻　配四 P1418　表 14.6-6
自然接地体热稳定选截面　配四 P1413
水平埋敷导体、平板、垂直、金属桩 简易接地电阻公式　GB/T 16895.3 接地 P22
电子设备接地　配四 P1430
屏蔽线缆接地　配四 P1434
阴极保护接地等　配四 P1440

接地 Note1　入地电流对称 I_g、入地不对称电流 I_G、地电位升高 V　GB/T 50065 接地 P55

一、接地网最大入地对称电流 I_g

1. **有效接地**系统、**低电阻接地**系统：

1) 厂、站内短路 GB/T 50065 接地 （B.0.1-1）

$$I_{g入地对称电流} = (I_{max最大接地故障对称} - I_{n过中性点}) \times S_{f1站内分流系数}$$
$$= (I_{max最大接地故障对称} - I_{n过中性点})(1 - K_{f1站内故障避雷线分流系数})$$

2) 厂、站外短路 GB/T 50065 接地 （B.0.1-2）

$$I_{g入地对称电流} = I_{n过中性点电流} S_{f2站外分流系数} = I_{n过中性点电流}(1 - K_{f2站外故障避雷线分流系数})$$

注：$I_{n过中性点} = I_{max最大接地故障对称} \dfrac{X_{e系统侧零序阻抗}}{X_{e系统侧零序阻抗} + X_{d站内零序阻抗}}$

3) I_g 取最大值：$I_{g最大入地对称电流} = (I_{g站内短路入地对称}, I_{g站外短路入地对称})_{max}$

2. 不接地系统：$I_{g入地对称电流} = I_{电容电流}$ 配四 P302

3. 高电阻接地：$I_{g入地对称电流} = (1.1 \sim 2) I_{C电容电流}$ 配四 P302

4. 谐振接地系统：GB/T 50065 接地 （4.2.1-2）

1) 装消弧线圈时：$I_{g入地对称电流} = 1.25 I_{N消弧线圈额定} = 1.25 k_{补偿度（过补偿=1.35）} I_{电容电流}$

2) 不装消弧线圈时：$I_{g入地对称电流} =$ 取大 $\begin{cases} I_{L最大补偿断开后剩余补偿电流} - I_{C线路电容电流} \\ I_{L全部补偿电流} - I_{C最长线路切断后剩余电容电流} \end{cases}$

二、最大入地电流不对称电流 I_G：GB/T 50065 接地 P120 条文说明 （12）

1. 有效接地系统、低电阻接地系统：

$$I_{G最大入地不对称电流} = D_{f衰减系数} \times I_{g入地对称}$$

衰减系数 D_f：

1) 优先查表法：根据故障时间 t_f、短路点电抗与阻抗比值 X/R，查 P54 表 B.0.3
2) 公式法：P127 式 （18）

$$D_{衰减系数} = \sqrt{1 + \dfrac{T_a}{t_{故障时间}}[1 - e^{(-2t_{故障时间}/T_a)}]} \quad T_a = \dfrac{X_\Sigma}{2\pi f R_\Sigma}$$

2. 不接地、高电阻接地、谐振接地系统：$I_{G最大入地电流不对称} = I_{g最大入地对称电流}$

三、接地网地电位升高 V：（B.0.4）

$$V_{接地网地电位升高(V)} = I_{G最大入地电流不对称(A)} R_{接地网工频接地电阻(\Omega)}$$

$R_{接地网工频接地电阻(\Omega)}$：详 GB/T 50065 接地 P49 接地 Note 6 接地网工频接地电阻

接地 Note2 接触电位差允许值 U_t、实际值 U_m、校验 GB/T 50065 接地 P57

一、接触电位差允许值 U_t

1. 有效接地系统、低电阻接地系统：（4.2.2-1）

$$U_{t接触电位差允许值(V)} = \dfrac{174 + 0.17 \rho_{s表层土壤电阻率(\Omega \cdot m)} C_{s表层衰减系数}}{\sqrt{t_{故障电流持续时间(s)}}}$$

2. 不接地、高电阻接地、谐振接地系统：（4.2.2-3）

$$U_{t接触电位差允许值(V)} = 50 + 0.05 \times \rho_{s表层土壤电阻率(\Omega \cdot m)} C_{s表层衰减系数}$$

注：
1. C_s表层衰减系数：
1）精度不高（误差在5％以内）时，公式法：(C.0.2)

$$C_{s\text{表层衰减系数}}=1-\frac{0.09\times(1-\rho_{\text{下层土壤电阻率}}/\rho_{s\text{表层土壤电阻率}})}{2\times h_{s\text{表层土壤厚度}(m)}+0.09}$$

2）查图法：P56 计算 K、定曲线、用 h_s 表层厚度查得纵坐标
2. t_e 故障电流持续时间（s）：E.0.3
1）有2套继电保护装置时：

$$t_{e\text{故障电流持续时间}}\geq t_{m\text{主保护动作}}+t_{l\text{断路器失灵保护动作}}+t_{o\text{断路器开断}}$$

2）仅1套继电保护装置时：$t_{e\text{故障电流持续}}\geq t_{o\text{断路器开断}}+t_{\text{第一级后备保护动作}}$

二、接触电位差实际值、网孔电压 U_m
1. 等间距布置：P57（D.0.3-1～D.0.3-4）

$$U_{m\text{接触电位差实际值}(V)}=\frac{\rho_{\text{埋深处土壤电阻率}(\Omega\cdot m)}I_{G\text{最大入地不对称}(A)}K_{m\text{网孔几何修正}}K_{\text{不规则校正}}}{L_{M\text{有效埋设长度}(m)}=\text{水平接地极总长}+\text{垂直接地极总长}}$$

$$K_{\text{接地网不规则校正}}=0.644+0.148\times n_{\text{等效导体数}} \quad (\text{D.0.3-10})$$

等效导体数 n：
1）未知 $L_{p\text{接地网周边长度}}$：$n=\sqrt{n_{X\text{方向导体数}}n_{Y\text{方向导体数}}}$
2）方形接地网：$n=n_a=2L_{e\text{水平接地极总长度}}/L_{p\text{接地网周边长度}}$ （D.0.3-6、D.0.3-7）
3）矩形接地网：$n=n_a n_b=\dfrac{L_{\text{水平接地极总长度}}}{L_{p\text{接地网周边长度}}\times\sqrt[4]{A_{\text{接地面积}}}}$ （D.0.3-6、D.0.3-7）

$$K_{m\text{网孔几何修正}(\text{查本Note四})}=\frac{1}{2\pi}\left[\ln\left(\frac{D^2}{16hd}+\frac{(D+2h)^2}{8Dd}-\frac{h}{4d}\right)+\frac{K_{ii}}{K_h}\ln\frac{8}{\pi(2n-1)}\right]$$

$$K_{h\text{埋深系数}}=\sqrt{1+h_{\text{埋深}}/h_{0\text{参考深度}=1m}}$$

$$K_{ii\text{加权系数}}\begin{cases}\text{四周有垂直接地极时：}=1\\\text{四周无垂直接地极时：}=1/(2n)^{2/n}\end{cases}$$

2. 不等间距布置：P63（D.0.4-19）
$U_{m\text{接触电位差实际值}(V)}=K_{TL}K_{Th}K_{Td}K_{TS}K_{TN}K_{Tm}\times V_{\text{地电位升高}}=K_{\text{综合影响系数}}\times V_{\text{接地网地电位升高}(V)}$
1）最大入地电流不对称电流 I_G：GB/T 50065 接地 P55 Note1-二
2）$V_{\text{接地网地电位升高}(V)}$：GB/T 50065 接地 P55 Note1-三

三、校验接触电位差
1. 变电站、所接地网时：$U_{n\text{接触电位差实际值}}<U_{\text{接触电位差允许值}(V)}$
2. GIS气体绝缘金属封闭开关设备专用接地网：式（4.4.3）

$$U_{m\text{接触电位差实际值}}<\sqrt{U^2_{\text{接触电位差允许值}}-(U'_{\text{tomax最大感应电压}})^2}$$

$U'_{\text{to感应电压差允许值}}$：GB/T 50064 过电压 6.0.5
正常运行：$U'_{\text{to感应电压}}\leq 24V$，故障时：$U'_{\text{to感应电压差}}\leq 100V$

四、等间距布置 K_m 网孔几何修正

1. 四周有垂直接地极时：$K_{m加权系数}=1$ 时按表15-1取值

表 15-1 K_m 网孔几何间修正值（1）

接地极	间距 D	埋深 h	n=5	n=6	n=7	n=8	n=9	n=10	n=11	n=12	n=15	n=20	n=25	n=30	n=40	n=50
40×4	10m	0.8m	0.828	0.804	0.784	0.767	0.752	0.739	0.727	0.716	0.689	0.654	0.627	0.605	0.570	0.543
		1.0m	0.807	0.785	0.766	0.750	0.736	0.723	0.712	0.702	0.676	0.642	0.617	0.596	0.563	0.538
	15m	0.8m	0.947	0.923	0.903	0.886	0.872	0.858	0.847	0.836	0.808	0.773	0.746	0.724	0.689	0.663
		1.0m	0.924	0.901	0.883	0.866	0.852	0.840	0.829	0.818	0.792	0.759	0.733	0.712	0.680	0.654
	20m	0.8m	1.034	1.010	0.990	0.973	0.958	0.945	0.933	0.923	0.895	0.860	0.833	0.811	0.776	0.749
		1.0m	1.010	0.987	0.968	0.952	0.938	0.925	0.914	0.904	0.878	0.845	0.819	0.798	0.765	0.740
50×5	5m	0.8m	0.604	0.580	0.560	0.543	0.528	0.515	0.503	0.492	0.465	0.430	0.403	0.381	0.346	0.319
	10m	0.8m	0.792	0.768	0.749	0.732	0.717	0.704	0.692	0.681	0.653	0.618	0.591	0.569	0.534	0.508
		1.0m	0.772	0.749	0.731	0.714	0.700	0.688	0.677	0.666	0.640	0.607	0.581	0.560	0.527	0.502
	15m	0.8m	0.912	0.888	0.868	0.851	0.836	0.823	0.811	0.800	0.773	0.738	0.710	0.688	0.654	0.627
		1.0m	0.888	0.866	0.847	0.831	0.817	0.804	0.793	0.783	0.757	0.723	0.698	0.677	0.644	0.619
	20m	0.8m	0.998	0.975	0.955	0.938	0.923	0.910	0.898	0.887	0.860	0.824	0.797	0.775	0.741	0.714
		1.0m	0.974	0.951	0.933	0.917	0.902	0.890	0.879	0.868	0.842	0.809	0.783	0.762	0.730	0.704
60×6	5m	0.8m	0.575	0.551	0.531	0.514	0.499	0.486	0.474	0.463	0.436	0.401	0.374	0.352	0.317	0.290
	10m	0.8m	0.763	0.739	0.720	0.703	0.688	0.675	0.663	0.652	0.624	0.589	0.562	0.540	0.505	0.479
		1.0m	0.743	0.720	0.702	0.685	0.671	0.659	0.648	0.637	0.611	0.578	0.552	0.531	0.498	0.473

第十五章 接地

续表

接地极	间距 D	埋深 h	n=5	n=6	n=7	n=8	n=9	n=10	n=11	n=12	n=15	n=20	n=25	n=30	n=40	n=50
60×6	15m	0.8m	0.882	0.859	0.839	0.822	0.807	0.794	0.782	0.771	0.744	0.709	0.681	0.659	0.625	0.598
		1.0m	0.859	0.837	0.818	0.802	0.788	0.775	0.764	0.754	0.728	0.694	0.669	0.648	0.615	0.590
	20m	0.8m	0.969	0.946	0.926	0.909	0.894	0.881	0.869	0.858	0.831	0.795	0.768	0.746	0.712	0.685
		1.0m	0.945	0.922	0.904	0.888	0.873	0.861	0.850	0.839	0.813	0.780	0.754	0.733	0.701	0.675
80×8	10m	0.8m	0.717	0.694	0.674	0.657	0.642	0.629	0.617	0.606	0.579	0.543	0.516	0.494	0.460	0.433
		1.0m	0.697	0.675	0.656	0.640	0.626	0.613	0.602	0.592	0.565	0.532	0.506	0.486	0.453	0.427
	15m	0.8m	0.837	0.813	0.793	0.776	0.761	0.748	0.736	0.725	0.698	0.663	0.636	0.614	0.579	0.552
		1.0m	0.814	0.791	0.772	0.756	0.742	0.730	0.718	0.708	0.682	0.649	0.623	0.602	0.569	0.544
	20m	0.8m	0.924	0.900	0.880	0.863	0.848	0.835	0.823	0.812	0.785	0.750	0.723	0.701	0.666	0.639
		1.0m	0.899	0.877	0.858	0.842	0.828	0.815	0.804	0.794	0.768	0.734	0.709	0.688	0.655	0.629

2. 四周无垂直接地极时：$K_{m网孔系数} = 1/(2n)^{2/n}$ 时按表 15-2 取值

表 15-2 K_m 网孔几何修正值（2）

接地极	间距 D	埋深 h	n=5	n=6	n=7	n=8	n=9	n=10	n=11	n=12	n=15	n=20	n=25	n=30	n=40	n=50
40×4	10m	0.8m	0.918	0.902	0.886	0.872	0.859	0.846	0.835	0.824	0.794	0.754	0.721	0.694	0.650	0.616
		1.0m	0.893	0.878	0.863	0.850	0.837	0.825	0.814	0.804	0.776	0.737	0.706	0.680	0.639	0.607
	15m	0.8m	1.037	1.021	1.006	0.992	0.978	0.966	0.954	0.943	0.913	0.873	0.840	0.813	0.770	0.736
		1.0m	1.010	0.994	0.980	0.966	0.954	0.942	0.931	0.920	0.892	0.854	0.823	0.797	0.756	0.723
	20m	0.8m	1.124	1.108	1.093	1.079	1.065	1.053	1.041	1.030	1.000	0.960	0.927	0.900	0.856	0.823
		1.0m	1.095	1.080	1.065	1.052	1.039	1.027	1.016	1.006	0.978	0.939	0.908	0.882	0.841	0.809

续表

接地极	间距D	埋深h	n=5	n=6	n=7	n=8	n=9	n=10	n=11	n=12	n=15	n=20	n=25	n=30	n=40	n=50
50×5	5m	0.8m	0.694	0.678	0.662	0.648	0.635	0.622	0.611	0.600	0.570	0.529	0.497	0.470	0.426	0.392
	10m	0.8m	0.882	0.866	0.851	0.837	0.823	0.811	0.799	0.788	0.759	0.718	0.685	0.658	0.615	0.581
		1.0m	0.857	0.842	0.828	0.814	0.802	0.790	0.779	0.768	0.740	0.702	0.671	0.645	0.604	0.571
	15m	0.8m	1.002	0.985	0.970	0.956	0.943	0.930	0.919	0.908	0.878	0.837	0.805	0.778	0.734	0.700
		1.0m	0.974	0.959	0.944	0.931	0.918	0.906	0.895	0.885	0.857	0.818	0.787	0.761	0.720	0.688
	20m	0.8m	1.089	1.072	1.057	1.043	1.030	1.017	1.006	0.994	0.965	0.924	0.892	0.864	0.821	0.787
		1.0m	1.060	1.044	1.030	1.016	1.004	0.992	0.981	0.970	0.942	0.904	0.873	0.847	0.806	0.774
60×6	5m	0.8m	0.665	0.649	0.633	0.619	0.606	0.593	0.582	0.571	0.541	0.500	0.468	0.441	0.397	0.363
	10m	0.8m	0.853	0.837	0.822	0.808	0.794	0.782	0.770	0.759	0.730	0.689	0.656	0.629	0.586	0.552
		1.0m	0.828	0.813	0.799	0.785	0.773	0.761	0.750	0.739	0.711	0.673	0.642	0.616	0.575	0.542
	15m	0.8m	0.973	0.956	0.941	0.927	0.914	0.901	0.890	0.879	0.849	0.808	0.776	0.748	0.705	0.671
		1.0m	0.945	0.930	0.915	0.902	0.889	0.877	0.866	0.856	0.828	0.789	0.758	0.732	0.691	0.659
	20m	0.8m	1.060	1.043	1.028	1.014	1.001	0.988	0.976	0.965	0.936	0.895	0.863	0.835	0.792	0.758
		1.0m	1.031	1.015	1.001	0.987	0.975	0.963	0.952	0.941	0.913	0.875	0.844	0.818	0.777	0.745

续表

接地极	间距 D	埋深 h	$n=5$	$n=6$	$n=7$	$n=8$	$n=9$	$n=10$	$n=11$	$n=12$	$n=15$	$n=20$	$n=25$	$n=30$	$n=40$	$n=50$
80×8	10m	0.8m	0.807	0.791	0.776	0.762	0.749	0.736	0.724	0.713	0.684	0.643	0.611	0.583	0.540	0.506
		1.0m	0.783	0.767	0.753	0.739	0.727	0.715	0.704	0.693	0.665	0.627	0.596	0.570	0.529	0.497
	15m	0.8m	0.927	0.911	0.895	0.881	0.868	0.856	0.844	0.833	0.803	0.763	0.730	0.703	0.659	0.625
		1.0m	0.899	0.884	0.869	0.856	0.843	0.832	0.820	0.810	0.782	0.743	0.712	0.687	0.645	0.613
	20m	0.8m	1.014	0.998	0.982	0.968	0.955	0.942	0.931	0.920	0.890	0.850	0.817	0.790	0.746	0.712
		1.0m	0.985	0.969	0.955	0.942	0.929	0.917	0.906	0.896	0.867	0.829	0.798	0.772	0.731	0.699

接地 Note3　跨步电位差允许值 U_s、实际值 U_s、校验　GB/T 50065 接地 P61

一、跨步电位差允许值 U_S

1. 有效接地系统、低电阻接地系统：(4.2.2-2)

$$U_{S跨步电位差允许值(V)} = \frac{174 + 0.7\rho_{s表层土壤电阻率(\Omega \cdot m)}C_{s表层衰减系数}}{\sqrt{t_{s故障电流持续时间(s)}}}$$

2. 不接地、高电阻接地、谐振接地系统：(4.2.2-4)

$$U_{S跨步电位差允许值(V)} = 50 + 0.2 \times \rho_{s表层土壤电阻率(\Omega \cdot m)}C_{s表层衰减系数}$$

1) C_s 表层衰减系数：

(1) 精度不高（误差在 5% 以内）时，公式法：(C.0.2)

$$C_{s表层衰减系数} = 1 - \frac{0.09 \times (1 - \rho_{下层土壤电阻率}/\rho_{s表层土壤电阻率})}{2 \times h_{s表层土壤厚度(m)} + 0.09}$$

(2) 查图法：P56 计算 K、定曲线、用 h_s 表层厚度查得纵坐标

2) t_e 故障电流持续时间（s）：E.0.3

(1) 有 2 套继电保护装置时：

$$t_{e故障电流持续时间} \geq t_{m主保护动作} + t_f断路器失灵保护动作 + t_0断路器开断$$

(2) 仅 1 套继电保护装置时：

$$t_{e故障电流持续时间} \geq t_{0断路器开断时间} + t_{r2第二级后备保护动作时间}$$

二、跨步电位差实际值 U_s

1. 等间距布置：P60（D.0.3-13～D.0.3-15）

$$U_{s跨步电位差实际值(V)} = \frac{\rho_{埋深处土壤电阻率(\Omega \cdot m)}I_{G最大入地不对称(A)}K_{s跨步修正}K_i不规则校正}{L_{M有效埋设长度(m)}}$$

等效导体数 n：

1) 未知 L_P 接地网周边长度：$n = \sqrt{n_{X方向导体数} n_{Y方向导体数}}$

2) 方形接地网：$n = n_a = 2L_{水平接地极总长度}/L_{P接地网周边长度}$　（D.0.3-6、D.0.3-7）

3) 矩形接地网：$n = n_a n_b = \frac{L_{c水平接地极总长度}}{L_{P接地网周边长度}} \times \sqrt[4]{A_{接地网面积}}$　（D.0.3-6、D.0.3-7）

$$K_{s跨步修正(Note四)} = \frac{1}{\pi}\left(\frac{1}{2h_{埋深(m)}} + \frac{1}{D_{平行导体间距} + h_{埋深(m)}} + \frac{1 - 0.5^{n_{等效导体数} - 2}}{D_{平行导体间距}}\right)$$

$$K_{i接地网不规则校正} = 0.644 + 0.148 \times n_{等效导体数}$$

$$L_{M有效埋设长度(m)} = 0.75 \times L_{水平接地极总长(m)} + 0.85 \times L_{R垂直接地极总长(m)}$$

2. 不等间距布置：P63（D.0.4-27）

$$U_{s跨步电位差实际值(V)} = K_{SL}K_{Sh}K_{Sd}K_{SS}K_{SN}K_{Sm} \times V_{地电位升高} = K_{综合影响系数} \times V_{接地网地电位升高(V)}$$

1) 最大入地电流不对称电流 I_G：GB/T 50065 接地　P55 Note1-二

2) $V_{接地网地电位升高(V)}$：GB/T 50065 接地　P55 Note1-三

三、校验跨步电位差

$$U_{S跨步电位差实际值} < U_{S跨步电位差允许值}(V)$$

四、等间距布置 $K_{S跨步修正}$ 速查表：详见表 15-3

表 15-3 $K_{S跨步修正}$ 值

间距 D	埋深 h	n 等效导体数 $= n_X$ 方向导体数 n_Y 方向导体数			
		$n=6$	$n=7$	$n=8、9、10$	$n=11\sim\infty$
5m	0.8m	0.314	0.316	0.317	0.318
	1.0m	0.272	0.274	0.275	0.276
	1.2m	0.243	0.245	0.247	0.248
10m	0.8m	0.2584	0.2594	0.26	0.26
	1.0m	0.218	0.219	0.22	0.22
	1.2m	0.191	0.192	0.193	0.193
15m	0.8m	0.2391	0.2398	0.2402	0.2404
	1.0m	0.199	0.1997	0.2002	0.2003
	1.2m	0.172	0.1729	0.173	0.174
20m	0.8m	0.2293	0.2298	0.2302	0.2303
	1.0m	0.1893	0.1898	0.1902	0.1903
	1.2m	0.1626	0.1631	0.1635	0.1636

接地 Note4　接地电阻允许值　GB/T 50065 接地 P27

一、有效接地、低电阻接地系统接地电阻允许值 R：(4.2.1-1)

1. 正常情况：$R_{接地电阻(\Omega)} \leq 2000/I_{G最大入地不对称电流}(A)$

2. 特殊情况：满足 4.3.3 条规定且技术经济比较后：

$$R_{接地电阻(\Omega)} \leq 5000/I_{G最大入地不对称电流}(A)$$

二、不接地、高电阻接地、谐振接地系统系统接地电阻允许值 R：(4.2.1-2)

$$R_{接地电阻(\Omega)} \leq 120/I_{g最大入地对称电流}(A)，且 \leq 4\Omega$$

三、高压配电（向 1kV 以下电气装置供电）装置保护接地电阻允许值 R：

1. 不接地、高电阻接地系统：$R_{接地电阻(\Omega)} \leq 50/I_{单相接地故障电流}(A) \leq 4\Omega$ (6.1.1)

2. 谐振接地系统：$R_{接地电阻(\Omega)} \leq 50/I_{故障点残余电流}(A) \leq 4\Omega$ (6.1.1)

3. 低电阻接地系统：$R_{接地电阻(\Omega)} \leq 2000/I_{G最大入地不对称电流}(A) \leq 4\Omega$ (6.1.2)

1) 最大入地对称电流 I_g：GB/T 50065 接地 P55 Note1—

2) 最大入地不对称电流 I_G：GB/T 50065 接地 P55 Note1-二

四、民用建筑变电所接地电阻允许值 R

1. 高压直接接地、低电阻接地

1) 低压侧为 TN、高低压共用：GB/T 51348（12.3.3-1）

$$R_{接地电阻(\Omega)} \leqslant U_{工频电压允许值16895,10电压电磁骚扰表44,A2} / I_{E高压侧接地故障电流(A)}$$

2) 低压侧为 TT：GB/T 51348（12.3.3-2）

$$R_{接地电阻(\Omega)} \leqslant 1200 / I_{E高压侧接地故障电流(A)}$$

2. 高压不接地系统（消弧线圈接地、高阻接地）：

1) 低压侧为 TN、高低压共用：GB/T 51348（12.3.3-3）

$$R_{接地电阻(\Omega)} \leqslant 50 / I_{E高压侧接地故障电流(A)}$$

2) 低压侧为 TT：GB/T 51348（12.3.3-4）

$$R_{接地电阻(\Omega)} \leqslant 250 / I_{E高压侧接地故障电流(A)}$$

五、低压系统接地电阻允许值 R

1. TT 系统：$R_{接地电阻}+R_{PE保护导体电阻} \leqslant 50 / I_{保护电器动作（剩余电流动作）(A)}$ （7.2.7）

2. TN 系统，配电变在建筑外时：PE 或 PEN 重复接地 $R_{接地电阻(\Omega)} \leqslant 10\Omega$ 7.2.2

3. IT 系统：$R_{接地电阻(\Omega)} \leqslant 50 / I_{第一次接地故障电流(A)}$ （7.2.9）

六、独立避雷针接地电阻允许值 R：GB/T 50064 过电压 5.4.6

非高土壤电阻率地区 $R_{接地电阻(\Omega)} \leqslant 10\Omega$

七、避雷器接地电阻允许值 R：6.1.4

（保护配电柱上断路器、负荷开关和电容器组）的避雷器 $R_{接地电阻(\Omega)} \leqslant 10\Omega$

八、架空输电线路接地电阻允许值 R

1. 低压架空线路：$R_{接地电阻} \leqslant 30\Omega$ 7.2.3～7.2.4

2. 6kV 及以上无地线线路：$R_{接地电阻(\Omega)} \leqslant 30\Omega$ GB/T 50065 接地 5.1.1

3. 变电站进线段杆塔：$R_{接地电阻(\Omega)} \leqslant 30\Omega$ GB/T 50064 过电压 表 5.3.1-2

4. 有地线的线路杆塔的工频接地电阻：GB/T 50065 接地 5.1.3 详见表 15-4

表 15-4 接地电阻

土壤电阻率/（Ω·m）	≤100	100<ρ≤500	500<ρ≤1000	1000<ρ≤2000	ρ>2000
接地电阻/Ω	10	15	20	25	30

当 $\rho > 2000$ 的特殊措施 5.1.5-4 大跨越且塔高＞40m 时特殊要求：GB/T 50064 5.3.3-1

九、火灾自动报警系统接地电阻允许值 R：GB 50116 火警 10.2.1

1. 专用接地装置：$R_{接地电阻(\Omega)} \leqslant 4\Omega$
2. 共用接地装置：$R_{接地电阻(\Omega)} \leqslant 1\Omega$

接地 Note5　水平、垂直接地极工频接地电阻实际值 R_v　GB/T 50065 接地 P47

各参数示意图如图 15-1 所示。

一、求 $R_{v\sim 垂直接地体工频接地电阻}$ 精确算：单土壤结构、已知长度、尺寸：（A.0.1-1）

$$R_{v\sim 垂直接地极工频接地电阻} = \frac{\rho_{埋深处土壤电阻率(\Omega\cdot m)}}{2\pi l_{地中长度(m)}}\left[\ln\left(\frac{8\times l_{地中长度(m)}}{d_{等效直径(m)}}\right)-1\right]$$

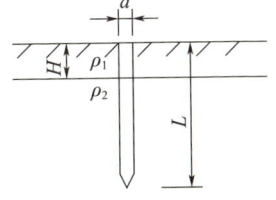

图 15-1　各参数示意图（1）

相关参数计算公式见表 15-5。

表 15-5　相关参数计算公式

钢材形式（图A.0.1-2）	等效直径
⊙ d	$d = d_1$ (A.0.1-2)
▭ b	$d = \dfrac{b}{2}$ (A.0.1-3)
∟ b_1 b_2	$d = 0.84b$（等边角钢），（A.0.1-4） $d = 0.71[b_1 b_2(b_1^2+b_2^2)]^{0.25}$（不等边角钢），（A.0.1-5）

二、求 $R_{v\sim 垂直接地体工频接地电阻}$ 简易算：单土壤结构、未知长度、尺寸：（A.0.4-1）

$$R_{v\sim 垂直接地极工频接地电阻} \approx 0.3\rho_{埋深处土壤电阻率(\Omega\cdot m)}$$

三、求 $R_{v\sim 垂直接地体工频接地电阻}$ 双层土壤结构：：（A.0.5-1～A.0.5-4）

$$R_{v\sim 垂直接地极工频接地电阻} = \frac{\rho_{等效土壤电阻率(\Omega\cdot m)}}{2\pi l_{地中长度(m)}}\left[\ln\left(\frac{4\times l_{地中长度(m)}}{d_{等效直径(m)}}\right)+C_{附加参数}\right]$$

1. $C_{附加参数}$，当接地极根数＝1时：

$$C_{附加参数} = \frac{\rho_{2下层}-\rho_{1上层}}{\rho_{2下层}+\rho_{1上层}}\ln\frac{2H_{上层土壤中埋深长度}+l_{地中长度}}{l_{地中长度}}$$

2. ρ_a 等效土壤电阻率：

1) 当 $l_{地中长度} < H_{上层土壤厚度}$ 时：ρ_a 等效土壤电阻率 $= \rho_{1上层土壤电阻率}$

2) 当 $l_{地中长度} > H_{上层土壤厚度}$ 时：

$$\rho_a\text{等效土壤电阻率} = \frac{\rho_{1上层}\rho_{2下层}}{H_{上层土壤中埋深长度}(\rho_{2下层}-\rho_{1上层})+\rho_{1上层}}$$

四、求 $R_{h\sim 水平接地体工频接地电阻}$ 精确算：已知长度、尺寸：(A.0.2)

$$R_{h\sim 水平接地极工频} = \frac{\rho_{埋深处土壤电阻率(\Omega\cdot m)}}{2\pi L_{总水平长度(m)}}\left[\ln\left(\frac{L_{总水平长度(m)}^2}{h_{埋深(m)}\times d_{等效直径(m)}}\right)+A_{形状系数}\right]$$

形状系数按表 12-1 取值

五、求 $R_{h\sim 水平接地体工频接地电阻}$ 简易算：未知长度、尺寸：(A.0.4-2)

$$R_{h\sim 水平接地极工频}\approx 0.03\rho_{埋深处土壤电阻率(\Omega\cdot m)}$$

接地 Note6　接地网工频接地电阻实际值 $R_\sim$、综合土壤电阻率 ρ GB/T 50065 接地 P49

一、求 $R_{\sim 复合接地网工频接地电阻}$ 简易算：单土壤结构、未知直径、接地网面积 $>100m^2$

1. 已知 L 水平接地极总长度：(A.0.4-4)

$$R_{\sim 复合接地网} = \frac{\pi}{4}\times\frac{\rho_{埋深处土壤电阻率(\Omega\cdot m)}}{\sqrt{S_{接地网面积(m^2)}}}+\frac{\rho_{埋深处土壤电阻率(\Omega\cdot m)}}{L_{总水平长度(m)}} = \frac{\rho}{4r}+\frac{\rho}{L}$$

2. 未知 L 水平接地极总长度：(A.0.4-3)

$$R_{\sim 复合接地网}\approx\frac{0.5\times\rho_{埋深处土壤电阻率(\Omega m)}}{\sqrt{S_{接地网面积(m^2)}}} = 0.28\frac{\rho}{r}$$

二、求 $R_{\sim 复合接地网工频接地电阻}$ 精确算：单土壤结构、已知直径、外边缘总长度 (A.0.3-1～A.0.3-4)

$R_n = \alpha_1 R_e$　　式 (A.0.3-1)　　**任意形状电阻**

$\alpha_1 = (3\ln\frac{L_0}{\sqrt{S}}-0.2)\frac{\sqrt{S}}{L_0}$　　式 (A.0.3-2)　　**形状转换系数**

$R_e = 0.213\frac{\rho}{\sqrt{S}}(1+B)+\frac{\rho}{2\pi L}(\ln\frac{S}{9hd}-5B)$　式 (A.0.3-3)　**等值方形电阻**

$B = 1/(1+4.6\frac{h}{\sqrt{S}})$　　式 (A.0.3-4)　　**面积深度系数**

R_n：任意形状边缘闭合接地网的接地电阻 (Ω)
R_e：等值方形接地网的接地电阻 (Ω)
S：接地网的总面积 (m^2)
d：水平接地极的直径或等效直径 (m)
h：水平接地极的埋设深度 (m)
L_0：接地网的外边缘总长度 (m)
L：水平接地极的总长度 (m)

三、求 $R_{\sim 复合接地网工频接地电阻}$：双层土壤结构 (A.0.5-5)

$$R_{\sim 复合接地网} = \frac{0.5\rho_{1左侧土壤率(\Omega\cdot m)}\rho_{2右侧土壤率(\Omega\cdot m)}\sqrt{S_{总接地网面积(m^2)}}}{\rho_{1左侧土壤率(\Omega\cdot m)}S_{2右侧面积(m^2)}+\rho_{2右侧土壤率(\Omega\cdot m)}S_{1左侧面积(m^2)}}$$

各参数示意图如图 15-2 所示。

四、综合土壤电阻率 ρ_{12}：(A.0.5-5)

$$\rho_{12} = \frac{\rho_{1左侧土壤率(\Omega\cdot m)} \cdot \rho_{2右侧土壤率(\Omega\cdot m)} \cdot S_{总接地网面积(m^2)}}{\rho_{1左侧土壤率(\Omega\cdot m)} \cdot S_{2右侧面积(m^2)} + \rho_{2右侧土壤率(\Omega\cdot m)} \cdot S_{1左侧面积(m^2)}}$$

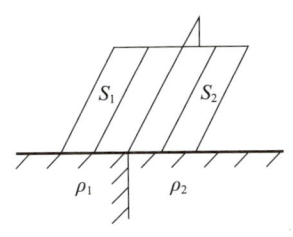

图 15-2 各参数示意图（2）

接地 Note7　**杆塔接地装置工频接地电阻实际值** $R_\sim$　GB/T 50065 接地 P67

一、杆塔水平接地装置的工频接地电阻 $R_{h\sim 杆塔}$：F.0.1

1. 计算前提：塔接地装置形状 ≠ 常规水平接地极形状
2. 求 $R_{h\sim 杆塔}$：

$$R_{h\sim 杆塔} = \frac{\rho_{埋深处土壤电阻率(\Omega\cdot m)}}{2\pi L_{总计算长度(m)}} \left[\ln\left(\frac{L^2}{h_{埋深(m)} \times d_{等效直径(m)}} \right) + A_{t杆塔形状系数} \right]$$

3. $A_{t杆塔形状系数}$、$L_{总计算长度(m)}$ 见表 F.0.1 详见表 15-6

表 15-6　相关参数计算公式（1）

接地装置种类	形状	参数
铁塔接地装置	（方形 l_1, l_2）	$A_t = 1.76$ $L = 4(l_1 + l_2)$
钢筋混凝土杆 放射形接地装置	（放射形 l_1, l_2）	$A_t = 2.0$ $L = 4l_1 + l_2$
钢筋混凝土杆 环形接地装置	(1) l_2　(2) l_1	$A_t = 1.0$ (1) $L = 8l_2$（当 $l_1 = 0$ 时） (2) $L = 4l_1$（当 $l_1 \neq 0$ 时）

二、**其他各种形式**杆塔接地装置接地电阻**简易**计算式：表 F.0.5　详见表 15-7

表 15-7　相关参数计算公式（2）

接地装置形式	杆塔形式	接地电阻简易计算公式
n 根水平射线（$n \leq 12$，每根长约 60m）	各型杆塔	$R \approx \dfrac{0.062\rho}{n+1.2}$
沿装配式基础周围敷设的深埋式接地极	铁塔 门形杆塔 V 形拉线的门形杆塔	$R \approx 0.07\rho$ $R \approx 0.04\rho$ $R \approx 0.045\rho$

续表

接地装置形式	杆塔形式	接地电阻简易计算公式
装配式基础的自然接地极	铁塔 门形杆塔 V形拉线的门形杆塔	$R \approx 0.1\rho$ $R \approx 0.06\rho$ $R \approx 0.09\rho$
钢筋混凝土杆的自然接地极	单杆 双杆 拉线单、双杆 一个拉线盘	$R \approx 0.3\rho$ $R \approx 0.2\rho$ $R \approx 0.1\rho$ $R \approx 0.28\rho$
深埋式接地与装配式基础自然接地的综合	铁塔 门形杆塔 V形拉线的门形杆塔	$R \approx 0.05\rho$ $R \approx 0.03\rho$ $R \approx 0.04\rho$

注：R 为接地电阻（Ω）；ρ 为土壤电阻率（Ω·m）。

接地 Note8　季节系数修正土壤电阻率和实际检测接地电阻　GB/T 50065 接地　P23

一、季节系数修正土壤电阻率：GB/T 50065 接地 (5.1.6)

$$\rho_{土壤电阻值} = \rho_{土壤电阻率检测值} \cdot \varphi_{季节系数}$$

二、季节系数 φ

1. 未知土壤性质：GB/T 50065 接地 P23 表 5.1.6　详见表 15-8　注：表中值，干燥取小，潮湿取大。

表 15-8　土壤干燥时的季节系数

埋深/m	φ 值	
	水平接地极	2～3m 的垂直接地极
0.5	1.4～1.8	1.2～1.4
0.8～1.0	1.25～1.45	1.15～1.3
2.5～3.0	1.0～1.1	1.0～1.1

2. 已知土壤性质：配四 P1422　表 14.6-14　详见表 15-9

表 15-9　根据土壤性质决定的季节系数　配四 P1422

土壤性质	深度/m	φ_1	φ_2	φ_3
黏土	0.5～0.8	3	2	1.5
黏土	0.8～3	2	1.5	1.4
陶土	0～2	2.4	1.4	1.2

续表

土壤性质	深度/m	φ_1	φ_2	φ_3
砂砾盖于陶土	0～2	1.8	1.2	1.1
园地	0～3	—	1.3	1.2
黄沙	0～2	2.4	1.6	1.2
杂以黄沙的砂砾	0～2	1.5	1.3	1.2
泥炭	0～2	1.4	1.1	1.0
石灰石	0～2	2.5	1.5	1.2

注：φ_1 在测量前数天下过较长时间的雨时用；φ_2 在测量时土壤具有中等含水量时用；φ_3 在测量时土壤干燥或测量前降雨不大时用。

接地 Note9　冲击电阻　GB/T 50065 接地 P69

一、换算系数$A_{换算系数}$、冲击系数$\alpha_{冲击系数}$

1. 查图法求$A_{换算系数}$（未知$I_{i冲击电流}$）：GB/T 50057 防雷

1) 根据$\rho_{土壤电阻率(\Omega \cdot m)}$查图 C.0.1 定**曲线**

2) 计算$L_{Z最长支路实际长度max}/L_{e有效长度}$定**横坐标**

$$l_{e有效长度(m)} = 2\sqrt{\rho_{土壤电阻率(\Omega \cdot m)}}$$

当为口形时：$L_{最长支路实际长度max} = L_{半周长}$

3) 求得横坐标$A_{查图换算系数}$

2. 公式法求$\alpha_{冲击系数}$（已知$I_{i冲击电流}$）GB/T 50065 接地　见表 15-10

表 15-10　相关参数计算公式

单独接地极	垂直接地极	$\alpha = 2.75 \rho^{0.4}_{(\Omega \cdot m)}(1.8+\sqrt{L_{(m)}})[0.75-\exp(-1.5 I^2_{i(kA)})]$	(F.0.2-4)
	单端流入冲击电流的水平接地极	$\alpha = 1.62 \rho^{0.4}_{(\Omega \cdot m)}(5.0+\sqrt{L_{(m)}})[0.79-\exp(-2.3 I^2_{i(kA)})]$	(F.0.2-5)
	中部流入冲击电流的水平接地极	$\alpha = 1.16 \rho^{0.4}_{(\Omega \cdot m)}(7.1+\sqrt{L_{(m)}})[0.78-\exp(-2.3 I^2_{i(kA)})]$	(F.0.2-6)

续表

杆塔	铁塔	$\alpha=0.74\rho_{(\Omega\cdot m)}^{-0.4}(7.0+L_{(m)})[1.56-\exp(-3I_{(kA)})]$	(F.0.2-1)
	钢筋混凝土杆塔放射形	$\alpha=1.36\rho_{(\Omega\cdot m)}^{0.4}(1.3+LL_{(m)})[1.55-\exp(-4I_{(kA)})]$	(F.0.2-2)
	钢筋混凝土杆塔环形	$\alpha=2.94\rho_{(\Omega\cdot m)}^{0.5}(6.0+L_{(m)})[1.23-\exp(-2I_{(kA)})]$	(F.0.2-3)
	$\rho_{电阻率}\leqslant 300$	$\alpha=\dfrac{1}{1.35+a_i\times I_{冲击电流(kA)}^{1.5}}$ a_i：对钢筋混凝土杆、桩和铁塔的基础（一个塔脚），为 0.053；对装配式钢筋混凝土基础（一个塔脚）和拉线盘（带拉线棒），为 0.038	

二、单个接地极、杆塔接地装置冲击电阻 $R_{i冲击}$

1. 算工频接地电阻实际值 $R_\sim$：

1）水平、垂直接地极　GB/T 50065 接地 P47 接地 Note5

2）复合接地网　GB/T 50065 接地 P49 接地 Note6

3）杆塔　GB/T 50065 接地 P49 接地 Note7

2. 求 R_i 冲击电阻：

$$R_{i冲击电阻}=R_{\sim 工频接地电阻}/A_{换算系数}\quad GB\ 50057\ 防雷\ (C.0.1)$$

$$R_{i冲击电阻}=R_{\sim 工频接地电阻}\times\alpha_{冲击系数}\quad GB/T\ 50065\ 接地\ (5.1.7)$$

三、n 根等长水平放射形接地极冲击电阻 $R_{i总冲击}$： GB/T 50065 接地 (5.1.8)

$$R_{i总冲击电阻(\Omega)}=\dfrac{R_{hi单根冲击电阻(\Omega)}}{n_{水平接地极根数}}\times\dfrac{1}{\eta_{冲击利用系数(查本Note五)}}$$

四、水平接地极连接的 n 根垂直接地极冲击电阻 $R_{i总冲击}$： GB/T 50065 接地 (5.1.9)

$$R_{i总冲击电阻(\Omega)}=\dfrac{1}{\dfrac{n_{垂直接地极根数}}{R_{vi单根垂直接地极冲击电阻}}+\dfrac{1}{R_{hi水平接地极冲击电阻}\cancel{\ }}}\times\dfrac{1}{\eta_{冲击利用系数(查本Note五)}}$$

五、多个接地极的冲击利用系数 $\eta_{冲击利用系数}$ GB/T 50065 接地 表 F.0.4 详见表 15-11

表 15-11　冲击利用系数相关规定

接地极形式	接地极的根数	冲击利用系数	备注
n 根水平放射形（每根长 10～80m）	水平数=2	0.83～1.00	长度较短时，系数取较小值
	3	0.75～0.90	
	4～6	0.65～0.80	

续表

接地极形式	接地极的根数	冲击利用系数	备注
以水平接地极连接的垂直接地极	垂直数=2	0.80~0.85	需满足 $\dfrac{D（垂直接地极间距）}{L（垂直接地极长度）}=2\sim3$ $D/L=2$ 时，系数取较小值
	3	0.70~0.80	
	4	0.70~0.75	
	6	0.65~0.70	
自然接地极	拉线棒与拉线盘间 铁塔的各基础间 门型、各种拉线杆塔的各基础间	0.6 0.4~0.5 0.7	

接地 Note10　人工接地极选截面 GB/T 50065 接地 P65

总流程：1. 热稳定求 S_g；2. 考虑腐蚀＋厚度（五）；3. 查表校验机械强度（六）

一、接地导体（线）最小截面：GB/T 50065 接地（E.0.1）

$$S_{g接地线最小截面（mm^2）} \geqslant \frac{I_{F最大接地故障不对称短路电流（A）}}{C_{热稳定系数}} \sqrt{t_{e短路等效持续时间（s）}}$$

$$I_{F最大接地故障不对称短路电流（A）} = I_{max最大接地故障对称短路电流（A）} \times D_{F衰减系数}$$

$D_{F衰减系数}$：

1. 优先查表法：根据故障时间 t_f、短路点电抗与阻抗比值 X/R，查 P54 表 B.0.3
2. 公式法：P127 式（18）

$$D_{F衰减系数} = \sqrt{1+\frac{T_a}{t_{故障时间}}\left[1-e^{(-2t_{故障时间}/T_a)}\right]} \qquad T_a = \frac{X_\Sigma}{2\pi f R_\Sigma}$$

2. $C_{热稳定系数}$：$C_{铜}=70$；$C_{铝}=120$　E.0.2　$C_{钢}$查表 E.0.2-2　详见表 15-12

表 15-12　$C_{铜}$ 取值

最大允许温度/℃	铜	导电率40% 铜镀钢绞线	导电率30% 铜镀钢绞线	导电率20% 铜镀钢棒
700	249	167	144	119
800	259	173	150	124
900	268	179	155	128

3. t_e 故障电流持续时间（s）：E.0.3

1）有2套继电保护装置时：

$$t_{e故障电流持续时间} \geqslant t_{m主保护动作} + t_{f断路器失灵保护动作} + t_{l断路器开断}$$

2）仅 1 套继电保护装置时：$t_{c故障电流持续} \geqslant t_{0断路器开断} + t_{第一级后备保护动作}$

二、接地装置接地极最小截面：4.3.5-3

$$S_{接地装置接地极最小截面(mm^2)} \geqslant 0.75 \times S_{接地线最小截面(本Note一)}$$

三、GIS 专用接地网与变电站连接线截面（不少于 4 根）：4.4.5

$$S_{GIS专用接地网连变电站接地网最小截面(mm^2)} \geqslant 0.35 \times S_{g接地线(本Note一)}$$

四、开关柜专用接地导体截面：DL/T 5222 13.0.6

$$S_{开关柜专用接地导体最小截面(mm^2)} \geqslant 0.866 \times S_{接地线最小截面(本Note一)}$$

五、求计入腐蚀的截面积 S：GB/T 50065 接地 P106 条文 4.3.6

1. 扁钢 $a \times b$：$S'_{计入防腐(mm^2)} = (a - h_{腐蚀速率(mm)}) \times (b - h_{腐蚀速率(mm)}) \geqslant S_{热稳定截面}$

2. 圆钢（$d_{直径}$）：$S'_{计入防腐(mm^2)} = \pi \left(\dfrac{d_{直径} - h_{腐蚀速率(mm)}}{2} \right)^2 \geqslant S_{热稳定截面}$

$$h_{腐蚀厚度(mm)} = 腐蚀速率_{(查表值)(mm/年)} \times 设计使用年限$$

腐蚀速率表见表 15-13

表 15-13　腐蚀速率表

土壤电阻率/ （Ω·m）	扁钢腐蚀速率/ （mm/年）	圆钢腐蚀速率/ （mm/年）	热镀锌扁钢腐蚀速率/ （mm/年）
50～300	0.2～0.1	0.3～0.2	0.065
>300	0.1～0.07	0.2～0.07	0.065

六、校验机械强度：$S_{截面} \geqslant S_{查表值}$

1. 高压接地线、接地极

接地网采用钢材时，按机械强度要求的钢接地材料的最小尺寸应符合表 15-14 的要求。

表 15-14　钢接地材料的最小尺寸

种类	规格及单位	地上	地下
圆钢	直径/mm	8	8/10
扁钢	截面/mm²	48	48
扁钢	厚度/mm	4	4
角钢	厚度/mm	2.5	4
钢管	管壁厚度/mm	2.5	3.5/2.5

注：1. 地下部分圆钢的直径，其分子、分母数据分别对应于架空线路和发电厂、变电所的接地网；
　　2. 地下部分钢管的壁厚，其分子、分母数据分别对应于埋于土壤和埋于室内素混凝土地坪中；
　　3. 架空线路杆塔的接地线引出线，其截面不应小于 50mm²，并应热镀锌。

铜或铜覆钢接地材料的最小尺寸见表 15-15。

表 15-15　铜或铜覆钢接地材料的最小尺寸

种类	规格及单位	地上	地下
铜棒	直径/mm	8	水平接地极为 8 垂直接地极为 15
扁钢	截面/mm²	50	50
扁钢	厚度/mm	2	2
铜绞线	截面/mm²	50	50
铜覆圆钢	直径/mm	8	10
铜覆钢绞线	直径/mm	8	10
铜覆扁钢	截面/mm²	48	48
铜覆扁钢	厚度/mm	4	4

注：1. 钢绞线单位直径不小于 1.7mm；
　　2. 各类铜覆钢材的尺寸为钢材的尺寸，铜层厚度不应小于 0.25mm。

2. 低压接地极

耐腐蚀和机械强度要求的进入土壤中常用材料接地极的最小尺寸见表 15-16。

表 15-16　耐腐蚀和机械强度要求的进入土壤中常用材料接地极的最小尺寸

材料	表面	形状	最小尺寸				
			直径/mm	截面积/mm²	厚度/mm	镀层/护套的厚度/μm	
						单个值	平均值
钢	热镀锌或不锈钢	带状	—	90	3	63	70
钢	热镀锌或不锈钢	型材	—	90	3	63	70
钢	热镀锌或不锈钢	深埋接地极用的圆棒	16	—	—	63	70
钢	热镀锌或不锈钢	浅埋接地极用的圆线	10	—	—	—	50
钢	热镀锌或不锈钢	管状	25	—	2	47	55
钢	铜护套	深埋接地极用的圆棒	15	—	—	2000	
钢	电镀铜护层	深埋水平接地极	—	90	3	70	
钢	电镀铜护层	深埋接地极用的圆棒	14	—	—	254	

续表

材料	表面	形状	最小尺寸				
			直径/mm	截面积/mm²	厚度/mm	镀层/护套的厚度/μm	
						单个值	平均值
铜	裸露	带状	—	50	2	—	—
		浅埋接地极用的圆线	—	25	—	—	—
	—	绞线	每根1.8	25	—	—	—
		管状	20	—	2	—	—
	镀锡	绞线	每根1.8	25	—	1	5
	镀锌	带状	—	50	2	20	40

3. 低压接地线

埋入土壤中的接地导体（线）的最小截面积见表 15-17。

表 15-17　埋入土壤中的接地导体（线）的最小截面积

防腐蚀保护	有防机械损伤保护	无防机械损伤保护
有	铜：2.5mm² 钢：10mm²	铜：16mm² 钢：16mm²
无	铜：25mm²	钢：50mm²

第十六章 节　　能

节能知识点汇总《钢铁企业电力设计手册》(上册) P1

节能 Note1　三个时间 $H_{py(t)}$、τ、T_{max}　DL/T 985—2022 配电变能耗 P15

节能 Note2　线路升压的好处　配四 P1535

节能 Note3　线路损耗 节电计算　配四 P27

节能 Note4　电容器、电抗器损耗　配四 P33

节能 Note5　年电能消耗量（非损耗）配四 P25

节能 Note6　变压器四大参数 变压器损耗《钢铁企业电力设计手册》(上册) P290

节能 Note7　三绕组变压器损耗　配四 P32

节能 Note8　经济负载系数（最小损失率）《钢铁企业电力设计手册》(上册) P293

节能 Note9　（无 K_T）综合功率损失 年综合电能损耗 综合经济负载系数 K_Q 无功经济当量《钢铁企业电力设计手册》(上册) P295

节能 Note10　变压器 1 换 1 节电计算《钢铁企业电力设计手册》(上册) P293

节能 Note11　变压器 6 个功率因数《钢铁企业电力设计手册》(上册) P295

节能 Note12　变压器 运行 2 台比 1 台 节电计算《钢铁企业电力设计手册》(上册) P296

节能 Note13　**变压器临界负荷 容量相同运行几台最经济**　配四 P1561

节能 Note14　K_T 波动损耗系数 GB/T 13462 电力变经济 P15

节能 Note15　（带 K_T 波动损耗系数）变压器四大参数、损耗 GB/T 13462 电力变经济 P7

节能 Note16　（带 K_T 波动损耗系数）综合功率损失 年综合电能损耗 综合经济负载系数 无功经济当量 K_Q GB/T 13462 电力变经济 P3

节能 Note17　变压器综合功率（有 $K_{T波动损耗系数}$）节电计算 GB/T 13462 电力变经济 P9

节能 Note18　调整相间不平衡负载 节电计算 GB/T 13462 电力变经济 P19

节能 Note19　**穿越电网引起电网功率损失** GB/T 13462 电力变经济 P13

节能 Note20　变压器回收年限《钢铁企业电力设计手册》(上册) P291

节能 Note21　**费用现值系数 k_{pv} 年负载等效系数 P_L 初始费用 C_0 空载有功损耗 P_0 负载（短路）有功损耗 P_k** DL/T 985—2022 配电变能耗 P11

节能 Note22　变压器总拥有费用（综合能效费用）TOC DL/T 985—2022 配电变能耗 P5

节能 Note23　变压器投资回报年限 DL/T 985—2022 配电变能耗 P9

节能 Note24　无功经济当量 K_Q DL/T 985—2022 配电变能耗 P7

节能 Note25　电动机 节能《钢铁企业电力设计手册》（上册）P303
节能 Note26　风机水泵 节能《钢铁企业电力设计手册》（上册）P311

国家能评分类及要求　年耗标准煤量　配四　P1526
电缆总拥有费用 TOC、总成本 C_T、总运行成本 C_l、初始投资 C_l 配四　P1585
变压器年运行费用 C_n（一部电价、两部电价）　配四　P1545（16.3-9/10）
配电变压器（非供电企业配电变总拥有费用）TOC　配四　P1561（16.3-11～16.3-19）
照明设备节电《钢铁企业电力设计手册》（上册）P312　例12　例13
镇流器实际效率、限值、能效等级　配四　P1619（16.6-1、16.6-2）
低压熔断器、热继电器、信号灯、接触器节电《钢铁企业电力设计手册》（上册）P314
电磁环境控制限值　GB 8702 电磁环境控制限值 P3
电力变压器能效限定值及能效等级（空载损、负载损限值）GB 20052 能效限定、等级

节能 Note1　三个时间 $H_{py(t)}$、τ、T_{max}　DL/T 985—2022 配电变能耗 P15
　一、带电小时数 $H_{py(t)}$：算空载损耗、用电量　一般 $=365\times24=8760$
　二、最大负载损耗小时数 τ：算负载损耗
　三、年最大有功负荷利用小时数 T_{max}：算经济电流截面
　四、$\tau_{最大负载损耗小时数}$，$T_{max 年最大有功负荷利用小时数}$ **转化**　配四　表 1.10-2　详见表 16-1

表 16-1　年最大负荷损耗小时 τ　　　　　　　h

T_{max}	1000	2000	3000	4000	5000	6000	7000	8000
$\cos\varphi=0.8$	950	1500	2000	2750	3600	4650	5950	7400
$\cos\varphi=0.85$	900	1200	1800	2600	3500	4600	5900	7380
$\cos\varphi=0.90$	750	1000	1600	2400	3400	4500	5800	7350
$\cos\varphi=0.95$	600	800	1400	2200	3200	4350	5700	7300
$\cos\varphi=1$	300	700	1250	2000	3000	4200	5600	7250

　五、**查表求 T_{max}、τ**：配四　表 1.9-1　详见表 16-2　DL/T 985—2022 配电变能耗　表 B.3 详见表 16-3

表 16-2　年最大负荷利用小时数和年平均有功负荷系数

行业		年最大负荷利用小时数 T_{max}/h	年平均有功负荷系数 α_{av}	年最大负荷损耗小时数 τ/h（$\cos\varphi=0.9$）
有色金属	电解	7000	0.8	5800
	冶炼	6800	0.78	5500
	采选	5800	0.66	4350

续表

行业			年最大负荷利用小时数 T_{max}/h	年平均有功负荷系数 α_{av}	年最大负荷损耗小时数 τ/h ($\cos\varphi=0.9$)
钢铁		冶炼	4500～6000	0.51～0.68	2900～4500
		轧钢	2000～4000	0.23～0.46	1000～2400
		供气、供热、供水	5000～6500	0.57～0.74	3400～5100
化工			7300	0.83	6375
石油			7000	0.8	5800
机械制造		重型机械	3800	0.43	
		机床、工具	4100～4400	0.47～0.5	
		滚珠轴承	5300	0.61	
		汽车、农业机械	5000～5300	0.57～0.61	3400～
		电器	4300	0.49	
		仪器仪表	3100	0.35	
轻工纺织		食品	4500	0.51	2900
		纺织	6000	0.68	4500
		漂染	5700	0.65	
中心城区	住宅	豪华	3280	0.37	
		高档	2790	0.32	
		普通	3090	0.35	
	行政科教	办公	2790	0.32	
		教学	1540	0.18	
		科研	3300	0.38	
	商业金融	商务办公	1520	0.17	
		商场	2500	0.29	
		酒店宾馆	1230	0.14	
	文化体育	图书馆	2750	0.31	
		展览馆	2600	0.3	
		影剧院	1110	0.13	
		体育场馆	2000	0.23	1000
	市政	轨道交通车站	6750	0.77	
		市政泵站	100	0.01	
		公共绿地	3540	0.4	

续表

行 业		年最大负荷利用小时数 T_{max}/h	年平均有功负荷系数 $α_{av}$	年最大负荷损耗小时数 $τ$/h（$cosφ=0.9$）
农村	农业灌溉	2800	0.32	
	农村企业	3500	0.4	2000
	农村照明	1500	0.17	750

表 16-3 不同用电行业的最大负载利用小时数及 $τ$ 的典型值

用电行业名称	T_{max}	带负荷时间/h	L	$τ$
有色电解	7500	16～24	0.7	6543
化工	7300	16～24	0.7	6220
石油	7000	16～24	0.6	5825
有色冶炼	6800	16～24	0.6	5519
黑色冶炼	6500	16～24	0.6	5116
纺织	6000	16～24	0.5	4546
有色采选	5800	16～24	0.5	4320
机械制造	5000	8～16	0.1	4047
食品工业	4500	8～16	0.1	3513
农村企业	3500	8～16	0	3040
农村灌溉	2800	<8	0	2800
城市生活	2500	<8	0.1	1874
农村生活	1500	<8	0.1	774

六、求 $τ$ DL/T 985—2022 配电变能耗 附录 B.1

七、求 T_{max} DL/T 985—2022 配电变能耗 附录 B.2

节能 Note2　线路升压的好处　配四 P1535

一、降低功率损耗百分数 $ΔΔP\%$：配四 式（16.2-1）

$$ΔΔP\%_{升压后功率损耗的降低率} = \frac{ΔP_{升压前损耗} - ΔP_{升压后损耗}}{ΔP_{升压前损耗}} = 1 - \frac{U^2_{1升压前电压}}{U^2_{2升压后电压}}$$

$$ΔΔP_{升压后功率损耗减少量(kW)} = ΔΔP\%_{升压后功率损耗的降低率} × ΔP_{升压前损耗(kW)}$$
$$= ΔP_{升压前损耗} - ΔP_{升压后损耗}$$

$$ΔΔP\%_{降压后功率损耗的增加率} = \frac{ΔP_{降压后损耗} - ΔP_{降压前损耗}}{ΔP_{降压前损耗}} = \frac{U^2_{1降压前电压}}{U^2_{2降压后电压}} - 1$$

二、降低功率损耗 $ΔP_L$：配四 式（16.2-9）

$$\Delta P_{\text{L功率损耗(kW)}} = 3I_{\text{线路电流(A)}}^2 R_{\text{线路电阻}(\Omega)} \times 10^{-3} = \frac{P_{\text{线路有功功率(kW)}}^2 R_{\text{配电线路电阻}(\Omega)} \times 10^{-3}}{U_{n(kV)}^2 \cos^2\varphi}$$

三、提高输送容量 S：配四 式（16.2-3）

$$S_{\text{输送容量}(kV \cdot A)} = \sqrt{3} U_{n(kV)} I_{\text{线路电流(A)}}$$

四、减少电压损失（电压降）Δu_L：配四 式（16.2-5）

$$\Delta u_{L(\text{百分前的数})} = \frac{P_{(kW)} R_{(\Omega)} + Q_{(kVar)} X_{(\Omega)}}{10 U_{n(kV)}^2}$$

五、增大供电半径 L：配四 式（16.2-7）

$$L = \frac{10 \, \Delta u_{L(\text{百分前的数})} U_{n(kV)}}{\sqrt{3} I_{n(A)} (r_{=0.\text{几}(\Omega/km)} \cos\varphi + x_{=0.\text{几}(\Omega/km)} \sin\varphi)}$$

节能 Note3 线路损耗 节电计算 配四 P27

一、线路有功损耗 $\Delta P_{\text{L功率损耗}}$

1. 已知线路电流 I：配四（1.10-1）

$$\Delta P_{\text{L有功损耗(kW)}} = 3 I_{\text{线路电流(A)}}^2 R_{\text{线路电阻}(\Omega)} \times 10^{-3}$$

2. 已知线路有功功率 P、功率因数 $\cos\varphi$：配四（16.2-10）

$$\Delta P_{\text{L有功损耗(kW)}} = \frac{P_{\text{线路有功功率(kW)}}^2 R_{\text{配电线路电阻}(\Omega)} \times 10^{-3}}{U_{n(kV)}^2 \cos^2\varphi}$$

$R_{\text{配电线路电阻}}$：

1）查表法：查 配四 P871 表 9.4-12～表 9.4-28

2）公式法：

$$R = \frac{C_{j\text{绞入系数}} \rho_{\text{实际工作温度电阻率}(=0.\text{几}\Omega \cdot mm^2/m)} L_{\text{电缆长度(m)}}}{S_{\text{电缆的截面}(mm^2)}} \quad \text{配四（9.4-1～2）}$$

（1）$C_{j\text{绞入系数}}$：$C_{j\text{单股}} = 1$；$C_{j\text{多股}} = 1.02$

（2）$\rho_{\text{实际工作温度电阻率}} = \rho_{20℃\text{冷态}} [1 + 0.004 (\theta_{\text{实际工作温度}} - 20)]$

3. 6～110kV 线路 查图法：

1）查表得 铜、铝的 $\Delta P'_{L 20℃ \text{单位长度有功损耗(kW/km)}}$ 配四 P27～P29

注：35～110kV 时：$\Delta P'_{L\text{铜}} = 0.61 \times \Delta P'_{L\text{铝}}$

2）当线路温度 $\neq 20℃$ 时：**查表得** $K_{\text{温度校正系数}}$ 配四 P30 表 1.10-1

3）$\Delta P_{\text{L有功损耗(kW)}} = K_{\text{温度修正系数}} \times \Delta P'_{L\text{单位长度有功损耗(kW/km)}} \times L_{\text{电缆长度(km)}}$

二、提高功率因数节电 配四（16.2-11）

$$\Delta\Delta P_{\text{L有功损耗减少量(kW)}} = \frac{P_{\text{线路有功功率(kW)}}^2 R_{\text{线路电阻}(\Omega)} \times 10^{-3}}{U_{n(kV)}^2} \left(\frac{1}{\cos^2\varphi_{1\text{提高前}}} - \frac{1}{\cos^2\varphi_{2\text{提高后}}} \right)$$

$$\Delta\Delta P\%_{\text{L有功损耗减少率}} = \frac{\Delta P_{\text{前}} - \Delta P_{\text{后}}}{\Delta P_{\text{前}}} = 1 - (\cos\varphi_{1\text{提高前}} / \cos\varphi_{2\text{提高后}})^2$$

三、提高电压节电 配四 式（16.2-1）

$$\Delta\Delta P_{\text{有功损耗减少量(kW)}} = \frac{P^2_{\text{线路有功功率(kW)}} R_{\text{配电线路电阻}(\Omega)}}{\cos^2\varphi} \times 10^{-3} \left(\frac{1}{U^2_{n\text{提高前(kV)}}} - \frac{1}{U^2_{n\text{提高后(kV)}}} \right)$$

$$\Delta\Delta P\%_{\text{有功损耗的降低率}} = \frac{\Delta P_{\text{升压前损耗}} - \Delta P_{\text{升压后损耗}}}{\Delta P_{\text{升压前损耗}}} = 1 - (U_{1\text{提高前}}/U_{2\text{提高后}})^2$$

四、线路无功损耗 $\Delta Q_{\text{L无功损耗}}$：配四（1.10-2）

$$\Delta Q_{\text{无功损耗(kW)}} = 3 I^2_{\text{线路电流(A)}} X_{\text{线路电抗}(\Omega)} \times 10^{-3}$$

五、有功电能损耗 $\Delta W_{\text{L有功电能损耗}}$ 配四（1.10-25）

$$\Delta W_{\text{L有功电能损耗(kWh)}} = \Delta P_{\text{L有功损耗(kW)}} \times \tau_{\text{最大负载损耗小时数(h)}}$$

注：$\tau_{\text{最大负载损耗小时数(h)}}$ DL/T 985—2022 配电变能耗 P15 节能 Note1

六、电缆损耗功率 P_R：一年最热季节可能产生最大损耗

1. 单根 n 芯电缆损耗功率 P_R：配四（3.4-1）

$$P_{R(\text{w})} = \frac{n_{\text{有电流的芯数}} I^2_{\text{计算电流(A)}} \rho_{\text{平均50℃时电阻率}(=0.0 \text{几}\Omega\text{mm}^2/\text{m})} L_{\text{电缆长度(m)}}}{S_{\text{电缆芯的截面(mm}^2)}}$$

1）$n_{\text{有电流的芯数}}$：$n_{\text{三相}} = 3$；$n_{\text{单相}} = 2$

2）$\rho_{\text{平均50℃时电阻率}}$：$\rho_{\text{铜50℃}} = 0.0193$；$\rho_{\text{铝50℃}} = 0.0316$

2. 电缆沟电缆隧道内 N 根电缆损耗功率和 ΣP_R：配四（3.4-2）

$$\Sigma P_{R(\text{w})} = k_{\text{电流参差系数}=0.85\sim0.95} \sum_{i=1}^{N} P_{Ri\text{单根损耗功率(W)}}$$

七、电缆散热量、热损失功率 P

1. 单根 n 芯电缆单位长度热损失功率 P 配四（10.2-1）

$$P_{\text{单位长度热损失功率(W/m)}} = \frac{n_{\text{有电流的芯数}} I^2_{\text{计算电流(A)}} \rho_{\text{平均60℃时电阻率}(=0.0 \text{几}\Omega\text{mm}^2/\text{m})}}{S_{\text{电缆芯的截面(mm}^2)}}$$

注：1）$n_{\text{有电流的芯数}}$：$n_{\text{三相}} = 3$；$n_{\text{单相}} = 2$

2）$\rho_{\text{平均60℃时电阻率}}$：$\rho_{\text{铜50℃}} = 0.02$；$\rho_{\text{铝50℃}} = 0.033$

2. 电缆沟电缆隧道内 N 根电缆单位长度热损失功率 ΣP：配四（10.2-2）

$$\Sigma P_{\text{单位长度热损失功率和(W/m)}} = k_{\text{电流参差系数}=0.85\sim0.95} \sum_{i=1}^{N} P_{i\text{单根单位长度热损失功率(W/m)}}$$

节能 Note4 电容器、电抗器损耗 配四 P33

一、电容器有功损耗 $\Delta P_{C\text{电容器损耗}}$

1. 单相电容器损耗：配四（1.10-21）

$$\Delta P_{C1\text{单相电容器损耗(kW)}} = Q_{C1\text{单台单相补偿容量(kVar)}} \tan\delta_{\text{电容器介质损失角}}$$

2. 三相电容器组损耗：配四（1.10-21）

$$\Delta P_{C3\text{三相电容器组有功损耗(kW)}} = Q_{C3\text{总补偿容量(kVar)}} \tan\delta_{\text{电容器介质损失角}}$$

$$= 3 \times M_{\text{并联段}} \times S_{\text{串联段}} \times K_{\text{双星形}=2,\text{其余}=1} Q_{C1\text{单台容量(kVar)}} \tan\delta_{\text{介质损失角}}$$

3. 电容器装置损耗估算（计及电阻、电抗、计量、保护的损耗） 配四（1.10-22）

$$\Delta P_{\text{C电容器装置有功损耗}}(\text{kW}) = (0.25 \sim 0.5) \times Q_{\text{C补偿容量}}(\text{kVar})$$

二、电容器年电能损耗 $\Delta W_{\text{C电容器年电能损耗}}$ 配四（1.10-28）

$$\Delta W_{\text{C电容器年电能损耗}}(\text{kWh}) = \Delta P_{\text{C电容器损耗}}(\text{kW}) \times t_{\text{带电小时数}}(\text{h})$$

$t_{\text{带电小时数}}$：变压器投入运行小时数，一般 $= 365 \times 24 = 8760\text{h}$

三、电抗器损耗 $\Delta P_{\text{X电抗器有功损耗}}$、$\Delta Q_{\text{X电抗器无功损耗}}$

1. 三相电抗器有功损耗 $\Delta P_{\text{X电抗器有功损耗}}$：（1.10-23）

$$\Delta P_{\text{X电抗器有功损耗}}(\text{kW}) = 3\Delta P_{\text{N每相电抗器额定有功损耗}} \left(\frac{I_{\text{X通过电抗器实际电流}}}{I_{\text{N电抗器额定电流}}} \right)^2$$

$$\Delta P_{\text{X(kW)}} = 3 \times U_{\text{单相电抗器端电压(kV)}} \times I_{\text{N电抗器额定电流(A)}} \times \text{损耗比}_{\text{(kW或kVar)}}$$

2. 三相电抗器无功损耗 ΔQ_{X}：（1.10-24）

$$\Delta Q_{\text{X(kW)}} = 3\Delta Q_{\text{N每相电抗器额定无功损耗}} \left(\frac{I_{\text{X通过电抗器实际电流}}}{I_{\text{N电抗器额定电流}}} \right)^2$$

四、电抗器年电能损耗 $\Delta W_{\text{C电容器年电能损耗}}$ 配四（1.10-28）

$$\Delta W_{\text{X电抗器年电能损耗}}(\text{kW·h}) = \Delta P_{\text{X电抗器损耗}}(\text{kW}) \times \tau_{\text{最大负载损耗小时数}}(\text{h})$$

注：$\tau_{\text{最大负载损耗小时数}}(\text{h})$ DL/T 985—2022 配电变能耗 P15 节能 Note1

五、电容器室总散热量 $\Delta P_{\text{电容器室总散热量}}$

$$\Delta P_{\text{电容器室总散热量}} = \Delta P_{\text{C电容器损耗}} + \Delta P_{\text{X电抗器有功损耗}}$$

节能 Note5　年电能消耗量（非损耗）　配四 P25

一、年有功电能消耗量：$W_{\text{y有功电能消耗量}}$

$$W_{\text{y有功电能消耗量}} = P_{\text{c有功计算功率(kW)}} T_{\text{max年最大有功负荷利用小时数(h)}} \quad (1.9\text{-}1)$$

$$= P_{\text{c有功计算功率(kW)}} \times \alpha_{\text{av年平均有功负荷系数}} \times 8760_{(\text{h})} \quad (1.9\text{-}3)$$

$$= P_{\text{av有功平均功率(kW)}} \times 8760_{(\text{h})} \quad (1.9\text{-}3)$$

1. $\alpha_{\text{av年平均有功负荷系数}}$：查配四 P25 表 1.9-1

$$\alpha_{\text{av年平均有功负荷系数}} = T_{\text{max年最大有功负荷利用小时数}(\text{h})} / 8760_{(\text{h})}$$

$$= P_{\text{av有功平均功率(kW)}} / P_{\text{c有功计算功率(kW)}}$$

2. $T_{\text{max年最大有功负荷利用小时数}(\text{h})}$ DL/T 985—2022 配电变能耗 P15 节能 Note1

二、年无功电能消耗量：$V_{\text{y无功电能消耗量}}$

$$V_{\text{y有功电能消耗量}} = Q_{\text{c无功计算功率(kW)}} T_{\text{max年最大有功负荷利用小时数(h)}} \quad (1.9\text{-}1)$$

$$= Q_{\text{c无功计算功率(kW)}} \times \beta_{\text{av年平均无功负荷系数}} \times 8760_{(\text{h})} \quad (1.9\text{-}3)$$

$$= Q_{\text{av无功平均功率(kW)}} \times 8760_{(\text{h})} \quad (1.9\text{-}3)$$

注：**1.** $\beta_{\text{av年平均无功负荷系数}} \approx \alpha_{\text{av年平均有功负荷系数}}$

2. α_{av}年平均有功负荷系数：查 配四 P25 表 1.9-1
3. T_{max}年最大有功负荷利用小时数 (h) DL/T 985—2022 配电变能耗 P15 节能 Note1

三、τ最大负载损耗小时数，T_{max}年最大有功负荷利用小时数 转化 配四 表 1.10-2 详见表 16-1

节能 Note6 变压器四大参数 变压器损耗《钢铁企业电力设计手册》(上册) P290

一、P_0 空载有功损耗（kW）$= K_{c\text{工艺系数}} P_{e\text{铁芯材料单位损耗}(kW/kg)} G_{e\text{铁芯质量}(kg)}$《钢铁企业电力设计手册》(上册) (6-1)

二、P_k 满载（短路）有功损耗（kW）$= u_{R\text{电阻电压百分比}}\% \times S_{rT\text{变压器额定}(kV\cdot A)}$
$= K_{m\text{导电率有关的系数}} J^2_{\text{电流密度}(A/mm^2)} G_{m\text{导线质量}(kg)}$《钢铁企业电力设计手册》(上册) (6-2)

三、Q_0 空载无功损耗（kVar）$\approx S_{0\text{空载试验视在功率}(kV\cdot A)} \approx I_0\%_{\text{空载电流百分比}} \times S_{rT\text{变压器额定}(kV\cdot A)}$《钢铁企业电力设计手册》(上册) (6-8)

四、Q_k 满载（短路）无功损耗（kVar）：$= u_{X\text{电抗电压百分比}}\% \times S_{rT\text{变压器额定}(kV\cdot A)}$
$\approx S_{k\text{短路试验视在功率}(kV\cdot A)} \approx u_{k\text{阻抗电压百分比}}\% \times S_{rT\text{变压器额定}(kV\cdot A)}$《钢铁企业电力设计手册》(上册) (6-10)

注：$u_X\%_{\text{电抗电压百分比}} = \sqrt{u_k^2{}_{\text{阻抗电压百分比}} + u_R^2{}_{\text{电阻电压百分比}}}$

五、β 变压器负载率、负荷率：（仅代表低压侧，不计变压器损耗）《钢铁企业电力设计手册》(上册) (6-17)

$$\beta_{\text{负载率}} = \frac{I_{2\text{二次侧负载电流}(A)}}{I_{2N\text{二次侧额定}(A)}} = \frac{S_{c\text{变压器视在、计算负荷}(kV\cdot A)}}{S_{rT\text{变压器额定}(kV\cdot A)}} = \frac{P_{c\text{负荷有功}(kW)}}{\cos\varphi_{\text{低压侧补偿后}} \times S_{rT\text{变压器额定}(kV\cdot A)}}$$

考虑无功补偿时：$= \dfrac{\sqrt{P_{c\text{负荷有功}(kW)}^2 + (Q_{c\text{负荷无功}(kVar)} - \Delta Q_{\text{补偿}(kVar)})^2}}{S_{rT\text{变压器额定}(kV\cdot A)}}$

六、有功损耗 $\Delta P_{T\text{功率损耗}}$

1. 已知 $P_{0\text{空载有功损}}$、$P_{k\text{满载(短路)有功损}}$ 时，精确法：配四 (1.10-3)

$$\Delta P_{T\text{变压器有功损}(kW)} = P_{0\text{空载有功损}} + \beta^2_{\text{负载率}} P_{k\text{满载(短路)有功损}}$$

2. $\beta_{\text{负载率}} \leqslant 85\%$ 已知 $S_{c\text{变压器视计算负荷}}$，未知四大参数时，估算法：配四 (1.10-5)

$$\Delta P_{T\text{变压器有功损}(kW)} \approx 0.01 \times S_{c\text{变压器视在、计算负荷}(kV\cdot A)}$$

七、有功功率损失率 $\Delta P_T\%_{\text{有功功率损失率}}$：《钢铁企业电力设计手册》(上册) (6-15)

$$\Delta P_T\%_{\text{有功损失率}} = \frac{\Delta P_{T\text{功率损耗}}}{P_{1-\text{次侧输入有功}}} = \frac{P_{0\text{空载有功损}(kW)} + \beta^2 P_{k\text{满载(短路)有功损}}}{P_{c\text{负荷有功}(kW)} + P_0 + \beta^2 P_k}$$

$$= \frac{P_{0\text{空载有功损}(kW)} + \beta^2 P_{k\text{满载(短路)有功损}}}{\beta S_{rT\text{变压器额定}(kVA)} \cos\varphi_{2\text{二次侧补偿后}} + P_0 + \beta^2 P_k}$$

八、变压器效率 η：《钢铁企业电力设计手册》(上册) (6-16)

$$\eta_{\text{变压器效率}} = 1 - \Delta P_T\%_{\text{有功损失率}} = \frac{P_{c\text{负荷有功}(kW)}}{P_{1-\text{次侧总有功}}} = \frac{P_{c\text{负荷有功}(kW)}}{P_{c\text{负荷有功}(kW)} + P_0 + \beta^2 P_k}$$

$$= \frac{\beta S_{rT\text{变压器额定}(kV\cdot A)} \cos\varphi_{2\text{二次侧补偿后}}}{\beta S_{rT\text{变压器额定}(kV\cdot A)} \cos\varphi_{2\text{二次侧补偿后}} + P_0 + \beta^2 P_k}$$

九、无功损耗 $\Delta Q_{T无功损耗}$

1. 已知 $I_0\%_{空载电流百分比}$、$U_X\%_{电抗电压百分比}$ 时，**精确法**：配四（1.10-4）

$\Delta Q_{T变压器无功损(kVar)} = Q_{0空载无功损} + \beta^2_{负载率} Q_{k满载无功损}$

$= I_0\%_{空载电流百分比} S_{rT变压器额定(kV \cdot A)} + \beta^2_{负载率} U_X\%_{电抗电压百分比} S_{rT变压器额定(kV \cdot A)}$

2. 已知 $I_0\%_{空载电流百分比}$、$U_k\%_{阻抗电压百分比}$ 时，**半精确法**：配四（1.10-4）

$\Delta Q_{T变压器无功损(kVar)} = Q_{0空载无功损} + \beta^2_{负载率} Q_{k满载无功损}$

$\approx I_0\%_{空载电流百分比} S_{rT变压器额定(kV \cdot A)} + \beta^2_{负载率} U_k\%_{阻抗电压百分比} S_{rT变压器额定(kV \cdot A)}$

3. $\beta_{负载率}$ 85% 已知 $S_{e变压器视计算负荷}$，未知四大参数时，**估算法**：配四（1.10-6）

$\Delta Q_{T变压器无功损(kVar)} \approx 0.05 \times S_{e变压器视在、计算负荷(kV \cdot A)}$

十、无功功率损失率 $\Delta P_{T无功功率损失率}$：《钢铁企业电力设计手册》（上册）（6-20）

$\Delta Q_T\%_{无功损失率} = \dfrac{\Delta Q_{T功率损耗}}{P_{一次侧输入有功}} = \dfrac{Q_{0空载无功损} + \beta^2_{负载率} Q_{k满载无功损}}{P_{e负荷有功(kW)} + P_0 + \beta^2 P_k}$

$= \dfrac{I_0\%_{空载电流百分比} S_{rT变压器额定(kV \cdot A)} + \beta^2_{负载率} U_k\%_{阻抗电压百分比} S_{rT变压器额定(kV \cdot A)}}{\beta S_{rT变压器额定(kV \cdot A)} \cos\varphi_{二次侧补偿后} + P_0 + \beta^2 P_k}$

十一、电能损耗 $\Delta W_{T电能损耗}$ 配四（1.10-26）

$\Delta W_{T电能损耗(kW \cdot h)} = \Delta P_{0无功损耗(kW)} t_{带电小时数} + \beta^2_{负载率} \Delta P_{k满载损耗(kW)} \tau_{最大负载损耗小时数}$

1. $t_{带电小时数}$：变压器投入运行小时数，一般 $= 365 \times 24 = 8760h$

2. $\tau_{最大负载损耗小时数}$：详 DL/T 985—2022 配电变能耗 P15 节能 Note1

节能 Note7　三绕组变压器损耗　配四 P32

一、 求 $\Delta P_{K额定(短路)有功损}$ = $[\Delta P_{K高中}, \Delta P_{K高低}]_{max}$

二、 求**高压侧** 额定电流 I_{rT1}：（1.10-20）

$$I_{rT1(A)} = \dfrac{1000 \times S_{N高压侧容量(MV \cdot A)}}{\sqrt{3} U_{N高压侧标称电压(kV)}}$$

三、 求**高压侧** 相电阻 R_{T1}：（1.10-13）

$$R_{T1(\Omega)} = \dfrac{\Delta P_{K(kW)}}{6 I^2_{rT1(A)}} \times 10^3$$

四、 求**中、低压侧** 相电阻 $R_{T2,3}$：（1.10-14～1.10-16）详见表 16-4

表 16-4　相关规定（1）

	R_{T1}	R_{T2}	R_{T3}
容量比	100	100	50
	R_{T1}		$2R_{T1}$
容量比	100	66.7	100
	R_{T1}	$1.5R_{T1}$	R_{T1}

五、求中、低压侧 电流 $I_{rT2,3}$：P32 详见表 16-5

表 16-5 相关规定（2）

	I_{rT1}	I_{rT2}	I_{rT3}
容量比	100	100	50
	I_{rT1}	I_{rT1}	$0.5I_{rT1}$
容量比	100	66.7	100
	I_{rT1}	$0.67I_{rT1}$	$0.5I_{rT1}$

六、求高、中、低压侧 损耗 $\Delta P_{kT1,T2,T3}$：（1.10-10～1.10-13）

$$\Delta P_{kT1(kW)} = 3I_{rT1(A)}^2 R_{T1(\Omega)} \times 10^{-3}$$

相关规定见表 16-6。

表 16-6 相关规定（3）

	ΔP_{kT1}	ΔP_{kT2}	ΔP_{kT3}
	$3I_{rT1}^2 R_{T1}$	$3I_{rT2}^2 R_{T2}$	$3I_{rT3}^2 R_{T3}$
容量比	100	100	50
$\beta \neq 1$	$\Delta P_k / 2$	$\Delta P_k / 2$	$\Delta P_k/4 = \Delta P_k T_1/2$ $= 3\times(0.5I_{rT1})^2 \times 2R_{T1}$
$\beta \neq 1$	$\beta^2 \Delta P_k / 2$	$\beta^2 \Delta P_k / 2$	$\beta^2 3\times(0.5I_{rT1})^2 \times 2R_{T1}$ $= \beta^2 \Delta P_k T_1/2 = \beta^2 \Delta P_k/4$
容量比	100	66.7	100
$\beta = 1$	$\Delta P_k / 2$	$0.335\Delta P_k = 0.67\Delta P_{kT1}$ $= 3\times(0.67I_{rT1})^2 \times 1.5R_{T1}$	$\Delta P_k / 2$
$\beta \neq 1$	$\beta^2 \Delta P_k / 2$	$\beta^2 3\times(0.67I_{rT1})^2 \times 1.5R_{T1}$ $= \beta^2 0.67\Delta P_{kT1} = \beta^2 0.335\Delta P_k$	$\beta^2 \Delta P_k / 2$

七、求高、中、低压侧 损耗 $\Delta P_{kT1,T2,T3}$：（1.10-17～1.10-19）

$$\Delta Q_{kT1} = 3I_{rT1}^2 \frac{10U_{rT}^2}{2S_{rT}} (u_{k1-2}\% + u_{k1-3}\% - u_{k2-3}\%) \times 10^{-3} \quad (1.10\text{-}17)$$

$$\Delta Q_{kT2} = 3I_{rT2}^2 \frac{10U_{rT}^{2\ kV}}{2S_{rT\ kV}} (u_{k1-2}\% + u_{k2-3}\% - u_{k1-3}\%) \times 10^{-3} \quad (1.10\text{-}18)$$

$$\Delta Q_{kT3} = 3I_{rT3}^2 \frac{10U_{rT}^2}{2S_{rT}} (u_{k1-3}\% + u_{k2-3}\% - u_{k1-2}\%) \times 10^{-3} \quad (1.10\text{-}19)$$

注意分别乘 β^2 对应电压侧的负载率

八、求三绕组变压器 总损耗 $\Delta P_{T有功损(kW)}$、$\Delta Q_{T无功损(kVar)}$：（1.10-7～1.10-9）

$$\Delta P_r = \Delta P_0 + \Delta P_{kT1}\left(\frac{S_{c1}}{S_{rT1}}\right)^2 + \Delta P_{kT2}\left(\frac{S_{c2}}{S_{rT2}}\right)^2 + \Delta P_{kT3}\left(\frac{S_{c3}}{S_{rT3}}\right)^2 \qquad (1.10\text{-}7)$$

$$\Delta Q_T = \Delta Q_0 + \Delta Q_{kT1}\left(\frac{S_{c1}}{S_{rT1}}\right)^2 + \Delta Q_{kT2}\left(\frac{S_{c2}}{S_{rT2}}\right)^2 + \Delta Q_{kT3}\left(\frac{S_{c3}}{S_{rT3}}\right)^2 \qquad (1.10\text{-}8)$$

$$\Delta Q_0 = \frac{I_0\% S_{rT}}{100} \qquad (1.10\text{-}9)$$

注：前面公式 $\beta_{负载率}^2$ 已乘。

节能 Note8　经济负载系数（最小损失率）《钢铁企业电力设计手册》（上册）P293

一、β 变压器负载率、负荷率：（仅代表低压侧，不计变压器损耗）《钢铁企业电力设计手册》（上册）（6-17）

$$\beta_{负载率} = \frac{I_{2\text{二次侧负载电流}}(A)}{I_{2N\text{二次侧额定}}(A)} = \frac{S_{c\text{变压器视在、计算负荷}}(kV\cdot A)}{S_{rT\text{变压器额定}}(kV\cdot A)} = \frac{P_{c\text{负荷有功}}(kW)}{\cos\varphi_{\text{低压侧补偿后}} \times S_{rT\text{变压器额定}}(kV\cdot A)}$$

考虑无功补偿时：
$$= \frac{\sqrt{P_{c\text{负荷有功}}^2(kW) + (Q_{c\text{负荷无功}}(kVar) - \Delta Q_{\text{补偿}}(kVar))^2}}{S_{rT\text{变压器额定}}(kV\cdot A)}$$

二、有功经济负载系数 $\beta_{jP\text{有功经济负载系数}}$：《钢铁企业电力设计手册》（上册）（6-18）

当 $\beta_{负载率} = \beta_{jP\text{有功经济负载系数}} \approx 0.5 \sim 0.6$ 时：有功损失率最低，节电量最大

$$\beta_{jP\text{有功经济负载系数}} = \sqrt{\frac{P_{0\text{空载有功损}}}{P_{k\text{满载（短路）有功损}}}}$$

三、无功经济负载系数 $\beta_{jQ\text{无功经济负载系数}}$：《钢铁企业电力设计手册》（上册）（6-22、6-23）

当 $\beta_{负载率} = \beta_{jQ\text{无功经济负载系数}}$ 时：无功损失率最低，提高功率因数为主

$$\beta_{jQ\text{无功经济负载系数}} = \sqrt{\frac{Q_{0\text{空载无功损}}}{Q_{k\text{满载无功损}}}} \approx \sqrt{\frac{S_{0\text{空载试验视在功率}}(kV\cdot A)}{S_{k\text{短路试验在功率}}(kV\cdot A)}} = \sqrt{\frac{I_0\%\text{空载电流百分比}}{U_k\%\text{阻抗电压百分比}}}$$

注：变压器四大参数详见：《钢铁企业电力设计手册》（上册）P290 节能 Note6

四、综合经济负载系数 $\beta_{jZ\text{综合经济负载系数}}$：《钢铁企业电力设计手册》（上册）（6-33）

当 $\beta_{负载率} = \beta_{jZ\text{综合经济负载系数}}$ 时：不以节电或提高功率因数为主时，按综合系数考虑

$$\beta_{jZ\text{综合经济负载系数}} = \sqrt{\frac{\Delta P_{Z0\text{空载综合功率损失}}}{\Delta P_{Zk\text{额定负载综合功率损失}}}}$$

$$= \sqrt{\frac{P_{0\text{空载有功损}} + K_{Q\text{无功经济当量}} I_0\%\text{空载电流百分比} S_{rT\text{变压器额定}}(kV\cdot A)}{P_{k\text{满载（短路）有功损}} + K_{Q\text{无功经济当量}} U_k\%\text{阻抗电压百分比} S_{rT\text{变压器额定}}(kV\cdot A)}}$$

当考虑 $K_{T\text{波动损耗}}$ 时：GB/T 13462 电力变经济（1）详 GB/T 13462 Note

$$\beta_{jZ\text{综合经济负载系数}} = \sqrt{\frac{\Delta P_{Z0\text{空载综合功率损失}}}{K_{T\text{波动损耗}}\Delta P_{Zk\text{额定负载综合功率损失}}}}$$

$$= \sqrt{\frac{P_{0\text{空载有功损}} + K_{Q\text{无功经济当量}} I_0\%\text{空载电流百分比} S_{rT\text{变压器额定}}(kV\cdot A)}{K_{T\text{波动损耗}} P_{k\text{满载（短路）有功损}} + K_{T\text{波动损耗}} K_{Q\text{无功经济当量}} U_k\%\text{阻抗电压百分比} S_{rT\text{变压器额定}}(kV\cdot A)}}$$

节能 Note9　（无 K_T）综合功率损失　年综合电能损耗　综合经济负载系数　$K_{Q无功经济当量}$　《钢铁企业电力设计手册》（上册）P295

一、空载综合功率损失 $\Delta P_{Z0空载综合功率损失}$：《钢铁企业电力设计手册》（上册）（6-30）

$$\Delta P_{Z0空载综合功率损失(kW)} = P_{0空载有功损} + K_{Q无功经济当量} Q_{0空载无功损}$$
$$= P_{0空载有功损} + K_{Q无功经济当量} I_0\%_{空载电流百分比} S_{rT变压器额定(kV \cdot A)}$$

二、额定负载综合功率损失 $\Delta P_{Zk额定负载综合功率损失}$：《钢铁企业电力设计手册》（上册）（6-31）

$$\Delta P_{Zk额定负载综合功率损失(kW)} = P_{k满载(短路)有功损} + K_{Q无功经济当量} Q_{k短路无功损}$$
$$= P_{k满载(短路)有功损} + K_{Q无功经济当量} U_k\%_{阻抗电压百分比} S_{rT变压器额定(kV \cdot A)}$$

三、综合有功功率损失 $\Delta P_{Z综合有功功率损失}$：《钢铁企业电力设计手册》（上册）（6-27、6-28）

$$\Delta P_{Z综合有功功率损失} = \Delta P_{T变压器有功损(kW)} + K_{Q无功经济当量} \Delta Q_{T变压器无功损(kV \cdot ar)}$$
$$= \Delta P_{Z0空载综合功率损失(kW)} + \beta^2_{负载率} \Delta P_{Zk额定负载综合功率损失(kW)}$$
$$= P_{0空载有功损} + \beta^2_{负载率} P_{k满载(短路)有功损}$$
$$+ K_{Q无功经济当量} I_0\%_{空载电流百分比} S_{rT变压器额定(kV \cdot A)}$$
$$+ \beta^2_{负载率} K_{Q无功经济当量} U_k\%_{阻抗电压百分比} S_{rT变压器额定(kV \cdot A)}$$

四、年综合电能损耗 $\Delta W_{Z年综合电能损耗}$

$$\Delta W_{Z年综合电能损耗(kW \cdot h)} = t_{带电小时} \Delta P_{Z0空载综合功损} + \tau_{最大负载损耗小时} \beta^2_{负载率} \Delta P_{Zk额定负载综合功损}$$
$$= t_{带电小时数} [P_{0空载有功损} + K_{Q无功经济当量} I_0\%_{空载电流百分比} S_{rT额定(kV \cdot A)}]$$
$$+ \tau_{最大负载损耗小时} \beta^2_{负载率} [P_{k满载(短路)有功损} + K_{Q无功经济当量} U_k\%_{阻抗电压百分比} S_{rT额定(kV \cdot A)}]$$

1. $t_{带电小时数}$：变压器投入运行小时数，一般 $= 365 \times 24 = 8760h$

2. $\tau_{最大负载损耗小时数}$：详 DL/T 985—2022 配电变能耗 P15 节能 Note1

五、综合有功功率损失率 $\Delta P_Z\%_{综合有功功率损失率}$：《钢铁企业电力设计手册》（上册）（6-32）

$$\Delta P_Z\%_{综合有功功率损失率} = \frac{\Delta P_{Z综合有功功率损失}}{P_{z负荷有功(kW)} + \Delta P_{Z综合有功功率损失}}$$

六、综合经济负载系数 $\beta_{JZ综合经济负载系数}$：《钢铁企业电力设计手册》（上册）（6-33）

当 $\beta_{负载率} = \beta_{Z综合经济负载系数}$ 时：不以节电或提高功率因数为主时，按综合系数考虑

$$\beta_{JZ综合经济负载系数} = \sqrt{\frac{\Delta P_{Z0空载综合功率损失}}{\Delta P_{Zk额定综合功率损失}}}$$
$$= \sqrt{\frac{P_{0空载有功损} + K_{Q无功经济当量} I_0\%_{空载电流百分比} S_{rT变压器额定(kV \cdot A)}}{P_{k满载(短路)有功损} + K_{Q无功经济当量} U_k\%_{阻抗电压百分比} S_{rT变压器额定(kV \cdot A)}}}$$

七、无功经济当量 K_Q

1. 查表法

　1）配电变压器：配四 P1545

　　35kV：$0.02 \leqslant K_{Q无功经济当量} \leqslant 0.05$。10kV：$0.05 \leqslant K_{Q无功经济当量} \leqslant 0.1$

2) 电力变压器：GB/T 13462—2008 表 B1 电力变压器经济运行

发电厂母线直配＝0.04；二次变压＝0.07；三次变压＝0.1；二次侧功率因数≥0.9
＝0.04

示意图如图 16-1 所示。

图 16-1　示意图（1）

3) 已知负载最大或最小：《钢铁企业电力设计手册》（上册）表 6-1 详见表 16-7

表 16-7　无功经济当量值

序号	变压器在连接系统的位置	K_Q无功经济当量／（kW 或 kVar）	
		系统负载最大时	系统负载最小时
1	直接由发电厂母线以发电机电压供电的变压器	0.02	0.02
2	由发电厂以发电机电压供电的线路变压器（例如，由厂用和市内发电厂供电的工企变压器	0.07	0.04
3	由区域线路供电的 110～35kV 降压变压器	0.1	0.06
4	由区域线路供电的 6～10kV 降压变压器	0.15	0.1
5	由区域线路供电的降压变压器，但其无功负荷由同步调相机担负	0.05	0.03

2. 公式法

1) 已知 $R_{变压器电阻}$、$Q_{A变压器无功损耗}$、$Q_{变压器无功损耗}$ **精确算**：GB/T 13462 电力变经济　式（B.9）

$$K_Q = \frac{\Delta\Delta P_{Q无功损耗变化引起的有功变化量}}{\Delta\Delta Q_{无功损耗变化量}}$$

$$= \frac{Q_{变压器无功损耗} + Q_{A变压器无功损耗}(kVar)}{U^2_{电网电压}(kV)} R_{变压器电阻}(\Omega) \times 10^{-3}$$

2) 未知 $R_{变压器电阻}$ **估算**：GB/T 13462 电力变经济　式（B.10）

$$K_Q \approx \frac{2Q}{U^2} R \times 10^{-3} \approx \frac{2\Delta P_{UQ穿越电网的无功功率Q引起的电网功率损耗}(kW)}{Q_{穿越电网的无功功率}(kVar)}$$

节能 Note10　变压器 1 换 1 节电计算《钢铁企业电力设计手册》（上册）P293

一、提高**功率因数**节电　配四（16.2-12、16.2-13）

$$\Delta\Delta P_{T有功损耗减少量}(kW) = \frac{P^2_{C负荷有功功率}(kW) P_{k满载（短路）有功损}(kW)}{S^2_{rT变压器额定}(kV\cdot A)} \left(\frac{1}{\cos^2\varphi_1 提高前} - \frac{1}{\cos^2\varphi_2 提高后} \right)$$

$$\Delta\Delta Q_{T无功损耗减少量(kW)} = \frac{P_{c负荷有功功率(kW)}^2 U_{X\%电抗电压百分比}}{S_{rT变压器额定(kV \cdot A)}} \left(\frac{1}{\cos^2\varphi_{c1提高前}} - \frac{1}{\cos^2\varphi_{c2提高后}} \right)$$

$$\Delta\Delta W_{T电能损耗减少量(kW \cdot h)} = \Delta\Delta P_{T有功损耗减少量(kW)} \times \tau_{最大有功损耗小时数(h)}$$

注：$\tau_{最大负损耗小时数(h)}$ DL/T 985—2022 配电变能耗 P15 节能 Note1

二、改变变压器四大参数**节电**《钢铁企业电力设计手册》(上册) P293 例 2

0. 求基础参数、$P_{0空载有功损}$、$P_{k负载有功损}$、$\beta_{负载率}$、$Q_{0空载无功损}$、$Q_{k满载无功损}$

《钢铁企业电力设计手册》(上册) P290 节能 Note6 一~五

1. 求有功**功率下降** $\Delta\Delta P_T$：

分别求 AB：$\Delta P_{变压器有功损(kW)} = P_{0空载有功损} + \beta_{负载率}^2 P_{k满载(短路)有功损}$

求差值：$\Delta\Delta P_{T有功损耗减少量(kW)} = \Delta P_{T有功损耗大(kW)} - \Delta P_{T有功损耗小(kW)}$

2. 求无功**功率下降** $\Delta\Delta Q_T$：

分别求 AB：$\Delta Q_{T变压器无功损(kVar)} = Q_{0空载无功损} + \beta_{负载率}^2 Q_{k满载无功损}$

$\approx I_0\%_{空载电流百分比} S_{rT变压器额定(kV \cdot A)} + \beta_{负载率}^2 U_k\%_{阻抗电压百分比} S_{rT变压器额定(kV \cdot A)}$

求差值：$\Delta\Delta Q_{T无功损耗减少量(kW)} = \Delta Q_{T有功损耗大(kVar)} - \Delta Q_{T有功损耗小(kVar)}$

3. 求**电能下降** $\Delta\Delta W_T$：配四 (1.10-26)

分别求 AB：$\Delta W_{T电能损耗(kW \cdot h)} = \Delta P_{0无功损耗} t_{带电小时数} + \beta_{负载率}^2 \Delta P_{k满载耗} \tau_{最大负损耗小时}$

求差值：$\Delta\Delta W_{T电能损耗减少量(kW \cdot h)} = \Delta W_{T电能损耗大(kW \cdot h)} - \Delta W_{T电能损耗小(kW \cdot h)}$

1) $t_{带电小时数}$：变压器投入运行小时数，一般 $= 365 \times 24 = 8760h$

2) $\tau_{最大负损耗小时数}$：详 DL/T 985—2022 配电变能耗 P15 节能 Note1

4. 求有功**损失率下降** $\Delta\Delta P_T\%_{有功}$：《钢铁企业电力设计手册》(上册) P293 例 2

分别求 AB：$\Delta P_T\%_{有功损失率} = \frac{\Delta P_{T功率损耗}}{P_{1一次侧输入有功}} = \frac{P_{0空载有功损(kW)} + \beta^2 P_{k满载(短路)有功损}}{P_{c负荷有功(kW)} + P_0 + \beta^2 P_k}$

$= \frac{P_{0空载有功损(kW)} + \beta^2 P_{k满载(短路)有功损}}{\beta S_{rT变压器额定(kV \cdot A)} \cos\varphi_{c二次侧补偿后} + P_0 + \beta^2 P_k}$

求差值：$\Delta\Delta P_T\%_{有功损失率下降} = \Delta\Delta P_T\%_{有功损失率大} - \Delta\Delta P_T\%_{有功损失率小}$

5. 求无功**损失率下降** $\Delta\Delta Q_T\%_{无功}$：《钢铁企业电力设计手册》(上册) P293 例 2

分别求 AB：

$\Delta Q_T\%_{无功损失率} = \frac{\Delta Q_{T功率损耗}}{P_{1一次侧输入有功}} = \frac{Q_{0空载无功损} + \beta_{负载率}^2 Q_{k满载无功损}}{P_{c负荷有功(kW)} + P_0 + \beta^2 P_k}$

$= \frac{I_0\%_{空载电流百分比} S_{rT变压器额定(kV \cdot A)} + \beta_{负载率}^2 U_k\%_{阻抗电压百分比} S_{rT变压器额定(kV \cdot A)}}{\beta S_{rT变压器额定(kV \cdot A)} \cos\varphi_{c二次侧补偿后} + P_0 + \beta^2 P_k}$

求差值：$\Delta\Delta Q_T\%_{无功损失率下降} = \Delta\Delta Q_T\%_{无功损失率大} - \Delta\Delta Q_T\%_{无功损失率小}$

6. 求**降低用电单耗** $\Delta AdP\%_{有功单耗}$、$\Delta AdQ\%_{无功单耗}$：

1) 已知 $P_{c负荷有功}$：精确算：《钢铁企业电力设计手册》(上册) P295 例 3

$$\Delta AdP\%_{降低有功用电单耗} = \frac{\Delta\Delta P_{T\%有功损失率大} - \Delta\Delta P_{T\%有功损失率小}}{\Delta\Delta P_{T\%有功损失率大}}$$

$$\Delta AdQ\%_{降低有功用电单耗} = \frac{\Delta\Delta Q_{T\%无功损失率大} - \Delta\Delta Q_{T\%无功损失率小}}{\Delta\Delta Q_{T\%无功损失率大}}$$

2) 未知 $P_{c负荷有功}$：粗略算：《钢铁企业电力设计手册》(上册) P293 例 2

$$\Delta AdP\%_{降低有功用电单耗} = \frac{\Delta P_{T有功损耗大} - \Delta P_{T有功损耗小}}{\Delta P_{T有功损耗大}}$$

$$\Delta AdQ\%_{降低无功用电单耗} = \frac{\Delta Q_{T无功损耗大} - \Delta Q_{T无功损耗小}}{\Delta Q_{T无功损耗大}}$$

节能 Note11　变压器 6 个功率因数《钢铁企业电力设计手册》(上册) P295

一、空载功率因数 $\cos\varphi_{0空载功率因数}$《钢铁企业电力设计手册》(上册)（6-24）

$$\cos\varphi_{0空载功率因数} = \frac{P_{0空载有功损(kW)}}{S_{0空载视在功率(kV\cdot A)}} = \frac{P_{0空载有功损(kW)}}{\sqrt{3}I_{0空载电流(A)}U_{1N一次侧额定电压(kV)}}$$

$$= \frac{P_{0空载有功损(kW)}}{I_0\%_{空载电流百分比}S_{T变压器额定(kV\cdot A)}}$$

二、额定负载功率因数 $\cos\varphi_{N额定负载功率因数}$（6-25）

$$\cos\varphi_N = \frac{\Delta P_N}{\sqrt{\Delta P_N^2 + \Delta Q_N^2}} \approx \frac{P_0 + P_k}{S_0 + S_k}$$

$$= \frac{P_{0空载有功损(kW)} + P_{K满载(短路)有功损}}{I_0\%_{空载电流百分比}S_{rT变压器额定(kV\cdot A)} + U_k\%_{阻抗电压百分比}S_{rT变压器额定(kV\cdot A)}}$$

注：一般 $\cos\varphi_{N额定负载功率因数} = 0.05\sim 0.3$。随着 $S_{rT变压器额定(kV\cdot A)}\nearrow$，$\cos\varphi_{N额定}\searrow$。

三、二次侧实际负载的功率因数 $\cos\varphi_{2二次侧负载功率因数}$：（6-17）

$$\cos\varphi_{2二次侧负载} = \frac{P_{C负荷有功(kW)}}{S_{C补偿后视在功率(kV\cdot A)}} = \frac{P_{C负荷有功(kW)}}{\sqrt{P_{C负荷有功(kW)}^2 + (Q_{C负荷无功(kVar)} - Q_{C补偿(kVar)})^2}}$$

$$= \cos\left(\arctan\frac{Q_{C负荷无功(kVar)} - \Delta Q_{C无功补偿(kVar)}}{P_{C负荷有功}}\right)$$

$$= \cos\left(\arctan\frac{P_{C负荷有功(kW)}\tan\varphi_{2低压侧补偿前} - \Delta Q_{C无功补偿(kVar)}}{P_{C负荷有功(kW)}}\right)$$

四、一次侧实际负载的功率因数 $\cos\varphi_{1一次侧负载功率因数}$：（6-26）

$$\cos\varphi_{1一次侧负载} = \frac{P_{C负荷有功(kW)} + \Delta P_{T变压器有功损(kW)}}{S_{C计入变压器损耗及补偿后视在功率(kVA)}}$$

$$= \cos\left(\arctan\frac{Q_{C负荷无功(kVar)} - \Delta Q_{C无功补偿(kVar)} + \Delta Q_{T变压器无功损(kW)}}{P_{C负荷有功(kW)} + \Delta P_{T变压器有功损(kW)}}\right)$$

$$= \cos\left(\arctan\frac{P_{C负荷有功(kW)}\tan\varphi_{2低压侧补偿前} - \Delta Q_{C无功补偿(kVar)} + \Delta Q_{T变压器无功损(kW)}}{P_{C负荷有功(kW)} + \Delta P_{T变压器有功损(kW)}}\right)$$

1. $\Delta P_{T变压器有功损(kW)} = P_{0空载有功损} + \beta_{负载率}^2 P_{k满载(短路)有功损}$

2. $\Delta Q_{T变压器无功损}(kVar) = Q_{0空载无功损} + \beta_{负载率}^2 Q_{k满载无功损}$
$\approx I_0\%_{空载电流百分比} S_{rT变压器额定}(kVA) + \beta_{负载率}^2 U_k\%_{阻抗电压百分比} S_{rT变压器额定}(kVA)$

五、自然平均功率因数 $\cos\varphi_{自然平均功率因数}$

不含补偿。用户时：不含变压器损耗。企业时：包含变压器损耗

$$\cos\varphi_{自然平均功率因数} = \cos\left(\arctan\frac{\beta_{av年平均无功负荷系数}Q_{计算无功}(kVar)}{\alpha_{av年平均有功负荷系数}P_{计算有功}(kW)}\right)$$

1. $\beta_{av年平均无功负荷系数} \approx \alpha_{av年平均有功负荷系数}$
2. $\alpha_{av年平均有功负荷系数}$：查配四 P25 表 1.9-1

六、已投入的用户平均功率因数 $\cos\varphi_{用户平均功率因数}$ 配四 P37

$$\cos\varphi_{用户自然平均功率因数} = \cos\left(\arctan\frac{W_{nn月无功电能消耗量}(kW\cdot h)}{W_{n月有功电能消耗量}(kW\cdot h)}\right)$$

节能 Note12　变压器 运行 2 台比 1 台 节电计算《钢铁企业电力设计手册》（上册） P296

一、计算 β 变压器负载率、负荷率《钢铁企业电力设计手册》（上册） P296 例 4

1. 运行一台：$\beta_{负载率1台} = \dfrac{P_{e负荷有功}(kW)}{\cos\varphi_{低压侧补偿后} \times S_{rT变压器额定}(kV\cdot A)}$

2. 运行一台：$\beta_{负载率2台} = \dfrac{0.5 \times P_{e负荷有功}(kW)}{\cos\varphi_{低压侧补偿后} \times S_{rT变压器额定}(kV\cdot A)}$

二、计算有功损耗 $\Delta P_{T功率损耗}$

1. 运行 1 台：
$\Delta P_{T变压器有功损1台}(kW) = P_{0空载有功损} + \beta_{负载率1台}^2 P_{k满载(短路)有功损}$

2. 运行 2 台：
$\Sigma\Delta P_{T变压器有功损2台}(kW) = 2P_{0空载有功损} + 2\times\beta_{负载率2台}^2 P_{k满载(短路)有功损}$
$= 2P_{0空载有功损} + 0.5\times\beta_{负载率1台}^2 P_{k满载(短路)有功损}$

三、计算有功损耗减少量 $\Delta\Delta P_{T功率损耗减少量}$

$\Delta\Delta P_{T功率损耗减少量}(kW) = \Delta P_{T变压器有功损1台}(kW) - \Delta P_{T变压器有功损2台}(kW)$
$= 0.5\times\beta_{负载率1台}^2 P_{k满载(短路)有功损} - P_{0空载有功损}$

四、求电能下降 $\Delta\Delta W_T$：配四（1.10-26）

求差值：

$\Delta\Delta W_{T电能损耗减少量}(kW\cdot h) = \Delta W_{T电能损耗大}(kW\cdot h) - \Delta W_{T电能损耗小}(kW\cdot h)$
$= 0.5\times\beta_{负载率1台}^2 P_{k满载(短路)有功损}\tau_{最大负载损耗小时数} - P_{0空载有功损} t_{带电小时数}$

1. $t_{带电小时数}$：变压器投入运行小时数，一般 $=365\times24=8760$ h
2. $\tau_{最大负载损耗小时数}$：详 DL/T 985—2022 配电变能耗 P15 节能 Note1

节能 Note13　**变压器临界负荷 容量相同运行几台最经济** 配四 P1561

一、经济运行的临界负荷 S_{JP}：共 n 台变压器　配四　表 16.3-8

$$S_{JP临界负荷(kV \cdot A)} = S_{rT-台额定(kV \cdot A)} \sqrt{\frac{n_{总台数}(n_{总台数}-1)(P_{0空载有功损}+K_{Q无功经济当量}Q_{0空载无功损})}{P_{k满载(短路)有功损}+K_{Q无功经济当量}Q_{k满载无功损}}}$$

$$= S_{rT-台额定} \sqrt{\frac{n_{总台数}(n_{总台数}-1)(P_{0空载有功损}+K_{Q无功经济当量}I_0\%_{空载电流百分比}S_{rT额定(kV \cdot A)})}{P_{k满载(短路)有功损}+K_{Q无功经济当量}U_k\%_{阻抗电压百分比}S_{rT变压器额定(kV \cdot A)}}}$$

二、几台同时运行最经济

当 $S_{实际全站总负荷} \leqslant S_{JP临界负荷}$ 时：宜 $n-1$ 台同时运行

当 $S_{实际全站总负荷} > S_{JP临界负荷}$ 时：宜 n 台同时运行

三、**变电站**变压器并列运行条件：配四 表 2.4-5 详见表 16-8

表 16-8　变电站变压器并列运行条件

序号	并列运行条件	技术要求
1	额定电压和变压比相同	变压比差值不得超过 0.5%，调压范围与每级电压要相同
2	联结组别相同	包括联结方式、极性、相序都必须相同
3	短路电压（阻抗电压）相等	短路电压值不得超过 ±10%
4	容量相等或相近	两变压器容量比不宜超过 3：1

四、无功经济当量 $K_{Q无功经济当量}$

1. 查表法：

1）配电变压器：配四 P1545

　　35kV：$0.02 \leqslant K_Q \leqslant 0.05$。10kV：$0.05 \leqslant K_Q \leqslant 0.1$

2）电力变压器：GB/T 13462—2008　表 B1 电力变压器经济运行

发电厂母线直配=0.04；二次变压=0.07；三次变压=0.1；二次侧功率因数 $\geqslant 0.9$ =0.04

示意图如图 16-1 所示。

3）已知负载最大或最小：《钢铁企业电力设计手册》（上册）表 6-1 详见表 16-7

2. 公式法：

1）已知 $R_{变压器电阻}$、$Q_{A变压器无功损耗}$、$Q_{B变压器无功损耗}$　**精确算**：GB/T 13462 电力变经济 式 (B.9)

$$K_Q = \frac{\Delta\Delta P_{Q无功损变化引起的有功损变化量}}{\Delta\Delta Q_{无功损变化量}}$$

$$= \frac{Q_{B变压器无功损耗}+Q_{A变压器无功损耗}(\text{kVar})}{U^2_{电网电压(kV)}} R_{变压器电阻(\Omega)} \times 10^{-3}$$

2) 未知 $R_{变压器电阻}$ 估算：GB/T 13462 电力变经济 式（B.10）

$$K_Q \approx \frac{2Q}{U^2} R \times 10^{-3} \approx \frac{2\Delta P_{UQ穿越电网的无功功率Q引起的电网功率损耗(kW)}}{Q_{穿越电网的无功功率(kVar)}}$$

节能 Note14　K_T 波动损耗系数　GB/T 13462 电力变经济　P15

一、已知形状系数 K_f 或每小时电量 A_i 公式法：(C-1、C-2)

$$K_{T波动损耗系数} = K_{f形状系数}^2 = \frac{T_{统计小时数(h)} \times \sum_{i=1}^{T}(A_{i每小时记录电量(kW \cdot h)}^2)}{\left(\sum_{i=1}^{T} A_{i每小时记录电量(kW \cdot h)}\right)^2}$$

二、已知负载率＞95％的小时数 查表法：(C-3、C-4) 表 C.1

1. 求 $\gamma_{T小时的视在负荷率}$：$= \gamma_{T小时的有功负荷率} \cdot \frac{\cos\varphi_{T小时平均功率因数}}{\cos\varphi_{max最大负荷时功率因数}}$

2. 求 $T_m\%_{最大负荷运行时间百分数}$：$= \frac{T_{mT小时内负载率>95\%的小时数}}{T_{总测量小时数}}$

3. 根据 $\gamma_{T小时的视在负荷率}$、$T_m\%_{最大负荷运行时间百分数}$ 查表 C.1 得 K_T 波动损耗系数

节能 Note15　（带 K_T 波动损耗系数）变压器四大参数、损耗 GB/T 13462 电力变经济　P7

一、$P_{0空载有功损耗(kW)} = K_{T工艺系数} P_{c铁芯材料单位损耗(kW/kg)} G_{t铁芯质量(kg)}$《钢铁企业电力设计手册》（上册）(6-1)

二、$P_{k满载（短路）有功损耗(kW)} = u_R\%_{电阻电压百分比} \times S_{rT变压器额定(kV \cdot A)}$
$= K_{m导电率有关的系数} J^2_{m电流密度(A/mm^2)} G_{m导线质量(kg)}$《钢铁企业电力设计手册》（上册）(6-2)

三、$Q_{0空载无功损耗(kVar)}$：$\approx S_{rT空载试验视在功率(kV \cdot A)} \approx I_0\%_{穿载电流百分比} \times S_{rT变压器额定(kV \cdot A)}$《钢铁企业电力设计手册》（上册）(6-8)

四、$Q_{k满载（短路）无功损耗(kVar)}$：$= u_X\%_{电抗电压百分比} \times S_{rT变压器额定(kV \cdot A)}$
$\approx S_{k短路试验视在功率(kV \cdot A)} \approx u_k\%_{电抗电压百分比} \times S_{rT变压器额定(kV \cdot A)}$《钢铁企业电力设计手册》（上册）(6-10)

注：$u_X\%_{电抗电压百分比} = \sqrt{u_k^2\%_{阻抗电压百分比} + u_R^2\%_{电阻电压百分比}}$

五、变压器 $\beta_{负载率}$：（仅代表低压侧，不计变压器损耗）《钢铁企业电力设计手册》（上册）(6-17)

$$\beta_{负载率} = \frac{I_{2二次侧负载电流(A)}}{I_{2N二次侧额定(A)}} = \frac{S_{c变压器视在、计算负荷(kV \cdot A)}}{S_{rT变压器额定(kV \cdot A)}} = \frac{P_{c负荷有功(kW)}}{\cos\varphi_{c低压侧补偿后} \times S_{rT变压器额定(kV \cdot A)}}$$

考虑无功补偿时：$= \frac{\sqrt{P_{c负荷有功(kW)}^2 + (Q_{c负荷无功(kVar)} - \Delta Q_{补偿(kVar)})^2}}{S_{rT变压器额定(kV \cdot A)}}$

六、有功损耗 $\Delta P_{T功率损耗}$：GB/T 13462 电力变经济 （A.2）

$$\Delta P_{T变压器有功损(kW)} = P_{0空载有功损} + K_{T波动损耗系数} \beta_{负载率} P_{k满载（短路）有功损}$$

七、有功功率损失率 $\Delta P_T\%_{有功功率损失率}$：GB/T 13462 电力变经济（A.10）

$$\Delta P_T\%_{有功损失率} = \frac{\Delta P_{T功率损耗}}{P_{1一次侧输入有功}} = \frac{P_{0空载有功损}(kW) + K_{T波动损耗系数}\beta^2 P_{k满载(短路)有功损}}{P_{c负荷有功}(kW) + P_0 + K_{T波动损耗系数}\beta^2 P_k}$$

$$= \frac{P_{0空载有功损}(kW) + K_{T波动损耗系数}\beta^2 P_{k满载(短路)有功损}}{\beta S_{rT变压器额定}(kV \cdot A) \cos\varphi_{二次侧补偿后} + P_0 + K_{T波动损耗系数}\beta^2 P_k}$$

八、$\eta_{变压器效率}$：GB/T 13462 电力变经济（A.10）

$$\eta_{变压器效率} = 1 - \Delta P_T\%_{有功损失率} = \frac{P_{c负荷有功}(kW)}{P_{1一次侧总有功}} = \frac{P_{c负荷有功}(kW)}{P_{c负荷有功}(kW) + P_0 + K_{T波动损耗}\beta^2 P_k}$$

$$= \frac{\beta S_{rT变压器额定}(kV \cdot A) \cos\varphi_{二次侧补偿后}}{\beta S_{rT变压器额定}(kV \cdot A) \cos\varphi_{二次侧补偿后} + P_0 + K_{T波动损耗系数}\beta^2 P_k}$$

九、无功损耗 $\Delta Q_{T无功损耗}$：GB/T 13462 电力变经济（A.3）

$$\Delta Q_{T变压器无功损}(kVar) = Q_{0空载无功损} + K_{T波动损耗系数}\beta^2_{负载率} Q_{k满载无功损}$$

$$\approx I_0\%_{空载百分比} S_{rT变压器额定}(kV \cdot A) + K_{T波动损耗系数}\beta^2_{负载率} U_{k阻抗百分比} S_{rT变压器额定}(kV \cdot A)$$

十、无功功率损失率 $\Delta P_T\%_{无功功率损失率}$：GB/T 13462 电力变经济（A.11）

$$\Delta Q_T\%_{无功损失率} = \frac{\Delta Q_{T功率损耗}}{P_{1一次侧输入有功}} = \frac{Q_{0空载无功损} + K_{T波动损耗系数}\beta^2_{负载率} Q_{k满载无功损}}{P_{c负荷有功}(kW) + P_0 + K_{T波动损耗系数}\beta^2 P_k}$$

$$= \frac{I_0\%_{空载电流百分比} S_{rT变压器额定}(kV \cdot A) + K_{T波动损耗系数}\beta^2_{负载率} U_k\%_{阻抗电压百分比} S_{rT变压器额定}(kV \cdot A)}{\beta S_{rT变压器额定}(kV \cdot A) \cos\varphi_{二次侧补偿后} + P_0 + K_{T波动损耗系数}\beta^2 P_k}$$

十一、电能损耗 $\Delta W_{T电能损耗}$ GB/T 13462 电力变经济（A.2）

$$\Delta W_{T电能损耗}(kW \cdot h) = \Delta P_{0无功损耗}(kW)t_{带电小时数}(h) + K_{T波动损耗系数}\beta^2_{负载率} P_{k满载损耗}(kW)\tau_{最大负载损耗小时数}(h)$$

1. $t_{带电小时数}$：变压器投入运行小时数，一般 $= 365 \times 24 = 8760h$

2. $\tau_{最大负载损耗小时数}$：详 DL/T 985—2022 配电变能耗 P15 节能 Note1

节能 Note16 （带 K_T 波动损耗系数）综合功率损失 年综合电能损耗 综合经济负载系数 $K_{Q无功经济当量}$ GB/T 13462 电力变经济 P3

一、空载综合功率损失 $\Delta P_{Z0空载综合功率损失}$：《钢铁企业电力设计手册》（上册）（6-30）

$$\Delta P_{Z0空载综合功率损失}(kW) = P_{0空载有功损} + K_{Q无功经济当量} Q_{0空载无功损}$$

$$= P_{0空载有功损} + K_{Q无功经济当量} I_0\%_{空载电流百分比} S_{rT变压器额定}(kV \cdot A)$$

二、额定负载综合功率损失 $\Delta P_{ZK额定综合功率损失}$：《钢铁企业电力设计手册》（上册）（6-31）

$$\Delta P_{Zk额定综合功率损失}(kW) = P_{k满载(短路)有功损} + K_{Q无功经济当量} Q_{k短路无功损}$$

$$= P_{k满载(短路)有功损} + K_{Q无功经济当量} U_k\%_{阻抗电压百分比} S_{rT变压器额定}(kV \cdot A)$$

三、综合有功功率损失 $\Delta P_{Z综合有功功率损失}$：GB/T 13462 电力变经济（A.4）

$$\Delta P_{Z综合有功功率损失} = \Delta P_{T变压器有功损}(kW) + K_{Q无功经济当量} \Delta Q_{T变压器无功损}(kVar)$$

$$= \Delta P_{Z0空载综合功率损失}(kW) + K_{T波动损耗系数}\beta^2_{负载率} \Delta P_{Zk额定综合功率损失}(kW)$$

$$= P_{0空载有功损} + K_{T波动损耗系数}\beta^2_{负载率} P_{k满载（短路）有功损}$$
$$+ K_{Q无功经济当量} I_0\%_{空载电流百分比} S_{rT变压器额定}(kV \cdot A)$$
$$+ K_{T波动损耗系数}\beta^2_{负载率} K_{Q无功经济当量} U_k\%_{阻抗电压百分比} S_{rT变压器额定}(kV \cdot A)$$

四、年综合电能损耗 $\Delta W_{Z年综合电能耗}$：GB/T 13462 电力变经济（A.4）

$$\Delta W_{Z综合电能损耗}(kW \cdot h) = t_{带电小时}\Delta P_{Z0空载综合功损} + \tau_{最大负载损耗小时}\beta^2_{负载率}\Delta P_{Zk负载综合功损}$$
$$= t_{带电小时数}(P_{0空载有功损} + K_{Q无功经济当量} I_0\%_{空载电流百分比} S_{rT额定}(kV \cdot A))$$
$$+ \tau_{最大负载损耗小时} K_{T波动损耗}\beta^2_{负载率}(P_{k满载（短路）有功损} + K_{Q无功经济当量} U_k\%_{阻抗电压百分比} S_{rT额定}(kV \cdot A))$$

1. $t_{带电小时数}$：变压器投入运行小时数，一般 $= 365 \times 24 = 8760h$

2. $\tau_{最大负载损耗小时数}$：详 DL/T 985—2022 配电变能耗 P15 节能 Note1

五、综合有功功率损失率 $\Delta P_Z\%_{综合有功功率损失率}$：GB/T 13462 电力变经济（A.12）

$$\Delta P_Z\%_{综合有功功率损失率} = \frac{\Delta P_{Z综合有功损失本Note三}}{P_{c负荷有功}(kW) + \Delta P_{Z综合有功损失本Note三}}$$

六、综合经济负载系数 $\beta_{JZ综合经济负载系数}$：GB/T 13462 电力变经济（1）6.1.3

$$\beta_{JZ综合经济负载系数} = \sqrt{\frac{\Delta P_{Z0空载综合功率损失}}{K_{T波动损耗}\Delta P_{Zk额定负载综合功率损失}}}$$

$$= \sqrt{\frac{P_{0空载有功损} + K_{Q无功经济当量} I_0\%_{空载电流百分比} S_{rT变压器额定}(kV \cdot A)}{K_{T波动损耗} P_{k满载（短路）有功损} + K_{T波动损耗} K_{Q无功经济当量} U_k\%_{阻抗电压百分比} S_{rT变压器额定}(kV \cdot A)}}$$

七、变压器经济运行区：6.1.3

1. 当 $\beta_{JZ综合经济负载系数} \leq \beta_{负载率} \leq 1$ 时：变压器为<u>经济运行区</u>

2. 当 $1.33 \times \beta_{JZ综合经济负载系数} \leq \beta_{负载率} \leq 0.75$ 时：变压器为<u>最佳经济运行区</u>

3. 当 $0 \leq \beta_{负载率} \leq \beta_{JZ综合经济负载系数}$ 时：变压器为<u>非经济运行区</u>

注：$\beta_{负载率} = \frac{I_{2二次侧负载电流}(A)}{I_{2N二次侧额定}(A)} = \frac{S_{c变压器视在计算负荷}(kV \cdot A)}{S_{rT变压器额定}(kV \cdot A)} = \frac{P_{c负荷有功}(kW)}{\cos\varphi_{低压侧补偿后} \times S_{rT变压器额定}(kV \cdot A)}$

考虑无功补偿时：$= \frac{\sqrt{P^2_{c负荷有功}(kW) + (Q_{c负荷无功}(kVar) - \Delta Q_{补偿}(kVar))^2}}{S_{rT变压器额定}(kV \cdot A)}$

八、无功经济当量 $K_{Q无功经济当量}$：

1. 查表法：

  1）配电变压器：配四 P1545

  35kV：$0.02 \leq K_Q \leq 0.05$。10kV：$0.05 \leq K_Q \leq 0.1$

示意图如图 16-1 所示。

  2）电力变压器：GB/T 13462—2008 表 B1 电力变压器经济运行

发电厂母线直配$=0.04$；二次变压$=0.07$；三次变压$=0.1$；二次侧功率因数$\geq 0.9 = 0.04$

  3）已知负载最大或最小：《钢铁企业电力设计手册》（上册）表 6-1 详见表 16-7

2. 公式法：

1) 已知 $R_{变压器电阻}$、$Q_{A变压器无功损耗}$、$Q_{B变压器无功损耗}$ **精确算**：GB/T 13462 电力变经济 式（B.9）

$$K_Q = \frac{\Delta\Delta P_{Q无功损变化引起的有功损变化量}}{\Delta\Delta Q_{无功损变化量}}$$

$$= \frac{Q_{B变压器无功损耗} + Q_{A变压器无功损耗}(kVar)}{U^2_{电网电压}(kV)} R_{变压器电阻}(\Omega) \times 10^{-3}$$

2) 未知 $R_{变压器电阻}$ **估算**：GB/T 13462 电力变经济 式（B.10）

$$K_Q \approx \frac{2Q}{U^2} R \times 10^{-3} \approx \frac{2\Delta P_{UQ穿越电网的无功功率 Q 引起的电网功率损耗}(kW)}{Q_{穿越电网的无功功率}(kVar)}$$

节能 Note17　变压器综合功率（有 K_T 波动损耗系数）节电计算 GB/T 13462 电力变经济 P9

一、运行变压器 A 换到变压器 B 综合功率损耗降低量 $\Delta\Delta P_Z$：（A.17）

$$\Delta\Delta P_{Z综合有功损失降低量}(kW) = \Delta P_{Z0A空载损} - \Delta P_{Z0B空载损}$$

$$+ K_{T波动损耗系数}(\beta^2_{A负载率}\Delta P_{ZKA满载损} - \beta^2_{B负载率}\Delta P_{ZK满载损})$$

$$= \Delta P_{Z空载损A}(kW) - \Delta P_{Z空载损B}(kW)$$

$$+ K_{T波动损耗系数} S^2_{C计算负荷}(kV \cdot A) \left(\frac{\Delta P_{ZKA满载损}(kW)}{S^2_{rTA变压器额定}(kV \cdot A)} - \frac{\Delta P_{ZKB满载损}(kW)}{S^2_{rTB变压器额定}(kV \cdot A)} \right)$$

1. 空载综合功率损失 $\Delta P_{Z0空载综合功率损失}$：《钢铁企业电力设计手册》（上册）（6-30）

$$\Delta P_{Z0空载综合功率损失}(kW) = P_{0空载有功损} + K_{Q无功经济当量} Q_{0空载无功损}$$

$$= P_{0空载有功损} + K_{Q无功经济当量} I_0\%_{空载电流百分比} S_{rT变压器额定}(kV \cdot A)$$

2. 满载综合功率损失 $\Delta P_{ZK额定负载综合功率损失}$：《钢铁企业电力设计手册》（上册）（6-31）

$$\Delta P_{ZK额定负载综合功率损失}(kW) = P_{k满载(短路)有功损} + K_{Q无功经济当量} Q_{k短路无功损}$$

$$= P_{k满载(短路)有功损} + K_{Q无功经济当量} U_k\%_{阻抗电压百分比} S_{rT变压器额定}(kV \cdot A)$$

二、运行变压器 A 和 B 换为只运行变压器 B 综合功率耗降低量 $\Delta\Delta P_Z$：（A.19）

$$\Delta\Delta P_{Z综合有功损失降低量}(kW) = \Delta P_{Z0A空载损} + \frac{K_{T波动损耗系数}\Delta P_{ZKA满载损} S^2_{C原A计算负荷}(kV \cdot A)}{S^2_{rTA变压器额定}(kV \cdot A)}$$

$$- \frac{K_{T波动损耗系数}\Delta P_{ZKB满载损} (S_{C原A计算负荷} + S_{C原A计算负荷} S_{C原B计算负荷})}{S^2_{rTB变压器额定}(kV \cdot A)}$$

三、变压器 A 与到变压器 B 对比的临界综合负载视在功率 S_{LZ}：（A.16）

$$S_{LZ临界综合视在}(kV \cdot A) = \sqrt{\frac{\Delta P_{0ZA空载综合损}(kW) - \Delta P_{0ZB空载综合损}}{K_{T波动损耗系数}\left[\frac{\Delta P_{KZB满载综合损}(kW)}{S^2_{rTB额定容量}(kV \cdot A)} - \frac{\Delta P_{KZA满载综合损}(kW)}{S^2_{rTA额定容量}(kV \cdot A)}\right]}}$$

S_{LZ} 确定经济运行方式：5.1

1. 当 $S_{LZ临界综合视在}$ 为虚数（根号内为负数）时：选 $\Delta P_{0ZX空载综合损}$ 较小的
2. 当 $S_{LZ临界综合视在} > S_{C实际总计算负荷}$ 时：选 $\Delta P_{0ZX空载综合损}$ 较小的
3. 当 $S_{LZ临界综合视在} < S_{C实际总计算负荷}$ 时：选 $\frac{\Delta P_{KZX满载综合损}}{S^2_{rTX额定容量}}$ 较小的

四、其余节电损耗、分配系数 P9～P10 查 A.10～A.20

节能 Note18 调整相间不平衡负载 节电计算 GB/T 13462 电力变经济 P19

一、最大负荷视在功率 S_{max}、最小负荷视在功率 S_{min}、平衡负荷视在功率 S_{av}

S_{max}最大负荷视在功率 = $[S_{A相}，S_{B相}，S_{C相}]_{max}$

S_{min}最小负荷视在功率 = $[S_{A相}，S_{B相}，S_{C相}]_{min}$

S_{av}平衡负荷视在功率 = $(S_{A相}+S_{B相}+S_{C相})/3$

二、相负载不平衡度 $F_φ$：GB/T 13462 电力变经济（D.1）

$$F_{φ相负载不平衡度} = \frac{S_{max最大负荷视在功率} - S_{min最小负荷视在功率}}{S_{av平衡负荷视在功率}}$$

三、相间最小负载不平衡度 F_x：GB/T 13462 电力变经济（D.2）

$$F_{x相间最小负载不平衡度} = \frac{S_{min最小负荷视在功率} - S_{av平衡负荷视在功率}}{S_{av平衡负荷视在功率}}$$

四、变压器相间不平衡负载损耗系数 K_{Bb} GB/T 13462 电力变经济（D.3）

$$K_{Bb不平衡负载损耗系数} = 1 - \frac{2}{3}F_{φ相负载} - 2 \times F_{φ相负载}F_{x相间最小负载} - 2 \times F_{x相间最小负载}^2$$

五、调整相间不平衡负载 综合功率损耗降低量 $ΔΔP_Z$（A.32）

$$ΔΔP_{Z综合有功损失降低量(kW)} = (K_{Bb前} - K_{Bb后}) \frac{3S_{av平衡负荷视在功率}^2 ΔP_{kz单相额定负载综合功率损失}}{S_{N1单相额定容量}^2}$$

$$= (K_{Bb前} - K_{Bb后}) \frac{9 \times S_{av平衡负荷视在功率}^2 ΔP_{kz额定负载综合功率损失}}{S_{N额定容量}^2}$$（凑答案）

满载综合功率损失 $ΔP_{ZK额定负载综合功率损失}$：《钢铁企业电力设计手册》（上册）（6-31）

$$ΔP_{ZK额定综合功率损失(kW)} = P_{k满载(短路)有功损} + K_{Q无功经济当量}Q_{K短路无功损}$$

$$= P_{k满载(短路)有功损} + K_{Q无功经济当量}U_k\%_{阻抗电压百分比}S_{rT变压器额定}(kV·A)$$

节能 Note19 **穿越电网引起电网功率损失** GB/T 13462 电力变经济 P13

一、穿越电网的视在功率 S 引起电网功率损失 $ΔP_{US}$：（B.1）

$$ΔP_{US视在引起电网功率损失(kW)} = \left(\frac{S_{穿越电网的视在功率(kV·A)}}{U_{电网电压(kV)}}\right)^2 R_{变压器电阻(Ω)} \times 10^{-3}$$

二、穿越电网的有功功率 P 引起电网功率损失 $ΔP_{UP}$：（B.3）

$$ΔP_{UP有功引起电网功率损失(kW)} = \left(\frac{P_{穿越电网的有功功率(kW)}}{U_{电网电压(kV)}}\right)^2 R_{变压器电阻(Ω)} \times 10^{-3}$$

三、穿越电网的无功功率 Q 引起电网功率损失 $ΔP_{UQ}$：（B.3）

$$ΔP_{UQ无功引起电网功率损失(kW)} = \left(\frac{Q_{穿越电网的无功功率(kVar)}}{U_{电网电压(kV)}}\right)^2 R_{变压器电阻(Ω)} \times 10^{-3}$$

节能 Note20　变压器回收年限《钢铁企业电力设计手册》(上册) P291

一、使用年限已到期，折旧费已完，没剩值，不大修《钢铁企业电力设计手册》(上册) (6-3)

$$T_{B变压器回收年限} = \frac{Z_{n新变压器购买价} - G_{旧变压器残存价值} - Z_{C更新后减少电容器的总投资}}{G_{d每年节约电费}}$$

注：$G_{旧变压器残存价值} = 0.1 \times Z_{旧变压器的投资}$

二、使用年限已到期，折旧费已完，没剩值，需大修《钢铁企业电力设计手册》(上册) (6-4)

$$T_{B变压器回收年限} = \frac{Z_{n新变压器购买价} - G_{JL旧变压器大修费} - G_{旧变压器残存价值} - Z_{C更新后减少电容器总投资}}{G_{d每年节约电费}}$$

三、不到使用年限，折旧费没完，有剩值，不大修《钢铁企业电力设计手册》(上册) (6-5)

$$T_{B变压器回收年限} = \frac{Z_{n新变压器购买价} + W_{旧变压器剩值} - G_{旧变压器残存价值} - Z_{C更新后减少电容器的总投资}}{G_{d每年节约电费}}$$

注：$W_{旧变压器剩值} = Z_{旧变压器的投资} (1 - C_n \%_{折旧率} T_{y运行年限})$　　(6-6)

四、不到使用年限，折旧费没完，有剩值，需大修《钢铁企业电力设计手册》(上册) (6-7)

$$T_{B变压器回收年限} = \frac{Z_{n新变压器购买价} + W_{旧变压器剩值} - G_{JL旧变压器大修费} - G_{旧变压器残存价值} - Z_{C更新后减少电容器的总投资}}{G_{d每年节约电费}}$$

五、判断变压器回收年限，是否更换变压器

1. $T_{B变压器回收年限} < 5$ 年时：立即更新变压器
2. $T_{B变压器回收年限} > 10$ 年时：不应考虑更新变压器
3. $T_{B变压器回收年限} = 5 \sim 10$ 年时：酌情考虑更新变压器

节能 Note21　费用现值系数 k_{pv}　年负载等效系数 P_L　初始费用 C_0　空载有功损耗 P_0　负载（短路）有功损耗 P_k　DL/T985—2022 配电变能耗 P11

一、费用现值系数 k_{pv}：DL/T 985—2022 配电变能耗（4）

$$k_{pv} = \frac{1 - [1/(1+i_{年贴现率=0.0几})]^{n_{新使用年限}}}{i_{年贴现率=0.0几}}$$

二、年负载等效系数 P_L：系数不含平方，后续公式都用平方

1. 通用式：DL/T 985—2022 配电变能耗（6）

$$P_L^2 = \frac{\beta_{基准年高峰负载率}^2}{(1+i_{年贴现率=0.0几})^{n_{新使用年限}}} \times \frac{(1+i_{年贴现率=0.0几})^{n_{新使用年限}} - (1+g_{负载年均增加率})^{2n_{新使用年限}}}{1+i_{年贴现率=0.0几} - (1+g_{负载年均增加率})^2}$$

2. 特例：当 $g_{高峰负载年均增长率} = 0$，即认为配电变压器使用期内负荷不变时

$$P_L^2 = k_{pv} \times \beta_{基准年高峰负载率}^2 \quad DL/T\ 985—2022\ （7）$$

注：$\beta_0{}_{基准年高峰负载率} = \dfrac{I_{1一次侧负载电流(A)}}{I_{2N二次侧额定(A)}} = \dfrac{S_{变压器视在,计算负荷(kV \cdot A)}}{S_{rT变压器额定(kV \cdot A)}} = \dfrac{P_{c负荷有功(kW)}}{\cos\varphi_{低压侧补偿后} \times S_{rT变压器额定(kV \cdot A)}}$

考虑无功补偿时：$\dfrac{\sqrt{P_{c负荷有功(kW)}^2 + (Q_{c负荷无功(kVar)} - \Delta Q_{补偿(kVar)})^2}}{S_{rT变压器额定(kV \cdot A)}}$

三、初始费用 C_0

1. 已运行配电变初始费用 $C_{0旧}$：DL/T 985—2022 配电变能耗（16）

$$C_{0已运行配电变初始费用} = V_{已运行配电变购置费用} \times \dfrac{n_{r可继续使用年数}}{n_{预期总使用年数}}$$

2. 拟更新配电变初始费用 $C_{0新}$：DL/T 985—2022 配电变能耗（17）

$$C_{0新配电变初始费用} = V_{N新配电变购置费用} \times \dfrac{n_{r可继续使用年数}}{n_{预期总使用年数}}$$

四、$P_{0空载有功损耗(kW)} = K_{c工艺系数} \, P_{c铁芯材料单价损耗(kW/kg)} \, G_{c铁芯总质量(kg)}$ 《钢铁企业电力设计手册》（上册）（6-1）

五、$P_{k满载(短路)有功损耗(kW)} = u_R\%_{电阻电压百分比} \times S_{rT变压器额定(kV \cdot A)}$

$= K_{m导电率有关的系数} J^2_{电流密度(A/mm^2)} G_{m导线质量(kg)}$ 《钢铁企业电力设计手册》（上册）（6-2）

节能 Note22 变压器总拥有费用（综合能效费用）TOC DL/T 985—2022 配电变能耗 P5

一、非供电企业按最大需量缴费时的综合能效费用 TOC_2、费用差 ΔTOC

1. 空载损耗等效初始费用**系数 A**、负载损耗等效初始费用**系数 B**：（10）（11）

$A_{空载等效系数} = k_{pv费用现值系数} \times [E_{e单位电量电费(元/kWh)} \times H_{py带电小时数(h)} + 12E_{d最大需量基本电费(元/kW)}]$

$B_{负载等效系数} = [E_{e单位电量电费} \tau_{最大负载损耗小时} + 12E_{d最大需量基本电费}] P^2_{1年负载等效系数} k_{t负载损耗温度校正系数}$

   1）$H_{py带电小时数}$：变压器投入运行小时数，一般 $=365 \times 24 = 8760h$

   2）$\tau_{最大负载损耗小时数}$：详 DL/T 985—2022 配电变能耗 P15 节能 Note1

2. 非供电企业按最大需量缴费时的综合能效费用 TOC_2：（9）

$$TOC_2 = C_{0初始费用} + A_{空载等效系数} P_{0空载损耗(kW)} + B_{负载等效系数} P_{k负载损耗(kW)}$$

3. 简化计算综合能效费用差 ΔTOC_2：$= TOC_A - TOC_B$ （15）

$$\Delta TOC = \Delta C_{0初始费用A-B} + A_{空载等效系数} \Delta P_{0空载A-B} + B_{负载等效系数} \Delta P_{k负载A-B}$$

当 $\Delta TOC < 0$：A 方案经济；当 $\Delta TOC > 0$：B 方案经济

二、非供电企业按变压器容量缴费时的综合能效费用 TOC_3、费用差 ΔTOC

1. 空载损耗等效初始费用**系数 A**、负载损耗等效初始费用**系数 B**：

$A_{空载等效系数} = k_{pv} \times E_{e单位电量电费(元/kW \cdot h)} \times H_{py带电小时数}$ （13）

$B_{负载等效系数} = E_{e单位电量电费} \tau_{最大负载损耗小时数} P^2_{1年负载等效系数} k_{t负载损耗温度校正系数}$ （14）

   1）$H_{py带电小时数}$：变压器投入运行小时数，一般 $= 365 \times 24 = 8760h$

   2）$\tau_{最大负载损耗小时数}$：详 DL/T 985—2022 配电变能耗 P15 节能 Note1

2. **非供电企业按变压器容量**缴费时的综合能效费用 **TOC**$_3$：（12）

$$TOC_3 = C_{初始费用} + A_{空载等效系数} P_{空载损耗(kW)} + B_{负载等效系数} P_{k负载损耗(kW)}$$
$$+ k_{pv} \times E_{cT容量月基本电费(元/kV \cdot A)} \times S_{配电变型额定容量(kV \cdot A)} \times 12$$

3. **简化计算综合能效费用差 ΔTOC**$_3$：= **TOC**$_A$ − **TOC**$_B$ （15）

$$\Delta TOC = \Delta C_{初始费用A-B} + A_{空载等效系数} \Delta P_{空载A-B} + B_{负载等效系数} \Delta P_{k负载A-B}$$

当 ΔTOC<0：A 方案经济； 当 ΔTOC>0：B 方案经济

三、供电企业的综合能效费用 **TOC**$_1$、费用差 **ΔTOC**

1. **空载**损耗**等效**初始费用**系数** A、**负载**损耗**等效**初始费用**系数** B：

$$A_{空载等效系数} = k_{pv} \times E_{es平均售电单价(元/kW \cdot h)} \times H_{py带电小时数} \quad (3)$$

$$B_{负载等效系数} = E_{es平均售电单价} \tau_{最大负载损耗小时数} P^2_{1年负载等效系数} k_{T负载损耗温度校正系数} \quad (5)$$

1） $H_{py带电小时数}$：变压器投入运行小时数，一般 = 365 × 24 = 8760h

2） $\tau_{最大负载损耗小时数}$：详 DL/T 985—2022 配电变能耗 P15 节能 Note1

2. **空载**综合功率损失 **ΔP**$_{Z0空载综合功率损失}$：《钢铁企业电力设计手册》（上册）（6-30）

$$\Delta P_{Z0综合综合功率损失(kW)} = P_{0空载有功损} + K_{Q无功经济当量} Q_{0空载无功损}$$
$$= P_{0空载有功损} + K_{Q无功经济当量} I_0 \% 空载电流百分比 S_{rT变压器额定(kV \cdot A)}$$

3. **负载**综合功率损失**ΔP**$_{ZK额定负载综合功率损失}$：《钢铁企业电力设计手册》（上册）（6-31）

$$\Delta P_{ZK额定负载综合功率损失(kW)} = P_{k满载(短路)有功损} + K_{Q无功经济当量} Q_{k短路无功损}$$
$$= P_{k满载(短路)有功损} + K_{Q无功经济当量} U_k \% 阻抗电压百分比 S_{rT变压器额定(kV \cdot A)}$$

4. **因配电变压器**损耗增加的上级电网建设**综合投资** C_N：DL/T 985—2022 （8）

$$C_{N损耗增加投资} = C_{N上级电网单位容量投资费} \times \Delta P_{Z综合有功功率损失}$$

注：**ΔP**$_{Z综合有功功率损失}$：《钢铁企业电力设计手册》（上册）（6-27、6-28）

$$\Delta P_{Z综合有功功率损失} = \Delta P_{Z0综合综合功率损失(kW)} + \beta^2_{基准年高峰负载率} \Delta P_{Zk额定负载综合功率损失(kW)}$$

5. **供电企业**的综合能效费用**TOC**$_1$：DL/T 985—2022 （2）

$$TOC_1 = C_{0初始费用} + A_{空载等效系数} \Delta P_{Z0综合功率损失(kW)}$$
$$+ B_{负载等效系数} \Delta P_{Zk额定负载综合功率损失(kW)} + C_{N损耗增加投资}$$

6. **简化计算综合能效费用差 ΔTOC**$_3$：= **TOC**$_A$ − **TOC**$_B$ （15）

$$\Delta TOC = \Delta C_{0初始费用A-B} + A_{空载等效系数} \Delta P_{空载A-B} + B_{负载等效系数} \Delta P_{k负载A-B}$$

当 ΔTOC<0：A 方案经济； 当 ΔTOC>0：B 方案经济

四、变压器年运行费用 C_n（一部电价、两部电价）配四 P1545 （16.3-9/16.3-10）

五、配电变压器（非供电企业**配电变总拥有费用**）TOC 配四 P1561 （16.3-11～16.3-19）

节能 Note23 **变压器投资回报年限** DL/T 985—2022 配电变能耗 P9

一、**不计及资金时间价值的**投资回报年限：

1. 非供电企业按最大需量缴费时：

    1) 空载损耗等效初始费用系数、负载损耗等效初始费用系数：（10）（11）

$$A_{空载等效系数} = k_{pv} \times [E_{e单位电量电费(元/kW \cdot h)} \times H_{py带电小时数(h)} + 12E_{d最大需量基本电费(元/kW)}]$$

$$B_{负载等效系数} = [E_{e单位电量电费}\tau_{最大负载损耗小时} + 12E_{d最大需量基本电费}]P_L^2 k_{t负载损耗温度校正系数}$$

（1）$H_{py带电小时数}$：变压器投入运行小时数，一般 $=365 \times 24 = 8760h$

（2）$\tau_{最大负载损耗小时数}$：详 DL/T 985—2022 配电变能耗 P15 节能 Note1

    2) 不计及资金时间价值的投资回报年限：（18）

$$N_{投资回报年限} = \frac{\Delta C_{0初始费用差=贵-便宜} \times k_{pv}}{A_{空载等效系数}\Delta P_{0空载损差=便宜-贵} + B_{负载等效系数}\Delta P_{k负载损差=便宜-贵}}$$

2. 非供电企业按变压器容量缴费时：

1) 空载损耗等效初始费用系数、负载损耗等效初始费用系数：

$$A_{空载等效系数} = k_{pv} \times E_{e单位电量电费(元/kW \cdot h)} \times H_{py带电小时数} \quad (13)$$

$$B_{负载等效系数} = E_{e单位电量电费}\tau_{最大负载损耗小时数} P_L^2 k_{t负载损耗温度校正系数} \quad (14)$$

2) 不计及资金时间价值的投资回报年限：（19）

$$N_{投资回报年限} = \frac{\Delta C_{0初始费用差=贵-便宜} \times k_{pv}}{A_{空载系数}\Delta P_{0空载损差=便宜-贵} + B_{负载系数}\Delta P_{k负载损差=便宜-贵} + k_{pv} \times E_{c容量月基本电费} \times \Delta S_{c配电变额定容量差=便宜-贵} \times 12}$$

3. 供电企业缴费时：

    1) 空载损耗等效初始费用系数、负载损耗等效初始费用系数：

$$A_{空载等效系数} = k_{pv} \times E_{es平均售电单价(元/kW \cdot h)} \times H_{py带电小时数} \quad (3)$$

$$B_{负载等效系数} = E_{es平均售电单价}\tau_{最大负载损耗小时数} P_L^2 k_{t负载损耗温度校正系数} \quad (5)$$

    2) 不计及资金时间价值的投资回报年限：（18）

$$N_{投资回报年限} = \frac{\Delta C_{0初始费用差=贵-便宜} \times k_{pv}}{A_{空载等效系数}\Delta P_{0空载损差=便宜-贵} + B_{负载等效系数}\Delta P_{k负载损差=便宜-贵}}$$

二、计及资金时间价值的投资回报年限：（20）

$$N_{计及资金时间价值的投资回报年限} = \frac{\log_{10}(1 - i_{年贴现率=0.0几} \times N_{不计及资金时间投资回报年限 Note-})}{\log_{10}[1/(1+i_{年贴现率=0.0几})]}$$

节能 Note24　无功经济当量 K_Q　DL/T 985—2022 配电变能耗 P7

一、查表法

    1. 配电变压器：配四 P1545

        35kV：$0.02 \leqslant K_Q \leqslant 0.05$。10kV：$0.05 \leqslant K_Q \leqslant 0.1$

    2. 电力变压器：GB/T 13462—2008 表 B1 电力变压器经济运行

发电厂母线直配$=0.04$；二次变压$=0.07$kV；三次变压$=0.1$；二次侧功率因数$\geqslant 0.9 = 0.04$

示意图如图 16-1 所示。

3. 已知负载最大或最小：《钢铁企业电力设计手册》（上册）表 6-1 详见表 16-7

二、公式法

1. 已知 $R_{变压器电阻}$、$Q_{A变压器无功损耗}$、$Q_{B变压器无功损耗}$ **精确算**：GB/T 13462 电力变经济 式（B.9）

$$K_Q = \frac{\Delta\Delta P_{Q无功损变化引起的有功损变化量}}{\Delta\Delta Q_{无功损变化量}}$$

$$= \frac{Q_{B变压器无功损耗} + Q_{A变压器无功损耗}(kVar)}{U^2_{电网电压}(kV)} R_{变压器电阻}(\Omega) \times 10^{-3}$$

2. 未知 $R_{变压器电阻}$ **估算**：GB/T 13462 电力变经济 式（B.10）

$$K_Q \approx \frac{2Q}{U^2} R \times 10^{-3} \approx \frac{2\Delta P_{UQ穿越电网的无功功率Q引起的电网功率损耗}(kW)}{Q_{穿越电网的无功功率}(kVar)}$$

节能 Note25　电动机 节能《钢铁企业电力设计手册》（上册） P303

一、电动机效能等级

1. 我国登记，查表法：配四 P1597 表 16.5-2
2. IE 代码等级，公式法：配四 P1598 表 16.5-3

$$\eta_{rM} = A\left(\lg\frac{P_{rM}}{1kW}\right)^3 + B\left(\lg\frac{P_{rM}}{1kW}\right)^2 + C\lg\frac{P_{rM}}{1kW} + D$$

二、电动机效率 η：《钢铁企业电力设计手册》（上册）P298（6-38）

$$\eta_{额定效率} = \frac{P_{N额定(输出)功率}}{P_{1额定输入功率}} = \frac{P_{N额定(输出)功率}}{P_{N额定输出功率} + \Delta P_{损耗}} \times 100\%$$

$$\eta_{实际效率} = \frac{P_{2实际输出功率}}{P_{1实际输入功率}} = \frac{P_{2实际输出功率}}{P_{2实际输出功率} + \Delta P_{损耗}} \times 100\%$$

三、异步电动机各类电流 I：《钢铁企业电力设计手册》（上册）例 7

1. 额定时：$I^2_{N额定电流} = I^2_{0空载电流} + I^2_{2N额定时输出(转子)电流}$
2. 实际时：$I^2_{1实际输入(定子)电流} = I^2_{0空载电流} + I^2_{2实际输出(转子)电流}$

注：求 I_0 空载电流

（1）某电气公司推荐的方法：

$$I_0 = 2I_{N电机额定}(1-\cos\varphi_N)\quad 《钢铁企业电力设计手册》（上册）P305 式 6-41$$

（2）按电动机最大转矩倍数推算的方法：《钢铁企业电力设计手册》（上册）
$$\qquad\qquad\qquad\qquad\qquad\qquad\qquad\qquad\qquad\qquad P305\ 式 6-42$$

$$I_0 = I_{N电机额定}\left(\sin\varphi_N - \frac{\cos\varphi_N}{2b}\right),\quad b = \frac{最大转矩}{额定转矩} = 1.8 \sim 2.2$$

（3）按经验数据估算方法：《钢铁企业电力设计手册》（上册）P305

  a. 大容量电机：$I_0 = (0.2 \sim 0.35) \times I_{N电机额定}$

  b. 小容量电机：$I_0 = (0.35 \sim 0.5) \times I_{N电机额定}$

 (4) 变频器传动电机时：配四（16.5-22）

$$I_0 = \sqrt{I_{01定子空载基波}^2 + \Sigma \; (I_{0n定子空载n次谐波}^2)}$$

四、电动机负载率 K：《钢铁企业电力设计手册》(上册) P302 例6

$$K_{负载率} = \frac{P_{2实际输出功率}}{P_{N额定输出功率}} = \frac{S_{2实际输出容量}}{S_{N额定输出容量}} = \frac{I_{2实际输出电流}}{I_{2N额定输出电流}} = \sqrt{\frac{I_{1定子电流}^2 - I_{0空载电流}^2}{I_{N额定电流}^2 - I_{0空载电流}^2}}$$

$K > 0.65$ 时：可不必更换。$K < 0.3$ 时：可更换。$K = 0.3 \sim 0.65$ 时：计算后确定。

五、电动机损耗 $\Delta P_{损耗}$：《钢铁企业电力设计手册》(上册) 例7

$$\Delta P_{额定损耗} = \left(\frac{1}{\eta_{额定效率}} - 1 \right) P_{N额定功率} = \Delta P_{可变损} + \Delta P_{固定损(铁损、机械损)}$$

$$\Delta P_{实际损耗} = \left(\frac{1}{\eta_{实际效率}} - 1 \right) P_{2实际输出功率} = K_{负载率}^2 \Delta P_{可变损} + \Delta P_{固定损(铁损、机械损)}$$

六、已知 $I_{0空载电流}$ 计算实际运行的参数 $P_{2实际输出功率}$、$\eta_{实际效率}$、$\cos\varphi_{实际功率因数}$ 例7

1. 求 $\Delta P_{可变损}$：$= \left(\dfrac{1}{\eta_{额定效率}} - 1 \right) P_{N额定功率} - \Delta P_{固定损(铁损、机械损)}$

2. 求 $P_{2实际输出功率}$：$= P_{N额定输出功率} \sqrt{\dfrac{I_{1定子电流}^2 - I_{0空载电流}^2}{I_{N额定电流}^2 - I_{0空载电流}^2}}$

3. 求 $K_{负载率}$：$= P_{2实际输出功率(2)} / P_{N额定功率}$

4. 求 $\Delta P_{实际损耗}$：$= K_{负载率(3)}^2 \Delta P_{可变损(1)} + \Delta P_{固定损(铁损、机械损)}$

5. 求 $P_{1实际输入功率}$：$= P_{2实际输出功率(2)} + \Delta P_{实际损耗(4)}$

6. 求 $I_{实际输入(定子)电流}$：$= \sqrt{K_{负载率(3)}^2 \left(I_{N额定电流}^2 - I_{0空载电流}^2 \right) + I_{0空载电流}^2}$

7. 求 $\eta_{实际效率}$：$= P_{2实际输出功率} / P_{1实际输入功率(5)}$

8. 求 $\cos\varphi_{实际功率因数}$：$= \dfrac{P_{1实际输入功率(kW)(5)}}{\sqrt{3} \, I_{实际输入(定子)电流(A)(6)} U_{电网实际电压(kV)}}$

七、提高效率节电 $G_{d节省费用}$、$T_{d回收年限}$：《钢铁企业电力设计手册》(上册) P302 例6

$$G_{d年节省费用(元)} = J_{电价(元/kW \cdot h)} \, t_{年运行时间(h)} \, K_{负载率} \, P_{N额定功率(kW)} \left[\frac{1}{\eta_{低效}} - \frac{1}{\eta_{高效}} \right]$$

$$= J_{电价(元/kW \cdot h)} \, t_{年运行时间(h)} \, P_{2实际输出功率(kW)} \left[\frac{1}{\eta_{低效}} - \frac{1}{\eta_{高效}} \right]$$

$$T_{d回收年限} = G_{新电机价格(元)} / G_{年节省费用(元)}$$

八、轧机 直流电机改晶闸管变流装置 节电 $W_{d年节电量(kW \cdot h)}$：《钢铁企业电力设计手册》(上册) P306 例9

$$W_{d年节电量(kW \cdot h)} = K_{L平均负载系数 = 0.65} \, K_{w实际有效作业率 = 0.7 \sim 0.8}$$

$$\times P_{N\text{额定功率}(kW)}T_{Y\text{年扎制时间}(h)}\left[\frac{1}{\eta_{\text{电机效率}}}-\frac{1}{\eta_{\text{晶闸管变送效率}}}\right]$$

九、电动机补偿容量 Q_b：《钢铁企业电力设计手册》(上册) P305 式 6-40 50052 6.0.12

$$Q_{b\text{单台电动机补偿容量}(kVar)} \leqslant 0.9\times\sqrt{3}\times U_{N\text{电机额定电压}(kV)}\times I_{0\text{空载励磁}(A)}\text{本Note三}$$

节能 Note26　风机水泵 节能《钢铁企业电力设计手册》(上册) P311

一、传动装置：《钢铁企业电力设计手册》(上册) P306

$$P_{1\text{系统输入}}=\frac{P_{4\text{泵机输出}}}{\eta_{\text{泵机}}\times\eta_{\text{传动}}\times\eta_{\text{电动机}}}$$

示意图如图 16-2 所示。

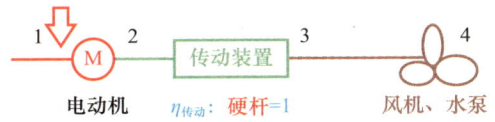

图 16-2　示意图（2）

二、液力耦合器调速：《钢铁企业电力设计手册》(下册) P361-362

$$P_{1\text{系统输入}}=\frac{P_{4\text{泵机输出}}}{\eta_{\text{泵机}}\times\eta_{\text{液耦}}\times\eta_{\text{电动机}}}$$

$$\eta_{\text{液耦效率}}=\frac{n_{\text{泵机输入转速位置3}(r/min)}}{n_{\text{电机转速位置2}(r/min)}}=\frac{P_{3\text{泵机输入}}}{P_{2\text{电动机输出}}}$$

示意图如图 16-3 所示。

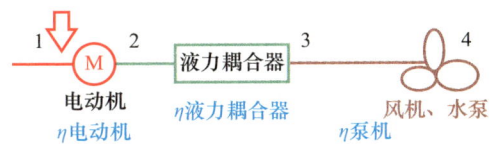

图 16-3　示意图（3）

三、变频器调速：《钢铁企业电力设计手册》(下册) P269

$$P_{1\text{系统输入}}=\frac{P_{4\text{泵机输出}}}{\eta_{\text{泵机}}\times\eta_{\text{电动机}}\times\eta_{\text{变频器}}}$$

示意图如图 16-4 所示。

图 16-4　示意图（4）

四、风机水泵实际输出**功率** $P_{4风机输出}$ 位置 4：《钢铁企业电力设计手册》(上册) P306 6.6

$$P_{4风机输出(kW)} = Q_{流量(m^3/s)} H_{空气压力(Pa)} \times 10^{-3}$$

$$\frac{P_{4泵机输出状态1(kW)}}{P_{4泵机输出状态2(kW)}} = \left(\frac{n_{泵机转速状态1(r/min)}}{n_{泵机转速状态2(r/min)}}\right)^3$$

$$\frac{n_{泵机转速状态1(r/min)}}{n_{泵机转速状态2(r/min)}} = \frac{f_{频率状态1(Hz)}}{f_{频率状态2(Hz)}} = \frac{Q_{流量状态1(m^3/s)}}{Q_{流量状态2(m^3/s)}} = \sqrt{\frac{H_{水头,扬程状态1(m)}}{H_{水头,扬程状态2(m)}}}$$

五、风机水泵实际输入功率 $P_{3泵机输入}$ 位置 3：《钢铁企业电力设计手册》(上册) P306 6.6

$$P_{3泵机输入(kW)} = P_{4泵机输出(kW)} / \eta_{泵机}$$

注：当 $\eta_{泵机}$ 保持不变时：

$$\frac{P_{3泵机输入状态1(kW)}}{P_{3泵机输入状态2(kW)}} = \frac{P_{4泵机输出状态1(kW)}}{P_{4泵机输出状态2(kW)}} = \left(\frac{n_{泵机转速状态1(r/min)}}{n_{泵机转速状态2(r/min)}}\right)^3$$

六、风机水泵的**电动机设计输出（轴）功率** $P_{2电动机输出}$ 位置 2：

1. 离心风机《钢铁企业电力设计手册》(下册) (23-58)

$$P_{2电动机输出(kW)} = \frac{K_{裕量系数} Q_{送风量(m^3/s)} H_{空气压力(Pa)} \times 10^{-3}}{\eta_{风机} \times \eta_{传动}}$$

2. 离心水泵《钢铁企业电力设计手册》(下册) (23-59)

$$P_{2电动机输出(kW)} = \frac{K_{裕量系数} \gamma_{液体密度水=1(t/m^3)} Q_{流量(m^3/s)} [H_{水头(m)} + \Delta H_{损失水头(m)}] \times 10^3}{102 \times \eta_{水泵} \times \eta_{传动}}$$

七、**更换电动机提高效率节电** $\Delta\Delta P_{减少功率消耗量}$ $G_{d节省费用}$：《钢铁企业电力设计手册》(上册) P309 例 10（6-45）

$$\Delta\Delta P_{减少功率消耗量(kW)} = P_{2电动机输出(kW)本Note六} \left[\frac{1}{\eta_{电机1低效}} - \frac{1}{\eta_{电机2高效}}\right]$$

$$= P_{3泵机输入(kW)本Note五} \left[\frac{1}{\eta_{传动1低效} \times \eta_{电机1低效}} - \frac{1}{\eta_{传动2高效} \times \eta_{电机2高效}}\right]$$

$$G_{d年节省费用(元)} = J_{电价(元/kW \cdot h)} t_{年运行时间(h)} \Delta P_{减少功率消耗量(kW)}$$

八、**风机三种控制方法下的耗电量** $P_{消耗功率}$ 《钢铁企业电力设计手册》(上册) P310 例 11

$$P_{消耗功率} = \Delta P\%_{功率消耗相对值查表6-12} \times P_{2N电动机额定功率}$$

九、其他节电办法《钢铁企业电力设计手册》(上册) P309

第十七章　智能化

火警知识点汇总 GB 50116 火警 P1

火警 Note1　哪里设置火灾自动报警系统 GB 50016 火规 P119 GB 50116 火警 P57
火警 Note2　哪里设置电气火灾监控系统 GB 50016 火规 P131 GB 51348 民规 P189
火警 Note3　火警控制器、联动控制器台数、短路隔离器个数 GB 50116 火警 P3
火警 Note4　火灾探测器的选择 GB 50116 火警 P19
火警 Note5　火灾探测器的设置（间距、数量）GB 50116 火警 P24
火警 Note6　线性光束感烟设置（距离、数量）GB 50116 火警 P27
火警 Note7　声光报警器要求其他规范补充 GB 50116 火警 P29
火警 Note8　消防广播要求其他规范补充 GB 50116 火警 P31

消防控制室内设备的布置 GB 50116 火警 P7

火警 Note1　哪里设置火灾自动报警系统 GB 50016 火规 P119 50116 火警 P57

一、GB 50016-2014 火规建筑分类：P57 表 5.1.1

5.3.2-2.3 P65，高层建筑内中庭回廊

5.3.6-8，P67 步行街两侧商铺内

5.4.7-5，P69 剧场、电影院、礼堂设在高层建筑内

5.4.8-3，P70 会议厅、多功能厅设在高层建筑内

5.4.12-7，锅炉、油变、可燃油高压电容器、多油开关在民建内

5.4.13-5，民建内柴发机房

8.4.1-1 P119 任一层建筑面积大于 1500m^2 或总建筑面积大于 3000m^2 的制鞋、制衣、玩具、电子等类似用途的厂房

8.4.1-2 每座占地面积大于 1000m^2 的棉、毛、丝、麻、化纤及其制品的仓库，占地面积大于 500m^2 或总建筑面积大于 1000m^2 的卷烟仓库

8.4.1-3 任一层建筑面积大于 1500m^2 或总建筑面积大于 3000m^2 的商店、展览、财贸金融、客运和货运等类似用途的建筑，总建筑面积大于 500m^2 的地下或半地下商店

8.4.1-4 图书或文物的珍藏库，每座藏书超过 50 万册的图书馆，重要的档案馆

8.4.1-5 地市级及以上广播电视建筑、邮政建筑、电信建筑，城市或区域性电力、交通和防灾等指挥调度建筑

8.4.1-6 特等、甲等剧场，座位数超过 1500 个的其他等级的剧场或电影院，座位数超过 2000 个的会堂或礼堂，座位数超过 3000 个的体育馆

8.4.1-7 大、中型幼儿园的儿童用房等场所，老年人照料设施。任一层面积大于 1500m^2 或总建筑面积大于 3000m^2 的疗养院的病房楼、旅馆建筑和其他儿童场所，不少于 200 床位的医院门诊楼、病房楼和手术部等

8.4.1-8 歌舞娱乐放映游艺场所

8.4.1-9 净高大于 2.6m 且可燃物较多的技术夹层，净高大于 0.8m 且有可燃物的闷顶或吊顶内

8.4.1-10 电子信息系统的主机房及其控制室、记录介质库，特殊贵重或火灾危险性大的机器、仪表、仪器设备室、贵重物品库房

8.4.1-11 二类高层公共建筑内建筑面积大于 50m^2 的可燃物品库房和建筑面积大于 500m^2 的营业厅

8.4.1-12 其他一类高层公共建筑

8.4.1-13 设置机械排烟、防烟系统，雨淋或预作用自动喷水灭火系统，固定消防水炮灭火系统、气体灭火系统等需与火灾自动报警系统联锁动作的场所或部位

8.4.1-注：老年人照料设施中的老年人用房及其公共走道，均应设置火灾探测器和声警报装置或消防广播

8.4.2 建筑高度大于 100m 的住宅建筑。建筑高度大于 54m 但不大于 100m 的住宅建筑，其公共部位应设置火灾自动报警系统，套内宜设置火灾探测器。建筑高度不大于 54m 的高层住宅建筑，其公共部位宜设置火灾自动报警系统。当设置需联动控制的消防设施时，公共部位应设置火灾自动报警系统

8.4.3 建筑内可能散发可燃气体、可燃蒸气的场所应设置可燃气体报警装置

11.0.13，P139，大于 1500m^2 的木结构

12.4.1，隧道入口 100～150m 处

12.4.2，一、二类隧道，通行机动车的三类隧道

12.4.3，隧道用电缆通道和主要设备用房内

12.4.4，可能产生屏蔽的隧道，应设无线通信

12.4.5，封闭段长度超过 1000m 的隧道应设消控室，防火按 8.1.7～8

二、GB 50016 火警 附录 D 火灾探测器的具体设置部位

三、GB 50067—2014 车库 车库分类：P4 3.0.1

9.0.7、Ⅰ类车库、Ⅱ类地下半地下车库、Ⅱ类高层车库、机械式车库、专用升降机作疏散口车库

四、GB 50098 人防防火

8.4.1-1 建面＞500 地下商店、展览厅、健身体育场所

8.4.1-2 建面＞1000 丙丁类生产车间和物品库房

8.4.1-3 重要的通信机房、电子计算机机房、柴发机房、变配电室、重要实验室和图书、资料、档案库房

8.4.1-4 歌舞娱乐放映游艺场所

五、GB 50160 石油化工企业防火标准

8.12.1 石油化工企业的生产区、公用及辅助生产设施、全厂和区域重要设施的火灾危险场所

六、GB 50229 火电防火

11.5.4 条说：单台 125MV·A 以上的油变

七、GB 51348—2019 民规

6.1.2.4 民建内柴发机房

13.2.1-1 住宅附设的商业服务网点

13.2.1-2 小区有高层、多层时，多层可不设置火警系统

13.2.1-3 座位数＞1500 电影院、剧场，座位数＞3000 体育馆，座位数＞2000 会堂，座位数＞20000 体育场

13.2.1-4 老年人照料设施、幼儿园儿童用房、任一层＞1500㎡ 或总＞3000㎡ 其他儿童活动场所

13.2.1-5 民航机场综合交通换乘中心

13.2.1-6 单层主体超 24m 的体育馆

火警 Note2　哪里设置电气火灾监控系统　GB 50016 火规　P131　GB 51348 民规　P189

一、GB 50016—2014 火规：P131　建筑分类：P57　表 5.1.1

10.2.7 老年人照料设施的非消防用电负荷

10.2.7-1 建筑高度大于 50m 的乙、丙类厂房和丙类仓库，室外消防用水量大于 30L/s 的厂房（仓库）

10.2.7-2 一类高层民用建筑

10.2.7-3 座位数超过 1500 个的电影院、剧场，座位数超过 3000 个的体育馆，任一层建筑面积大于 3000㎡ 的商店和展览建筑，省（市）级及以上的广播电视、电信和财贸金融建筑，室外消防用水量大于 25L/s 的其他公共建筑

10.2.7-4 国家级文物保护单位的重点砖木或木结构的古建筑

二、GB 51348—2019 民规 P189

13.2.2-1 民用机场航站楼，一级、二级汽车客运站，一级、二级港口客运站

13.2.2-2 建筑总面积大于 3000m² 的旅馆建筑、商场和超市

13.2.2-3 座位数超过 1500 个的电影院、剧场，座位数超过 3000 个的体育馆，座位数超过 2000 个的会堂，座位数超过 20000 个的体育场

13.2.2-4 藏书超过 50 万册的图书馆

13.2.2-5 省级及以上博物馆、美术馆、文化馆科技馆等公共建筑

13.2.2-6 三级乙等及以上医院的病房楼、门诊楼

13.2.2-7 省市级及以上电力调度楼、电信楼、邮政楼、防灾指挥调度楼、广播电视楼、档案楼

13.2.2-8 城市轨道交通、一类交通隧道工程

13.2.2-9 设置在地下、半地下或地上四层及以上的歌舞娱乐放映游艺场所，设置在首层、二层和三层且任一层建筑面积大于 300m² 歌舞娱乐放映游艺场所

三、GB 50116—2013 火警 P48

12.4.6 高度大于 12m 的空间场所，电气线路应设置电气火灾监控探测器。

火警 Note3　火警控制器、联动控制器台数、短路隔离器个数 GB 50116 火警 P3

一、火警控制器（非联动型）台数：P3　3.1.5

1. 控制器每个回路实际可用点数：

1) 当 $n_{每回总线额定容量} \leqslant 200$ 时：每回路实际可用点数 $= [0.9 \times n_{每回总线额定容量}]_{向下取整}$

2) 当 $n_{每回总线额定容量} > 200$ 时：每回路实际可用点数 $= [200 - 0.1 \times n_{每回总线额定容量}]_{向下取整}$

无答案时：点数 $= [0.9 \times n_{每回总线额定容量}]_{向下取整}$

2. 一台控制器实际可用点数：

一台实际可用点数 = 每回路实际可用点数 × 总线回路数

注：总线回路数 16 或 $= 3200 \times 0.9$

3. 控制器台数 $= [总设备点数 / 一台控制器实际可用点数]_{向上取整}$

二、消防联动控制器、火警控制器（联动型）台数：P3　3.1.5

1. 控制器每个回路实际可用点数：

1) 当 $n_{每回总线额定容量} \leqslant 100$ 时：每回路实际可用点数 $= [0.9 \times n_{每回总线额定容量}]_{向下取整}$

2) 当 $n_{每回总线额定容量} > 100$ 时：每回路实际可用点数 $= [100 - 0.1 \times n_{每回总线额定容量}]_{向下取整}$

无答案时：点数 $= [0.9 \times n_{每回总线额定容量}]_{向下取整}$

2. 一台控制器实际可用点数：

一台实际可用点数＝每回路实际可用点数×总线回路数

注：总线回路数≤16 或 ＝1600×0.9

3. 控制器台数＝[总设备点数/一台控制器实际可用点数]向上取整

三、短路隔离器个数：本防火分区内，向后保护 32 个点 P3 3.1.6

1. 求各防火分区短路隔离器个数：＝[防火分区内总设备点数/32]向上取整

当总设备点数＝0 时，个数＝0

2. 求短路隔离器总数＝Σ（各防火分区短路隔离器个数）

总线穿越防火分区时短路隔离器的设置如图 17-1、图 17-2 所示。

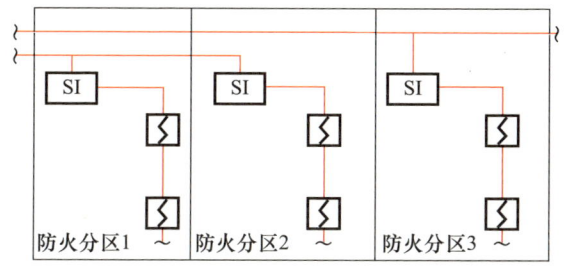

图 17-1　总线穿越防火分区时短路隔离器的设置（树形结构）

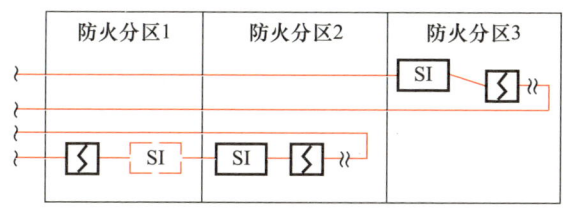

图 17-2　总线穿越防火分区时短路隔离器的设置（环形结构）

火警 Note4　火灾探测器的选择 GB 50116 火警 P19

一、选择点型感烟探测器

5.1.1-1 对火灾初期有阴燃阶段，产生大量的烟和少量的热，很少或没有火焰辐射的场所

5.1.1-2 对火灾发展迅速，可产生大量热、烟和火焰辐射的场所，可选择感温火灾探测器、感烟火灾探测器、火焰探测器或其组合

表 5.2.1 $h_{房间高度}$≤12m 的房间选择；$h_{房间高度}$＞12m 的房间不选择

表 6.2.2 注：建筑高度不超过 14m 的封闭探测空间，且火灾初期会产生大量的烟时

5.2.2-1 饭店、旅馆、教学楼、办公楼的厅堂、卧室、办公室、商场、列车载客车厢等

5.2.2-2 计算机房、通信机房、电影或电视放映室等

5.2.2-3 楼梯、走道、电梯机房、车库等

5.2.2-4 书库、档案库等。

二、不选择点型离子感烟探测器

5.2.3 相对湿度经常大于95%。气流速度大于5m/s。有大量粉尘、水雾滞留。可能产生腐蚀性气体。在正常情况下有烟滞留。产生醇类、醚类、酮类等有机物质。

三、不选择点型光电感烟探测器

5.2.4 有大量粉尘、水雾滞留。可能产生蒸气和油雾。高海拔地区。正常情况下有烟滞留。

四、选择吸气式感烟探测器

5.4.1 具有高速气流的场所（如通信机房、计算机房、无尘室等任何通过空气调节作用而保持正压的场所）。点型感烟、感温火灾探测器不适宜的大空间、舞台上方、建筑高度超过12m或有特殊要求的场所。低温场所。需要进行隐蔽探测的场所。需要进行火灾早期探测的重要场所。人员不宜进入的场所

5.4.1条文具有高速气流的场所（如通信机房、计算机房、无尘室等任何通过空气调节作用而保持正压的场所）。一旦发生火灾会造成较大损失的场所，（如通信设施、服务器机房、金融数据中心、艺术馆、图书馆、重要资料室等）。对空气质量要求较高（如无尘室、精密零件加工场所、电子元器件生产场所）。

12.4.1~12.4.2 高度大于12m且初期产生大量烟场所，选择线型光束感烟探测器、管路采样吸气式感烟、图像型感烟（3选2或3选3）

5.2.13 污物较多且必须安装感烟火灾探测器的场所，应选择间断吸气的点型采样吸气式感烟火灾探测器或具有过滤网和管路自清洗功能的管路采样吸气式感烟火灾探测器

5.4.2 灰尘比较大的场所不应选择没有过滤网和管路自清洗功能的管路采样吸气式感烟火灾探测器。

五、选择线型光束感烟探测器

5.3.1 无遮挡的大空间或有特殊要求的房间

12.4.1~12.4.2 高度大于12m且初期产生大量烟场所，选择线型光束感烟探测器、管路采样吸气式感烟、图像型感烟（3选2或3选3）

六、不选择线型光束感烟探测器

5.3.2 有大量粉尘、水雾滞留。可能产生蒸气和油雾。在正常情况下有烟滞留。固定探测器的建筑结构由于振动等原因会产生较大位移的场所。

七、选择图像型感烟火灾探测器

12.4.1、2 高度大于12m且初期产生大量烟场所，选择线型光束感烟探测器、管路采样吸气式感烟、图像型感烟（3选2 或 3选3）

八、选择点型感温探测器

表5.2.1 $6<h_{房间高度}\leqslant 8m$ 的房间：A1、A2点型感温适合

$4<h_{房间高度}\leqslant 6m$ 的房间：A1、A2、B点型感温适合

$h_{房间高度}\leqslant 4m$ 的房间：A1、A2、B、C、D、E、F、G点型感温适合

其余情况 不选择

附录C P55 由实际温度≈典型应用温度(查表值)、最高温度≤最高应用温度(查表值)得感温探测器类别

5.1.1-2 对火灾发展迅速，可产生大量热、烟和火焰辐射的场所，可选择感温火灾探测器、感烟火灾探测器、火焰探测器或其组合

5.2.5 相对湿度经常大于95%。可能发生无烟火灾。有大量粉尘。吸烟室等在正常情况下有烟或蒸气滞留的场所。厨房、锅炉房、发电机房、烘干车间等不宜安装感烟火灾探测器的场所。需要联动熄灭"安全出口"标志灯的安全出口内侧。其他无人滞留且不适合安装感烟火灾探测器，但发生火灾时需要及时报警的场所

九、不选择点型感温探测器

5.2.6 可能产生阴燃火或发生火灾不及时报警将造成重大损失的场所，不宜选择点型感温火灾探测器；温度在0℃以下的场所不宜选择定温探测器；温度变化较大的场所，不宜选择具有差温特性的探测器

十、选择缆式线型感温探测器

5.3.3 电缆隧道、电缆竖井、电缆夹层、电缆桥架。不易安装点型探测器的夹层、闷顶

各种皮带输送装置。其他环境恶劣不适合点型探测器安装的场所

十一、选择线型光纤感温探测器

5.3.4 1 除液化石油气外的石油储罐。2 需要设置线型感温火灾探测器的易燃易爆场所。3 需要监测环境温度的地下空间等场所宜设置具有实时温度监测功能的线型光纤感温火灾探测器。4 公路隧道、敷设动力电缆的铁路隧道和城市地铁隧道等

十二、线型定温火灾探测器

5.2.6 0度以下场所，不宜选择定温探测器

5.3.5 应保证其不动作温度＜最高环境温度的要求

十三、选择点型火焰探测器或图像火焰探测器

5.1.1-3 对火灾发展迅速，有强烈的火焰辐射和少量烟、热的场所，应选择火焰探测器。

5.2.7 火灾时有强烈的火焰辐射。可能发生液体燃烧等无阴燃阶段的火灾。需要对火

焰做出快速反应。选择点型火焰探测器或图像火焰探测器

12.4.1、5 高度大于 12m 且初期产生少量烟及产生明显火焰场所，应选择 1 级灵敏度的点型红外火焰探测器和图像型火焰探测器，并应降低探测器设置高度（2 选 2）

十四、不选择点型火焰探测器或图像火焰探测器

5.2.8 在火焰出现前有浓烟扩散。探测器的镜头易被污染。探测器的"视线"易被油雾、烟雾、水雾和冰雪遮挡。探测区域内的可燃物是金属和无机物。探测器易受阳光、白炽灯等光源直接或间接照射

十五、不选择单波段红外火焰探测器：5.2.9 探测区域内正常情况下有高温物体的场所

十六、不选择紫外火焰探测器：5.2.9 正常情况下有明火作业，探测器易受 X 射线、弧光和闪电等影响的场所

十七、选择可燃气体探测器

5.1.1-5 对使用、生产可燃气体或可燃蒸气的场所，应选择可燃气体探测器

5.2.11 使用可燃气体的场所。燃气站和燃气表房以及存储液化石油气罐的场所。其他散发可燃气体和可燃蒸气的场所

十八、选择点型一氧化碳探测器

5.1.1-4 对火灾初期有阴燃阶段，且需要早期探测的场所，宜增设一氧化碳火灾探测器

5.2.12 烟不容易对流或顶棚下方有热屏障的场所。在棚顶上无法安装其他点型火灾探测器的场所。需要多信号复合报警的场所

十九、高度大于 12m 空间

12.4.1～12.4.2 高度大于 12m 且初期产生大量烟场所，选择线型光束感烟探测器、管路采样吸气式感烟、图像型感烟（3 选 2 或 3 选 3）

12.4.1、5 高度大于 12m 且初期产生少量烟及产生明显火焰场所，应选择 1 级灵敏度的点型红外火焰探测器和图像型火焰探测器，并应降低探测器设置高度（2 选 2）

火警 Note5　火灾探测器的设置（间距、数量）　GB 50116 火警　P24

一、布置位置：GB 50116 火警　P56　附录 D

二、单独房间布置点型感温感烟探测器个数 $N_{实际}$

1. 求探测器的 A 保护面积、R 保护半径、极限曲线编号 D_x：P24 表 6.2.2
根据房间（最低点）高 h、地面面积 S、房屋坡度 θ、探测器种类查表 6.2.2 得 A 保护面积和 R 保护半径、极限曲线编号 D_x

2. 计算 $N_{公式}$，公式要求探测器数量：P24（6.2.2）

$$N_{公式(向上取整)} = \frac{S_{被探测区域面积}}{A_{保护面积} \times K_{修正系数}}$$

$K_{修正系数}$：容纳人数<u>超过</u> 10000 人的整楼公共场所<u>宜取</u> 0.7～0.8；

容纳人数为 2000～10000 人的整楼公共场所<u>宜取</u> 0.8～0.9；

容纳人数为 500～2000 人的整楼公共场所<u>宜取</u> 0.9～1.0；

<u>其他</u>场所可取 1

3. 求 $N_{实际}$，实际需要安装探测器个数，GB 50116 6.2.2 条文说明：P106 例

示意图如图 17-3 所示。

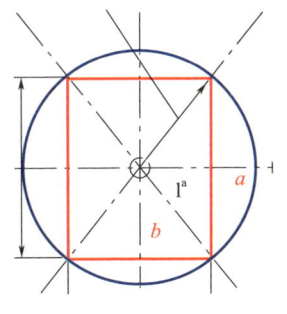

图 17-3 示意图（1）

1）当<u>已知</u> $a_{间距}$ 时：

（1）当 $R_{保护半径} \gg$（房间宽/2），优先<u>单排法</u>：

$$a_{间距} = 房间宽$$

$$b_1 = A_{保护面积}/a_{间距} \quad b_2 = \sqrt{4R_{保护半径}^2 - a_{间距}^2}$$

$$b_{间距} = [b_1，b_2]_{取小} \quad N_1 = [房间长/b_{间距}]_{向上取整}$$

$$N_{实际} = [N_1，N_{公式}]_{取大}$$

（2）当 $R_{保护半径}$ 接近或小于（房间宽/2），优先<u>多排法</u>：

$$b_1 = A_{保护面积}/a_{间距} \quad b_2 = \sqrt{4R_{保护半径}^2 - a_{间距}^2}$$

$$b_{间距} = [b_1，b_2]_{取小}$$

$$N_1 = [房间长/a_{间距}]_{向上取整} \times [房间宽/b_{间距}]_{向上取整}$$

$$N_2 = [房间长/b_{间距}]_{向上取整} \times [房间宽/a_{间距}]_{向上取整}$$

$$N_{实际} = [([N_1，N_2]_{取小})，N_{公式}]_{取大}$$

2）当 $a_{间距}$、$b_{间距}$ 都未知时：

(1) 求最小因式分解个数 $N_{设计}$

① 用 $N_{设计} = N_{公式}$ 因式分解 $= m_行 \times n_列$

② $a_{设计间距} = 房间长/m_行$；$b_{设计间距} = 房间宽/n_列$

③ <u>验证</u>以下 3 个条件

$$N_{设计} 为非质数 \ \& \ \frac{\sqrt{a_{设计间距}^2 + b_{设计间距}^2}}{2} R_{保护半径}$$

$$\& \ a_{设计间距} \times b_{设计间距} A_{保护面积}$$

④ 当<u>不满足</u>则 $N_{设计} = N_{设计} + 1$，继续（1）～（3）步骤

<u>满足</u>时：记录当前 $N_{设计}$

(2) 求<u>极限点</u>排列个数 N_1、N_2

1）根据<u>极限曲线编号</u> D_x 查 GB 50116 P107 条文说明 6.2.2 表 1

得 $a_{极限间距}$，$b_{极限间距}$

2) $N_1 = [房间长/a_{极限间距}]_{向上取整} \times [房间宽/b_{极限间距}]_{向上取整}$

$N_2 = [房间长/b_{极限间距}]_{向上取整} \times [房间宽/a_{极限间距}]_{向上取整}$

$N_{实际} = [[N_1，N_2，N_{设计}]_{取小}，N_{公式}]_{取大}$

4. 求实际安装间距：

1) 由 $N_{实际}$ 由来，查得 $n_{长方向个数}$、$n_{宽方向个数}$ 及对应房间长宽

2) 长间距＝房间长/$n_{长方向个数}$；宽间距＝房间宽/$n_{宽方向个数}$

三、宽度小于 3m 的内走廊探测器布置： GB 50116 火警 P25 6.2.4

示意图如图 17-4 所示。

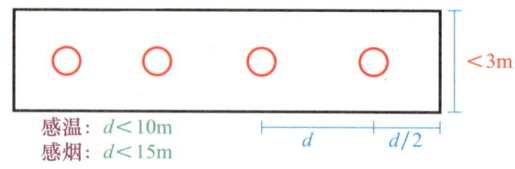

感温：$d<10m$
感烟：$d<15m$

图 17-4 示意图（2）

1. 点型感温：

1) $0.5 \leqslant 探测器至端墙的距离 \leqslant 5$

2) 探测器数量 ＝ [走廊长度/10]$_{向上取整}$

2. 点型感烟：

1) $0.5 \leqslant 探测器至端墙的距离 \leqslant 7.5$

2) 探测器数量 ＝ [走廊长度/15]$_{向上取整}$

三、书架、设备、隔断高度≥95％房间净高（梁下）时：按隔断区域单独计算本 Note 二

四、有梁顶棚布置点型感温感烟探测器个数： $N_总$

1. 当（梁高－板厚）＞600mm & 梁间距≥1m 时： GB 50116 P125 6.3.3-3、6.3.3-5

1) 计梁影响：按照梁隔断区域长宽作为房间长宽

2) 按照本 Note 二，计算区域内 $N_{实际}$

3) 总需要数量 $N_总 = N_{实际} \times 梁区域个数$

2. 当 $Q_{梁隔断区域面积} > A_{保护面积}$ & 梁间距≥1m 时： GB 50116 P125 6.3.3-4、6.3.3-5

1) 计梁影响：按照梁隔断区域长宽作为房间长宽

2) 按照本 Note 二，计算区域内 $N_{实际}$

3) 总需要数量 $N_总 = N_{实际} \times 梁区域个数$

3. 当（梁高一板厚）＝200～600mm & 梁间距≥1m 时：GB 50116 P125 6.3.3-2、6.3.3-5

　1) 查 P59 附录 F 确定是否考虑梁

　（1) 根据房间高度、梁高、定纵坐标、横坐标的点

　（2) 根据探测器类型定影响曲线

　（3) 点在曲线左侧：不计梁影响；执行步骤 2）

　点在曲线右侧：计梁影响；执行步骤 3）

　2) 不计梁影响：

　（1) 按照房间长宽作为房间长宽

　（2) 按照本 Note 二，计算区域内 $N_{实际}$，$N_{总}=N_{实际}$

　3) 计梁影响：

　（1) 根据探测器类型、$A_{保护面积}$、$Q_{梁隔断区域面积}$，查 P60 附录 G

　得 $M_{一个探测器可保护梁隔断区域个数}$

　（2) 总需要探测器数量 $N_{总}=$ ［梁区域个数/$M_{保护区域个数}$］向上取值

4. 当（梁高一板厚）＜200mm 或 梁间距＜1m 时：GB 50116 P125 6.3.3-1、6.3.3-5

　1) 不计梁影响：按照房间长宽作为房间长宽

　2) 按照本 Note 二，计算区域内 $N_{实际}$，$N_{总}=N_{实际}$

火警 Note6　线性光束感烟设置（距离、数量）GB 50116 火警 P27

五、线性光束感烟探测器布置要求及个数

示意图如图 17-5 所示。

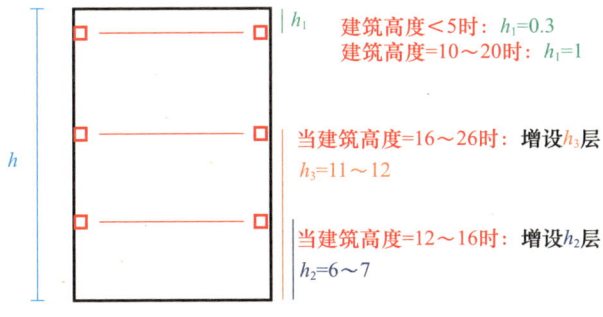

图 17-5　示意图（3）

1. 垂直距离、层数要求：

　1) 当 $h_{建筑高度}$＜12m 时：仅 $h_{1面层}$，层数＝1　GB 50116 火警 P27 6.2.15

$h_{1光轴至顶棚距离}$:
(1) $h<5m$ 时: $h_1=0.3m$ GB 50116 火警 P111 条说 6.2.15
(2) $h=10\sim 20m$ 时: $h_1=1m$

2) 当 $h_{建筑高度}=12\sim 16m$ 时: 加 h_2 层, 层数=2 GB 50116 火警 P47 12.4.3
$h_{2光轴至地面距离}=6\sim 7m$

3) 当 $h_{建筑高度}=16\sim 26m$ 时: 加 h_3 层, 层数=3 GB 50116 火警 P47 12.4.3
$h_{2光轴至地面距离}=11\sim 12m$

4) $h_{对流层}=7\sim 13m$ 时: h_2 或 $h_3=h_{对流层}-1m$ GB 50116 火警 P47 12.4.3

示意图如图 17-6 所示。

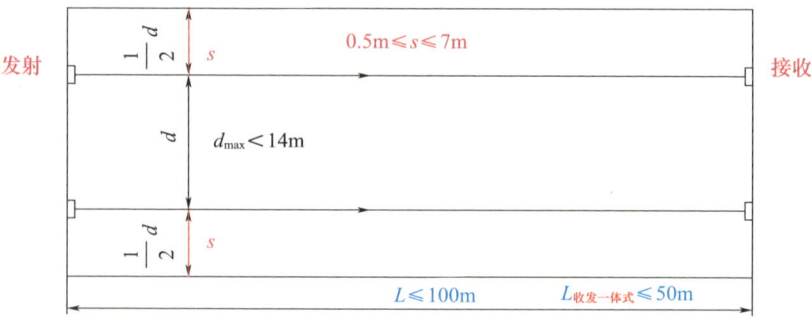

图 17-6 示意图（4）

2. 水平距离要求: GB 50116 P26 6.2.15

1) $d_{相邻两组探测器的水平距离}\leqslant 14m$
2) $0.5m\ s_{至侧墙水平距离}\leqslant 7m$
3) 收发分开: $L_{收发分离}\leqslant 100m$
4) 收发一体: $L_{设备距离}\leqslant 50m$

3. 探测器组数:

1) 计算单层所需组数 $N_{单层组数}$ **注: 收发一体时, 以下步骤 100 替换为 50**
   (1) 房间长边 $\leqslant 100m$ 且房间短边 $\leqslant 100m$ 时: $N_{单层组数}=[$光束垂直边长$/14]_{向上取整}$
   (2) 房间长边 $>100m$、房间短 $\leqslant 100m$ 或房间长短边都 $>100m$ 时:
   $$N_{1单层组数}=[房间长边/14]_{向上取整}\times [房间短边/100]_{向上取整}$$
   $$N_{2单层组数}=[房间长边/100]_{向上取整}\times [房间短边/14]_{向上取整}$$
   $$N_{单层组数}=|N_{1单层组数},\ N_{2单层组数}|_{取小}$$

2) 计算 $N_{总组数}$: $N_{总组数}=$层数$\times N_{单层组数}$

火警 Note7　声光报警器要求其他规范补充 GB 50116 火警 P29

一、GB 50016 火规

4.8.1　火灾自动报警系统应设置火灾声光警报器，并应在确认火灾后启动建筑内的所有火灾声光警报器。

4.8.2　未设置消防联动控制器的火灾自动报警系统，火灾声光警报器应由火灾报警控制器；设置消防联动控制器的火灾自动报警系统，火灾声光警报器应由火灾报警控制器或消防联动控制器控制。

4.8.3　公共场所宜设置具有同一种火灾变调声的火灾声警报器；具有多个报警区域的保护对象，宜选用带有语音提示的火灾声警报器；学校、工厂等各类日常使用电铃的场所，不应使用警铃作为火灾声警报器。

4.8.4　火灾声警报器设置带有语音提示功能时，应同时设置语音同步器。

4.8.5　同一建筑内设置多个火灾声警报器时，火灾自动报警系统应能同时启动和停止所有火灾声警报器工作。

4.8.6　火灾声警报器单次发出火灾警报时间宜为 8s~20s，同时设有消防应急广播时，火灾声警报应与消防应急广播交替循环播放。

火警 Note8　消防广播要求其他规范补充 GB 50116 火警 P31

一、GB 51348 民规

13.3.6　消防应急广播系统设计应符合下列规定：

1　设置消防控制室的建筑物应设置消防应急广播系统，并应按疏散楼层或报警区域划分路配线；各输出分路应设有输出显示信号和保护、控制装置。

2　当任一分路有故障时，不应影响其他分路的正常广播。

3　消防应急广播用扬声器不宜加开关；当加开关或设有音量调节器时，应采用三线式配线，火灾时强制消防应急广播播放。

4　消防应急广播馈线电压宜采用 24V 安全电压。

5　电梯前室、疏散楼梯间内应设置应急广播扬声器。

16.2.9　多用途公共广播系统，在发生火灾时，应强制切换至消防应急广播状态，并应符合下列规定：

1　消防应急广播系统设置专用功放设备与控制设备，仅利用公共广播系统的传输线路和扬声器时，应由消防控制室切换传输线路，实施消防应急广播。

2　消防应急广播系统全部利用公共广播系统，只在消防控制室设应急播放装置时，应强制公共广播系统进行消防应急广播；按预设程序自动或手动控制相应的广播分区进行消防应急广播，并监视系统的工作状态。

3 在发生火灾时，应将客房背景广播强切至消防应急广播。

注：根据 GB 51348 表 21.6.7，消防应急广播布线的弱电线路线缆应采用非屏蔽或屏蔽多芯软线电缆、光缆，敷设方式为独立穿导管或独立槽盒。

16.2.10 紧急广播系统应符合下列规定：

1 当公共广播系统有多种用途时，紧急广播应具有最高级别的优先权；系统应能在手动或警报信号触发的 10s 内，按疏散预案向相关广播区域播放警示信号（含警笛）、警报语音或实时指挥语音；

2 以现场环境噪声为基准，紧急广播的声压级应比环境噪声高 12dB 或以上；

3 紧急广播系统设备应处于热备用状态，或具有定时自检和故障自动告警功能；

4 紧急广播功放设备的容量应支持系统所有扬声器同时播放的要求；

5 发布紧急广播时，音量应能自动调节至不小于应备声压级界定的音量；

6 当需要手动发布紧急广播时，应能一键到位；

7 单台广播功放设备故障不应导致整个广播系统失效；

8 单个广播扬声器故障不应导致整个广播分区失效。

二、GB 50016 火规

4.8.7 集中报警系统和控制中心报警系统应设置消防应急广播。

4.8.8 消防应急广播系统的联动控制信号应由消防联动控制器发出。当确认火灾后，应同时向全楼进行广播。

4.8.9 消防应急广播的单次语音播放时间宜为 10s～30s，应与火灾声警报器分时交替工作，可采取 1 次火灾声警报器播放、1 次或 2 次消防应急广播播放的交替工作方式循环播放。

4.8.10 在消防控制室应能手动或按预设控制逻辑联动控制选择广播分区、启动或停止应急广播系统，并应能监听消防应急广播。在通过传声器进行应急广播时，应自动对广播内容进行录音。

4.8.11 消防控制室内应能显示消防应急广播的广播分区的工作状态。

4.8.12 消防应急广播与普通广播或背景音乐广播合用时，应具有强制切入消防应急广播的功能。

设置人防柴发、蓄电池容量计算流程

一、计算负荷，按 7.2.12 或 7.2.13

7.2.12 中心医院、急救医院（不平战取大）：

1）战时：本区域一二级＋邻近一二级

2）应≥2 台，每台满足战时一级

7.2.13 救护站、防空专业队工程、人员掩蔽工程、配套工程

7.2.13-1：面积和＞5000m² 的防空地下室，应≥2 台，平战取大

7.2.13-3：建筑小区或供电半径范围内面积和＞5000m²，应≥2台，平战取大
1）战时：本区域一二级＋邻近一二级
2）平时引2路：平时一级特重要
3）平时引1路：平时一级＋平时部分二级（消防＋≥0.5正常照明）

7.2.13-2：面积和＞5000m² & 受限 & 仅供本区域：可1～2台，平战取大
1）战时：本区域一二级
2）平时引2路：平时一级特重要
3）平时引1路：平时一级＋平时部分二级（消防＋≥0.5正常照明）

7.2.13-4：面积和＜5000m²，未设内部柴发
1）引区域电源供二级时；战时一级用蓄电池
2）无法引，战时一二级用蓄电池
3）蓄电池连续供电时间≥隔绝防护时间（查表5.2.4）

二、选柴发台数

中心医院、急救医院：固定电站 7.7.2-1
救护站、防空专业队工程、人员掩蔽工程、配套工程：
总容量＞120kW的：固定电站：7.7.2-2-1）
总容量＞120kW的 & 条件受限制：移动电站 7.7.2-2-1）
总容量≤120kW的：移动电站 7.7.2-2-2）
固定电站：2台≤柴发≤4台 7.7.2-2-3）
移动电站：1台≤柴发≤2台 7.7.2-2-4）

三、单机容量限值/余量

柴油发电机组的总容量＝(1.1～1.15)×计算负荷 7.7.2-3
单台容量≤300kW 7.7.2-4，中心医院、急救医院每台满足战时一级 7.2.12

四、湿度、气压、温度 修正

额定功率＝ 实际功率/修正系数 GB 51348民规 条文说明6.1.3-3 表3～表5 P36～38

声学知识点汇总 GB 51348民规 P421   GB/T 50526公共广播 P5

声学 Note1   声压级、功率级计算 GB 51348民规 P419附录F
声学 Note2   电源、功放、扬声器功率 GB 51348民规 P241
声学 Note3   扬声器的声压级允许值、线路损耗 GB 51348民规 P239
声学 Note4   扬声器的布置 GB 51348民规 P243

广播线路截面选择 GB/T 50526 公共广播 P57 条文 3.5.4

广播扬声器电压选择 GB/T 50526 公共广播 P11 3.5.3

应备声压级 L_a、声场不均匀度、漏出声衰减 L_1、传输频率特性、总噪声级 L_F、语音传输指数 STI GB/T 50526 公共广播 P5

最大声压级、最大可用增益、传声增益 GB 50371 厅堂扩音 P3

混响时间 GB/T 50799 电子会议 P75

声学 Note1　声压级、功率级计算 GB 51348 民规 P419 附录 F

　　某供声点的声压级：$L_p = 20\lg(P/P_0)$ dB

　　基准声压：$P_0 = 2 \times 10^{-5}$ Pa

　　人耳能感知的最大声压：$P_{max} = 2$ Pa

　　人耳正常的听力范围（强度）：0~120dB（P_{max} 代入）

　　声压级叠加：$L_{p总} = 10\lg\sum_{i=1}^{n}10^{\frac{L_i}{10}}$ GB/T 50526 公共广播 (5.5.2)

　　声压级的平均值：$L_{p平均} = 10\lg\sum_{i=1}^{n}10^{\frac{L_i}{10}} - 10\lg n$ GB/T 50526 (5.5.2)

　　最大直达声压级：$L_p = L_s - 20\lg r + 10\lg W_E$ GB 51348 F.0.3

　　L_s 为 1W·m 扬声器平均灵敏度（扬声器特性灵敏度系数），dB；

　　r 为扬声器至听众的距离，m；W_E 为扬声器使用的电功率，W；

　　声源的功率级：$L_w = 10\lg W_a + 120$ dB　GB 51348 F.0.1-2

　　两种功率之间的 储备余量（峰值余量）或线路损耗：

$$10\lg\frac{W_1}{W_2}、\left(\frac{功放}{扬声器有效值功率}\right)、\left(\frac{首端}{末端}\right)$$

　　$W_1/W_2 = 1$ 倍，$10\lg 1 = 0$ dB

　　$W_1/W_2 = 1.3$ 倍，$10\lg 1.3 = 1.14$ dB

　　$W_1/W_2 = 1.5$ 倍，$10\lg 1.5 = 1.76$ dB

　　$W_1/W_2 = 3.98$ 倍，$10\lg 4 = 6$ dB

　　空气中声速：（15℃）340m/s，（25℃）346m/s，真空 0m/s

声学 Note2　电源、功放、扬声器功率 GB 51348 民规 P241

1. 交流电源功率：GB/T 50371 厅堂扩音 3.6.1-9：

扩声系统的交流电源的容量电源总容量宜大于 2 倍功放额定功率总和

2. 功放直流功率：峰值余量 $= 10\lg(W_{功放}/W_{扬声器有效值})$

相关规定见表 17-1。

表 17-1　相关规定（1）

规范条文	描述	$W_{功放}/W_{扬声器有效值}$	储备/峰值余量/dB
GB/T 50526 公共广播 3.7.2 3.7.3	公共广播系统： 业务背景广播 紧急广播	1.3 1.5	1.14dB 1.76dB
GB/T 51348 民规 16.4.4-1、16.4.4-2	公共广播系统功放设备的容量 $P=K_1K_2\Sigma P_0 \quad P_0=K_iP_i$ K_1 线路衰耗补偿系数： (dB→W 的倍数) $10^{dB/10}$ K_2 老化系数：1.2～1.4	K_i 同时需要系数： 旅店客房背景 0.2～0.4 一般背景广播 0.5～0.6 业务广播 0.7～0.8 紧急广播 1	
GB/T 51348 民规 16.4.5	厅堂扩声系统： 语言扩声 演出扩声 音乐扩声	2～3 4～6 6～8	3.01～4.77dB 6.02～7.78dB 7.78～9.03dB
GB/T 51348 民规 16.5.2-5	扩声系统（笼统）	3.981	6dB
GB/T 50635 会议电视 3.2.5-2	会议电视会场 功放功率比扬声器额定功率	1.5	1.76dB

3. 扬声器的功率

相关规定见表 17-2。

表 17-2　相关规定（2）

GB/T 51348 民规 16.4.7	①办公室、生活间、客房等 1～3W 的扬声器 ②走廊、门厅及公共场所的背景音乐、业务广播等扬声器箱宜采用 3～5W
GB/T 50116 火灾报警 6.6.1 消防应急广播 扬声器	①民用建筑内扬声器应设置在走道和大厅等公共场所 每个扬声器的额定功率 ≥3W 布置：从一个防火分区内的任何部位到最近一个扬声器的直线距离≤25m， 走道末端距最近的扬声器距离 ≤12.5m
	②客房设置专用扬声器时，其功率宜≥ 1W

声学 Note3　扬声器的声压级允许值、线路损耗　51348 民规 P239

1. 扬声器提供的声压级允许值

相关规定见表 17-3。

表 17-3　相关规定（3）

出处	描述
GB 51348 民规 16.4.7-4	下限：宜比环境噪声大 10～15dB 上限：但宜≤90dB
GB/T 50526 公共广播 3.2.5-2	紧急广播系统，以现场环境噪声为基准 紧急广播的信噪比（表 3.3.1 应备声压级）应≥现场环境＋12dB，且≥86dB
GB 50116 火灾报警 6.6.1	消防应急广播扬声器的设置： 在环境噪声大于 60dB 的场所设置的扬声器其播放范围内最远点的播放声压级应高于背景噪声 15dB

2. 扬声器的线路损耗（小好）

相关规定见表 17-4。

表 17-4　相关规定（4）

出处	描述	$W_{首端}/W_{末端}$	余量/dB
GB 51348 民规 16.3.4-3	扩声系统功放至最远扬声器线路损耗（1000Hz）	≤1.122	应≤0.5dB
GB/T 50371 厅堂扩声 3.3.4	扩声系统功放至主扬声器之间的连线路功率损耗＜主扬声器功率 10%	＜1.1	0.41dB
	扩声系统功放至次低频扬声器之间的连线路功率损耗＜次低频扬声器功率 5%	＜1.05	0.21dB
GB 51348 民规 16.2.6	公共广播系统传输线路衰减（1000Hz）	≤1.995	宜≤3dB
GB/T 50526 公共广播 3.5.4	公共广播系统室内广播功率传输线路衰减（1000Hz）	≤1.995	宜≤3dB
GB 50635 会议电视 3.2.5-4	会议电视功放至扬声器之间的连线路功率损耗＜扬声器功率 10%	＜1.1	0.41dB

声学 Note4　扬声器的布置　GB 51348 民规 P243

相关规定见表 17-5。

表 17-5　相关规定（5）

民规条文	描述
16.5.4	厅堂扩声扬声器布置：集中、分散、混合

续表

民规条文	描述
16.5.6	厅堂集中布置扬声器： ① 扬声器或组至最远听众（供声）的距离，不应大于临界距离的 3 倍（$r_m \leqslant 3r_c$） ② 扬声器或组与任一只传声器之间的距离，应大于临界距离（距离应＞r_c 临界距离） 临界距离 r_c，又称扩散场距离。附录 F 式（F.0.2-4）
16.5.5	公共广播扬声器布置： ①中心间距应根据空间净高、声场不均匀度要求、扬声器的指向性等因素确定 要求较高的场所，声场不均匀度宜≤6dB。 电声性能指标（允许值）：查 GB/T 50526 公共广播 表 3.3.1～表 3.3.2 ② 扬声器吊顶安装时：间距 L、吊顶后高度 H、辐射角 θ（宜≥90°） 门厅、电梯厅、休息厅等：$L=(2\sim2.5) H$ 式（16.5.5-1） 走道内：$L=(3\sim2.5) H$ 式（16.5.5-2） 会议厅、多功能厅、餐厅： $L=2 (H-1.3) \tan (\theta/2)$ 式（16.5.5-3）
16.5.7	广场类室外扩声扬声器或扬声器组 ①满足供声范围内的声压级及声场均匀度的要求 ②扬声器或扬声器组的声辐射范围应避开障碍物 ③反射声或因声程差引起的双重声，应在直达声后 50ms 内到达听众区。单程声程差 $L = 0.05s \times 340m/s \leqslant 17m$

视频知识点汇总 GB/T 50115 工业电视 P1　GB 50464 视频显示 P1

视频 Note1　视距、像素中心距、屏宽屏高计算 GB 50464 视频显示 P11 GB 51348 民规 P219

视频 Note2　当 IP 网络采用有线方式传输时，有线网络推荐带宽的估算法：GB 50198 民用闭路 P13 GB 51348 民规 P215 GB/T 50115 工业电视 P93

视频 Note3　垂直、水平清晰度、像素间距、带宽—线—电视线转化 GB 50799 电子会议 P33 GB 51348 民规 P219　GB/T 50115 工业电视 P63

焦距、视场视距、像场像距 GB 50395 安防监控 P13 GB/T 50115 工业电视 P14 摄像机灵敏度

最低环境照度＝50×摄像机最低照度（灵敏度）
　　　　　GB 50395 安防监控 P12 6.0.1 GB 51348 民规 P216 14.3.6-2
最低环境照度＝10×摄像机最低照度（灵敏度）GB 50198 民用闭路 P7 3.2.2
摄影机、显示器、投影机、面光灯安装高度 GB 50635 会议电视 P13
储存硬盘总容量 GB/T 50115 工业电视 P18

视频 Note1　视距、像素中心距、屏宽屏高计算 GB 50464 视频显示 P11 GB 51348 民规 P219
　H 视距：估算法
相关规定见表 17-6。

表 17-6　相关规定（6）

规范条文	描述
GB 50198 民用闭路 3.4.11 条文说明 3.4.9	主监视器到操作人员：（4～6）×监视器屏高 最佳观看距离＝显像管监视器—表 3/平板监视器—表 4
GB 50635 会议电视 3.3.2-2	最佳视距＝6 倍×显示器高
GB 50395 安防监控 6.0.9-3	操作者与屏幕距离＝屏幕对角线×（4～6）倍，显示屏尺寸宜 230～635mm
GB 51348 民规 14.3.10-220.8.10	最佳视距宜 4～6 倍显示屏或 2～4 倍监视屏幕墙高 会场参会人员观看投影幕布或显示屏上中西文字体的 前排最小视距，(1.5～2)×屏对角线尺寸计算 后排最远视距，屏对角线尺寸 4～5 倍计算

　H 视距：精算法 GB 50464 视频显示　4.2.1-3 及 P56 条文说明
相关规定见表 17-7。

表 17-7　相关规定（7）

文字类型	求 H 最大视距	H 理想（最佳）视距	求 H 最小视距
16P（默认）/mm	$=345\times 16P=5520P$	$=5520P/2=2760P$	$=2760P/2=1380P$
24P（24 点阵汉字）/mm	$=345\times 24P=8280P$	$=8280P/2=4140P$	$=4140P/2=2070P$

　P（mm）：$P=$ 屏宽/宽方向像素数＝屏高/高方向像素数
$P=1/\sqrt{像素密度}$
合理视距：（最小视距＝理想视距/2）≤合理视距≤（最大视距＝2×理想视距）
像素密度（个/m²）＝（宽像素数×高像素数）/（屏宽×屏高）

字符高度 $d=16P$ 或 $24P$

理想排数 = [（理想视距—屏距第一排距离）/排间距]$_{向下取整}$+1

屏宽 = [（列数）$\times d$+（列数-1）$\times$列间距+字距左屏边+字距右屏边]

$=P$ 像素中心距$\times$宽方向像素数

屏高 = [（行数）$\times d$+（行数-1）$\times$行间距+字距上屏边+字距下屏边]

$=P$ 像素中心距$\times$高方向像素数

1 英寸$=25.4$mm　XGA 分辨率：1024×768　SXGA 分辨率：1280×1024　GB 50464 2.2.10～2.2.11

视频 Note2　当 IP 网络采用有线方式传输时，有线网络推荐带宽的估算法：
　　GB 50198 民用闭路 P13　GB 51348 民规 P215　GB/T 50115 工业电视 P93

一、民用建筑带宽：GB 51348 民规　条文说明 14.3.3 P172（优先使用民用闭路）

128 路以下：摄像机接入硬盘带宽＞系统接入$\times$单路视频码率 $B\times 2$

128 路以上：摄像机接入硬盘带宽＞（系统接入＋并发显示）$\times$单路视频码率 B

二、民用闭路电视带宽：GB 50198 民用闭路 3.3.10

1. 摄像机接入监控中心网络带宽＝允许并发接入$\times$单路视频码率 B

2. 接入显示系统带宽＝允许显示$\times$单路视频码率 B

3. 监控中心互联网络带宽＝并发连接$\times$单路视频码率 B

三、工业电视带宽：GB/T 50115 工业电视　条文说明 7.4.2 P93

1. 硬盘在监控中心时：

摄像机接入监控中心网络带宽＝（系统接入＋并发显示）$\times$单路视频码率 B

2. 硬盘在前端（现场）时：

1）摄像机接入硬盘带宽＝系统接入$\times$单路视频码率 B

2）硬盘及摄像机接入监控中心网络带宽＝（并发显示＋并发回放）$\times$单路视频码率 B

3）用户终端接入监控中心网络带宽＝并发显示$\times$单路视频码率 B

监控中心互联网络带宽＝并发连接$\times$单路视频码率 B

四、单路视频码率 B：$B=512\times H\times V/$（352×288）kbit/s　GB 50198 民用闭路 3.3.10

1. 非重点：$H\times V=352\times 288$；$B=512$kbit/s　GB 50198 民用闭路　条文 3.3.10

2. 重点：$H\times V=704\times 576$；$B=2048$kbit/s

五、单位换算：GB 50198 民用闭路 P13　3.3.10

工业估算网络带宽 $B'\geq$同时并发互联路数$\times$单路视频编码率 $B/0.7$　GB/T 50115 工业电视 7.4.5

记忆储存系统总带宽 S（kB）=（采集＋回放）×单视频码率 B（kbit/s）/8 GB/T 50115 条文 3.4.4

硬盘总容量 R GB/T 50115 工业电视 5.5.5 及条文 P80 计算过程查 P18 5.5.5 标签

视频 Note3　垂直、水平清晰度、像素间距、带宽—线—电视线转化 GB 50799 电子会议 P33 51348 民规 P217 50115 工业电视 P63

一、垂直、水平清晰度允许值：
GB 50395 视频安防监控 6.0.9 设备的清晰度＞摄像机的清晰度，宜高出 100TVL
GB 51348 民规 14.3.4-1 彩色摄像机的清晰度＞400TVL
14.3.10-3 显示设备比摄像机清晰度高一档，＞100TVL
GB/T 50115 工业电视 4.5.1-2 彩色电视水平清晰度≥480TVL
　　　　　　　　　　　4.5.1-3 黑白电视水平清晰度≥500TVL
　　　　　　　　　　　4.5.1-4 恶劣环境下，黑白电视水平清晰度≥350TVL
GB 50799 电子会议 9.3.1 彩色电视水平清晰度≥480TVL
　　　　　　　　　　　黑白电视水平清晰度≥570TVL
9.3.2 标清数字摄像机水平、垂直清晰度≥450TVL
　　　高清数字摄像机水平、垂直清晰度≥720TVL

二、垂直、水平清晰度计算值： GB/T 50115 工业电视 条说 4.5.1-2～4，P62～64
垂直清晰度（TVL/PH）画幅尺寸下有多少电视线 = 凯尔系数 K×有效扫描行
凯尔系数 K：逐行扫描时，$K=0.7$，隔行扫描时，$K=0.7\times0.6=0.42$
有效扫描行 = 每帧图像行－行消隐 = 每帧图像行－50
水平清晰度（TVL/PH）电视线 = 有效行时间（μs）×2×视频带宽（MHz）/宽高比系数

标准规定 $52\mu s$ 标准视频带宽 6MHz
　　　　　　　= 实际能分清的黑白垂直线条数（线）/宽高比系数

像素间距 = 尺寸/像素个数 = 宽（或高）尺寸/宽（或高）方向解析度 = $\sqrt{面积尺寸/总像素数}$
标清电视 SDTV，旧分辨率 768×576，宽高比系数 4/3。（现 720×576）
高清电视 HDTV，分辨率 1920×1080，宽高比系数 16/9
720P 逐行：分辨率 1280×720，P 逐行 I 隔行
CIF：分辨率 352×288

三、高清晰电视信号传输带宽、线、电视线换算
水平清晰度：（线）= 52（线/MHz）×传输带宽（MHz）
　　　　　（电视线）= 29（线/MHz）×传输带宽（MHz）

取样频率（MHz）＝2×传输带宽（MHz）
智能化机房面积
GB 51348 民规
关键词：已选型、未选型、投影面积、单台占用、管理用房、辅助设备用房、子系统
一、**主机房**使用面积
1. 已选型：$A=K\Sigma S$　K 为系数，取值 5～7　S 为设备投影面积　式 23.3.5-1
2. 未选型：$A=K\times N$　K 为单台设备占用面积，可取 4.5～5.5m²/台　式 23.3.5-2
二、**管理用房**及**辅助设备用房面积**
$A_{管理用房及辅助设备用房} \geq A_{主机房} \times 1.5$　23.3.5-2-2)
三、合用机房**使用面积**
$A=K\Sigma S$　K 需要系数，由 n 确定 k：需分类管理的子系统数量　式 23.3.6
n：$n=3$ 时，$K=1$；n 为 4～6 时，$K=0.8$；$n=7$ 时，$K=0.6$～0.7。
S：每个分类管理的智能化子系统占用的面积（m²/个）。**参考值查** P297 条文说明
综合布线设备间：信息点≤6000 点，$S=10$m²，每增加 1000 点增加 2m²。
电话交换系统：数字程控用户交换机，$S=10$m²，虚拟交换方式 $S=6$m²。
建筑设备监控系统：$S=12$m² 建筑能效监管系统：$S=10$m²
安全技术防范系统：$S=20$m²（基本型）；$S=30$m²（提高型）；$S=50$m²（先进型）。
信息化应用系统：$S=6$～12m²
其他智能化子系统：$S=6$～10m²
四、机房的长宽比不宜大于 4：3。面对显示屏的机房进深不宜小于 5m。23.3.6-2
GB 50174：数据中心
关键词：辅助区、支持区、用户工作室、软件硬件人员办公室、有人长期工作
一、**主机房**使用面积
$A=S\times N$　S：单台设备占用面积，可取 2～4m²/台　式 4.2.2
二、辅助区和支持区面积之和
$A_{辅助区和支持区} \geq A_{主机房} \times (1.5\sim2.5)$　4.2.3
三、用户工作室：4～5m²/人计算
四、硬件及软件人员办公室等有人长期工作的房间 5～7m²/人计算　4.2.4

综合布线知识点汇总 GB 50311 综合布线 P1

综合布线 Note1　系统划分、信道划分 GB 50311 综合布线 P11
综合布线 Note2　配线子系统信道、缆线长度 GB 50311 综合布线 P13

综合布线 Note3　干线子系统信道、缆线长度 GB 50311 综合布线 P17
综合布线 Note4　开放办公系统信道、缆线长度 GB 50311 综合布线 P19
综合布线 Note5　工业布线系统中间配线子系统信道、缆线长度 GB 50311 综合布线 P21
综合布线 Note6　工业布线干线子系统信道、缆线长度 GB 50311 综合布线 P23
综合布线 Note7　光纤到用户单元通讯设施 GB 50311 综合布线 P27
综合布线 Note8　非光纤入户的系统配置——工作区数量、信息点数量 GB 50311 综合布线 P33
综合布线 Note9　非光纤入户的系统配置——缆线规格数量 GB 50311 综合布线 P35
综合布线 Note10　电信间、设备间数量及安装工艺 GB 50311 综合布线 P43
综合布线 Note11　管径和截面利用率、光缆预留长度、敷设间距、接地导体截面 GB 50311 综合布线 P51

电缆布线系统的分级与类别 GB 50311 综合布线 P11
不同布线系统的分级与类别选用 GB 50311 综合布线 P16
19″机柜实际宽度、高度 GB 50311 P124 条文说明 7.2.6，P128 条说 7.7.1

综合布线 Note1　**系统划分、信道划分** GB 50311 综合布线 P11
　　一、系统划分：GB 50311 综合布线 P8～P11　3.1.2、3.1.3
示意图如图 17-7 所示。

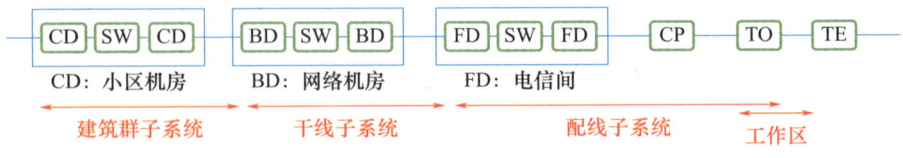

图 17-7　示意图（5）

示意图如图 17-8 所示。

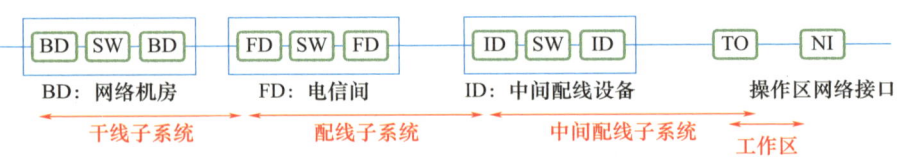

图 17-8　示意图（6）

二、信道划分：GB 50311 综合布线 P14～P16 3.3.3

示意图如图 17-9 所示。

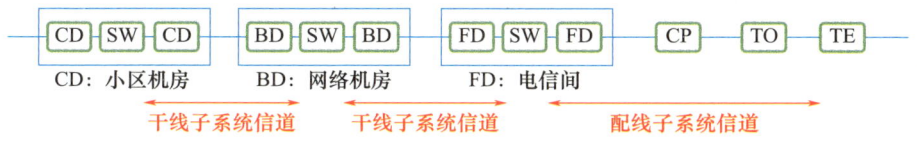

图 17-9 示意图（7）

综合布线 Note2 配线子系统信道、缆线长度 GB 50311 综合布线 P13

一、配线子系统信道、缆线长度限值：GB 50311 综合布线 P13 3.3.2，P93 条文 3.3.2

1. 有 CP 时：

示意图如图 17-10 所示。

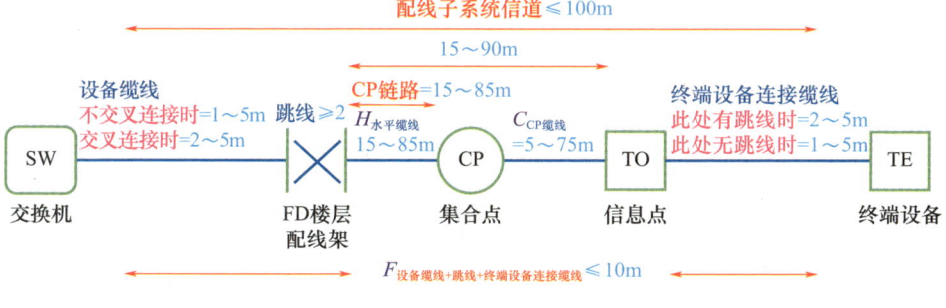

图 17-10 示意图（8）

2. 无 CP 时：

示意图如图 17-11 所示。

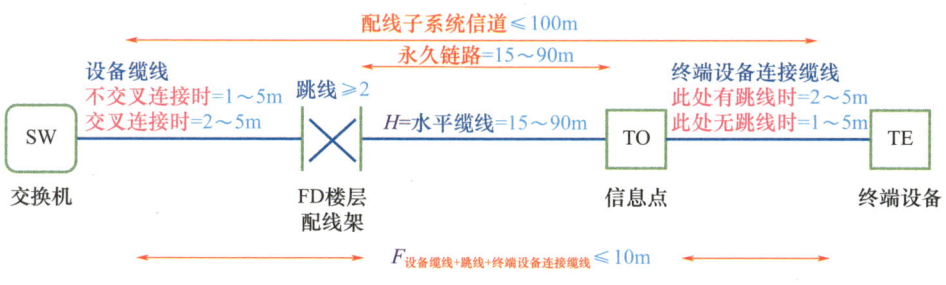

图 17-11 示意图（9）

二、H 配线子系统水平缆线长度**实际值**：GB 50311 综合布线 P15 表 3.3.3-1

1. 计算 X、Y 插入损耗比

插入损耗：P62 表 A.0.2-2

$X = \dfrac{\text{设备缆线和跳线的插入损耗}}{\text{水平缆线的插入损耗}}$　　$Y = \dfrac{\text{集合点（CP）缆线的插入损耗}}{\text{水平缆线的插入损耗}}$

2. 查**图**得 $F_{设备缆线+跳线+终端设备连接缆线}$、$C_{CP缆线}$ 的实际值：本 Note-1 图

3. **根据**网线产品类别**查** P11 表 3.2.1 得**系统等级**

4. **根据**系统等级、电缆是否跳线**查** P15 表 3.3.3-1 得 $H_{水平缆实际最大长度(修正前)}$

5. 校验允许值：

1）无 CP 时：$H_{水平缆实际最大长度(修正前)} \leqslant 90\text{m}$

2）有 CP 时：$H_{水平缆实际最大长度(修正前)} \leqslant 85\text{m}$

6. 当**工作环境温度**＞20℃时，$H_{水平电缆长度}$ 进行温度修正

1）H 为屏蔽电缆时：$H_{水平缆实际最大长度(修正前)} = H_{修正前} \times [1 - (t_{温度} - 20) \times 0.2\%]$

2）H 为非屏蔽电缆时：

（1）当 20℃＜t＜40℃时，$H_{水平缆实际最大长度(修正前)} = H_{修正前} \times [1 - (t_{温度} - 20) \times 0.4\%]$

（2）当 40℃＜t＜60℃时，$H_{水平缆实际最大长度(修正前)} = H_{修正前} \times [1 - (t_{温度} - 20) \times 0.6\%]$

综合布线 Note3　　干线子系统**信道、缆线长度** GB 50311 综合布线 P17

一、干线子系统**连接器件数**、**N 连接点数**：GB 50311 综合布线 P16 图 3.3.3-2

示意图如图 17-12 所示。

图 17-12　示意图（10）

注：上部 ①～④ 为四个连接器件数；
　　下部 ①～⑥ 为六个连接点数。

二、**B** 干线子系统**主干缆线长度限值**：GB 50311 综合布线 P16 3.3.1、P23 3.7.9

示意图如图 17-13 所示。

三、**B** 干线子系统**主干缆线长度实际值**（工业的干线适用）：GB 50311 综合 P17 表 3.3.3-2

1. 计算 X 插入损耗比：

插入损耗：P62 表 A.0.2-2

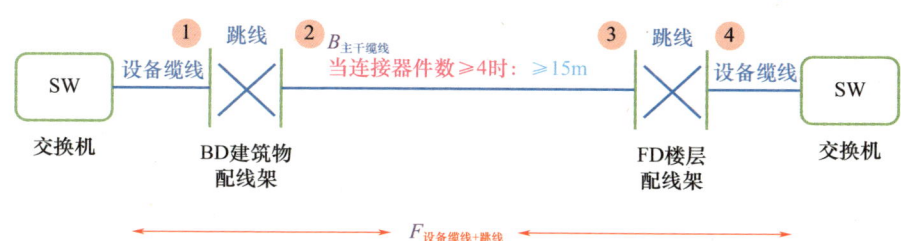

图 17-13　示意图（11）

$X=$设备缆线的插入损耗/主干缆线的插入损耗

2. 查图得 $F_{设备缆线+跳线}$ 实际值：本 Note2 图

3. 根据系统等级、网线产品类别查 P17 表 3.3.3-2 得 $B_{主干缆线实际长度（修正前）}$

注：工业干线系统时：系统等级 D P23 3.7.9

支持数据时：系统等级 D P16 表 3.4.1（但考试按表格凑）

4. 校验允许值：$B_{主干缆实际长度（修正前）}$ 本 Note2 图

5. 查图求 $N_{连接点数}$ 本 Note1 图

当 $N_{连接点数} \neq 6$ 时：$B_{主干缆线长度}$ 先进行点数修正

1) 当 $N_{连接点数} > 6$ 时：

(1) 5 类电缆：$B_{点数修正} = B_{修正前} - 2 \times | N_{连接点数} - 6 |$

(2) 6～7A 类电缆：$B_{点数修正} = B_{修正前} - | N_{连接点数} - 6 |$

2) 当 $N_{连接点数} < 6$ 时：

(1) 5 类电缆：$B_{点数修正} = B_{修正前} + 2 \times | N_{连接点数} - 6 |$

(2) 6～7A 类电缆：$B_{点数修正} = B_{修正前} + | N_{连接点数} - 6 |$

6. 当工作环境温度 $>20℃$ 时：$B_{主干缆线长度}$ 再进行温度修正

1) H 为屏蔽电缆时：$B_{温度修正} = B_{点数修正} \times [1-(t_{温度}-20) \times 0.2\%]$

2) H 为非屏蔽电缆时：

(1) 当 $20℃ < t < 40℃$ 时：$B_{水平缆实际最大长度（修正后）} = B_{点数修正} \times [1-(t_{温度}-20) \times 0.4\%]$

(2) 当 $40℃ < t < 60℃$ 时：$B_{水平缆实际最大长度（修正后）} = B_{点数修正} \times [1-(t_{温度}-20) \times 0.6\%]$

综合布线 Note4　开放办公系统信道、缆线长度 GB 50311 综合布线 P19

一、采用多用户信息插座（MUTO）信道、缆线长度限值 GB 50311 P13 3.3.2，P19 3.6.2～3.6.3

1. 查图得 $H_{水平缆线}$、$T_{设备缆线+跳线}$、$C_{设备缆线+跳线+终端设备连接缆线}$、$W_{终端设备连接缆线}$ 题目已知值 示意图如图 17-14 所示。

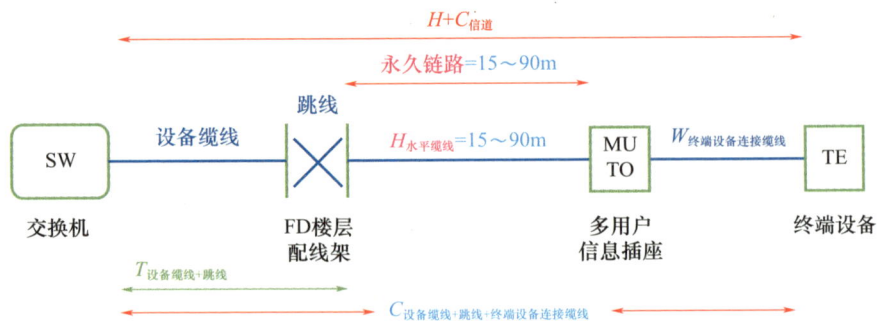

图 17-14　示意图（12）

2. 根据以下三公式及已知值，求未知值的限值：

1) $C_{设备缆线+跳线+终端设备连接缆线} = (102 - H_{水平缆线}) / (1 + D_{调整系数})$ （3.6.3-1）

$D_{调整系数}$：$D_{24\#线规} = 0.2$；$D_{26\#线规} = 0.5$

2) $W_{终端设备连接缆线} = C_{设备缆线+跳线+终端设备连接缆线} - T_{设备缆线+跳线}$ （3.6.3-2）

3) $H + C_{信道} = H_{水平缆线} + C_{设备缆线+跳线+终端设备连接缆线}$

3. 当 $H_{水平缆线长度}$ 为表中值，可查表 3.6.3 得 $H+C$、W、T、C 限值相关规定见表 17-8。

表 17-8　相关规定（8）

$H_{水平缆线}$	24 号线（AWG）				26 号线（AWG）			
	$H+C$	W	T	C	$H+C$	W	T	C
90	100	5		10	98	4		8
85	99	9		14	96	7		11
80	98	13	5	18	95	11	4	15
75	97	17		22	93	14		18
70	97	22		27	91	17		21

二、采用 CP 集合点信道、缆线长度限值 3.6.4、P13 3.3.2

示意图如图 17-15 所示。

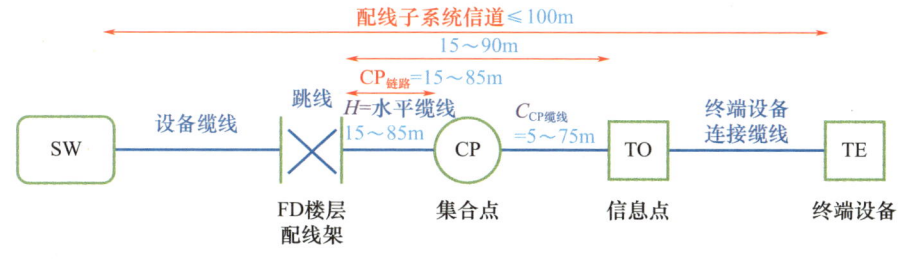

图 17-15　示意图（13）

综合布线 Note5　工业布线系统中间配线子系统**信道、缆线长度** GB 50311 综合布线 P21

一、**系统划分**：GB 50311 综合布线 P20 3.7.3

示意图如图 17-16 所示。

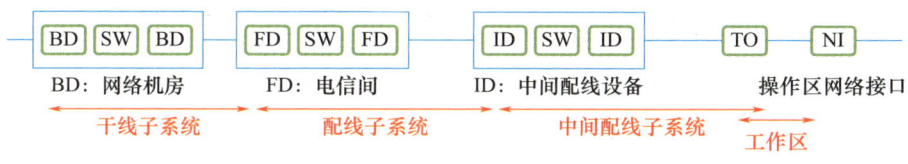

图 17-16　示意图（14）

二、**中间配线子系统**信道、缆线长度**限值**：GB 50311 综合布线 P22 3.7.7 3.7.8

示意图如图 17-17 所示。

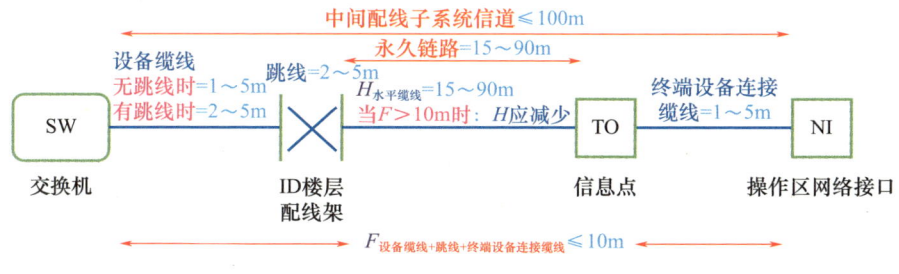

图 17-17　示意图（15）

三、H 配线子系统水平缆线长度**实际值**：GB 50311 综合布线 P22 表 3.7.8

1. 计算 X、Y 插入损耗比

插入损耗：P62 表 A.0.2-2

$$X = \frac{设备缆线和跳线和终端设备连接缆线的插入损耗}{水平缆线的插入损耗}$$

2. 查图得$F_{设备缆线+跳线+终端设备连接缆线}$实际值：本 Note-2 图
3. 根据网线产品类别查 P11 表 3.2.1 得系统等级
4. 根据系统等级、电缆是否跳线查 P22 表 3.7.8 得 $H_{水平缆实际最大长度（修正前）}$
5. 校验允许值：$H_{水平缆实际最大长度（修正前）}\leqslant 90m$
6. 当工作环境温度>20℃时：$H_{水平电缆长度}$进行温度修正
   1) H 为屏蔽电缆时：$H_{水平缆实际最大长度（修正后）}=H_{修正前}\times[1-(t_{温度}-20)\times 0.2\%]$
   2) H 为非屏蔽电缆时：
   (1) 当 $20℃<t<40℃$ 时：$H_{水平缆实际最大长度（修正后）}=H_{修正前}\times[1-(t_{温度}-20)\times 0.4\%]$
   (2) 当 $40℃<t<60℃$ 时：$H_{水平缆实际最大长度（修正后）}=H_{修正前}\times[1-(t_{温度}-20)\times 0.6\%]$

综合布线 Note6　工业布线干线子系统信道、缆线长度 GB 50311 综合布线 P23

一、B 干线子系统主干缆线长度限值：GB 50311 综合布线 P16 3.3.3-2、P23 3.7.8-3 示意图如图 17-18 所示。

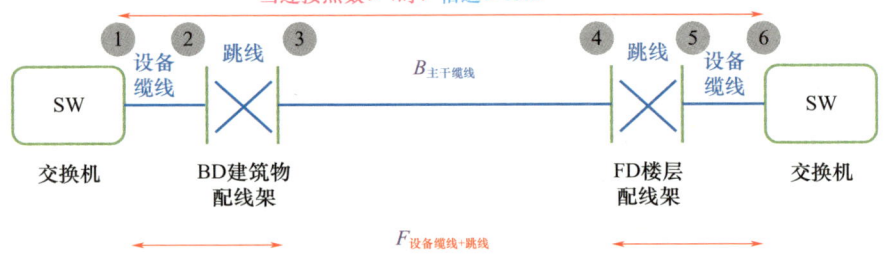

图17-18　示意图（16）

注：① ～ ⑥ 为六个连接点数。

二、B 干线子系统主干缆线长度实际值：GB 50311 综合 P17 表 3.3.3-2
1. 计算 X 插入损耗比
   插入损耗：P62 表 A.0.2-2
   $$X=设备缆线的插入损耗/主干缆线的插入损耗$$
2. 查图得 $F_{设备缆线+跳线}$ 实际值：本 Note-1 图
3. 根据系统等级、网线产品类别查 P17 表 3.3.3-2 得 $B_{主干缆实际长度（修正前）}$
   工业干线系统时：系统等级≥D P23 3.7.9
   支持数据时：系统等级≥D P16 表 3.4.1（但考试按表格凑）

4. 校验允许值：$B_{主干缆实际长度(修正前)}$ 本 Note-1 图

5. 查图求 $N_{连接点数}$ 本 Note-1 图

当 $N_{连接点数} \neq 6$ 时：$B_{主干缆线长度}$ 先进行点数修正

1) 当 $N_{连接点数} > 6$ 时：

(1) 5 类电缆：$B_{点数修正} = B_{修正前} - 2 \times ´ N_{连接点数} - 6$

(2) 6～7A 类电缆：$B_{点数修正} = B_{修正前} - ︱N_{连接点数} - 6︱$

2) 当 N 连接点数 < 6 时：

(1) 5 类电缆：$B_{点数修正} = B_{修正前} + 2 \times ︱N_{连接点数} - 6︱$

(2) 6～7A 类电缆：$B_{点数修正} = B_{修正前} + ︱N_{连接点数} - 6︱$

6. 当工作环境温度 > 20℃时：$B_{主干缆线长度}$ 再进行温度修正

1) H 为屏蔽电缆时：$B_{温度修正} = B_{点数修正} \times [1 - (t_{温度} - 20) \times 0.2\%]$

2) H 为非屏蔽电缆时：

(1) 当 20℃ < t < 40℃时：$B_{水平缆实际最大长度(修正后)} = B_{点数修正} \times [1 - (t_{温度} - 20) \times 0.4\%]$

(2) 当 40℃ < t < 60℃时：$B_{水平缆实际最大长度(修正后)} = B_{点数修正} \times [1 - (t_{温度} - 20) \times 0.6\%]$

综合布线 Note7　光纤到用户单元通讯设施 GB 50311 综合布线 P27

一、用户单元区域数、光纤配线区数、用户接入点数：GB 50311 综合布线 4.2.1 4.1.4-1

一个光纤配线区可包含 70～300 个用户单元

总用户单元区域数＝总配线面积/单个用户单元区域面积（查 P114～118 表 8～表 18）

光纤配线区数＝用户接入点数＝（总用户单元区域数/300）向上取整

二、用户水平光缆选型、数量：（楼层光缆配线箱至用户单元信息箱）

1. 各光纤配线区（用户接入点）、楼层光缆配线箱区域线缆单独计算：本 Note-1

2. 用户水平光缆选型：单模光纤 G.657 GB 50311 综合布线 4.4.1

1) 高配置：至单用户总共 2 根光纤，每根光纤 2 芯 表 4.3.3

2) 低配置：至单用户总共 1 根光纤，每根光纤 2 芯 表 4.3.3

3. 某一楼层箱用户水平光缆总根数：

1) 高配置：总共 $2 \times N_{本楼层光缆配线箱下用户单元数}$ 根光纤，每根光纤 2 芯 表 4.3.3

2) 低配置：总共 $1 \times N_{本楼层光缆配线箱下用户单元数}$ 根光纤，每根光纤 2 芯 表 4.3.3

三、用户垂直光缆选型、数量：（用户接入点至楼层光缆配线箱）

1. 各光纤配线区（用户接入点）线缆单独计算：本 Note-1

2. 用户垂直光缆选型：多模单根多芯光纤 G.652 GB 50311 综合布线 4.3.3-3

3. 某一楼层箱用户垂直光缆总芯数：GB 50311 综合布线 4.3.3-3 表 4.3.3

1) 高配置：1 根($4.4 \times N_{本楼层光缆配线箱下用户单元数}$)向上取标准 芯光纤
2) 低配置：1 根($2.2 \times N_{本楼层光缆配线箱下用户单元数}$)向上取标准 芯光纤

4、光纤配线区（用户接入点）下用户垂直光缆总根数

$$总根数 = 楼层数 = 楼层光缆配线箱数$$

四、（用户接入点处）光纤连接器尾纤数量：4.2.2-1 条说，P108 例题

$$尾纤数量 = \sum 某一楼层箱用户垂直光缆总芯数$$

五、（用户接入点处）光纤配线架数：4.2.2-1 条说，P108 例题

$$光纤配线架数 = \sum [(1.1 \times N_{本楼层光缆配线箱下用户单元数})向上取标准] \div 配线架端口数$$

六、β 光纤链路全程衰减实际值 GB 50311 综合布线（4.5.1）

$$\beta_{衰减实际值} = \alpha_{f衰减常数} \times L_{接入点至用户箱最长长度(km)} + (N_{光纤中部接头数(不计两头)} + 2) \times a_{接头损耗}$$

1. $\alpha_{f光纤衰减常数}$（dB/km）在 1310nm 波长窗口时：
1) G.652（垂直，多芯）：$\alpha_{f衰减常数} = 0.36 dB/km$
2) G.657（水平，2 芯）：$\alpha_{f衰减常数} = 0.38 \sim 0.4 dB/km$

2. $a_{接头损耗系数}$，热熔时：$a_{接头损耗} = 0.06 dB/个$，冷接时：$a_{接头损耗} = 0.1 dB/个$

3. 当 2 种光纤时：分别计算相加

4. 衰减限值：GB 50311 综合布线 P69 表 A.0.5-2 $\beta_{实际} <$ 限值

综合布线 Note8 非光纤入户的系统配置——工作区数量、信息点数量 GB 50311 综合布线 P33

一、确定工作区数量

1. 按照终端设备 TE 划分：工作区数＝TE 数 GB 51348 民规 P329 21.2.6
2. 按照面积划分：工作区数＝需要配线的面积/工作区面积

相关规定见表 17-9。

表 17-9 相关规定（9）

建筑物类型及功能 GB 51348 民规 P330 21.2.6	工作区面积/m²
信息中心、网管中心、呼叫中心、金融中心、证交中心、调度中心、特种阅览室等终端设备较为密集的场地	3～5
办公区	5～10
图书馆阅览室	5～10
体育场馆业务区	5～50
医院业务区	10～50

续表

建筑物类型及功能 GB 51348 民规 P330 21.2.6	工作区面积/m²
会议、会展 GB 50311 综合布线 P113 条文说明 5.1.2 表 7	10～60
学校教室、实验室	20～50
档案馆	20～50
展览区	20～60
商场、生产机房、娱乐场所 GB 50311 综合布线 P113 条文说明 5.1.2 表 7	20～60
航站楼、铁路客运站公共区域	50～100
工业生产区 GB 50311 综合布线 P113 条文说明 5.1.2 表 7	60～200

3. 按照不同功能建筑及区域面积划分：GB 50311 综合布线 P114～118 表 8～表 18
办公/商店/旅馆/文化博物馆/观演/体育会展/医疗/教育/交通/金融/住宅/通用工业

二、确定信息点的数量

1. 每个工作区需要的信息点数：

1）办公区、出租、大客户区域：GB 50311 综合布线 P118 条文说明 5.2.4 表 19 相关规定见表 17-10。

表 17-10 相关规定（10）

建筑物功能区	信息点数量（每一工作区）			备注
	N_1 电话	N_2 数据	N_3 光纤（双工端口）	
办公区（基本配置）	1个	1个	—	
办公区（高配置）	1个	2个	1个	对数据信息有较大的需求
出租或大客户区域	≥2个	≥2个	≥1个	指整个区域的配置量
办公区（政务工程）	2个～5个	2个～5个	≥1个	涉及内、外网络时

2）其他功能建筑：GB 50311 综合布线 P114～118 表 8～表 18

2. $N_{总信息点数}$＝每个工作区信息点数$_{(N_1或N_2或N_3)}$×工作区数

综合布线 Note9 非光纤入户的系统配置——缆线规格数量 GB 50311 综合布线 P35

一、配线子系统配置

1. 求水平缆、终端设备连接缆且为对绞电缆时：GB 50311 综合布线 P33 5.2.6

每个信息点（语音或数据）连 1 根 4 对双绞电缆（8 芯）。

总共：（$N_{语音和数据总信息点数}$）根 4 对双绞电缆（8 芯）

2. 求终端设备连接缆（光纤适配器下级）且为光缆时：GB 50311 综合布线 P33 5.2.6

1 个双工或 2 个单工光纤及适配器连 1 根 2 芯光缆。

总共：（$N_{光纤总信息点数}$）根 2 芯光缆

3. 求水平缆（光纤适配器上级）且为光缆时：GB 50311 综合布线 P34 5.2.7

1）普通用户区：

每个信息点（光纤）连 1 根 2 芯光缆。

总共：（$N_{光纤总信息点数}$）根 2 芯光缆

2）用户群或大客户工作区：

每个信息点（光纤）连 2 根 2 芯光缆 或 1 根 4 芯光缆

总共：（$2 \times N_{光纤总信息点数}$）根 2 芯光缆 或（$N_{光纤总信息点数}$）根 4 芯光缆

二、干线子系统配置

1. 求语音业务主干缆：GB 50311 综合布线 P34 5.3.5-1 P120 条文说明 5.3.5-1

1）普通口：连 1 根 $(1.1 \times N_{FD下行端口语音总信息点数})$ 向上取整 对大对数电缆

2）S 接口：连 1 根 $(2.2 \times N_{FD下行端口语音总信息点数})$ 向上取整 对大对数电缆

总共：（$FD_{楼层配线架数}$）根大对数电缆

2. 求数据业务交换机数：GB 50311 综合布线 P34 5.3.5-2

数据业务交换机交换机数 = $[N_{交换机下行端口数据总信息点数} / 交换机下行端口数]_{向上取整}$

3. 交换机上行端口数（主干+备份）= 2 × 交换机数 GB 50311 综合布线 P33 5.3.5-2

4. 数据业务主干缆：GB 50311 综合布线 P34 5.3.5-2

1）交换机主干端口为电端口：

一个端口连 1 根 4 对 双绞电缆

总共：（交换机上行端口数）根 4 对 双绞电缆

2）交换机主干端口为光端口：

一个端口连 1 根 1 芯或 2 芯 光缆

总共：（交换机上行端口数）芯或（2 × 交换机上行端口数）芯光缆

三、电信间 FD 设备缆线和各类跳线数：GB 50311 综合布线 P34 5.2.10

跳线数 =（0.25～0.5）× 使用端口容量、电话实装容量、业务实际需求、信息点总数

型号详 GB 50311 综合布线 P119 条文 5.2.10

四、底盒数量：GB 50311 综合布线 P33 5.2.5-1 底盒数量（$N_{语音和数据和光纤总信息点数}$）/2

五、求语音业务 FD$_{电缆配线架个数}$

$FD_{主干侧电缆配线架个数}$ ＝ ［1.1 语音点个数/主干侧配线架口数］向上取整
$FD_{配线侧电缆配线架个数}$ ＝ ［语音点个数/配线侧配线架口数］向上取整

综合布线 Note10　**电信间、设备间数量及安装工艺** GB 50311 综合布线 P43

一、电信间数量：GB 50311 综合布线 P43 7.2.1

1. 同楼层信息点数量≤400 个时，宜设置 1 个电信间
2. 当楼层信息点数量＞400 个时，宜设置 2 个及以上电信间
3. 楼层信息点数量较少，且水平缆线长度在 90m 范围内时，可多个楼层合设一个电信间

示意图如图 17-19 所示。

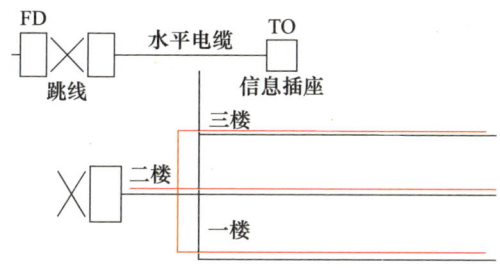

图 17-19　示意图（17）

1) 分别向上/向下可跨 M 层：

$$M=［（90－竖井至本层最远距离）/层高］_{向下取整}$$

2) N 层可合设一个电信间（设在中间那层）：

$$N=2\times M+1$$

二、电信间面积容量：GB 50311 综合布线 7.2.6

电信间 FD 面积 5m²

三、设备间面积容量：GB 50311 综合布线 7.3.3 P125 条文说明 7.3.3 GB 51348 21.5.2

宽度≥2.5m

1. 当系统信息点≤6000 个时（电话和数据信各占 50%）：

设备间 BD 面积≥10m² 可装 5 个 19″机柜

2. 当系统信息点＞6000 个时：

设备间 BD 面积≥10+2×［（系统信息点－6000）/1000］优先向下取整（或向上）m²

3. 当安装程控用户交换机、信息网络设备、光纤到用户单元时：需增加面积

4. 当使用 800mm 宽的 19″机柜时：需增加面积。

5. 当光纤入户且使用 800mm 宽机柜时：设备间 BD 面积 15m²

四、电信间工艺：GB 50311 综合布线

7.2.8 外开防火门，高≥2m，宽≥0.9m。条说：乙级以上。

GB 51348 21.5.5 外开丙级防火门，高出地面 0.1m 以上或防水门槛

7.2.11 电信间应>2 个单相交流 220V/10A 电源插座盒，每个插座的配电线路应装保护器

7.3.2 每栋建筑物内应设置>1 个设备间；当电话交换机与计算机网络设备分别安装在不同场地、有安全要求或有不同业务应用需求时，可设>2 个配线专用的设备间

7.3.6 设备间应>2 个单相交流 220V/10A 电源插座盒，每个插座的配电线路应装保护器

7.4.1 进线间应设管道入口，入口尺寸>3 家电信业务经营者接入建筑群布线系统和其他弱电电子系统的引入管道管孔容量要求

7.4.8 进线间应>2 个单相交流 220V/10A 电源插座盒，每个插座的配电线路应装保护器

综合布线 Note11　管径和截面利用率、光缆预留长度、敷设间距、接地导体截面 GB 50311 综合布线　P51

一、管径利用率、截面利用率实际值

管径利用率＝$d_{缆线外直径}/D_{管道内直径}$　GB 50311 综合布线　P49（7.6.5-1）

截面利用率＝$A_{1穿在管内的缆线总截面积}/A_{管径的内截面积}$　GB 50311 综合布线　P50（7.6.5-2）

二、管径利用率、截面利用率允许值：GB 50311 综合布线　P50　7.6.5

1. 弯导管的管径利用率应为 40%～50%

2. 导管内穿大对数电缆或 4 芯以上光缆时，直线管路的管径利用率应为 50%～60%

3. 导管内穿放 4 对对绞电缆或 4 芯及以下光缆时，截面利用率应为 25%～30%

4. 槽盒内的截面利用率应为 30%～50%

三、管线敷设弯曲半径：GB 50311 综合布线　P49　表 7.6.4

四、光缆敷设安装最小静态弯曲半径　GB 50311 综合布线　P50　表 7.6.6

五、光缆用户实际长度、预留长度　GB 50311 综合布线　P50　表 7.6.6-5

1. 信息箱做终接时：$L_{用户实际总长度}≥L_{图纸路径长度}+L_{1配线柜预留}+L_{2楼层配电箱预留}+L_{3a信息终接预留}$

2. 信息箱不做终接时：$L_{用户实际总长度}≥L_{图纸路径长度}+L_{1配线柜预留}+L_{2楼层配电箱预留}+L_{3b信息不终接预留}$

1) L_1 配线柜处预留＝3～5m；

2) L_2 楼层配线箱处预留＝1～1.5m；（优先按已是两侧总长度，凑按每侧）

3) L_3 信息配线箱 预留：

(1) 信息配线箱做终接时：L_{3a} 预留 ≥ 0.5m。

（2）信息配线箱不做终接时：L_{3b}＝施工预留长度。

六、综合布线电缆与电力电缆的间距：GB 50311 综合布线 P52 表 8.0.1

七、室外墙上综合布线电缆与其他电缆的间距：GB 50311 综合布线 P52 表 8.0.2

八、存在干扰源且间距不满足表 8.0.1～2 时：

采用金属导管和金属槽盒敷设，或采用屏蔽布线系统及光缆布线系统

九、接地导线截面：GB 50311 8.0.6，条文说明 P131 表 22

配线柜接地端子板应采用两根不等长度，且截面不小于 6 mm² 的绝缘铜导线接至就近的等电位联结端子板。

相关规定见表 17-11。

表 17-11　相关规定（11）

名称 条文说明 P131 表 22	楼层配线设备至建筑等电位接地装置的距离	
	≤30m	≤100m
信息点的数量/个	≤75	(75～450]
选用绝缘铜导线的截面/m²	6～16	16～50